应用型本科院校"十三五"规划教材/经济管理类

The Theory and Practice of Modern Advertising

现代广告理论与实务

（第2版）

主　编　栾　港　于湛波
副主编　宗文宙　边　微　马清梅

哈尔滨工业大学出版社
HARBIN INSTITUTE OF TECHNOLOGY PRESS

内容提要

本教材以素质教育为指导，以突出应用型本科人才培养为出发点，以提高学生广告实际操作能力为目标的原则进行编写。基于广告运作流程，本教材系统地介绍了现代广告概论，现代广告理论，广告环境分析，现代广告调研，广告策划与广告策划书，广告设计与制作，现代广告媒体，广告效果评估，现代广告运作与管理，国际广告运作等内容。

本教材贴近广告业务的实际，理论知识以"实用、够用"为度，同时注重理论与实践相结合，侧重理论、方法的实际应用，突出教材的实用性与可操作性。本教材定位于应用型本科院校工商管理类专业，兼顾广告公司岗位培训，适用于工商管理、市场营销、会展策划以及广告与艺术设计等相关专业。

图书在版编目(CIP)数据

现代广告理论与实务/栾港，于湛波主编. 2版
—哈尔滨：哈尔滨工业大学出版社，2013.8(2017.8重印)
应用型本科院校"十三五"规划教材
ISBN 978-7-5603-3042-6

Ⅰ.①现… Ⅱ.①栾… ②于… Ⅲ.①广告学-高等学校-教材 Ⅳ.①F713.80

中国版本图书馆 CIP 数据核字(2013)第 122226 号

策划编辑	杜 燕 赵文斌
责任编辑	刘 瑶
出版发行	哈尔滨工业大学出版社
社 址	哈尔滨市南岗区复华四道街 10 号 邮编 150006
传 真	0451-86414749
网 址	http://hitpress.hit.edu.cn
印 刷	哈尔滨市工大节能印刷厂
开 本	787mm×960mm 1/16 印张 22.5 总字数 486 千字
版 次	2010 年 8 月第 1 版 2013 年 8 月第 2 版 2017 年 8 月第 2 次印刷
书 号	ISBN 978-7-5603-3042-6
定 价	39.80 元

(如因印装质量问题影响阅读，我社负责调换)

《应用型本科院校"十三五"规划教材》编委会

主　　任　修朋月　竺培国
副 主 任　王玉文　吕其诚　线恒录　李敬来
委　　员　（按姓氏笔画排序）
　　　　　　丁福庆　于长福　马志民　王庄严　王建华
　　　　　　王德章　刘金祺　刘宝华　刘通学　刘福荣
　　　　　　关晓冬　李云波　杨玉顺　吴知丰　张幸刚
　　　　　　陈江波　林　艳　林文华　周方圆　姜思政
　　　　　　庹　莉　韩毓洁　蔡柏岩　臧玉英　霍　琳

序

哈尔滨工业大学出版社策划的《应用型本科院校"十三五"规划教材》即将付梓,诚可贺也。

该系列教材卷帙浩繁,凡百余种,涉及众多学科门类,定位准确,内容新颖,体系完整,实用性强,突出实践能力培养。不仅便于教师教学和学生学习,而且满足就业市场对应用型人才的迫切需求。

应用型本科院校的人才培养目标是面对现代社会生产、建设、管理、服务等一线岗位,培养能直接从事实际工作、解决具体问题、维持工作有效运行的高等应用型人才。应用型本科与研究型本科和高职高专院校在人才培养上有着明显的区别,其培养的人才特征是:①就业导向与社会需求高度吻合;②扎实的理论基础和过硬的实践能力紧密结合;③具备良好的人文素质和科学技术素质;④富于面对职业应用的创新精神。因此,应用型本科院校只有着力培养"进入角色快、业务水平高、动手能力强、综合素质好"的人才,才能在激烈的就业市场竞争中站稳脚跟。

目前国内应用型本科院校所采用的教材往往只是对理论性较强的本科院校教材的简单删减,针对性、应用性不够突出,因材施教的目的难以达到。因此亟须既有一定的理论深度又注重实践能力培养的系列教材,以满足应用型本科院校教学目标、培养方向和办学特色的需要。

哈尔滨工业大学出版社出版的《应用型本科院校"十三五"规划教材》,在选题设计思路上认真贯彻教育部关于培养适应地方、区域经济和社会发展需要的"本科应用型高级专门人才"精神,根据前黑龙江省委书记吉炳轩同志提出的关于加强应用型本科院校建设的意见,在应用型本科试点院校成功经验总结的基础上,特邀请黑龙江省9所知名的应用型本科院校的专家、学者联合编写。

本系列教材突出与办学定位、教学目标的一致性和适应性,既严格遵照学科体系的知识构成和教材编写的一般规律,又针对应用型本科人才培养目标及与之相适应的教学特点,精心设计写作体例,科学安排知识内容,围绕应用讲授理论,做到"基础知识够用、实践技能实用、专业理论管用"。同时注意适当融入新理论、新技术、新工艺、新成果,并且制作了与本书配套的PPT多媒体教学课件,形成立体化教材,供教师参考使用。

《应用型本科院校"十三五"规划教材》的编辑出版,是适应"科教兴国"战略对复合型、应用型人才的需求,是推动相对滞后的应用型本科院校教材建设的一种有益尝试,在应用型创新人才培养方面是一件具有开创意义的工作,为应用型人才的培养提供了及时、可靠、坚实的保证。

希望本系列教材在使用过程中,通过编者、作者和读者的共同努力,厚积薄发、推陈出新、细上加细、精益求精,不断丰富、不断完善、不断创新,力争成为同类教材中的精品。

第 2 版前言

随着经济的快速发展,广告的作用越来越突出,广告以及其他行业对广告人才的要求也越来越高。如何加强广告专业技能型人才的培养,已成为当前亟待解决的问题。但从目前广告学教材来看,还普遍存在专业知识老化、内容陈旧、重理论轻实践、缺乏实际操作技能训练等问题,难以适应当前经济形势发展的需要。为适应当前大学生就业、满足日益增长的广告市场需求的需要,我们组织多年从事广告教学的业务骨干在原《现代广告理论与实务》教材的基础上精心编写了《现代广告理论与实务》(第 2 版)教材。

《现代广告理论与实务》(第 2 版)以素质教育为指导,以突出本科应用型人才培养为出发点,以提高学生的广告实际操作能力为目标,本着"教师易于教、学生乐于学"的原则来编写。教材编写力求严谨,注重与时俱进,尽可能贴近广告业务的实际及学生特点,理论知识以"实用、够用"为度,同时注重理论与实践相结合,重点突出理论、方法的实际应用,努力做到准确精练、深入浅出,突出实用性、可操作性,从而体现教材的创新性、系统性和实战性。

《现代广告理论与实务》(第 2 版)在前一版教材的基础上,吸收了国内外一些最新的研究成果,融入了广告运作与管理的最新理念,增加了实践中的一些鲜活案例,同时对内容结构进行了合理调整,删掉了一些冗余内容。再版后的教材,结合了广告业发展的新形势和新特点,依据广告业务运作流程来进行编写,理论更新颖、结构更合理、内容更丰富。全书共分十章,系统地介绍了现代广告的基本概念、现代广告理论、现代广告环境、现代广告调研、现代广告策划、现代广告设计与制作、现代广告媒体、广告效果评估、现代广告运作与管理、国际广告运作等内容。

为了提高教学效果和学习效率,本书融入广告学最新的教学理念,将基本理论与方法结合广告实例加以讲解,做到案例鲜活、图文并茂、叙述简洁、通俗易懂。为方便教学,在教材内容体系安排上,每章都设有"学习目的与要求""案例导入""本章小结""自测题"等内容。另外,本教材还选录了大量案例材料和国内外优秀平面广告作品,为组织课堂教学提供了丰富的素材。

本书由栾港策划,栾港、于湛波担任主编,宗文宙、边微、马清梅担任副主编。具体编写分工如下:栾港负责第一章、第三章、第五章及第六章的编写,于湛波负责第四章、第七章的编写,宗文宙负责第九章、第十章的编写，边微负责第二章的编写，马清梅负责第八章的编写，初贺负责第九章的编写。全书图片由栾港搜集并处理，并对全书内容进行整合与统稿。宗文宙、初贺负责本教材课件的制作。

本书在编写过程中，参考了大量广告文献，搜集了近年来广告业界最具实用价值的典型案例，为尊重原作者，我们尽可能写出文献资料来源，并在参考文献中列出。在此对原作者致以衷心感谢。由于各种原因难免挂一漏万，如有遗漏，敬请见谅。

本教材可作为高等院校工商管理类专业学生教材，包括工商管理、市场营销、会展经济与管理以及广告、广告设计、艺术设计等相关专业，也可作为广告公司岗位培训教材。

由于编者水平有限，书中难免存在疏漏或不足，敬请读者批评指正。配套课件、教案、教学日历等教学材料请向作者索取，编者联系方式：hrbtc@163.com。

编　者

2013 年 5 月

目 录

第一章 现代广告概论 ... 1
- 第一节 广告的内涵与构成要素 ... 2
- 第二节 广告的类型 ... 5
- 第三节 广告的功能与作用 ... 8
- 第四节 广告的起源与发展 ... 15
- 第五节 广告学及其他学科的关系 ... 23
- 本章小结 ... 26
- 自测题 ... 26

第二章 现代广告理论 ... 29
- 第一节 广告传播理论 ... 30
- 第二节 广告营销理论 ... 32
- 第三节 广告心理理论 ... 34
- 第四节 USP 理论 ... 41
- 第五节 CI 理论 ... 43
- 第六节 品牌形象理论 ... 46
- 第七节 广告定位理论 ... 49
- 第八节 广告主题与创意理论 ... 53
- 本章小结 ... 70
- 自测题 ... 71

第三章 现代广告环境 ... 74
- 第一节 广告环境概述 ... 75
- 第二节 宏观广告环境 ... 79
- 第三节 微观广告环境 ... 90
- 第四节 广告环境的 SWOT 分析 ... 94
- 本章小结 ... 96
- 自测题 ... 97

第四章 现代广告调研 ... 99
- 第一节 广告调研概述 ... 100
- 第二节 广告调研的程序 ... 105
- 第三节 广告调研的方法 ... 109
- 第四节 广告调研方案设计 ... 114

第五节　调查问卷设计……………………………………………116
　　第六节　广告调研报告的撰写……………………………………125
　　本章小结……………………………………………………………127
　　自测题………………………………………………………………128

第五章　现代广告策划……………………………………………131
　　第一节　广告策划概述……………………………………………132
　　第二节　广告目标…………………………………………………137
　　第三节　广告战略及广告策略……………………………………141
　　第四节　广告发布策略……………………………………………142
　　第五节　广告预算…………………………………………………148
　　第六节　广告策划书及其撰写……………………………………158
　　第七节　广告提案…………………………………………………167
　　本章小结……………………………………………………………169
　　自测题………………………………………………………………170

第六章　现代广告设计与制作……………………………………174
　　第一节　广告创作概述……………………………………………175
　　第二节　平面广告创意表现策略…………………………………181
　　第三节　广告文案…………………………………………………187
　　第四节　广告色彩…………………………………………………193
　　第五节　广告图案…………………………………………………195
　　第六节　平面广告布局……………………………………………198
　　第七节　平面广告制作工艺………………………………………205
　　本章小结……………………………………………………………209
　　自测题………………………………………………………………210

第七章　现代广告媒体……………………………………………214
　　第一节　广告媒体概述……………………………………………215
　　第二节　传统广告媒体……………………………………………218
　　第三节　新广告媒体………………………………………………238
　　第四节　媒体广告价值评估………………………………………248
　　第五节　媒体选择策略……………………………………………254
　　本章小结……………………………………………………………256
　　自测题………………………………………………………………257

第八章　广告效果评估 ... 258
第一节　广告效果评估概述 ... 259
第二节　广告传播效果评估 ... 268
第三节　广告经济效果评估 ... 274
第四节　广告社会效果评估 ... 277
本章小结 ... 279
自测题 ... 280

第九章　现代广告运作与管理 ... 284
第一节　现代广告组织 ... 285
第二节　现代广告运作 ... 288
第三节　宏观广告管理 ... 299
第四节　微观广告管理 ... 305
第五节　广告伦理 ... 308
本章小结 ... 314
自测题 ... 315

第十章　国际广告运作 ... 317
第一节　国际广告概述 ... 318
第二节　国际广告的环境 ... 321
第三节　国际广告策略 ... 327
第四节　国际广告面临的文化风险 ... 334
第五节　国际广告的发展趋势 ... 337
本章小结 ... 342
自测题 ... 342

参考文献 ... 345

第一章
Chapter 1

现代广告概论

【学习目的与要求】

通过本章学习,要求学生了解广告的起源与发展,广告学及与其他学科的关系;掌握广告的内涵、构成、类型、功能及作用;熟悉广告学研究的对象和内容。在此基础上,把握国内外广告的发展趋势,认识广告对企业营销活动的重要性。

【案例导入】

无处不在的广告

进入21世纪,广告已不离消费者左右。

清晨,当消费者打开手机,收到的短信息就会有一串串房地产楼盘广告、教育信息、促销等广告信息。

当消费者推开家门,门缝里往往塞着一张张花花绿绿附近超市的促销单。走出门,路上的公交车刷着醒目的车体广告;到单位,走进电梯间,壁挂电视机上播放着各类洗发水、汽车广告;坐到办公桌前打开电脑,点开任何一个网页,上面都会浮现出广告窗口……广告几乎无处不在,将消费者、企业与世界连为了一体。

(资料来源:京华时报.)

广告在当今社会中无处不在,它充斥着人们的视听,左右着人们的生活。广告在引导消费的同时,也在创造着消费,它影响了人们的消费习惯,改变了人们的消费观念。不仅如此,广告也影响和制约企业产品的生产和销售,促进企业的生产经营与社会经济的增长。从这种意义上讲,现代社会也可以称为广告社会。

第一节　广告的内涵与构成要素

一、广告的内涵

(一)广告的来源

人类自从有了商品生产与商品交换就有了广告,广告是人类社会中最常见的传播活动。据考证,广告一词源于拉丁文 Advertere,意为"我大喊大叫,以引起注意";中古英语时代(约公元 1300～1475 年),Advertere 演变为 Advertise,其含义衍化为"通知别人某件事,以引起他人注意";直到 17 世纪末,英国开始了大规模的商业活动,Advertise 一词被广泛使用。以该词为词根又衍生出静态意义的 Advertisement(广告作品)和动态活动意义的 Advertising(广告活动),具有现代广告的含义。

广告一词在中文中出现并被广泛使用是在近代。日本明治年间,日本有学者首次将英文 Advertising 翻译为汉字"广告"。据我国广告学者丁俊杰教授推断,"广告"作为一个词在中文里出现并使用是在 20 世纪初。这个词最初在中国使用时的含义只是"广而告之",即"广泛宣告"之意,而现代广告显然已经丰富了这种含义。

(二)广告的概念

早期,人们通常把以说服方式、有助于公众知晓的公开宣传活动都称为广告,即"广而告之",这就是所谓的广义广告。一切为了沟通信息、促进认识的广告形式,如政府发布的公文、布告,单位或个人发布的通知、启事等,均属于广义广告的范畴。

广告学所研究的广告,通常被界定为狭义的广告,即商业广告,专指发生在经济领域中带有商业目的的广告活动。在现实生活中,绝大多数人所理解的广告即为商业广告。

随着广告业的不断发展,广告对社会影响日益加深,国内外有关广告的定义有很多,但仍没有一个统一的定义。具有代表性的定义主要有:

"现代广告之父"拉斯克给广告定义为:广告就是"印在纸上的推销术"。这应该算是最简洁的定义。

美国广告主协会认为:"广告是一项付费的大众传播,其最终目的是为了传递信息,改变人们对所宣传商品的态度,诱发购买行动,而使宣传企业获益。"

美国著名广告学家威廉·威尔士认为:"广告是由特定的企业利用大众媒体进行的旨在劝说或影响受众的有偿的非人员传播。"

美国广告学家克劳德·霍普金斯将广告定义为:"广告是将各种高度精练的信息,采用艺术手法,通过各种媒介传播给大众,以加强或改变人们的观念,最终引导人们的行动的事物和活动。"

我国1994年颁布的《中华人民共和国广告法》中对广告的定义为:"广告是指商品经营者或者服务提供者承担费用,通过一定媒介和形式直接或者间接地介绍自己所推销的商品或者所提供的服务的商业广告。"

在综合前人对广告定义的基础上,笔者认为广告的定义可以概括为:广告是企业通过代理公司借助宣传媒体将商品或服务信息传递给受众的一种有偿宣传方式。

(三)广告的基本特征

1. 有明确的广告主

广告主一般是指出资做广告的企业。广告主明确,有利于企业通过广告宣传产品和服务,提高企业和产品的知名度,促进产品的销售。广告是一种责任承诺性的宣传活动,明确了广告主,一旦广告出了问题,就能分清责任并追究责任。

2. 广告是付费传播

付费是广告的本质特征。广告主付费也就购买了广告信息传播的控制权,在法律和道德许可的情况下,有权决定广告的内容、表现方式、信息发布的时间和空间等。

3. 广告属于非人际传播

借助一定的媒介物来传递信息属于非人际传播,广告就属于非人际传播。广告需要一定的传播媒体才能把信息传达给目标受众。

4. 广告具有特定的信息内容

现代商业广告传播的内容不仅包括商品、服务方面的信息,而且涉及形象、观念方面的内容。也就是说,广告除了宣传具体的商品与服务外,还可以宣传企业形象、企业理念、某些与企业有关的社会价值等内容。

5. 广告传播对象的针对性

一个具体的广告活动不是以所有的受众为传播对象,而是向特定的目标受众进行信息传播。企业的整个广告活动,包括广告创意、媒体策略等只有围绕目标受众而展开,广告才能做到针对性强,以较少的成本获得较大的广告效益。

二、广告的构成要素

广告的构成要素主要包括广告主、广告商、广告媒体、广告受众及广告环境,如图1.1所示。

(一)广告主

广告主(Advertiser),也称广告客户,一般是指出资做广告的企业组织。广告主决定广告目标和广告信息的内容,是广告经费的承担者。广告主同时也是广告的责任主体,广告主要对其所做广告的一切法律后果负责。

(二)广告商

广告商(Advertising Agency),即广告公司,是专门从事广告代理、策划、设计、制作等业务

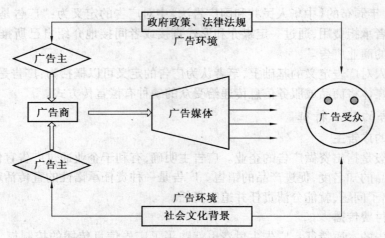

图1.1　广告构成要素

（资料来源：李宝元.广告学教程［M］.2版.北京：人民邮电出版社，2005.）

的企业组织，其职员通常被称为"广告人"。广告商在广告活动中扮演代理人的角色。面对广告主，它要以广告主的意志为转移；面对广告受众，它又要对广大消费者负责，因此人们形象地把广告商的代理行为形容是"带着镣铐跳舞"。

（三）广告媒体

广义的广告媒体（Advertising Media）包括传播广告信息的媒介物和从事广告发布业务的机构；狭义的广告媒体特指传播广告信息的媒介物。

作为传播广告信息的媒介物的广告媒体包括：印刷广告媒体（如报纸、杂志等）；电子广告媒体（如广播、电视、电脑等）；展示广告媒体（如橱窗、展销会等）；户外广告媒体（如霓虹灯、招牌等）。报纸、杂志、广播及电视为传统的四大广告媒体。网络是新兴的广告媒体，称为第五大广告媒体。

（四）广告受众

广告受众（Advertising Audience），是广告信息的接受者，是广告信息传播和影响的对象，是广告诉求的目标群体，是广告营销商品和服务的需求者、购买者和消费者。有针对性地确定广告目标受众，是广告传播成败的关键因素。

（五）广告环境

广告环境（Advertising Environment）是指影响广告活动的各种外部因素，分为宏观环境和微观环境。宏观环境是指那些来自广告行业外部对广告行业产生影响、发生作用的社会力量，包括政治法律环境、经济环境、社会文化环境、科学技术环境及自然环境等。广告的微观环境是指存在于广告行业内部的，对整个行业和行业内的诸种机构个体的发展起到促进、制约作用的各种因素，包括行业竞争、广告客户、广告媒体及广告受众等。

第二节 广告的类型

对广告进行分类,有利于进一步认识和把握广告的特征,加深对广告研究对象具体内容的了解。现代广告种类繁多,广告的分类方法也很多,下面介绍几种常见的分类方法。

一、按赢利性划分

（一）商业广告

商业广告（Commercial Advertising）是为赢利而做的广告,是通常意义的广告,是我们生活中最常见的广告,也是广告学研究的对象。

（二）非商业广告

非商业广告（Uncommercial Advertising）,是指不以经济利益为直接目的,而是为实现某种宣传目标所发布的广告。这类广告通常是慈善组织、政府部门、社会团体或个人发布的广告。

二、按诉求对象划分

（一）消费者广告

消费者广告是生产商或销售商面向产品或服务的最终消费者或购买者而做的广告,广告诉求对象是消费者或用户。我们在报纸、电台、电视、杂志上接触到的大多数广告都是消费者广告。消费者广告又可以根据消费品的种类细分为酒类广告、烟类广告、饮料广告、食品广告、服饰广告、化妆品广告及家用电器广告等。

（二）产业广告

产业广告的对象是各行业中为生产经营活动采购用品的组织。由于对象的特殊性,产业广告大多数发布在特定的行业出版物、专业期刊上,或出现在建立业务关系的直接邮递品中及特定行业的交易会、展览会上。

（三）商业批发商广告

这类广告主要以小商店和批发商为诉求对象,主要针对流通行业。该类广告一般由生产企业向批发业和零售业发布,或在批发业之间,由批发业向零售业发布。广告诉求的对象多是这些行业机构的采购人员。

三、按地理覆盖划分

（一）国际广告

受经济全球化及媒体传播范围扩大化的影响,面对国际地域的国际广告开始出现。国际广告的广告主多为跨国企业,国际广告可以帮助这些跨国企业的产品迅速进入国际市场。国际广告是争取国外消费者和开拓国际市场必不可少的宣传手段。

(二)全国性广告

全国性广告覆盖范围遍及整个国家,广告信息传播面向全国范围。这类广告适用于销售及服务遍及全国的企业。传播媒体主要选择覆盖全国地域的媒体,如中央电视台或面向全国的报刊等。随着传播技术水平的提高,各省市电视频道纷纷上星并落地,一些地方报刊也极力延伸其传播区域,全国性广告媒体选择余地大大增加。

(三)区域性广告

区域性广告以特定区域为传播范围,广告覆盖特定区域,如华北地区、西南地区或者某个省份。所选择的媒体一般是在某一地区发行或播放的地区性媒体,如省级电视台、省级报纸等。

(四)地方性广告

针对当地或地方商圈发布的广告。广告主多为地方商业零售业、地方企业或服务业,如超级市场、零售店、电影院等。广告往往选用覆盖当地的各类媒体。

四、按宣传目的划分

广告宣传目标不同,其宣传目的也不同。按宣传目的划分,广告可以分为三类。

(一)以促销为目的的广告

广告宣传的目的是使广告商品或服务能够给消费者留下深刻的印象,进而吸引消费者购买。

(二)以树立形象为目的的广告

形象广告是企业向公众展示企业实力、社会责任感和使命感的广告。形象广告的目的在于增进社会各界对企业的了解和支持,从而使受众产生对企业及其产品或服务的信赖感,增强企业的知名度和美誉度。

(三)以建立观念为目的的广告

观念广告是以建立观念为目的的广告,它不直接介绍产品,也不直接宣传企业信誉,旨在建立或改变一种消费观念的广告,即通过提倡或灌输某种观念和意见,试图引导或转变公众的看法,影响公众的态度和行为的一种广告,如宣传健康的观念,"拒绝油炸,留住健康,五谷道场"。观念广告有助于企业获得长远利益。

五、按受众影响力划分

(一)大众媒体广告

一个国家或地区中具有大量受众的一类传播媒体称为大众媒体。大众媒体广告主要指在那些影响比较大的报纸、杂志、广播、电视及互联网等媒体上做的广告,这类广告受众广泛,影响面广,如中央电视台新闻频道、《读者文摘》杂志等。

【案例1.1】

大众媒体的分众化

在大众化媒体依然强劲的同时,我们不得不注意到一些分众化媒体的崛起,作为其主要特征的是电视的专业化频道和平面的专业化杂志。以中央电视台为例,中央台以前走的是综合大众化路线,频道节目涵盖新闻、文娱、体育等众多类型,吸引着全国男女老少的大众收视人群。而现在,中央台已经发展了10多个频道,每个频道都有各自的定位,如CCTV-2为财经频道,CCTV-5为体育频道,CCTV-6为电影频道,CCTV-13为新闻频道。电视频道分众的结果,一方面使得广告主可以和特定目标对象进行有效的沟通;另一方面造成了广告主沟通成本的上升。

在平面媒体中,杂志的分众化做得也非常彻底,现在至少有时尚类、汽车类、航空类、体育类、商业类、财经类等多种分类杂志,并有继续细分的趋势。以《时尚》杂志为例,在原来已经非常强势的《时尚伊人》基础上又进一步推出《时尚先生》《时尚家居》《时尚健康》等。而《时尚健康》在女性版取得成功后,又进而推出《时尚健康》的男士版。

(二)中众媒体广告

规模不大,在传播领域占据次要地位的媒体一般被称为中众媒体。中众媒体广告主要指在影响比较小的报纸、杂志、广播、电视及互联网等媒体上做的广告,这类广告受众面窄,影响面小,如在地方电视台做的广告等。

(三)小众媒体广告

小众媒体是一类受众面更狭窄、影响面更小的媒体,如户外广告、售点广告等。随着大众媒体租用成本的提高,小众媒体受到越来越多企业的青睐,新型小众媒体也不断地被开发和利用,如分众传媒公司开发的楼宇广告等。

【案例1.2】

小众媒体风生水起

不知从何时起,我们身边开始充满了各种各样的广告。分众传媒的成功,让越来越多的人意识到细分广告市场的巨大空间,于是乎,地铁、飞机、机场推车、购物推车、购物发票、景点门票、报纸袋、公交IC卡、泊车计时器、电梯间、化妆间、垃圾箱,甚至餐厅桌面都成了广告的载体,与之相对应的各式各样的细分传媒也开始大行其道,锁定时间碎片、强制收看、高到达率等特点让这些小众媒体很快与传统媒体区分开来。

如果你经常出入咖啡馆、酒吧,如果你居住在中高档社区,如果你是某俱乐部的会员,像《主流》《楼市》《上层》《JIN》《扭秧歌》这样的免费杂志也会经常在你眼前出现。在我们这座城市里,以免费杂志为主要形式的小众媒体日渐走红,并逐渐成为新媒体的一支重要力量,影响着城市的生活和文化风向。

六、按广告外在表现划分

从广告外在表现来看,广告可分为显性广告与隐性广告。

(一)显性广告

显性广告即通常意义上的常规广告,又称为硬广告。

(二)隐性广告

隐性广告是一种不同于传统广告的广告,是对显性外露传统广告形式的一种创新和发展。隐性广告之所以被冠以"隐性"一词,主要指它隐藏于载体并和载体融为一体,以非广告的形式在受众无意识的状态下,将商品或品牌信息不知不觉地展露给受众。

隐性广告又称为软广告,包括软文和植入式广告。

1. 软文

软文是针对于硬文而言的。硬文,就是直接的广告,如户外广告等。软文就是把广告很含蓄地表达在一些新闻里或者是一些其他类型的文章里,从表面上看不出是广告,但却能潜移默化地感染受众。

【案例1.3】

风靡全球的儿童健康饮料——"可沛利"登陆首都市场

一个儿童专用饮料,行销英国、美国、南非等全球80多个国家,历经40多年经久不衰,成为全球儿童的最爱,更成为国际饮料市场的一个奇观,它就是德国生产的"可沛利"。如今它来到了中国,在广东、深圳已有销售,并于7月1日走上首都各大超市的柜台,与首都儿童见面。

这是笔者前不久在参加一个庆六一大型公益活动时获悉的。"可沛利"秉承着纯天然理念,必将掀起首都儿童饮料市场新的风潮。

(资料来源:http://www.ruanw.com/html/2009-07/447.htm)

2. 植入式广告

植入式广告(Product Placement)是将产品或服务信息隐藏于艺术载体(通常为电影、电视、游戏)中并与载体融为一体,以非广告的形式将商品或品牌信息展露给受众的一种广告形式。植入式广告具有普遍的适应性,只要处理得当,可以嵌入到任何艺术载体中,其中最常见的是电影和电视剧。

第三节 广告的功能与作用

广告是一种信息传播活动。广告的基本职能是通过传播媒体向受众传递有关商品、服务等方面的信息,以促进商品或服务的销售。随着广告活动的发展,广告已渗透到人们社会生活的各个方面,由经济领域逐步扩展到社会文化领域,广告已成为当代社会的重要组成部分。

一、广告的功能

广告的功能即广告所发挥的基本作用和效果。从宏观角度来说,经济功能与社会功能是广告的两大主要功能。从微观角度来说,营销功能和传播功能则是广告的两大基本功能。

(一)广告的经济功能

广告的经济功能,是指广告对经济或商业所带来的效应,它是广告的重要功能。广告的经济功能体现在沟通产、供、销整个经济活动所起的作用与效能上。广告的信息流动时刻与经济活动联系在一起,促进产品销售和经济发展,不仅有助于社会生产与商品流通的良性循环,加速商品流通和资金周转,而且还有助于提高社会生产活动的效率,为社会创造更多的财富。广告不仅能有效地促进产品销售、指导消费,同时又能指导生产,对企业发展有不可估量的作用。

(二)广告的社会功能

广告具有一定的宣传新知识与新技术的社会教育功能,向社会大众传播科技领域的新知识、新发明和新创造,有利于开拓社会大众的视野,丰富物质和文化生活。广告通过传播新的生活观念,提倡新的生活方式和消费方式,形成一种与一定生活水准相协调的社会消费结构,推动社会经济的发展,促进社会公共事业的进步。

广告在繁荣社会文化生活的同时,也带来一系列社会问题,比如虚假广告、广告品位低下、广告语言污损、广告对儿童造成危害等一系列问题,导致人们对广告社会功能的批评。基于广告舆论的社会影响力,西方国家自20世纪中后期对公益广告越来越重视,国家投入公益广告的资金越来越多,著名企业出资于公益广告的现象也越发常见。公益广告的内容涉及方方面面,如宣传保护生态环境意识、珍惜森林、海洋、河流等自然资源意识等,再如,弘扬社会公德与正气,批判邪教,反对吸毒,嘲笑违章开车,讽刺乱扔垃圾等。公益广告营造的社会正向舆论必将得到壮大与发展。

(三)广告的营销功能

4P策略(产品Product、价格Price、渠道Place、促销Promotion)是企业营销活动的四大支柱。广告在促销策略中占有重要的地位,发挥着重要的作用。

1. 广告增加企业的知名度

知名度是企业营销活动的基础,是广告活动的起点。增加知名度可以为企业的营销活动创造良好的平台。从某种意义上讲,企业知名度与企业营销活动成功与否紧密相关。"酒香也怕巷子深"说的就是这个道理。

2. 广告帮助产品流通

广告通过向消费者提供有关销售地点、销售热线等信息,促进商品在零售环节的流通。同时,经销商广告又可以推进产品的铺货,帮助企业争取到经销商、代理商,促进产品在中间环节的流通。

3. 广告增加产品的使用量

广告通过向消费者介绍产品新的使用方法、新的用途,推广科学的使用频率来增加消费者的使用量,促进产品消费量的增加,带动产品的销售。

4. 广告增加产品的附加价值

产品的附加价值是企业给顾客提供的产品除其核心价值之外的所有价值。这些核心价值之外的东西,正是在一定时期内顾客购买商品时最期望获得的利益或好处。它既可以通过改进配方、更换包装等物质性的手段来达到,也可以借助广告这一非物质手段来实现。现在消费者购买商品受其审美情趣、价值观、心理需要等方面的影响和制约,广告可以通过引起消费者对产品特性、功能的注意,或者通过加强消费者对产品主观的、非物质需求满足的价值的认识来增加产品的附加价值。

(四)广告的传播功能

广告活动最基本的功能是传播。对于企业来说,广告是了解市场信息的渠道;对广告消费者来说,广告则是商品信息的来源。广告具有告知与劝服这两个基本任务,体现在广告传播学中,就形成了广告的四大传播功能,即促进功能、劝服功能、增加功能及提示功能。

1. 促进功能

促进功能就是通过广告加强消费者现有的需求和欲望,使他们感知和了解广告信息的功能。广告在传播商品信息的同时也在传播文化观念、价值观念及生活观念,这些观念会不断影响着广告受众,使他们逐渐接受广告中所倡导的生活方式,进而采取行动。

2. 劝服功能

劝服功能是指广告要加强消费者现有的需求和欲望,使他们偏好于某一产品。在买方市场中,广告的劝服功能越来越受到重视,这种功能可以帮助企业得到更多消费者的信任,促成他们的购买行为。

3. 增强功能

增强功能是用来保证消费者购买决策的功能。这类广告的产品或服务通常是高关注度的,如房地产、汽车、教育、旅游等。广告有助于消费者对购买行为的肯定,从而增强购买信心。

4. 提示功能

提示功能主要是触发消费者的习惯性购买行为。提示性的广告产品往往处于产品生命周期的成熟阶段和衰退阶段。

二、广告的局限性

广告在市场中的地位和作用是不容否认的,广告是社会生产与生活不可缺少的,但广告又不是万能的。广告是企业 4P 策略中促销组合的一个手段,如图 1.2 所示。

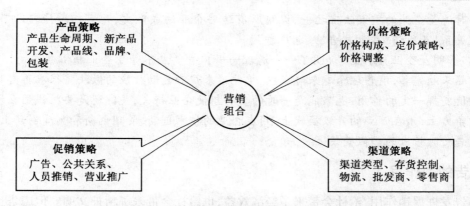

图 1.2　广告在营销组合策略中的地位

（一）广告的作用效果存在差异性

一般来说，新产品在进入市场的前期和中期，在面临激烈竞争的条件下，广告的促销作用是明显和重要的，企业这时需要不间断地直接向广大消费者宣传其产品。另外，不同的产品其广告效果也不同，一般来讲，药品、食品、化妆品、烟酒等对广告的依赖性要比一般原料性产品、初级产品和一般生产资料要大。

（二）广告作为促销手段的局限性

在四种促销手段中，广告与人员推销、营业推广和公共关系三者相比，在效果方面也是各有所长。广告与公共关系的作用比较相似，对信息传递、树立形象和扩大知名度的作用较为明显，但在信任度上不如公共关系，在促成购买上也不如人员推销和营业推广。

（三）广告发挥作用的前提条件

广告作用是有一定限度的，一个广告能救活一个企业的例子固然存在，但这并不具有普遍意义。对企业来说，其基础是生产适合社会需要的产品，如果离开了这一点，广告越多，产品生产越多，积压的产品也越多，企业反受其害。广告不是万能的，广告不能解决企业经营中的所有问题。广告起作用的前提条件是适销、优良的品质、周到的服务、适当的价格、景气的市场及较强的消费支付能力。如果离开这些前提条件，再好的广告，企业也难以得到持久发展。

【案例1.4】

成也广告，败也广告

广告，一个让广告主又痛又爱的话题。广告让众多企业一夜成名，也让一部分成名企业快速远离消费者的视野，一连串的名字，如太阳神、三株、秦池、巨人、沈阳飞龙、孔府家——犹如流星在夜空中划过一道璀璨晶莹的光芒，瞬间辉煌后很快就恢复沉寂。央视历代标王走过的路，令人不寒而栗，第一代称王孔府宴酒现今"门可罗雀"，第二代标王秦池已"香销玉损"，第三代标王爱多也"凯歌不再"。从中央台的"标王"之争到田间墙角的口号标语，铺天盖地的广告是当时流星企业的重大法宝之一,纵观所有这些企业的成败史,无可回避地与"广告"一词牵扯上关系,正所谓"成也广告,败也广告"!

"广告明星企业"的经历说明了一个道理——广告效益不等于企业核心竞争力。如今,市场经济越来越完善,消费理念越来越成熟,单纯追求广告轰动效应的做法将很难再起到多大作用。即使发挥一定的作用,也只能是一时的。要想使企业持久,关键还是要把钱用在增加企业核心竞争力上,用在产品的升级换代上,用在企业的技术创新、管理创新和制度创新上,而不是用在广告一时带来的虚假繁荣上。

三、广告的副作用

广告发挥促销作用,给社会带来了经济效益,也给社会带来了精神文明。但广告也会带来一些社会问题,给消费者甚至社会带来危害。不好的广告主要有不真实的广告、欺骗性广告、低俗广告、表现失当的广告、色情广告、不讲职业道德的广告等。

(一)虚假宣传问题

广告宣传虚假信息,特别是一些药品广告宣传能够具有某种疗效,或者夸大某种疗效,致使消费者购买后上当,极大地损害了消费者的合法权益,严重者导致消费者的身心健康受到损害。据了解,2008年6月至12月,全国各地食品药品监管部门通报并移送同级工商部门查处违法药品广告24 565次,违法医疗器械广告1 532次,违法保健食品广告15 196次。吉林、陕西、青海等10个省区撤销了73个严重篡改审批内容进行违法宣传的药品广告批准文号。

在名人广告中,往往由于名人对广告商品的质量和供销不甚了解,就妄加评说,误导消费者。虚假广告的泛滥使广告越来越失去了消费者的信任,使广告业健康发展受到了很大影响。

【案例1.5】
2012虚假广告"江中牌儿童健胃消食片"上榜

3月8日,上海工商部门通过其官方微博发布了2012年第一号虚假违法广告公告,集中曝光"江中牌儿童健胃消食片"等12则典型虚假违法广告案例。这12则虚假违法广告涉及食品、药品、保健用品、收藏品、餐饮、医疗、留学中介等多个民生热点领域,内容大多虚假或夸大,严重侵害了消费者的合法权益。其中,江西江中医药贸易有限责任公司发布的广告宣称,其产品"江中牌儿童健胃消食片"的销量为"每天卖出71万盒"。经工商部门调查,这一数字与事实严重不符,属于欺骗和误导消费者。此外,"复旦名师精品课程"超经营范围,提供教育培训服务,并夸大宣传教师资质和教学效果;广东启德教育服务有限公司上海分公司虚称是"澳大利亚、英国、美国等上千所院校授权的官方招生代表";阿一海鲜酒家(上海)有限公司利用互联网站发布团购广告,将冰鲜龙虾宣传为"空运鲜活",将苏州生产的拉面宣传为"日本稻庭拉面",均违反了广告法的相关规定。

(资料来源:http://www.ahagri.gov.cn/detail_kj.asp?newsid=43557&typeid=44)

（二）利用潜意识操纵的问题

有些广告试图操控人们的行为,有时甚至诱导他们去购买他们本不需要的商品或服务,特别是当这些广告目标指向儿童的时候。研究指出,4岁以下的儿童讲不出广告的内容,但是这些广告却经常用快速切换或新奇的事物来吸引儿童,结果导致当儿童在电视上一看到玩具或食品广告就向父母嚷嚷"我要"。心理学家指出,人的行为会受到潜意识的影响。很多广告策划者利用潜意识原理,通过广告操纵人们的消费行为。

（三）广告泛滥问题

广告泛滥已不是一个新鲜的问题。虽然广告可以为消费者提供很多有用的信息,可以教会消费者很多知识,但是,过多的广告已经对消费者产生了不良的影响,很多普通消费者认为过多的广告会使人感到厌烦或无所适从。

（四）广告作品低俗化问题

利用低俗性的诉求、低俗的语言引起消费者的注意,是广告中经常出现的问题。比如,在2002年,有家涂料企业以"好色之涂"作为自己的广告语,利用谐音来引起消费者的注意,而且,在户外广告、车体广告设计中特意加大"色"字,希望引起刺激性话题。

【案例1.6】

"等你来包""好色之涂"广告引起争议

一个竖立在深圳闹市区的"广告牌发包"的广告引起了人们的激烈争论,这幅广告左半部是一位性感女子的巨幅剪影,下面写着一行"等着你来包"字样。有市民称其为"包二奶"广告并投诉到有关单位。无独有偶,北京晚报报道说,在北京也有类似的广告。在北京四通桥下立着一个醒目的广告牌,上面写着醒目大字"有本事就上",让人想入非非,实际上,这是一个招聘网站的广告。

还有,最近在京城的一些公交车站出现了一幅关于涂料的广告,广告词为"好颜色之涂料",但"颜"和"料"二字用白色的小字排在其他字之外,人们一眼看到的是黑色醒目的"好色之涂"四个大字。因汉语有同音不同字的特点,这几个字很容易让人读成"好色之徒",设计者显然是想以此引起人们的注意。很多人说,这样的广告创意让人感觉不太舒服。

细心的人不难发现,近来,带有相似性意味的广告层出不穷,从女模特胸前纽扣崩开或者拉链半开,寓意商场开业的开张广告,到"想知道亲嘴的味道吗"的口香糖广告以及某化妆品广告在女模特的脸旁打上大大的"好色"两个字,广告制作人纷纷用"性暗示"来抓"眼球"。有人说,性暗示是当前广告创意的一种发展趋势,打广告就是为了向消费者传递商品信息,如果广告引起消费者的注意,就什么都成功了。

对此,广告界业内专家、北京广播学院段鹏博士认为,广告制作本身虽然没有道德教化的责任,但也不能触犯所在社会的道德文化认知。中国有自己的民族性,在这种文化环境中,广告创意不能只看重知名度,还要考虑美誉度。

（资料来源: http://www.southcn.com/news/community/shzt/advertisement/bjzl/200311280542.htm）

(五) 诱发不良生活形态和价值观问题

广告,尤其是广播、电视这些大众传媒上的广告,会对人们的生活形态和价值观产生潜移默化的影响。短期也许会增加销量和服务需求,但长期潜移默化的影响却会改变人们的行为模式。口红广告短期影响或许会使女孩购买更多的口红,而长期则会影响女孩的生活形态。Benet's 和 Calvin Klein 的广告所展示的一些瘦身年轻人也许会暗示并说服年轻人必须保持非常瘦的身材,而这样做其实有可能付出健康的代价。另外,一些广告主利用广告能引导消费、改变消费观念的功能,故意倡导一种奢靡之风,煽动消费者的购买欲望,使消费者追求和向往那些并非生活必需的东西,如"牛奶浴""黄金宴"广告等。

(六) 对家庭及学校教育影响问题

儿童的心灵是一块白板,正确的价值观念如果不去占领,错误的价值观念就会占领。

英国专栏作家阿什利说过:含糖的食品只会腐蚀孩子的牙齿,商业文化腐蚀的是年轻人的心灵和价值观念。他认为今天的社会,对儿童影响最大的已经不是学校的教学大纲、神父的谆谆教导、政府的规章立法或父母的言传身教,而是广告。儿童是广告最易影响的对象,几岁的儿童虽然不识字、不会背诗文,但只要坐在电视机前,就能随口说出许多广告词,且易受广告影响而指定要购买某种产品,如果广告特别是儿童用品的广告不真实,对儿童产生的反面作用是显而易见的。有社会学家指出,儿童是弱势群体,广告必须保护儿童不受误导,在广告中使用儿童模特及针对儿童的广告都必须与儿童节目区别开来。

(七) 文字污染问题

借谐音乱改成语、常用语几乎成了一些商家做广告的主要手法。比如,"十全十美"被餐饮店改为"食全食美","依依不舍"被服装店异化成"衣衣不舍","一往情深"被网吧衍生为"一网情深","刻不容缓"被止咳药品厂家改成"咳不容缓",这些广告语严重地污染了语言文字。学生正处于接受学习新事物的阶段,社会上滥用、误用的词语会对学生产生潜移默化的影响并造成不利的影响,对学生学习语言文字造成误导。

(八) 文化商品化问题

近年来,随着市场经济的发展,文化的商业价值得到了更大的体现,很多时候甚至忽视了它的社会价值,结果就是文艺作品种类和数量大量增长,质量却参差不齐,精品较少,出现"文化商品化"倾向。

【案例 1.7】
《非诚勿扰》植入式广告的泛滥

当电影的贴片广告变得像电视广告一样,麻木的观众已经忘记了究竟谁在为此买单,而众多商家已经开始将"魔爪"伸入到影片内容中,"开辟"出广告植入这样一个新的营销理念。在 2008/2009 年的贺岁档,由于《非诚勿扰》《桃花运》《爱情呼叫转移 2:爱情左右》《大搜查》

《女人不坏》以及《疯狂的赛车》等多部影片对观众进行的轮番广告"轰炸",让广告植入再次成为热门话题,甚至有网友将各个电影的植入广告总结出来贴到了网上。在市场经济和消费文化主宰的当下,投资方看重的是利益回收,而观众或嬉笑怒骂或默默接受,都会更加挑剔广告与影片本身的融合。《非诚勿扰》里的植入广告可谓是登峰造极,一些产品或服务的身影都会在影片中看到,如中国移动通信、大中华航空(海航)、清华同方电脑、茉莉餐厅、巴黎贝甜咖啡、剑南春、美年达、汇源果汁、XO酒、招商银行、摩托罗拉手机、万国公墓、杭州西溪湿地、斯巴鲁汽车、LV皮箱、北海道旅游局、中信证券、温莎威士忌、Costa邮轮等。

(资料来源:http://www.beelink.com.cn/20090108/2631038.shtml)

第四节 广告的起源与发展

广告作为市场经济条件下供求信息传播的中介和手段,具有悠久的历史。广告的发展与信息供求及其社会形式的演变密不可分。仅从媒体的标志性演变角度看,广告发展脉络大致如下:从最初以实物中介、口头叫卖和商标牌号为主要形式的古代广告时期,发展到以报刊、杂志等平面媒介为主体的近代广告时期,直至以广播、电视等电子信息网络为强势媒体的现代广告时期。广告在世界各国的产生和发展虽然都不太一样,但却有着共同的规律,它们都是随着商品的产生而产生,随着经济和科技进步的发展而发展。每一次传播手段的发明和更新,都对广告业产生了巨大的推动作用。

一、国外广告发展简史

(一)古代广告时期(1450年前)

国外广告的历史源远流长。考古学家在埃及古城亚伯斯遗址上发现一份写在羊皮纸上的三千年前的告示,内容是埃及的一名奴隶主悬赏缉拿逃奴,有关专家认为这是国外最早的海报式文字广告。

国外最初的广告可以说是从叫卖和实物陈列发展起来的。文字发明后不久,就被广泛运用到广告上,当时陶器、青铜器被刻上的一些文字符号可以说是最早的文字广告。

在古希腊、古罗马时期,一些沿海城市的商业也比较发达,广告已有叫卖、陈列、音响、诗歌和商店招牌等多种形式,在内容上有推销商品的经济广告、文艺演出、寻人启事等,还有用于竞选的政治广告。利用街道两旁的围墙做广告,在西方国家颇为流行,被火山爆发埋没已久的意大利西南部山麓古城庞贝,当考古学家将它重见天日时,发现了1 600多处墙头广告。可见,这种广告在古代西方是相当普遍的。

(二)近代广告时期(1450~1920年)

在中世纪,我国印刷术传到西方,大大推动了西方印刷广告的发展。进入到15世纪以后,西方广告业迅速崛起。国外最早的印刷广告,是1480年英国第一个出版人威廉·卡克斯顿印刷的宣传宗教书籍的广告,随后各国相继出现了形式多样的印刷广告。

在国外近代广告史上,影响最大的是报纸广告,其次是杂志广告。1622年,英国伦敦《每日新闻》第一次刊登了一则出售书籍的广告,据说这是英国最早的报刊广告之一。到了17世纪中期,咖啡、茶叶等商品广告和戏剧广告陆续登上报坛。据《美国小百科全书》称,直到1712年,英国在广告方面享有世界领导地位的声誉。在17世纪,世界广告中心是英国,到了18世纪,美国广告活动迅速发展,广告活动中心逐渐转移到了美国。1704年,美国的第一张报纸广告出现在约翰·坎贝尔创办的第一份连续印刷的报纸《波士顿新闻信札》上。随后,报纸广告不断增加,到了1840年,美国发行的报纸高达1 200多种。1840年,美国出现了广告经纪人,从而改变了广告的经营方式。1849年,美国出现了第一家广告公司,使美国的广告逐步成为一个新兴的行业。1865年又出现了广告代理公司。

在报纸广告迅速发展的同时,杂志广告也得到较快的发展,美、英、德、法等国都办有许多杂志,刊登各种商品广告。1740年,英国《观察家》杂志曾刊登咖啡、巧克力、拍卖物品、房产等广告。

(三)现代广告时期(1920年至今)

20世纪初以来,资本主义经济迅速发展,广告业也进入了蓬勃发展时期。这一时期的主要标志是电子广告问世,广告媒体日益多样化。科学技术日新月异,广播、电视、电影、电子计算机和卫星通信的发明及普及,使信息传播手段有了巨大的发展,广告业已经成为现代信息产业群体的中坚力量。

1920年美国商业广播电台创立,1926年出现了全国性广播电台之后,广播电台便成了前所未有的主要广告媒体。从20世纪初到二战前,广播成为继印刷媒体之后第二大媒体。1936年,英国伦敦出现了世界上最早的电视节目,标志着电视广告时代的开始。20世纪50年代彩电发明后,这种集音乐、画面和声音于一体的传播媒介显示出极大的优越性,成为最理想、发展最快的媒体。

除了报纸、杂志、电视、广播四大媒体之外,广告手段日新月异,更趋于多样化。人们还把广告内容制成邮寄品,这种邮政形式的广告主要有销售信、明信片、推广传单、征订单、货样目录、货物说明书等。随着现代科技的进步,又出现了空中广告,如飞机广告、气球广告、飞船广告以及烟雾广告等,这些空中广告都给人以新奇、壮观的感受。

随着市场竞争的日趋激烈,一些企业在广告活动中开始注意广告策略的运用,委托广告公司全面代理广告策划和制作业务。随着市场经济和广告业的发展,各种行业性组织的成立,国际广告界的各种行业性组织也相继成立。1938年国际广告协会(IAA)成立,1978年亚洲广告协会联盟成立。此外,世界广告行销公司(WAM)也是颇具影响力的世界性行业组织。

现代广告公司已经发展成为集多种代理职能于一体的综合性信息服务机构,如为广告收集市场信息、分析消费趋势、提出产品开发意见并将其产品推向市场,为企业提供从形象到设计、新产品开发到售后信息分析的整体策略服务。广告业已发展成为能创造巨大价值的信息化产业。

二、国内广告发展简史

国内广告发展史可以分为三大阶段。鸦片战争以前可笼统归为古代广告时期,这个时期广告媒体形式主要是口头、招牌及零散的印刷标语等。鸦片战争以后至新中国成立前,为近代广告时期,其最显著的标志是报刊广告的出现,广告业初具规模。新中国成立后至今为现代广告时期,现代广告业运作模式与技术被大规模引进和推广,我国广告业得到快速发展。

(一)古代广告时期(1840年以前)

我国的广告历史相当悠久,其起源可以追溯到三千年前。早在殷周时代,我国就出现了口头吆喝广告。伟大诗人屈原在《天问》中写道:"师望在肆,昌何识?鼓刀扬声,后何喜?""师望"就是历史上辅佐周文王建立霸业的姜太公,他原是一个屠夫,"鼓刀扬声"就是形容他在卖肉时敲着刀高声吆喝以招徕顾客。后来吆喝逐渐发展成为有板有眼的各种腔调,使人一听便能分辨出叫卖者的行业。有人还在叫声中运用了艺术手法,使叫声变得动听起来。至今有些叫唱仍在延续,比如样板戏《红灯记》里的"磨剪子来,戗菜刀……",叫唱大概就是广告作为一门艺术的最初萌芽。

但叫唱毕竟费口舌,于是叫卖过程中又发明了一些广告道具作为代用品,或敲打或摇晃以发出的特殊音响来引人注意,如卖货郎手敲小铜锣,布贩子手摇"拨浪鼓",理发挑手晃"唤头叉"等。

边走边叫,主要是走村串巷的流动商贩采用的广告形式,而坐地商贩则发明了招幌广告来吸引顾客。招幌广告多以酒旗或幌子做广告。距今有两千多年的《韩非子·外储说》中记载:"宋人有沽酒者……悬帜甚高。"这里的"帜"就是酒旗。我国著名古典小说《水浒》也描写了北宋商人利用酒旗做广告的情景。书中写道:武松"望见前面有一个酒店,挑着一面招旗在面前,上面写着五个字:三碗不过冈"。可见,在我国古代酒旗是一种相当广泛的广告形式。

招牌广告也是我国古代广告中常见的一种。北宋著名画家张择端画的《清明上河图》,就生动地描绘了当时街市的一派商业繁荣景象,画中招牌广告相当普遍,各家设置的招牌、横匾、立标等就有30多处。明清古典市井小说中的插图多有显现店铺门楼、匾牌字号的内容。到了晚清至民国,招牌和幌子这类广告形式已基本成熟。直至现在,招牌和幌子都得到普遍运用。一些老字号招牌,如"全聚德""六必居""同仁堂""双合盛"等得到经营者的珍爱和承传,成为我国文化的一部分。图1.3为浙江乌镇里的招牌广告。

随着印刷术的发明和使用,我国又产生了印刷广告。现藏于上海博物馆的北宋济南刘家功夫针铺广告铜版(图1.4),说明我国是最早采用印刷广告的国家,比西方第一份铅印广告早400多年。

图1.3 浙江乌镇招牌广告

图1.4 北宋时济南刘家功夫针铺的印刷铜板

除了文字印刷广告,我国最早的广告画也出现在南宋。一幅距今700多年历史的眼药水广告,就属于广告画,画面形象生动,情趣盎然。

(二)近代广告时期(1840~1949年)

印刷技术的发展促进了近代广告的发展。近代广告的代表是报刊广告。我国是世界上创办报纸最早的国家之一,但我国古代报纸是由历代的"邸吏"负责传发的,缺少新闻和言论,广告无从谈起。

鸦片战争后,西方商品开始向中国倾销,外国商人为了在中国推销商品,沟通中外商情,开始在中国创办商业报纸。首先,是在香港兴办起来的英文商业报纸,如《中国之友》《德臣报》等,刊载行情、航运等信息以及其他广告内容,继而中文的商业报纸纷纷出版,创刊于1853年9月3日的香港第一份中文报刊《遐迩贯珍》,除经营广告业务外,还率先宣传广告对商业的作用。

19世纪60年代后,上海成为商业报纸的出版中心。其中著名的报纸如《上海新报》《申报》等,从报纸经营和商品促销的需要出发,都热衷于刊登广告。这一时期的报纸,起初刊载的大部分是外商广告。进入19世纪80年代后,有关金融、书籍、药品等内容的广告增多了,与一般市民生活的关系逐步密切起来,广告的表现形式、插图及说明文字逐渐体现出中国风格。

维新运动前后,我国一些具有资产阶级思想的知识分子意识到报刊宣传的重要性,相继创办了具有商业性质的报纸,如《昭文新报》《苏报》《湘报》等,都登载广告信息。

随着思想解放运动的高涨,宣传介绍先进思想的报刊也纷纷创办起来。这些报刊为配合抵制洋货运动,曾大量刊登了民族工商业的商品广告。图 1.5 为成立于 1892 年的张裕葡萄酒企业的早期广告。

图 1.5　张裕葡萄酒早期广告

清末民初时,杂志广告也比较活跃,如《东方杂志》每期都刊有涉及中外商品信息的广告。除报刊广告外,其他形式的广告也在我国陆续出现,这些广告主要有广播广告、霓虹灯广告、路牌广告、橱窗广告等。

(三) 中国现代广告时期(1949 年至今)

新中国建立至今为中国现代广告时期,该时期可分为三个阶段:恢复阶段、停滞阶段和发展阶段。

1. 恢复阶段(新中国建立至 60 年代初期)

新中国成立后,党和政府对旧广告业进行了社会主义改造,以使其适应经济恢复和发展的需要。从传播媒体来看,《北京日报》《解放日报》《文汇报》《大众日报》等 253 种报纸从建国初开始创刊、复刊,并陆续刊登广告。北京、上海、南京、天津等 83 座广播电台在建国不久就开设了广告节目。随着各地传播媒体业的发展,广告业开始恢复和发展,但这一阶段的广告发展比较缓慢。

2. 停滞阶段(20 世纪 60 年代到 1979 年)

由于社会对广告的认识出现偏差,把商业广告看成是资本主义的产物,在"文化大革命"期间,广告业受到了前所未有的破坏。"文化大革命"中得以保留的广告业是生产资料广告,再有就是电影、书籍类的广告,如毛主席诗词、样板戏的广告等。

3. 发展阶段（1979 年至今）

中国广告业真正发展时期，是从党的十一届三中全会以后开始的。

1979 年中共中央宣传部发出《关于报刊、广播、电视台刊播外国商品广告的通知》。1979 年 1 月 14 日，《文汇报》上刊登了一篇题为《为广告正名》的文章，打破了中国广告业多年来的沉寂。就在这篇文章发表两周后，1 月 28 日，《解放日报》刊登了上海食品公司和上海药材公司的广告，上海电视台播出了"参桂补酒"的广告，这是中国第一条电视广告。1979 年 3 月 15 日，上海电视台播出我国历史上第一个外商电视广告——"瑞士雷达表"，这时距离 1941 年美国播出全世界第一则电视广告，时间已过去了整整 38 年。1979 年 12 月，中央人民广播电台开始播发广告并于 1980 年 1 月开办广告节目，我国的广播广告得到恢复。1979 年 3 月 23 日，《解放日报》和《文汇报》同时首次分别用整版刊登美能达和精工表的广告；4 月 17 日，《人民日报》开始登载汽车、地质仪表的广告，报纸广告重新登堂入室。

此后，我国广告业驶入持续发展的快车道，1993 年 7 月，国家工商行政管理局和国家计划委员会共同制定了《关于加快广告业发展的规划纲要》，明确广告业是知识密集、技术密集、人才密集的高新技术产业，提出我国广告业的发展战略和重点目标，进一步推动了我国广告业的发展进程。我国广告公司不断发展壮大，广告媒体也形成了空前的繁荣景象，广告研究也在逐步深入。随着我国广告业的不断发展，广告管理工作也逐步从分散到系统，行政管理也转向以法治为核心的综合管理，广告业逐步走向规范化。

三、当代世界广告发展概况

（一）当代世界广告业的特征

当代广告业的特征主要表现在以下三个方面。

1. 世界广告业受世界政治、经济等宏观环境的影响越来越大

2001 年"9·11"事件使美国经济和广告业严重受挫，2003 年 4 月至 5 月的伊拉克战争也明显影响了美国的广告市场。据 Taylor Nelson Sofre' CMR 公司的计算，伊拉克战争第一个星期，美国电视广告支出便减少了 7 700 万美元。2003 年爆发的非典（SARS）危机，使中国经济和亚洲经济遭受了巨大打击，中国广告业和亚洲广告业也受到巨大的挫折。

2. 目标市场策略在广告受众中得到不断应用

细分市场策略的流行及新技术的出现促进了目标营销观念的发展。从世界广告来看，目标营销长期以来一直是广播电台的技巧，通过用特定节目来吸引潜在听众。但是现在，媒体与科技的结合已经为其他媒体更加精确地传递信息创造了条件。例如，一家卖高档汽车的公司如果发现自己在地方性报纸上做的广告效果不好，那么，这家公司可能就会设计网站，以此来针对目标消费者提供有用的信息。

3. 兼并浪潮此起彼伏，广告公司趋向集中化

自 20 世纪 80 年代以来，大公司买小公司以扩充其业务，而大公司则与其他大公司合并，广告集团则在全球范围内收购广告公司,借此在全球市场上扩充自身的业务领域和实力。促进世界性广告公司出现的第一个原因就是跨国公司的出现。越来越多的企业已经逐渐变成跨国公司,如可口可乐、IBM 等,这些跨国公司要求开展全球性的广告活动。第二个原因是全世界新的消费市场的出现,如亚洲等新兴市场的出现。这些新的市场,给跨国企业提供了巨大的产品销售机会,也给跨国广告公司提供了机会。

(二)世界主要广告市场概况

当前,世界有三大广告市场:北美、欧洲及东亚。

美国是世界的第一广告大国,美国广告是美洲广告业中的主导力量;德国、英国、法国、意大利等国家的广告业在欧洲广告业中占有重要地位;日本广告业在东亚广告业和世界广告业中都占有重要地位。由于中国经济的快速发展,中国广告也日益在亚洲广告市场中显示出自己的力量。北美、西欧和日本占了世界广告市场的绝大部分市场份额。

从全世界范围来看,有些城市的广告业非常发达,如美国的纽约、日本的东京、英国的伦敦、法国的巴黎、德国的法兰克福、意大利的米兰、澳大利亚的悉尼、巴西的圣保罗、韩国的首尔等,许多世界著名广告公司总部都设在这些城市。美国的纽约更是被称为世界广告之都,2002年,按照核心广告收入进行排名的世界前十位的广告公司中,有七家总部设在纽约(另外,有两家总部设在东京,一家总部设在芝加哥)。

四、当代国际广告发展的新趋势

进入 21 世纪后,国际广告发展迅猛,呈现出一些新趋势。

(一)广告竞争国际化

当今国际经济区域性集团和行业性集团的出现,促使广告公司必然向集团化的方向发展,这成为未来广告业发展的一种趋势。1986 年,广告代理公司出现大规模的兼并,整个欧美广告市场被几个超级集团所瓜分,许多老牌广告公司被吸收进垄断集团之中。发展集团化、国际化、具有规模优势并能提供整体服务的大型广告代理公司,是当代广告业发展的趋势与要求。广告国际化在组织上的发展还带来其他一些广告业的变化趋势,如广告语言全球一体化及跨国广告公司对国际广告人才的需求等。

【案例1.8】

奥美开拓中国市场

奥美环球于 1948 年由"现代广告之父"大卫·奥格威在纽约始创。在中国、韩国和越南市场,奥美是第一家成立分支机构的外资广告代理商,并拥有亚太区最大的关系行销集团。2002 年,奥美环球以 5.89 亿美元的总收入排名全球第 11 位。过去 50 年来,奥美环球帮助许多跨国企业建立了品牌,如美国运通、西尔斯、福特、壳牌、芭比、旁氏、多芬、麦斯威尔、IBM、摩托罗拉、联合利华和柯达等。

1991年，奥美环球与中国内地最大的国有广告公司——上海广告公司合资成立了上海奥美。目前，上海奥美已在上海、北京、广州、香港等地开设办事处，员工达1 500余名。上海奥美已成为全方位区域网络的组成部分，为客户提供广告、公共关系、顾客关系行销、互动行销、电话行销、视觉管理、市场调研、促销规划和美术设计等全方位传播服务。目前，其在中国的客户包括IBM、摩托罗拉、宝马、壳牌、中美史克、柯达、肯德基、上海大众、联合利华和统一食品等。

（二）广告传播网络化

国际互联网的迅猛发展，使得网络广告正如日中天。随着网上交易的不断增加，网上广告也越来越被人们看好。尽管网络广告在广告业中的份额还较小，但其发展势头十分强劲。网络广告已成为21世纪最重要的广告媒体之一，甚至被誉为继传统"四大广告媒体"之后的"第五大广告媒体"。

（三）广告制作高科技化

高科技促进了现代信息通信技术的发展，从而使广告媒体技术进入空前繁荣的发展时期。由于电脑技术的运用，广告业的调查手段和组织管理将更加现代化，范围将更加广泛，效率也将大幅度提高。电脑设计以其先进的技术手段在广告领域大显身手。高科技的运用，不仅开拓和发展了新的媒体技术，而且对原有的媒体技术进行了大幅度的改革，使其发生了质的飞跃。高科技的发展使世界广告业已经发生和正在发生巨大的变化，全球广告将向着电子化、现代化、艺术化、空间化的方向发展。图1.6为上海浦东巨型电视墙。

图1.6　上海浦东巨型电视墙广告

（四）广告创意表现更加戏剧化、知识化及柔性化

当今广告创意更加注重戏剧化、知识化与及柔性化。戏剧化是指广告创意要增强感染力，提高关注度；知识化是指广告创意要传达知识，改变消费观念；柔性化是指广告创意逐步从硬性推销广告转移到柔性宣传广告，如软文、植入式广告等。

第五节　广告学及与其他学科的关系

一、广告学的定义及研究内容

广告学是研究广告活动的过程及其规律的学科。其研究内容包括广告传播的演进、广告运作的基本原理和规则、广告活动的管理等多方面的内容。从时间上说,广告学是一门年轻的学科;从内容上说,广告学是综合了多门学科的边缘学科。

近年来,广告学研究进一步向纵深发展,使广告学的构成和内容得到了拓展和延伸,并衍生出新的分支学科,如广告心理学、广告社会学、广告传播学、广告美学、广告文化学、广告法学等。这些研究的深入和展开,为广告学的发展增添了新的内容。

二、广告学的性质

广告学以市场营销学与传播学为两大理论基石,包含社会学、心理学、新闻学等重要学科理论。

（一）广告学的市场营销学属性

广告最初是应社会的商品生产与商品交换而产生的,主要用来促进商品的销售。20世纪30年代,市场营销学兴起,即把广告作为商业活动中的一种促销手段和推广方式纳入到市场营销的研究范畴。现在,广告学已成为现代营销学的一个重要学科分支,其在经济领域中发挥的作用越来越凸现。

（二）广告学的传播学属性

20世纪50年代,广告作为一种传播方式和特殊的传播形态,在传播学兴起之时,即成为其重要的实证研究领域。在这一时期之后,广告的传播学研究也悄然兴起,逐渐成为广告学研究中的一个重要研究视角。

三、广告学与其他学科的关系

广告学是综合了经济学、管理学、传播学、心理学、社会文化、艺术、法律等多学科的知识后形成的独立学科,广告学与这些学科相互影响、相互渗透,彼此之间建立了密切的联系。

（一）广告学与市场营销学

1. 广告学与市场营销学的相同点

广告学与市场营销学均为商品经济发展的产物,它们同属于经济学范畴,它们活动的最终目的都是一致的,都是满足消费者需求、促成购买行为。

2. 广告学与市场营销学的不同点

市场营销4P组合包括:产品、价格、渠道及促销。其中促销要素包括广告、营业推广、人员推销以及公共关系。可见,广告只是市场营销促销组合要素之一,而不是促销组合的全部。市场营销学是以整个营销活动及其运动规律为主要研究对象的,广告也包括在其中。因此,市场营销学对广告学来说,具有一定的学科包容性。但广告学不等于市场营销学,广告学自有其特定的研究对象、范畴和内容。如果搞不清广告学与市场营销学的联系与区别,不仅会造成理论上的混乱,更会造成实际运作中的误区。如果无视广告只是营销的促销手段之一,过分夸大广告的营销功能,则必将导致营销的失败。

(二)广告学与新闻传播学

广告学与新闻传播学有着密切的关系,如果从传播学的角度来讨论,它们都属于大众传播的研究领域,二者的传播形式也大致相似。但由于它们传播信息分工不同,各自形成了不同的传播特点和表达方式,有相似之处,也有区别。

1. 广告学与新闻传播学的相似之处

它们都重视对传播媒体的研究与应用,注重信息的传播,它们对信息内容的要求和表达方式也极为接近。

2. 广告学与新闻传播学的不同之处

(1)运作目的不同

广告是有偿服务,新闻是无偿传播,有着不同的运作目的,这是二者的根本区别。

(2)对信息的认识和态度不同

广告和新闻虽然都重视信息的传播,但认识和态度却截然不同。新闻从大众的利益和需求出发,从新闻政策和新闻价值着眼,选择新近发生的、变动的事实,进行客观地介绍和报道。广告传递信息,则是自我宣传、自我强化,反映广告主的利益和意志。

(3)在媒体经营中的地位不同

广告和新闻存在着相互依存的关系,但其传播地位的不同也是显而易见的。没有新闻传播,广告便没有立足之本;没有广告,新闻传播则不能持续发展。

(4)传播频率不同

在传播过程中,广告和新闻的频率也是不同的。新闻传播新近发生的事实,一种媒体一般只能传播一次。广告可反复传递广告主认可的信息内容,而且只有重复,才能强化空间和时间上的传播效果。

(三)广告学与公共关系学

1. 广告学与公共关系学的联系性

广告活动需要公共关系的指导,也需要公共关系的帮助,公共关系活动需要广告活动的配合,广告学与公共关系学联系紧密。

2. 广告学与公共关系学的差异性

(1)传播目标不同

公共关系着眼于宏观、长远目标的开拓,为企业树立形象,增进社会公众的了解;广告侧重于微观经济领域,争取在短期内在最大市场范围内达到直接推销某产品或服务的目标,满足于眼前利益。

(2)传播方式不同

公共关系主要通过大众传播媒体来树立企业形象,多采用新闻报道、新闻纪录片、记者招待会、新闻发布会等形式,强调"说真话",做到准确、客观等;广告则研究如何引人注意,从而激发目标对象的消费兴趣和购买欲望,强调创意,用夸张、渲染、幽默的形式加深广告受众的印象,增强感染力。

(3)传播周期和范围不同

公共关系面向社会全体,业务内容涉及各个方面,信息传播具有长久性、综合性、战略性等特点;广告传播是在一定时期内集中传播某些信息,内容比较单一,影响随广告活动的增减而变化,传播对象主要是目标消费者。

(4)传播的侧重点不同

广告侧重于竞争,公共关系则侧重于和谐。广告的任务在于推销商品,公共关系则立足于组织与社会环境之间的和谐发展。

(四)广告与整合营销传播

整合营销传播这一观点是在20世纪80年代中期由美国营销大师唐·舒尔茨提出和发展的。整合营销传播从广告心理学入手,强调与顾客进行多方面的接触,并通过接触点向消费者传播一致的清晰的企业形象。

整合营销传播的中心思想是以统一的传播目标来运用和协调各种不同的传播手段,使不同的传播工具在每一阶段发挥出更佳的、统一的、集中的作用,最终强化品牌的整体传播强度和一致性,建立与消费者长期、双向、维系不散的合作关系,如图1.7所示。整合营销传播的基本要求就是,企业在传播信息时,要"用一个声音去说话"。

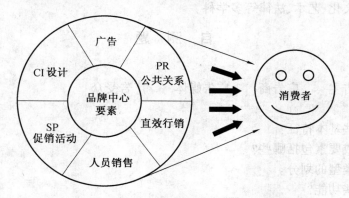

图1.7 整合营销传播的思想

(资料来源:李宝元.广告学教程[M].北京:人民邮电出版社,2005.)

(五)广告学与心理学

广告学与心理学的联系也很紧密。广告要取得理想的传播效果,研究消费者的心理活动是十分必要的。消费者在购买活动中,具有什么样的心理状态,有哪些欲望和需求,会产生哪些购买动机,采取什么行动等;在接触广告信息过程中,消费者又有什么样的心理变化,如认知度、态度、理解度、记忆度、喜爱度等,都需要运用心理学知识。

本章小结

广告是企业通过代理公司借助宣传媒体将商品或服务信息传递给受众的一种有偿宣传方式。广告的构成要素包括广告主、广告商、广告媒体、广告受众及广告环境。

现代广告种类繁多,分类方法也很多。一般采取的分类标准有赢利性、广告诉求对象、广告地理覆盖、广告宣传目的、受众影响力、广告外在表现等。

广告的基本职能是通过传播媒体向受众传递有关商品、服务等方面的信息,以促进商品或服务的销售。广告的具体功能主要有经济功能、社会功能、营销功能及传播功能。

广告的发展与信息供求及其社会形式的演变密不可分。从媒体的标志性演变角度看,广告发展脉络大致如下:从最初以实物中介、口头叫卖和商标牌号为主要形式的古代广告时期,发展到以报刊、杂志等平面媒介为主体的近代广告时期,直至以广播、电视等电子信息网络为强势媒体的现代广告时期。

广告学就是研究广告活动的过程及其规律的科学,包括广告传播的演进、广告运作的基本原理和规则、广告活动的管理等多方面内容。

广告学是以市场营销学与传播学为两大理论基石,社会学、心理学、新闻学等重要学科理论都包含其中。广告学具有营销学属性和传播学属性。广告学综合了经济学、管理学、传播学、心理学、社会文化、艺术、法律等多学科。

自 测 题

一、名词解释

广告　　广告主　　广告商　　广告媒体　　广告受众

二、问答题

1. 广告有哪些基本特征?
2. 广告的构成要素包括哪些?
3. 简述广告类型的划分。
4. 广告有哪些功能?
5. 有人说"广告不是万能的,但没有广告却是万万不能的。"你同意这种观点吗?
6. 广告有哪些副作用?
7. 简述广告学的定义及研究内容。

8. 简述广告学与市场营销学的关系。

三、案例分析题

广电新规催生植入广告时代

从 2010 年 1 月 1 日起，广电总局出台的《广播电视广告播出管理办法》正式施行。办法要求，播出机构每套节目每小时商业广告播出时长不得超过 12 分钟，电视剧插播广告每次时长不得超过 90 秒。

硬广空间的被压缩，本是观众的呼声。但对于广告商来说，无疑是一次前所未有的调控冲击。插播广告的受限，将导致传统沟通多元化，最大的可能是把更多的品牌商赶进植入式广告客户的行列。

"事实上，这两年在中国已经有了这样一个发展趋势"，突破传媒上海办公室总经理徐衡表示，植入式广告看来很可能成为电视媒体新的经济增长点和发展热点。这一营销方式不仅运用于电影、电视，还可以"植入"各种媒介，比如报纸、杂志、网络游戏、手机短信，甚至小说之中。

2008 年，据称是"联合利华全球范围内最大一笔广告投入"的《丑女无敌》开创了植入式广告的先河，但也饱富争议。丑女林无敌在有多芬 LOGO 的电脑屏幕上写日记，还有穿着印有多芬 LOGO 的布娃娃是联合利华并未在中国上市的产品，办公环境中的工作人员都离不开立顿茶的陪伴，招待客户也是拿着立顿黄色的茶杯去冲立顿奶茶，概念公司的广告发布会发布的产品是联合利华新产品清扬……如此明显的植入式广告，从《丑女无敌》与"雷人"一词的连接次数就足以判断，该剧被视为了一部干扰正常观赏感受的高频"广告剧"，有观众留言质疑："这到底是在电视剧中放广告，还是在广告中播电视剧。"

联合利华意识到了这个遗憾。在筹划第三季时，联合利华中国媒体总监周博向湖南卫视表示，要给出"干净却有价值，长度和影响力足够"的品牌沟通。"如果只是品牌的 LOGO 扫一下的，一律给我去掉"。同时周博也并不否认，《丑女无敌》剧毕竟是首次尝试，各方的磨合和理解尚需进一步加深。但 1.7% 的收视率，全国 22 点档节目中占据了 9% 的最高市场份额，中国植入式广告虽初具雏形，但仍无异于给市场注入一剂强心针。

有数据显示，2009 年，中国已经以年产电视剧 1 万余集、电影 400 余部的制作量成为世界电视剧第一生产大国和电影第三生产大国，目前中国仅付费电视植入广告这一市场，预计 2010 年的规模将达到 3 100 万美元。如此利好的数据，将使以内容为王、以消费者为主导的植入式广告争夺战，在 2010 年步入群雄并起的时代。

（资料来源：http://www.adquan.com/article.php? id=4422）

问题

1. 你认为植入式广告能成为未来电视媒体发展的热点吗？为什么？
2. 你认为联合利华利用植入广告宣传产品或品牌是否成功？为什么？
3. 植入广告如果没有被观众看出来，广告对受众没产生影响，可以说植入广告不成功；植入广告如果被所有观众看出来,观众产生反感,可以说植入广告也不成功。如何平衡这两者的关系?

4. 在你所接触过的影视作品中,你觉得哪个植入式广告比较成功?为什么?

第二章
Chapter 2

现代广告理论

【学习目的与要求】

通过本章学习,要求学生了解广告传播理论、广告心理基础、CI 理论、ROI 理论及共鸣理论,掌握 USP、广告定位、品牌形象及广告主题理论,熟悉广告创意方法,在此基础上,能够将各理论灵活运用到广告策划中。

【案例导入】

独到创意引来强烈反响

平庸的广告只能做到"信不信由你",出色的广告则能做到"不由你不信"。要使一则广告成功,不仅要有正确的广告策略,而且要有完美的广告技巧。

香港有一家专营黏胶剂的商店,推出了一种新的"强力万能胶水"。店主想出了一个奇招:他请人定制了一枚价值 4 500 美元的金币,并用强力胶水把这枚金币粘在墙上,然后宣布谁能把金币揭下来,就归谁所有。一时观众如云,登场一试身手者不乏其人。然而,许多"大力士"费尽九牛二虎之力,仍然只能是"望币兴叹"。据说,更有一位自诩能"力拔千钧"的气功师,专程来店一展身手,闻讯而至的顾客,把小小的店铺围得水泄不通;连当地电视台记者也赶来采访。只见那位气功师运足了气,双手把住金币,"嘿"的一声,金币四周墙皮脱落,而金币却"岿然不动",气功师也丧气而去。于是,这种黏胶水通过目睹者的传播,名声远扬。这家商店的"强力万能胶水"很快便打开了销路。

在文学作品创作中,第一个将姑娘比作鲜花的是天才,第二个将姑娘比作鲜花的是庸才,第三个将姑娘比作鲜花的是蠢材。在广告创作中也同样如此,最忌千人一面、人云亦云的雷同化。广告创意贵在创,贵在新,贵在与众不同。

(资料来源:崔晓文.广告学概论[M].北京:清华大学出版社,2009.)

第一节　广告传播理论

一、广告传播原理

传播是指人类交流信息的一种社会行为,是人与人之间、人与其所属组织和社会之间,通过有意义的符号所进行的信息传递、接受与反馈行为的总称。

关于传播过程的几种代表性的模式如下:

美国传播学者戴维伯洛(1960年)认为,传播是一个动态的过程,没有界限;传播过程是一组复杂的结构;传播过程的本质是变动。他提出信息源(Sender)-信息(Message)-渠道(Channel)-接受者(Receiver)的"S-M-C-R"传播过程模式。

拉斯韦尔(1948年)认为谁传播(Who)、说什么(Says What)、通过什么渠道(in What Channel)、对谁说(to Whom)及取得什么效果(with What Effect)五因素构成一个完整的传播过程,即传播过程可以分解为传者、受者、信息、媒介及效果的"5W"模式。

奥斯古德·施拉姆的循环模式(1954年)认为传播过程是一个由传播者把自己所要传播的信息,按照通用习惯转化为一定的符号,然后通过一定渠道将信息传送出去,再由接受者将之还原成具有原来意义的信息活动。奥斯古德·施拉姆的循环模式引申出"传播单位"的思想,即每一个传播过程的参加者,都可看作"传播单位",兼有传者、受者两种身份,以及发信、受信、编码及译码四种功能。

广告是一个信息传播过程,广告效果如何,主要取决于广告与信息传播学规律的吻合程度。在传播学上,一般把人类的传播行为方式分为三大类型,即自我传播、人际传播和大众传播。广告的信息传播方式属于大众传播类型。大众传播(Mass Communication)是广告向消费者传播商品信息的最主要方式,但是由于广告的目标受众与大众传媒的受众不是完全重合的,二者不一致是客观存在的。如何科学地选择媒体及媒体组合,以便对广告受众进行有效覆盖,是广告信息传播要解决的一个焦点问题。

下面着重介绍两个经典的广告传播理论,即爱达(AIDMA)理论和扩散传播(CS)理论。

二、AIDMA 理论

AIDMA 理论最初由美国广告学家 E·S·路易斯于 1893 年提出来。他认为消费者在接受广告时的心理活动遵循如下顺序:Attention(注意)、Interest(兴趣)、Desire(欲求)及 Action(行动)。后来该理论推广到市场营销中,有人在 Action 前加上了 Memory(记忆),于是,就形成了所谓 AIDMA 模型和法则,如图 2.1 所示。

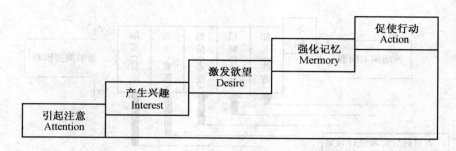

图 2.1 AIDMA 模型

（一）AIDMA 法则

AIDMA 法则是指在消费者从看到广告，到发生购物行为之间，动态式地引导其心理过程，并将其顺序模式化的一种法则。具体过程是：消费者首先注意到（Attention）该广告；然后对广告感兴趣（Interest）而阅读；接下来产生想买来试一试的欲望（Desire）；随后记住（Memory）该广告的内容；最后产生购买行为（Action）。这种由广告而引导消费者购买行为的心理变化就称为 AIDMA 法则。

（二）AIDMA 法则的应用

在广告行业，AIDMA 法则经常被用来解释消费心理过程。广告行业的人用它是为了创作实效的广告。实效广告对消费者心理历程和消费决策将产生诱导作用，也就是"引起注意→产生兴趣→培养欲望→形成记忆→促成行动"。在广告创作时，不要单纯地进行一种设计艺术的创作，而是要实现商业目标的创作。按照 AIDMA 法则，思考一下自己创作的广告，是不是将这五个环节在最后还能发挥影响力，还是只做到了让消费者引起注意，但不能让消费者产生兴趣。如果在第二个环节就对消费者没有任何影响力，那么广告可以说是无效的。

三、CS 理论

CS（Communication Spectra）意为扩散传播。CS 理论是与 AIDMA 相关的广告传播理论，与其不同的是，它关注的焦点不是受众的接受反应，而是传播者的目标管理。该理论认为，广告信息传播如同"光谱"，呈扩散状。一个新产品进入市场后，广告目标是分阶段循序渐进的，如图 2.2 所示。

首先是认知阶段，要让消费者知道广告主和商品名称；其次是理解阶段，给消费者更多关于商品功能、用途的信息，使其理解有关商品特性；然后是确信和刺激欲求阶段；最后，在购买行动阶段，广告应以促销为主要目标。

根据此理论，广告传播者应分阶段地设定广告目标，对广告活动进行目标管理。如果结合产品生命周期来看，广告扩散则呈螺旋状，如图 2.3 所示。

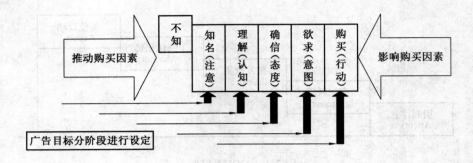

图 2.2 广告目标分阶段设定
(资料来源:李宝元.广告学教程[M].2 版.北京:人民邮电出版社,2004.)

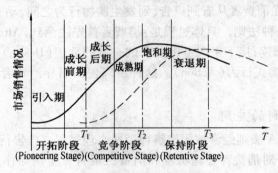

图 2.3 广告螺旋
(资料来源:李宝元.广告学教程[M].2 版.北京:人民邮电出版社,2004.)

第二节 广告营销理论

关于广告营销理论,最有代表性和最为流行的是整合营销传播(Integrated Marketing Communications,IMC)理论。

一、整合营销传播理论的基础

第二次世界大战后,大规模生产方式带来了制造业的繁荣。密歇根州立大学麦卡锡所提出的4P理论,基本反映了第二次世界大战后至20世纪50年代中期之前的市场营销实践。

20世纪90年代初,公司组织结构"权力下移"、家庭小型化、媒体剧增、电脑网络普及、消费者主权增强、人们的价值观和生活方式等都发生了巨大变化,所有这些都使营销方式相应发生根本性变化。在这样的背景下,劳特朋提出了4C理论,替代传统的4P理论成为被人们广泛接受的新理论。

4C 理论以消费者需求为导向,重新设定了市场营销组合的四个基本要素,即消费者(Consumer)、成本(Cost)、便利(Convenience)和沟通(Communication)。它强调企业首先应该把追求顾客满意放在第一位,其次是努力降低顾客的购买成本,然后要充分注意到顾客购买过程中的便利性,而不是从企业的角度来决定销售渠道策略,最后还应以消费者为中心实施有效的营销沟通。

与产品导向的 4P 理论相比,4C 理论有了很大的进步和发展,它重视顾客导向,以追求顾客满意为目标,这实际上是当今消费者在营销中越来越居主动地位的市场对企业的必然要求。按照舒尔茨的说法,企业营销和广告宣传的基本理念,就是由传统的"消费者请注意",转变为"请注意消费者",广告传播进入了"整合营销传播"的新时期。广告成为企业的一种长期投资行为,它所宣传的是大众消费者共同利益的最高点。

二、整合营销传播理论的思想

(一)整合营销传播的含义

整合营销传播理论是随着营销传播实践的发展而产生的一种新概念。整合营销传播的开展是 20 世纪 90 年代市场营销界最为重要的发展,整合营销传播理论得到了企业界和营销理论界的广泛认同。

整合营销传播的中心思想是以统一的传播目标来运用和协调各种不同的传播手段,使不同的传播工具在每一阶段发挥出更佳的、统一的、集中的作用,最终强化品牌的整体传播强度和一致性,建立与消费者长期、双向、维系不散的合作关系。整合营销传播的基本要求就是,企业在传播信息时,要"用一个声音去说话"。简单来说,整合营销传播的核心思想是将与企业进行市场营销所有关的一切传播活动一元化,其目标在于影响有选择的目标受众的行为。

(二)整合营销传播的不同方面

1. 从广告主的角度看整合营销传播

以广告、推销、公共关系等多种手段传播一贯的信息,整合传播战略,以便提高品牌和产品形象。

2. 从媒体机构的角度看整合营销传播

大型媒体机构拥有更多的媒体,它们实施整合营销传播不是用个别的媒体实施传播活动,而是以多种媒体组成一个系统,给广告主提供更好的服务。

3. 从广告公司的角度看整合营销传播

不仅是广告,还要灵活运用必要的推销、公共关系、包装等诸多传播方法,把它们整合起来,为广告主提供服务。

三、整合营销传播理论的操作要点

整合营销传播的操作要点有：①影响消费者行为；②从现有或潜在的客户出发；③运用一切接触方式；④获取协同优势；建立关系。

（一）整合营销传播的目的是影响传播受众的行为

营销传播所要做的不只是增强品牌认知或改善消费者对品牌的态度，还必须能够鼓励某种行为反应，促使人们采取行动。

（二）从现有或潜在的客户出发，改变"由内而外"的传播理念

"由外向内"思考问题，就是选择最能够满足客户对信息的需要并促使他们购买有关品牌的传播方法，然后再反馈到品牌传播者，促使他们针对消费者购买诱因进行研究，并确定传播策略。

（三）运用一切接触方式

整合营销传播强调运用一切传播方式和一切有关品牌或公司的接触来源作为潜在的信息传递渠道。整合营销传播的目的就是运用一切恰当的接触方法，迅速、有效地与目标受众进行沟通，以建立品牌认知，树立品牌形象。

（四）获取协同优势

"协同作用"是整合营销传播所强调的核心含义。一切传播要素（如广告、购买现场、促销、活动等）都必须"用一个声音说话"，要建立有力和统一的品牌形象，并促使消费者采取行动。

（五）在品牌和消费者之间建立一种关系

建立关系是现代营销学的关键，而整合营销传播是建立关系的关键。关系是品牌和消费者之间的一种持久联系，意味着多次购买甚至变为品牌忠诚者。建立和保持关系比不断寻找新客户更有利可图，这也是冠以"常客""忠诚"或"大使"等字眼的推广传播计划大行其道的原因。

第三节　广告心理理论

一、广告心理反应的基本原理

广告心理，是指广告受众在接受广告信息时所产生的一系列心理活动。广告心理研究的三项基本内容是购买动机、购买主体和购买模式，重点是研究消费动机与购买行为的关系。

从心理学角度来看，有效广告的焦点问题是如何吸引受众的"注意力"，并且使之"在微笑

中被说服",从而产生购买动机。所谓"注意",实际上就是人们在感知、认识外部世界时所进行的信息过滤过程。这种过程有时是主动的、积极的,即"有意注意";有时是被动的、消极的,即"无意注意"。从人们"注意"的心理动机来看,广告信息的有用性一般会引起受众的有意注意;广告信息的新颖性和趣味性一般会引起受众的无意注意。吸引受众注意力是提高广告心理效果的首要问题。要引起注意,首先刺激物要有新颖性,刺激物要超乎寻常;其次,刺激要达到一定的强度(广告的刺激强度主要体现在媒体和版面的大小、色彩的明暗程度以及广告的音响方面);再次,刺激物要与周围环境存在明显的反差;最后,刺激物要与受众利益相关。

广告要达到一种使"人们在微笑中被说服"的境界,就需要在心理上使人"感兴趣",并在"微笑"中通过理性的思维活动,认知和理解广告的商品或服务。

二、广告受众心理及其类型

(一)广告受众心理

广告的受众心理可以理解为广告受众对广告作品的接受心理,即受众对已发布广告作品的喜爱程度或接受程度。研究广告受众心理,是广告人应该重视的首要工作之一。如果不注重广告受众心理的研究,仅仅从自身的角度和主观的理解来创作广告,广告作品的效果则将大打折扣。

(二)广告受众心理的主要类型

1. 理智心理

理智相对于情绪而言,情绪心理往往支配人们产生冲动、即兴行为。对广告而言,如果广告作品大肆渲染某种伤感气氛,情绪化的人往往容易同悲同戚;相反,如果作品表现喜悦气氛,则会使其同欢同乐。理智心理则完全不同,理智者往往根据自己的经验或所掌握的信息来客观地评价面对的事物,他们不易受广告作品的诱导而产生冲动性购买行为。广告到底如何迎合受众的理智心理?国外广告巨子李奥·贝纳认为,广告只有朴实,才能抓住顾客的心。

2. 从众心理

从众心理是社会的一种普遍心理,即一部分人认同另一部分人的思想或行为,从而产生相同或相似行为的心理倾向。广告要想抓住从众心理,必须把握大众的心理偏好,创作出大多数人喜爱的作品,影响市场中的一部分人,继而产生先入为主效应,引起从众行为。

3. 仿效心理

仿效心理就是失去自我意识、自我客观评价标准而产生盲目从众行为的心理倾向。仿效心理与从众心理具有一定的相似性。若广告要迎合这种仿效心理,则应在遴选能诱发人们失去自我意识的刺激物上下工夫。例如,聘请名人作广告,就是利用了人们的仿效心理。

4. 逆反心理

逆反心理就是与心理影响施加者的期望方向背道而驰的心理抗拒。它一般表现为反感、反抗或抵制。逆反心理的形成,往往是由于施加影响者行为过分或不切实际地夸张造成的。广告人应当密切注意并研究人们的这种心理,绝不可主观臆断地夸大或不研究受众的心理承受力,否则,广告效果可能欲速则不达。广告要迎合受众的此种心理,必须客观、公正地诉求,甚至可以进行逆向思维诉求,即坦诚地阐述自己的不足。

三、受众视觉心理反应规律

据心理学研究,在正常情况下,人们获取信息的80%~90%都是由视觉系统实现的。在广告上,色彩与曲线对于广告受众的心理情感及视觉感受影响最为重要。

(一)受众对色彩的感受

广告受众对色彩的心理反应有一定的规律性可循。色彩有明、暗、冷、暖之分,它们给受众的心理感应是不同的。明朗的色彩有温暖、欢快、动态之感,暗淡的色彩给人以清凉、郁闷、死板的感受。除黑白亮色外,赤、橙、黄、绿、青、蓝、紫各有不同的冷暖色调,如图2.4所示。

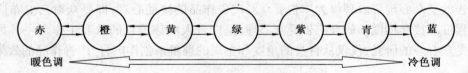

图2.4 色彩的冷暖

从引起注意的角度看,凡是通过眼睛水晶体的光线波长曲折越少,看起来就会越靠近,从而就会越引起注意。在各种颜色中红色最能引人注目就是这个道理。明亮的色彩不仅使人愉快,而且会使人充满激情和活力,而暗淡的色彩则给人死气沉沉的感觉。

广告设计者应针对不同的消费群体、不同的地区和时令,以及广告所宣传的商品品质及物理属性,在广告作品中选择最佳的色彩组合,以期收到良好的心理反应效果。

(二)受众对图形要素的感受

广告图案由点、线、面和色彩构成。不同形状的线在媒体受众心目中有不同的含义,也影响着广告效果。比如,直线代表果断、坚定、刚毅及力量,男性感;曲线代表柔和、灵活、丰满、美好、优美、纤细及犹豫,女性感;水平线代表安定、寂静、宽阔、理智、天空及死亡,内在感;斜线代表危险、崩溃、行动及冲动;垂线代表崇高、肃穆、行动、冲动、宁静、激情、生命、尊严、永恒;圆球形代表圆满,持续的运动;椭圆形代表妥协、中庸及不安定;等边三角形代表稳定、牢固及永恒。广告设计者只有熟悉这些图形的象征含义,才能用来有效地传递信息,使受众产生购买欲望。

(三)错觉与背景在广告心理中的运用

错觉是歪曲的知觉,即把客观存在的事物感知成不相符的另一事物。视错觉是所有错觉中最常见的。俗话说"眼见为实",其实眼睛看到的很多事物是不真实的,错觉是人们日常生活中普遍发生的一种视觉现象。在广告创作中,巧妙运用错觉往往会收到意想不到的效果。

错觉产生一般与背景物有关,在特殊的背景映衬下,同样的东西往往看起来是不一样的。在日常生活中,人们对长短、大小、距离、黑白、线条走向、形状等都会产生错觉,如图 2.5、2.6、2.7 所示。

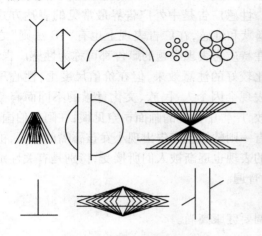

图 2.5 线段、面积视错觉

图 2.6 背景衬托下的视错觉

图 2.7 老妇还是少女?

在进行广告图案设计时,广告设计者应了解视错觉现象和视觉变化的规律,并适当地在广告作品中运用,以提高和改善广告视觉效果。

四、性心理的运用策略

性的本质是性别的内在特质,而性感则是这种特质的外在表现形式。性的表现符合人类生理及心理的需要,也迎合了大众的崇尚心理。性感广告是中外广告界最常见的表达方式之一,在广告创意上有"三大支柱"之称的恐惧、幽默和性感,在广告表现上也有"3B 法则"之称的美女、婴儿和动物。凡是以男性或女性的内在特质为表现主题的广告都可称为性感广告。

在广告表现上,恰当地应用性心理会收到比较好的注意效果,但在价值尺度上,性心理表现却具有相当大的弹性和相对性,同样的广告表现会因个人、民族、文化背景的不同而有截然相反的价值判断。比如在美国,性观念比较开放,广告中性爱的画面司空见惯;在阿拉伯国家,广告中如果出现裸体镜头,就是违法行为。曾有一则软饮料广告出现小女孩舔嘴的镜头,被认为是淫秽而遭禁。在国内,广告中有关性方面的表现也逐渐被人们所接受,特别是有关性别产品、妇女用品的广告中,有关性心理的运用较为普遍。

利用受众性心理做广告,应注意以下几点:

①广告作品必须具有一定的美学价值,格调要健康高尚。

②性感表达要把握好国情、民情。

③广告诉求对象应紧扣产品的功能和效用。

五、广告诉求策略

(一)广告诉求的含义

广告诉求是商品或服务在广告宣传中所要强调的内容,它体现了整个广告的宣传策略。广告诉求选定得当,会对消费者产生强烈的吸引力,激发消费欲望,从而促使其实施购买商品的行为。

(二)广告诉求策略

广告要进行有效诉求,必须具备三个条件:正确的诉求对象、正确的诉求重点和正确的诉求方法。

1. 诉求对象

广告的诉求对象即某一广告的信息传播所针对的那部分消费者。

①诉求对象由产品的目标消费群体和产品定位决定。诉求对象应该在目标市场策略和产品定位策略确定之后根据目标消费群体和产品定位而作出。

②产品的实际购买决策者决定广告诉求对象。根据消费角色理论可以知道,不同消费者在不同产品的购买中起到不同的作用。因此,家电类产品的广告应该主要针对男性进行诉求,而厨房用品的广告则应该主要针对女性进行诉求。儿童是一个特殊的消费群体,他们是很多产品的实际使用者,但是这些产品的购买决策一般由他们的父母作出,因此儿童用品的广告应

该主要针对他们的父母进行。

2. 诉求重点

广告向诉求对象重点传达的信息称为广告的诉求重点。

广告的诉求重点首先应该由广告目标来决定。如果开展广告活动是为了扩大品牌的知名度,那么广告应该重点向消费者传达关于品牌名称的信息;如果广告的目的是扩大产品的市场占有率,那么广告的诉求重点应该是购买利益的承诺;如果广告的目的是短期促销,那么广告应向消费者重点传达即时购买所带来的利益信息。

广告的诉求重点还应该针对诉求对象最为关心、最能够引起他们注意和兴趣的信息,因为企业认为重要的信息,在消费者看来并不一定非常重要。

3. 诉求方式

广告诉求方式从性质上可分为理性诉求和感性诉求两类。

(1)理性诉求

理性诉求是指广告诉求定位于受众的理智动机,通过真实、准确、公正地传达广告企业、产品、服务的客观情况,受众经过概念、判断、推理等思维过程,作出理智决定的表现策略。理性诉求可以采用直接陈述、数据、图表、类比等来阐述最重要的事实。

如何证明产品的功效,如何让消费者对产品所能满足的需要深信不疑?这需要对产品的功效进行解释或者示范。解释出为什么此产品会带来好的效果,是因为配方的改变,设计的改变,还是添加了新的成分,对诉求对象要有所交代,增添他们对于产品的信心,也可以借此区别于其他的同类产品,展示出独一无二的特性。

【案例2.1】

白加黑感冒片电视广告的理性诉求

五彩缤纷的电视画面突然消失,屏幕上一半黑一半白,而且信号极不稳定,此画面立刻引起人们的注意:"怎么了,电视机出毛病了?"正当你着急的时候,突然看到屏幕上出现一行字"感冒了,怎么办?你可选择白加黑呀!"紧张的神经这才松弛下来,而下面的广告信息已经乘机钻进你的脑际:"白天吃白片,不瞌睡,晚上吃黑片,睡得香"。这则电视广告不但引人注意,而且给人印象深刻。作为首先提出日夜片分开服用的感冒药品牌,白加黑了解中国消费者需求,提出了"白天服白片不瞌睡,晚上服黑片睡得香"的产品概念,并凭借着其人性化的产品定位和卓越的产品疗效在品牌创建的十几年间一直为消费者服务,解除其感冒烦恼。

理性诉求一般适用于高档耐用消费品、高科技产品,如汽车、计算机等;而中低档日用品,如酒类、化妆品、服装、食品等则使用较少。

(2)感性诉求

感性诉求是指广告诉求定位于受众的情感动机,通过表现与广告企业、产品、服务相关的情绪与情感来传达广告信息,以此对受众的情绪与情感带来冲击,使他们产生购买产品或服务的欲望和行为的表现策略。情感通常包括亲情、友情、爱情、对国家的爱、对人类的爱等。情绪则非常广泛,包括欢乐、忧愁、幽默、恐惧、荒诞等。

在广告中融入亲情、爱情、友情等情感,不但赋予了商品生命力和人性化的特点,而且容易激起消费者的怀旧或向往的情感共鸣,从而能诱发消费者对商品的购买动机。像南方黑芝麻糊的"黑芝麻糊哎——"、麦氏咖啡的"好东西要与好朋友分享"、贵州青酒的"喝杯青酒,交个朋友"以及百年润发的"青丝秀发,缘系百年"等情感型广告,在当时都取得了不错的效果。

感性诉求有时还用到恐惧诉求、幽默诉求和性感诉求。

①恐惧诉求。恐惧诉求强调态度和行为如果不做改变,则会面临一系列令人不快的后果。大多数恐惧诉求涉及身体方面的恐惧(如吸烟引起的身体损害、不安全的驾驶等),社会恐惧(如口臭、体味、头皮屑、不洁衣着、不合适穿着、做不可口饭菜等所招来的鄙视目光)也被运用于广告创意之中。需要注意的是,恐惧诉求常被指责为不道德,因为这类广告可能会引起消费者不必要的焦虑。

②幽默诉求。幽默诉求在广告中使用也较普遍。幽默广告可以对消费者施加以下影响:吸引消费者的注意力;强化消费者对产品的印象;增加人们对广告本身的喜爱。需要注意的是,幽默广告一般不会增加广告的说服力,可能还会影响到其可信度。

③性感诉求。性感诉求的广告是一种美丽图景,也是一种欲望表达。它具有几个基本特征:一是有美感,能给人以美好的情感遐想;二是不恶俗;三是与商品紧密相关,激发出的美感与商品具有关联性,能体现品牌产品的个性与情调。如 Levis 牛仔裤的一则广告,就是通过女性完美身材的展示来表现其贴身、性感的商品特征。这类广告给人以美的享受,进而引发消费者的购买欲望。

感性诉求广告的设计主要是为了建立积极的情感反应,而不是为了提供产品信息或购买理由。那些能激起温馨感的广告能引起一种生理与心理的反应,它们往往比中性广告更受消费者的喜爱,并使消费者对产品产生更积极的态度。感性诉求作为一种有效的广告策略,它的作用是理性诉求广告所难以超越的,但也不可一味使用,必须根据产品的特性适当使用,对于有些产品,理性诉求的效果会更好,如汽车等高档消费品。当然还可用情理结合的诉求策略,即用理性诉求传达信息,以感性诉求激发受众的情感,从而达到最佳的广告效果。

【案例2.2】
雕牌洗衣粉从理性诉求向感性诉求的转变

雕牌系列产品的广告诉求经历了一个从理性诉求向感性诉求的转变。初期,雕牌洗衣粉以质优价廉为吸引力,打出"只买对的,不买贵的"口号,暗示其实惠的价格,以求在竞争激烈的洗涤用品市场突围,结果反响平平。而其后的一系列关爱亲情,关注社会问题的广告,深深地打动了消费者的心,取得了良好效果,使消费者在感动之余而对雕牌青睐有加,其相关产品连续四年全国销量第一。"妈妈,我能帮您干活了",这是雕牌最初关注社会问题的广告。它通过关注下岗职工这一社会弱势群体,摆脱了日化用品强调功能效果等差异的品牌区分套路,对消费者产生深刻的感情震撼,建立起贴近人性的品牌形象。其后跟进的"我有新妈妈了,可我一点都不喜欢她"延续了这一思路,关注离异家庭,揭示了"真情付出,心灵交汇"的生活哲理,对人心灵的震撼无疑是非常强烈的。透过雕牌产品的广告诉求,我们可以看出:要使广告深入人心,诉诸人的情感是一种有效的方式。

第四节 USP 理论

一、USP 理论的提出

20 世纪 50 年代被称为"产品至上时代"。这个时期,由于第二次世界大战结束而带来相对和平的国际环境,各国经济迅速扩张,市场需求旺盛,大规模工业化生产方式逐步形成,产品趋向于同质化。在激烈的市场竞争中,如何使自己的产品在众多同质化产品中脱颖而出是企业不得不面对的问题。在这种背景下,USP 理论应运而生,成为当时广告界占主导地位的广告理论。

二、USP 理论的含义

20 世纪 40 年代,罗瑟·瑞夫斯在继承霍普金斯广告理论的基础上,根据达彼思公司的广告实践,对广告运作规律进行了科学的总结,首次提出 USP(Unique Selling Proposition)理论,并在 1961 年出版的《广告的现实》一书中进行了系统的阐述。

USP 理论,即"独特的销售主张",要求找出产品独具的特点,然后以足够强大的声音说出来,而且要不断地强调。

该理论有三个要点:

(1) 独特性

该主张必须是竞争者不能、不会或不曾提出的,它一定是独特的,是品牌的专有特点或是在特定的广告领域中没有提出过的说辞。

(2) 销售点

每个广告都必须向消费者陈述一个主张,一个实在的利益点,也就是卖点。

(3) 劝说力

提出一个令人信服的独特利益承诺,把顾客吸引到你的产品上来。精工手表的承诺:"10000 次撞击,依然精确无比!""12 年不必对时:双倍精确!"

> 【案例 2.3】
> ### USP 理论的经典案例
> 突出"产品的独特性"是 USP 理论的核心所在,这一理论在当时也确实创造了很多的销售奇迹和巨额的商业利润。利用 USP 理论最著名的案例是总督牌香烟及 M&M 巧克力豆。
>
> 罗塞尔·瑞夫斯在对总督牌香烟进行分析时发现,由于当时过滤嘴香烟刚面世不久,总督牌香烟过滤嘴中的过滤凝汽瓣有两万颗,比其他香烟多两倍。于是他将这种烟本身的特点原本地体现在广告中,结果广告一经播出,立刻引起轰动,不久,总督牌香烟就风靡全国,人们纷纷抱着好奇的心理来试试这一新产品,香烟一下子就打开了销路。
>
> M&M 巧克力豆最大的特点是,它是当时第一种采用糖衣裹着的巧克力,于是罗塞尔·瑞夫斯便创造了"只溶在口,不溶在手"的广告语,鲜明地点出了产品自身的这一特点。这又是 USP 理论的巧妙运用,并且这条广告语一直流传至今。直至今天,这句广告语仍是 M&M 巧克力豆的促销主题。

三、USP 策略的理论基础

(一)营销理论

在早期的市场营销活动中,卖方市场的格局使得企业采取的是大量营销的战略。随着经济的发展和生产力的提高,市场商品日益丰富,竞争也趋于激烈,依据标准化的同质产品很难再赢得消费者,因此差异化营销成为企业主要的营销战略选择。USP 策略正是这种差异化营销的产物。差异化营销是建立在差异化的产品基础之上,包括核心产品差异、形式产品差异以及附加产品差异。USP 策略的成功是因为它适应了现代市场差异化营销的要求。

(二)心理学理论

经研究表明,人的认知过程是一个有选择的心理过程,这种选择包括选择性注意、选择性理解和选择性记忆。要使自己的产品得到消费者的认知,广告信息必须能够让消费者注意到。消费者的认知规律:人们的注意和兴趣往往集中在那些重要的、有价值的或与自己需要相关的事物和方面;人们把握事物往往是通过事物的独具特征。USP 策略正是利用了人们认知的这种心理特点,在广告中宣传产品独具的特点和利益,使消费者注意、记住广告信息并促成其购买。

四、独特销售主张的提炼

USP 提炼的前提是产品的定位。USP 的提炼是营销组合中重要的一环。USP 提炼,对消费者而言,其核心就是界定产品在竞争定位中的沟通点,即让产品在受众心目中找到一个恰当的位置。

USP 提炼的思路可以归纳为六个方面,如图 2.8 所示。

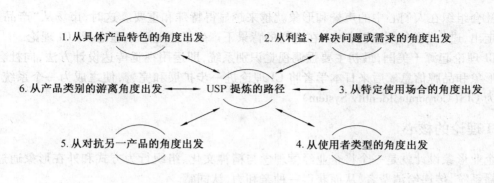

图 2.8 USP 提炼的思路

五、USP 理论的应用

在竞争激烈的市场环境中,企业的营销思路需要由过去以产品为中心转变为以客户为中心。"高质量、低价格"的策略已不能吸引客户,客户需要知道:企业到底擅长什么,与其他企业的区别在哪里。因此,USP 理论的应用成为当务之急。USP 理论的基本应用策略包括:①培养以市场为导向的观念,把注意力放在满足客户需求上,并将优越的价值传递给客户;②锁定目标客户群,应根据自身特点有所侧重,向适合自己的特定买家群体提供服务;③调查客户需求,通过各种途径与客户沟通,并努力寻找解决方案;④锁定竞争者,知己知彼是竞争取胜的前提;⑤善于自我调整来满足客户需求。

在中国市场,借助 USP 理论挖掘出独特表现概念,取得良好销售业绩的案例不在少数。例如,在纯净水、矿泉水市场中,乐百氏"27 层过滤"的独特卖点,农夫山泉"有点甜"的独特的销售说辞,都是 USP 理论的精彩演绎。USP 理论的最大受益者首推宝洁公司。就宝洁的洗发产品来说,去除头屑的"海飞丝"、令头发飘逸柔顺的"飘柔"、令头发加倍健康、亮泽的"潘婷",在细分的市场上,宝洁的这些洗发产品以其独具的特点和明确的利益承诺使其占据了中国洗发水市场的近乎半壁江山,证明了 USP 理论的不朽价值。

第五节 CI 理 论

一、CI 理论形成的历史背景

20 世纪 60 年代中后期,随着科学技术进步,新产品越来越多,大量模仿产品的出现使寻求"独具的销售主张"变得越来越困难。任何一种产品的畅销都会导致其他企业蜂拥而至,产品之间的差异变得越来越难以区分,甚至根本无法区分,而且也没有必要区分。在这种情况下,一个企业在市场中的生存和发展,只靠某种独特商品已远远不够。在广告宣传中,企业作为社会组织在人们心中的声誉和形象就越来越显得特殊和重要。这时,市场从"产品至上"时代走出,进入"形象至上"时代。在这样的背景下产生了企业形象理论,即 CI 理论。

CI 理论起源于美国,最初主要强调视觉识别系统,即运用视觉传达设计方法,向社会传递企业形象和品牌信息。后来日本学者将 CI 理论进一步扩展和完善,使之成为一个系统,所以又称为 CIS(Corporate Identity System)。

二、CI 理论的核心

企业形象设计就是一个将企业经营理念与精神文化、组织行为方式和外在形象通过一整套传播系统,传递给消费者,从而获得一种亲和力、认同感。

CIS 系统具体包括三个子系统,如图 2.9 所示。

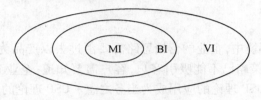

图 2.9　CIS 系统

(一)企业理念识别系统

企业理念识别系统(Mind Identity, MI)反映一个企业基本价值取向,包括企业经营战略、方针、价值观、文化,企业经营理念和经营哲学等,一般用简洁的、明确的语言来表达。例如,日立公司的"新技术的日立";飞利浦公司的"让我们做得更好";杜邦公司的"为了更好生活创造更好的产品"等。

(二)企业行为识别系统

企业行为识别系统(Behavior Identity, BI)是指在企业理念指导下所形成的一系列行为规范,一般通过经营活动规范和一些特殊活动(如公益、公关、促销、文体活动等),把企业和品牌的形象动态地加以表现。

(三)企业视觉识别系统

企业视觉识别系统(Visual Identity, VI)是企业形象视觉化的传达方式,其识别表达形式最多、层次最广,效果也最直接。

【案例2.4】
微软25年来首次更换公司LOGO

自1987年以来,微软一直都使用字体加粗的斜体字公司LOGO(图2.10),但这家公司在2012年8月23日宣布采用新的公司LOGO,这是该公司25年以来首次更换公司LOGO(图2.11)。微软品牌战略总经理杰夫·汉森表示,这个新的LOGO将由多种色彩构成的 Windows 图标与浅黑色的"Microsoft"字样合为一体,其目的"不仅是指明微软的传统遗产,同时还指明公司的未来,标志着公司未来的崭新面貌"。

在新的公司 LOGO 中,"Microsoft"字样以 Segoe 字体书写。与以前的 LOGO 一样,"Microsoft"字样中的"f"和"t"两个字母在新的 LOGO 中也是连在一起的。微软的新 LOGO 中第一次加入了一个图标符号,也就是由四个不同颜色的方形拼贴组成的正方形图标,这个图标会让人想起过去多年时间里微软一直都在使用的 Windows 操作系统的 LOGO。不过,Windows 8 操作系统的新 LOGO 已经变成单色,这个正方形图标由蓝、橙、绿、黄四色拼贴组成,这些颜色长久以来都与微软联系在一起,来自于这家公司的产品品牌。这些颜色传达了微软产品的多样性及微软所服务的用户的多样性。

图 2.10　1987～2012 年 Microsoft 经典 LOGO

图 2.11　2012 年微软公司全新 LOGO

MI、BI 和 VI 是三位一体的关系。MI 是 CIS 的灵魂,BI 是 CIS 的行为基础,而 VI 是 CIS 的关键系统。

三、CI 理论的应用

CI 的早期实践可以追溯到 1914 年德国的 AEG 电器公司首创 CI。AEG 在其系列电器产品上,首次采用彼德·贝汉斯所设计的商标,成为 CI 统一视觉形象的雏形。

二战后,国际经济复苏,企业经营者感到建立统一的识别系统,以及塑造独特经营观念的重要性。自 1950 年,欧美各大企业纷纷导入 CI 理论。1956 年,美国国际商用计算机公司以公司文化和企业形象为出发点,突出表现制造尖端科技产品的精神,将公司的全称"International Business Machines"设计为蓝色的富有品质感和时代感的造型"IBM"。八条纹的标准字在其后四十多年中成为"蓝色巨人"的形象代表,即"前卫、科技、智慧"的代名词,这也是 CI 理论正式诞生的重要标志。20 世纪 60 年代以后,欧美国家的企业 CI 理论导入出现了潮流般的趋势。60 年代的代表作是由无线电业扩展到情报、娱乐等八种领域的 RCA;70 年代的代表作是以强烈震撼的红色、独特的瓶形、律动的条纹所构成的 Coca-Cola 标志。60 年代到 80 年代,是欧美CI理论的全盛时期。日本企业在70年以后,我国企业在90年代后也开始创造自己的CI理论,从而使之发展成为一个世界性的趋势。

第六节 品牌形象理论

一、品牌形象理论的提出

20世纪60年代中期,大卫·奥格威所倡导的"品牌形象"观念,经由其著作《一个广告人的自白》而风行,市场逐步从"产品至上"时代进入"形象至上"时代。经过30多年的实践,品牌形象策略得到越来越多的工商业界和广告界人士的青睐,显示出其强大的生命力。现在,树立和强化品牌形象仍是许多广告创意的立足点,并代表了将来的趋势。美国广告研究专家拉里·赖特在谈到未来30年营销趋势时说:"未来的营销是品牌的竞争……拥有市场要比拥有工厂重要得多,而拥有市场的唯一途径就是拥有具备市场优势的品牌。"

二、品牌形象的理论核心

(一)广告中的品牌概念

消费者一般通过广告来认识品牌,在此基础上,消费者会对品牌产生情绪性的认同。广告理论中的品牌,与其说是市场营销学意义中的实体性的名称、符号及设计,不如说是一种心理上的存在,是附加了消费者心里感觉、印象和情绪的品牌。

奥格威认为:"品牌是一个错综复杂的象征,它是品牌属性、名称、包装、价格、历史、声誉、广告方式的无形总和,品牌同时也应根据消费者对其使用的印象以及自身的经验来界定。"广告策略中的品牌,体现为消费者对品牌所蕴涵的诸多信息的一种主观上的认识。正由于它是一种观念上的存在,这才为通过广告建立品牌形象提供了可能。

(二)品牌形象的概念

每个品牌都对应着一个形象。品牌形象是消费者对传播过程中所接收到的所有关于品牌的信息进行个人选择与加工之后留存于头脑中的印象和联想的总和。简单来说,品牌形象就是品牌在人们头脑中所形成的主观印象。这种印象是消费者接受外部刺激后慢慢形成的,是消费者的一种心里感觉、情绪和印象。

(三)品牌形象的理论核心

1. 塑造品牌形象是广告最主要的目标

广告的主要目标是为广告对象树立品牌形象,并为该品牌维持一个较高的知名度。奥格威认为,形象就是个性,产品和人一样,要具有个性。品牌个性是通过品牌传播赋予品牌的一种心理特征,是品牌形象的内核,它是品牌使用者个性的类化,是其情感附加值和特定的生活价值观的体现。

2. 每则广告都是对品牌形象的长期投资

品牌形象是广告多次反复地将某一产品与某个意象、某种个性和象征长期联系在一起所产生的心理效应。从长远观点来看,广告必须尽力去维护一个好的品牌形象。奥格威认为,企业一旦成功地塑造了产品的品牌形象,就拿到了一张通往高档品牌的通行证。

3. 描绘品牌的整体形象比单纯强调产品功能特征更重要

随着同类产品差异性的减小,品牌之间的同质性在增大,消费者选择品牌时进行的理性思考在减少。因此,在广告活动中,塑造并描述品牌的整体形象比强调产品的具体功能特征重要得多。耐克、阿迪达斯等国际知名运动品牌的广告早已不再强调某一产品的具体功能,而是邀请体育明星拍摄品牌形象广告,试图在受众心中树立本品牌的运动形象和精神。

4. 塑造品牌形象的实质是提升产品的心理附加值

消费者在购买产品时追求的是"实质利益+心理利益",对某些消费者来说,广告尤其应该重视运用形象来满足其心理需求。品牌形象理论着力打破产品功能至上的束缚,注重产品的附加值和消费者的心理感受。从品牌的特征入手,通过塑造品牌形象,创造产品的差异性,并以此作为诉求的重点,提炼广告的表现概念,使独特性的形象得到消费者的认可,从而促进产品的销售。大卫·奥格威在"海赛威"衬衫广告中塑造了穿"海赛威"衬衫、戴眼罩的俄罗斯贵族男子形象,并通过这一形象背后所蕴涵的具有悠久历史的、为贵族阶层所钟情的品牌内涵,在心理感受层面上与消费者实现了有效沟通,如图 2.12 所示。

图 2.12 "海赛威"衬衫广告

三、品牌形象的形成

奥格威曾提及过在加利福尼亚大学心理学系做的一次实验:研究员将一些蒸馏水给学生们品尝,问这些蒸馏水是什么味道,学生们说什么味道也没有。但当另外一些学生品尝同样的蒸馏水时,研究员们说这些蒸馏水是从水管里流出来的,大部分学生说味道很糟。仅"水管"一词便使学生们想到了氯的形象。这个例子说明,联想会对事物产生虚幻的形象、个性和象征。

品牌形象意味着人们从一个品牌所联想到的形象、个性和象征。也就是说,品牌形象给产品附加了虚幻的形象、个性和象征,使人们对同样的东西产生不同的感觉和情感,这正是品牌形象发生作用的心理基础。每一品牌及每一产品都对应着一个形象,对于相同的产品或品牌,消费者无法区分其内在的品质差异,借以辨别的是附加上去的个性和形象。这一形象,是通过广告传达给顾客及潜在顾客的。树立品牌形象,必须为品牌选择和创造合适的广告形象,以表现出品牌特质和个性,并能为消费者接受。品牌形象可以通过选择合适的模特、商标人物、拟人化的卡通形象、名人形象或普通人的形象来塑造。

四、品牌形象的评价指标

品牌形象可以用量化的方法来考察。常用以度量品牌形象力的指标有:品牌知名度、品牌美誉度、品牌注意度、品牌认知度、品牌传播度及品牌忠诚度。

(一)品牌知名度

品牌知名度是指品牌被公众知晓的程度。考察知名度可以从三个不同角度进行,即公众知名度、行业知名度及目标受众知名度。

(二)品牌美誉度

品牌美誉度是指品牌获得公众信任、支持和赞许的程度。对美誉度的考察也可从公众美誉度、行业美誉度及目标受众美誉度三个方面研究。品牌美誉度反映出品牌对社会影响的好坏。

(三)品牌注意度

品牌注意度指品牌引起公众注意的能力,主要指品牌在与公众接触时的引人注目程度。

(四)品牌认知度

品牌认知度指品牌被公众认识、再现的程度,从某种意义上是指品牌特征、功能等被消费者了解的程度。

(五)品牌传播度

品牌传播度是指品牌在公众中传递的能力,主要指品牌的传播影响能力。

(六)品牌忠诚度

品牌忠诚度是指消费者在购买决策中,多次表现出来对某个品牌有偏向性的行为反应。

它既是一种行为过程,也是一种心理过程,它与消费者本身的特性密切相关。

第七节 广告定位理论

一、定位理论提出的背景

同 USP、CI 理论一样,品牌形象也有局限性。它们的共同点是,都从商品或企业本身出发,即"从里向外"考虑问题。在市场上,各企业都为自己树立声誉,有各自特殊的企业形象,结果大量相互干扰的广告充斥消费者脑海,最终谁都难以建立鲜明的品牌形象。

进入 20 世纪 70 年代以后,市场发生很大变化,进入所谓"生活导向"时代。一个企业不仅要考虑"消费者需要什么,我就生产什么",而且还要从消费者出发,"从外向里"思考问题,必须走在消费者前面,走到生活中去,为消费者"设计和创造生活"。于是,衡量和确定广告宣传的商品在消费者心目中究竟处于什么位置,就成为广告成败的焦点问题。

在这样的背景下,广告专家里斯和屈特从 1972 年开始,在《广告时代》杂志上以《定位》为题发表系列文章,提出了新的广告理论,即广告定位理论。目前,广告定位理论已超越原先作为一种"传播技巧"的范畴,而演变为营销策略的一个基本步骤。

二、定位理论的思想

里斯和屈特的代表作是《定位:广告攻心战》。1996 年,屈特总结整理了 25 年的创作经验,发表了《新定位》,更加详尽地阐释了定位理论的思想。

按照里斯和屈特的观点,所谓"定位",并不是要你对产品做什么事,而是对未来潜在顾客下工夫,即把商品定位在你未来潜在顾客的心目中去。定位从产品开始,可以是一件商品、一项服务、一家公司、一个机构,甚至是一个人,也可能是你自己……

可见,定位就是一种传播策略,让产品占领消费者心志中的空隙,即通过传播手段塑造产品或品牌在顾客心目中的有利地位。

定位的基本原则并不是去创造新奇的东西,而是去操纵人类心中原本的想法,其目的是要在顾客心目中占据有利的地位。因此,消费者的心志才是营销的终极战场。要抓住消费者的心,就必须了解他们的思考模式,这是进行定位的前提。屈特在《新定位》中列出了消费者的五大思考模式:消费者只能接收有限的信息;消费者好简繁杂;消费者缺乏安全感;消费者对品牌的印象不会轻易改变;消费者的想法容易失去焦点。

三、广告定位的层次

广告定位,就是根据企业的定位策略,通过广告突出强化企业、产品和劳务中符合市场消费者需要的某些特性,从而确立企业在广告竞争中的有利位置,树立良好的企业形象和品牌形象。广告定位存在三个层次:产品定位、市场定位及企业定位。

(一)产品定位

产品定位,是指企业对用什么样的产品来满足目标消费者或目标消费市场的需求。产品定位是对目标市场的选择与企业产品结合的过程,是将市场定位企业化、产品化的工作。图2.13是某冰淇淋产品的定位示意图。

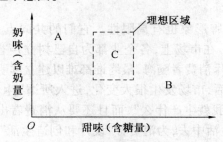

图2.13 某冰淇淋产品的定位

(资料来源:李宝元.广告学教程[M].2版.人民邮电出版社,2004.)

假设该产品有含糖量与含奶量两个度量指标,那么应该考虑该产品是定位在含糖量较高即喜欢吃甜味冰淇淋的消费者(图2.13中B区域),还是定位在含奶量较高即喜欢吃奶味冰淇淋的消费者(图2.13中A区域)。假如市场上存在一个理想区域(图2.13中C所处的区域),那么广告主就要考虑如何使自己的产品向这一目标群体靠拢,从而确定其广告宣传目标。

(二)市场定位

在当前市场中,有很多人对产品定位与市场定位不加以区别,认为两者是同一个概念,其实两者还是有一定区别的。具体来说,市场定位是指企业对目标消费者或目标消费者市场的选择,如奥迪A8的高端轿车定位等。从理论上讲,应该先进行市场定位,然后再进行产品定位。

(三)企业定位

企业定位是指企业通过其产品及其品牌,基于顾客需求,将其企业独特的个性、文化和良好形象,塑造于消费者心目中,并占据一定位置。宝洁公司通过它一系列多品牌的清洁洗护用品形成的公司形象是实力强大的、卓越的、超一流的日用工业品生产商。

四、广告定位策略

定位就是占领消费者的心志空间。按照科特勒的定义,定位是对公司产品或服务及其形象的营销策划行为,其目的是要它在目标受众心中占据独特的位置,即寻求受众心志中的"空隙"加以填补。关于这一"空隙"的概念有品质、价格、性别、年龄、特定人群、一天中的时段以及分销渠道等。

(一)针对诉求内容的定位策略

1. 功效定位

在广告中突出商品的特异功效,使该商品在同类产品中有明显区别,以增强竞争力。如螨婷香皂,具有专业除螨功效,区别于一般的香皂。

2. 品质定位

从产品品质出发,通过展示产品的品质、性能等来引起消费者对产品的关注。在我国的冰箱生产厂家中,海尔反复强调自己的"高品质",新飞则宣传自己是"节能"冰箱,而美菱把文章做在了"保鲜"上。

3. 价格定位

价格定位策略就是在广告传播中,通过宣传自己产品的价位来突出商品的特点,突出商品和消费者之间的利益联系,使自己和其他品牌区别开来。价格定位可分为高价定位和低价定位两种。高价定位是以高位价格突出产品的档次,塑造高品质的产品形象,多运用于汽车、香水等奢侈品,如"世界上最贵的香水只有快乐牌"等。低价定位是以低位价格增加产品的竞争能力,吸引更多的消费者,多适用于竞争激烈的产品和无品牌的日用品,如盐、糖、面粉、饮料等。比如,雕牌洗衣粉广告:"只买对的,不买贵的"。

(二)针对消费者的定位策略

1. 性别定位

如果要突出产品或服务的目标消费者是特定性别的,可采用性别定位策略。例如,万宝路香烟定位于男士,以美国西部牛仔强悍、粗犷的形象进行宣传,把握住了男士们的心理需求,因而大获成功。又如,"金利来——男人的世界",太太口服液的"做女人真好""力士给你特别的肌肤,为你生命中的男人"等,都是采用了性别定位策略。

2. 年龄定位

不同年龄阶段的人群,具有不同的需求。如果产品或服务具有年龄特性差异,可考虑采用年龄定位策略。如奶粉产品可以定位为婴儿奶粉、婴幼儿奶粉、幼儿奶粉等。

3. 生活情调定位

生活情调定位就是让消费者在使用该产品的过程中能体会出一种良好的、令人惬意的生活气氛、生活情调、生活滋味和生活感受,从而获得一种精神满足。如青岛啤酒的"青岛纯生,激活人生"给人以奔放、舒畅和激扬的心情体验;美的空调的"原来生活可以更美的"给人以舒适、惬意的生活感受。

(三)针对市场竞争者的定位

1. 领导者定位

这是一种旨在占据某一产品类别中第一或领导位置的定位策略。"第一"是一种最容易进入心志的途径,因为这时的心志是一片空白,一个还没有被其他品牌所占领的心志。所以,争取"第一""领先""最大"就能成为该品牌序列中的领导者。最先进入人们心志的品牌,要比后进者具有更强的竞争优势。IBM 并没有发明电脑,但 IBM 却是第一个在潜在顾客心志中建立电脑位置的公司。在大陆市场上康师傅是第一,但实际上,在台湾,统一要比康师傅早,规模也比后者大得多。

2. 对抗竞争定位

对抗竞争是与强者对着干,以此显示自己的实力、地位与决心,并力争取得与强者一样的,甚至超过强者的市场占有率及知名度。美国的百事可乐就是采用对抗竞争方法,直接同位居榜首的可口可乐展开竞争,并成为仅次于可口可乐的第二大可乐型饮料。

3. 比附定位

比附定位指使定位对象与竞争对象发生关联,并确立与竞争对象的定位相反的或可比的定位概念。如美国艾维斯出租汽车公司的广告"与哈茨公司相比,我们处于第二位,所以我们更加努力"。蒙牛以前曾打出过"蒙牛乳业,向伊利学习,创内蒙古乳业第二品牌"的口号,也属于比附定位。

4. 高级俱乐部定位

公司如果不能取得第一,而市场空隙又不存在时,便可以采取这种定位策略。公司可以宣传自己是三大公司之一,或者十大公司之一等。事实上,三大公司的概念是由第三大汽车公司——克莱斯勒汽车公司提出的,而市场上最大的公司是不会提出这种概念的。这一概念可将处于劣势的公司纳入"高级俱乐部"中,受众会逐渐淡化公司在行业中的实际实力和地位,而将其同行业中最好的一群公司放在一起考虑,提升了公司在受众心目中的位置。

5. 区别定位

当一个强大的品牌名称成为产品类别名称的代表或代替物时,必须给公司新产品以一个新名称,使定位对象与竞争对象相区别。例如,七喜将自己定位在"非可乐"类别;在化妆品竞争异常激烈的市场上,永芳将自己定位在"世界淡妆之王"。

6. 重新定位

当企业环境发生变化或消费需求改变时,原有的定位已不适合企业的战略,这时需要对原有定位进行调整。重新定位即打破产品在消费者心志中所保持的原有位置与结构,使之按照新的观念在消费者心志中重新排位,以创造一个有利于自己的新秩序。原为女士烟的万宝路香烟采用西部牛仔形象进行广告宣传,将其目标受众重新定位为男性消费者。

五、广告定位程序

广告定位活动的要点和程序,可以概括为:①分析参与市场竞争的相关或同类对象的情况,明确本产品或品牌的处境;②调查研究消费者是如何认知、把握与区分的;③分析本产品或品牌与竞争者在消费者心志中的位置,如图 2.14 所示。

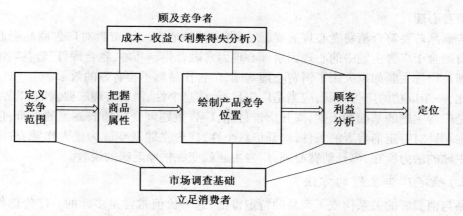

图 2.14 广告定位的要点和程序

(资料来源:李宝元.广告学教程[M].2版.人民邮电出版社,2004.)

第八节 广告主题与创意理论

一、广告主题策略

(一)广告主题的含义

广告主题就是广告为达到某项目的而要说明的基本观念,也就是广告主要想向大家诉说或说明的问题。一则广告必须鲜明地、突出地表现广告的主题,使人们在接触广告之后,就知道广告说什么。广告主题是在广告商品中提炼出来的,对消费者有着实质的或心理上的价值。

(二)确定广告主题的三要素

确定广告主题需要考虑广告主题的构成要素。广告主题由广告目标、信息个性和消费心理三要素构成,即:广告主题=广告目标+信息个性+消费心理。

1. 广告目标

广告目标要根据企业营销决策、广告决策而确定,它是广告主题的出发点。离开了广告目标,广告主题就会无的放矢。

2. 信息个性

信息个性是指广告内容所宣传的商品、劳务、企业和观念,它要有鲜明的个性,要与其他商品、劳务、企业和观念相区别。信息个性也可称为"卖点",在广告诉求中,即为诉求重点。信息个性是广告主题的基础和依据,没有信息个性,广告主题就会空洞贫乏,没有特色。

3. 消费心理

广告商品若要符合消费者心理需要,就要考虑消费心理。消费者对广告商品引起共鸣的力量来自融合于广告主题中的心理因素。心理因素融合得越巧妙、越合理,广告共鸣的效果也就越强烈。广告主题如果失去了消费心理基础,广告作品就不会有好的效果。

因此,一个成功的广告主题,应当是广告目标、信息个性、消费心理三要素的和谐统一。广告目标是广告主题的基础和依据,离开广告目标,广告主题就变成随波逐流的小舟;信息个性是广告主题针对特定消费者的条件,离开信息个性,广告主题就变成为他人作嫁衣;消费心理是广告主题的活力所在,离开消费心理,广告主题就变成枯燥乏味的说教。

(三)确定广告主题的方法

产品与消费者的关系构成了产品的特定价值,这一价值常常是多元的。广告创作者应以一定资料为基础,并利用联想、推理等,充分发掘产品价值,并将这些价值联系起来,进行综合思考,从而建立起产品价值体系,这可以为广告主题的选择提供参考。产品价值体系的建立可以从以下三个方面进行分析。

1. 建立产品价值网

一个产品的属性是多样的,除基本功能和核心效用外,产品的形式,如质量、品牌、包装、款式及附加产品也能给消费者提供一定的价值,这些价值就构成了产品的价值辐射网。

(1)从产品实体因素出发

如潘婷洗发水以"含有维他命原B5"的构成成分为广告主题的立意点;"乐百氏"矿泉水以"27道净化"工序作为广告主题的立意点。

(2)从商品的使用情况出发

如白加黑感冒药的"白天吃白片不瞌睡,晚上吃黑片睡得香"。

(3)从商品价格、档次出发

如通用汽车公司雪佛莱汽车广告:"全球最豪华的低价汽车"。

(4)从产品与其他产品的关系出发

如日本NEC打字机广告:"与名牌IBM电脑配套使用,强劲搭配,无懈可击"。

(5)从消费者对产品的关心点和期望出发

对于同一产品,消费者会有不同的关心点。比如消费者对纸巾的关注点,有人会对纸巾的韧性最关心,有人会对吸水能力更加关切,有人会关心柔软度,有人会对装饰作用给予更多斟酌,有人可能坚信价格比任何其他特性更为重要。这些关心点都可作为广告主题的立意点。

2. 建立产品价值链

广告主题应注意挖掘产品的价值链,从价值链中提炼那些最有特色、最有吸引力的环节作为广告主题的立意点。

(1)建立产品的社会价值链

产品不仅对消费者个体的消费有价值,而且会通过它的某一属性价值在消费者社会关系中扩散,体现了其社会价值,这种社会价值就是我们通常所言的友谊、亲情、爱情等,它也可以成为我们确定广告主题的立意点。例如,珍珍鱿鱼片广告:"珍珍送礼够面子",皇家打字机广告:"最有意义的圣诞礼物"。

【案例2.5】

"必胜客"不再让他孤独

在"必胜客"比萨饼的"课堂行为篇"广告中,描述了一个学生新到一个班级,受到同学的冷落和排挤而愁容满面。当妈妈给他订的"必胜客"比萨饼送到这位男孩面前时,他与同学一起分享了这一美味,于是他不再孤独。比萨饼帮助他接近了同学,有了许多新朋友。比萨饼通过其美味表现出了它的社交价值。

(资料来源:严学军.广告策划与管理[M].北京:高等教育出版社,2006.)

(2)建立产品的主观价值链

主观价值是人们对产品的感受、联想或象征,存在于商品与人的心理和文化之间的精神性联系中。例如,雀巢咖啡的"味道好极了",乐百氏果奶的"甜甜的、酸酸的,有营养、味道好",贝克咖啡的"喝上一杯,让烦恼随香而去"。

3. 挖掘产品潜在价值,创造产品新价值

产品的价值,有些是消费者能够感知的,有些则是消费者未能感知的。广告主题策划中应努力突破经验常识的局限,开阔视野,把产品放在更广阔的关系中考察,挖掘产品的潜在价值,创造产品的新价值。例如,对于口香糖,在一般人的心目中,其价值在于其口味和清新口气,而"白箭"口香糖的广告却把口香糖与健美运动联系起来,发现了产品的新价值——运动面部肌肉。

【案例2.6】

女用新型剃毛刀广告主题的确定

吉列公司设计了一种女用的新型剃毛刀,命名为"雏菊"。在确定广告主题时,通过对产品价值的发散性思维,拟出了七种不同的主题构想:①"盲点",意为弧形握柄,易抓又安全;②"雏菊爱我",突出了产品品牌,同时又指出比老式剃毛刀安全;③"双刃剃毛",具有男用剃须刀的优点,第一个刀刃把毛拉住,第二个刀刃把毛连根剃净;④"完全配合妇女的需求",点明是为妇女提供的新设计;⑤"女孩不用操心",点明放置方便,不用换刀片;⑥"不伤玉腿",平滑、完全;⑦"不到50美分",价格便宜。通过建立产品价值体系,为广告创作人员多方面综合考虑广告主题的确定提供了基础。经过慎重研究,并征求了部分经销商和用户意见后,最后采用了"不伤玉腿"这一广告主题,认为这一广告主题更能为女性所接受。后来产品的销售证明了这一选择是恰当的。

(资料来源:严学军.广告策划与管理[M].北京:高等教育出版社,2006.)

(四)确定广告主题应注意的问题

广告主题是为广告目标服务的,广告主题的目的在于传达销售信息,告知产品价值,以引起受众的兴趣,从而诱发购买动机或采取购买行为。确定广告主题应注意以下问题。

1. 必须为消费者提供利益承诺

广告商品的属性是多种多样的,因此产品提供给消费者的利益和价值也是多方面的。在诸多利益和价值中,应选择能解决销售难题的承诺、选择和消费者关心点相契合的承诺以及选择最能体现产品信息个性的承诺。

【案例2.7】

太空棉为何被冷落

太空棉服装是利用一层钛铝合金薄膜,将人体热量反射回人体,形成热循环。太空棉服装轻、薄、价格低,保暖性比羽绒类服装高10%。太空棉的诸多优点,加上"丹侬"牌太空棉各项技术指标已与美国产品相当,在中国11亿人口的服装需求市场上,应该是不愁销路的。但太空棉初上市时,却大量滞销,积压率达60%以上。"丹侬"太空棉在北京12个销售点试销,询问者极少,购买者寥寥无几。

太空棉为何被冷落?销售难题在哪里呢?经过调查分析,主要是消费者对这类产品缺乏了解,不知道产品的价值,即存在着产品认知上的障碍。针对这一问题,丹侬公司重新调整了广告主题和广告策略,在电视台、报纸上刊登广告,述说产品特点和好处,店面广告也挂出了"丹侬是您冬季最佳伙伴,太空棉让您有冬装的温暖、秋装的潇洒"。

从认知障碍所形成的销售难题的分析中,发掘出能为消费者提供利益承诺的广告主题,广告策划取得了成功。第一批投放市场5 000套、11个款式的丹侬太空棉服装,部分断档脱销。据柜台调查,10位购买太空棉服装的顾客中,7位看了广告,其中3位是详细看了报纸广告介绍而来的。

(资料来源:严学军.广告策划与管理[M].北京:高等教育出版社,2006.)

2. 广告主题应单纯、集中、精练

广告主题应该力求单纯、集中,应选择最迫切、最具影响力的需要作为广告主题的重点。如在"汇源"果汁的电视广告中,每个场面,每个镜头,都用于突出果汁原料——果。

3. 广告主题的统一连贯与变化演进

一个广告既是企业或品牌以前广告的延续,又是以后广告的承接点。在一定时期内,如果广告表现形式不断翻新,不能保持一个较为固定的广告主题,那么接触广告的人就不会建立牢固的产品印象。宝洁公司的每一品牌广告中,几乎都注意到了广告主题的连续性问题:"飘柔"的每一广告中,都贯穿着"使头发更柔更顺"这一主题理念;"潘婷"的每一广告中,都贯穿着"维他命原B5,由发根渗透至发梢"的理念。

随着社会经济、科技和文化的发展,人的需求也在不断变化。了解人类需求的这一特点,在广告创意上就要敏锐观察消费者需求的动态变化,及时更新产品广告的主题与定位,以此贴近市场,贴近消费者。从爱立信的"一切尽在掌握"和"关机是一种美德"两则广告中,可以看到广告主题的演化。在爱立信"一切尽在掌握"广告中,消费者的需求被定位在"自我实现"的层次之上。随着人们生活水平的提高,几乎人人都有手机。广告创意人注意到,手机的泛滥又激发了公众的另一个需求——"关机是一种美德"。

4. 广告主题要简明、易懂

广告主题是广告为达到某项目而要说明的基本观念,传达这一观念是希望受众能作出心理的或行动的反应。如果受众对广告主题所要表达的观念搞不清楚,就不要期待受众对广告作出预期的反应。

二、广告创意的基本理论

(一)广告创意的概念

"创意"一词的词源意义,就是创造意外、别出心裁、独创一格。英文词"Producing Ideas"可以与汉语"创意"一词相对应,表达的意思都是创造性意念、巧妙构思,即一般人们所说的"出主意、想点子"。创意成为现代社会流行语应归功于广告界,广告创意是人类创意活动最集中、最典型、最普遍的体现。

1. 广告创意的含义

所谓广告创意,就是广告创作人员对抽象的产品诉求概念予以具体而艺术的创造性的思维活动。从静态角度看,它是根据广告目标对广告的主题、内容和表现形式所做的创造性立意或构思;从动态角度看,它实际上是指广告人的创造性思维活动。

2. 广告创意的特征

具体来说,广告创意有四个层面的特征。

(1)广告创意是赋予广告以"精神及生命"的创造性思维

独创性是广告创意的本质属性,是广告创意的"精神及生命"。广告创意是一种别出心裁、发现人之所未发现的新点子。

【案例2.8】

大众汽车广告创意

20世纪70年代,美国DDB广告公司在伯恩巴克带领下,发起过"大众汽车广告运动",不但创造了销售奇迹,而且开辟了广告界的创意革命。当时,整个汽车市场似乎只有一个主题,各个厂家广告无不在鼓吹自己汽车"宽大豪华"的好处,而大众汽车的广告却反其道而行之,提出"想想小的好处"的广告创意,以反常规诉求手法、与众不同的传达方式和独树一帜的表现风格,带来了不可抗拒的震撼力,被美国广告界权威杂志《广告时代》评为"至今最为杰出的广告"(1976年),称誉它是"向惯例挑战"的最伟大宣言。

(资料来源:李宝元.广告学教程[M].2版.北京:人民邮电出版社,2005.)

(2)广告创意是广告的促销因子

广告创意必须与广告目标和营销目标相吻合,是以广告服务对象为出发点和落脚点的创造行为。

(3)广告创意实际上是对旧要素进行重新组合

广告创意的原创性并不是要"在消费者不需要的地方创造出需要来",广告创意最多是帮助消费者发现已经存在的需要和利益点。

【案例2.9】

麦迪逊广告大道的故事

有一则小故事,说的是美国麦迪逊广告大道上,一位广告人早上跑步看到行乞者面前放置一个牌子,上书"我是瞎子"(I'm blind)。发现他讨到的钱很少,就在牌子上加了一句话,把它改为"春天来了,我还是看不见"(It's Spring, I'm blind),结果赢得众多人的同情,于是收获大增。这说明广告创意并非是复杂莫测的事情,创意完全可以把原来许多旧要素做新的组合。

(资料来源:李宝元. 广告学教程[M]. 2版. 北京:人民邮电出版社,2005.)

(4)广告创意要善于将抽象的产品概念转换为具体而艺术的表现形式

广告创意是创造性的思维活动,其在思维方式上是寻求用具体、形象、生动的表现方式来说明某个事物或产品的某个概念,其关键在于将抽象的概念转换为具体的形象或艺术的表现。

【案例2.10】

渔具广告创意

美国卡米克尔·林奇广告公司为斯特云渔具生产商所做的广告,通过三幅画面来表达。画面一:一根渔线吊起重达千斤的铁砧,铁砧下面一只可爱的小鸡在悠闲地散步;画面二:一根渔线拔起一颗大牙;画面三:一根渔线作为裤带拴在一个胖子的腰上。该广告将斯特云钓鱼线产品有关坚韧可靠的性能形象而生动地表达了出来,使受众一眼就能准确无误地理解广告所要表达的主题概念。

(资料来源:李宝元. 广告学教程[M]. 2版. 北京:人民邮电出版社,2005.)

(二)广告创意的基本操作流程

美国广告界泰斗詹姆斯·韦伯·杨认为广告创意流程是:收集原始资料→用心志仔细检查这些资料→综合孵化→灵光突现→发展、评估创意。我们以詹姆斯·韦伯·杨的观点为蓝本,对广告创意流程作一简要概括。

1. 搜集资料

广告创意建立在广泛占有资料、充分把握相关信息的基础之上。搜集资料,不仅要搜集与创意密切相关的特定产品或服务、消费者及竞争者的资料,而且需要特别注意日常生活素材、一般性知识和信息的积累。

2. 分析归纳

对搜集来的资料进行分析、归纳和整理,依据广告目标,列出广告商品与竞争商品的共性、优势或局限,通过比较分析,从而找出广告商品的竞争优势及其给消费者带来的利益点,然后再找出消费者最关心、最迫切的需要,以寻求广告创意的突破口。

3. 灵感闪现

经过长期思考酝酿之后,一旦得到外在的触发或刺激,脑子中已形成的尚不清晰的思维模式就会闪现,收到"踏破铁鞋无觅处,得来全不费工夫"的效果。可以说广告创意的产生过程是一个厚积而薄发的过程。

4. 实践验证

创意形成后,需要对闪露智慧光芒的创意构思进行完善,联系广告实践进行认真检验和验证,使之不断成熟和完善。大卫·奥格威为劳斯莱斯汽车创作的经典广告语"这辆新型劳斯莱斯时速达 60 英里时,最大闹声是来自电钟",就是由六位广告同仁从 26 个不同文案中评审出来的。

(三) 广告创意的原则

1. 目标原则

广告必须围绕广告目标进行创意,从广告服务对象出发,最终又回到服务对象。正如广告大师大卫·奥格威所说:"我们的目的是销量,否则便不是广告。"

2. 关注原则

广告创意要千方百计地吸引广大受众的注意力,使广告内容在广大受众心中留下深刻的印象,最后促使他们产生购买行为。这是广告创意的一个重要原则。要引起关注,根本点在于利益点的把握,明确、独特、可信、有意义的利益点,是吸引人的关键。

【案例 2.11】

立邦漆广告吸引受众注意

在一则立邦漆广告中,如图 2.15 所示,画面的主体是八个孩子的小屁股对着受众。立邦漆为家庭装修产品,而孩子是家庭生活的中心,多种肤色的小孩表现出立邦漆是一个国际品牌,而小孩屁股上的亮丽油漆就像皮肤一样细嫩鲜艳,强烈的视觉冲击效果表达了产品的天然性能和丰富内涵,既引人入胜又回味无穷。

图 2.15 立邦漆户外广告

3. 简洁原则

简洁原则又称为 KISS 原则，即 Keep It Simple Sweet 的缩写，意思是"使之简单甜美"。广告创意必须简单明了、纯真质朴、切中主题，才能使人过目不忘、印象深刻。如果过于追求情节化效果，必然使广告信息模糊，令人不知所云。

4. 独创原则

在进行广告创意时必须针对不同的消费者、不同的产品、不同的竞争者、不同的媒体，形成独特的创意。千篇一律的广告创意很难起到理想的销售效果，而且有可能适得其反。

5. 整合原则

创意往往能够使广告诸多要素联结在一起，将众多的创意作品锁定在广告目标上，从而产生统一、完整、和谐的品牌印象。

【案例 2.12】

大众汽车"受检两次篇"电视广告

大众汽车电视广告"受检两次篇"画面，如图 2.16 所示。在一家汽车制造厂里，有个质检人员在检验单（Check List）上逐项画着对号："所有的汽车制造商都有质量检验程序。所有的汽车制造商都要检验它们的生产。但是，有那么一家汽车制造商对此极为重视，因此它建立了世界上最为严格的质量检验系统。每件零件都要经过彻底检验……"验单人员画着最后一项："然后还要再检一遍。"镜头跳回检验单，每一项旁边又画上第二个对号……双对号重叠变得像"W"一样。"大众，你了解它，你信任它。"该片的创意就使受众对大众品牌，无论是品牌符号，还是高品质、认真、严谨等的品牌个性，都留下了深刻的印象。

（资料来源：李宝元. 广告学教程［M］. 北京：人民邮电出版社，2005.）

图 2.16 大众汽车"受检两次篇"

6. 情感原则

情感是人类永恒的主题，以情感为诉求重点来寻求广告创意，是广告人普遍的做法。在现代社会，人们的消费追求越来越"情感化"，如果广告创意能够通过爱情、亲情、友情、乡情、同情、人情、物情等，将广告内容注入浓浓的情感因素，诉诸感性，动之以情，渲染气氛，便可以打动人心，使他们在强烈的感情共鸣中认知和接受广告产品，达到非同寻常的广告效果。

【案例 2.13】

美国贝尔电话公司"长途电话篇"广告

美国贝尔电话公司的一则电视广告:一对老年夫妇在饭厅里静静地吃着饭,忽然,房间里电话铃响,老妇人进去接电话,老先生在外边停下吃饭,侧耳倾听。一会儿,老妇人从房间里出来,默默无言地坐下。老先生问:"谁来的电话?""女儿打来的。""她有什么事?""没什么事。""那为什么从那么远的地方打电话来。""她说她爱我们。"一阵沉默,两位老人泪水盈眶。这时,传出旁白:"贝尔电话,随时传递你的爱。"一语破题,感人肺腑,令人回味无穷。

(资料来源:李宝元.广告学教程[M].2版.北京:人民邮电出版社,2005.)

7. 合规原则

合规原则是指广告创意必须符合广告法规,具有社会责任感。现代广告活动的商业盈利目标和社会伦理价值往往发生冲突,广告对广大受众,尤其对青少年的负面影响越来越大。因此,广告创意要注意遵循广告法规、社会伦理、宗教信仰、民族文化及风俗习惯的约束,这样才能达到正面的、被社会大众认可的传播效果。

【案例 2.14】

凡客广告惹祸:领导被代言 后果很严重

2012年初,凡客诚品官方网站推出系列T恤,并用国家领导人图片做大幅广告。工商部门对此表示,该广告违反了《中华人民共和国广告法》第七条第二款不得使用国家机关和国家机关工作人员的名义发布广告的规定,并将对该公司的违法行为依法进行处理。此次,凡客利用领导人图片做的广告包括现任国家总理温家宝和已故国家主席邓小平。领导人不仅"被代言",而且领导人所说的名言也被用作凡客T恤的标识语,比如温家宝总理所说的"仰望星空"就被印在了T恤上。凡客的一位发言人表示,这是为了表达对领导人的尊重,希望通过领导人的话语来激励引导年轻人。凡客CEO陈年回应此事表示:广告图片已删掉。

(四)广告创意的思维方法

广告创意的思维方式,按照创造性思维所借助的媒介不同,可分为抽象思维、形象思维;按照创造性思维的常规性,可分为顺向思维与逆向思维;按照创造性思维的方向,可分为发散思维与聚合思维;按照事物的关联性,思维又可分为纵向思维和横向思维。

1. 抽象思维与形象思维

(1)抽象思维

抽象思维又称为理性思维、逻辑思维,它是借助概念、判断、推理等抽象形式来概括验证创意的一种思维方式。在广告创意中往往用抽象化手法表现具体事物和意念,使广告内涵有更大的理解张力。图2.17为SONY一款PS2产品的抽象广告。

图 2.17　SONY PS2 抽象广告

（2）形象思维

形象思维又称为直觉思维，是指以具体的形象或图像为思维内容的思维方式，是人的一种本能思维。形象思维是广告创意最为常用的一种思维方式。海王银杏叶片的电视广告篮球篇："三十岁的人，六十岁的心脏；六十岁的人，三十岁的心脏"，用非常形象的瘪下去的篮球和充满气的篮球来象征，给人深刻的印象，广告和产品功效联系巧妙，使"健康成就未来"的产品信念和广告片紧密契合。图 2.18 为联通一则手机号段广告，图 2.19 为一则冰箱广告，均采用形象思维进行创意。

图 2.18　联通手机号段广告

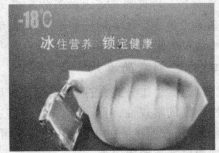
图 2.19　冰箱广告

2. 顺向思维与逆向思维

（1）顺向思维

顺向思维即按常规定势思维。在广告创意中采用顺向思维，就是按照常规定势，从上到下、从小到大、从左到右、从长到短、从低到高等进行思考，自然顺畅，使人容易理解与接受。绝大多数广告作品都属于这类思维方式的广告，如图 2.20、2.21 所示。

图 2.20　刀具广告　　　　　　　　图 2.21　实物广告

(2) 逆向思维

逆向思维即反常规、反传统的思维方式。在广告创意中,逆向思维往往能找到出奇制胜的新思路、新点子。广告史上许多经典的广告创意都是借助逆向思维获得的。例如,美国美特牌丝袜广告,曾用著名男棒球运动员乔·纳米斯做代言人,收到了很好的广告宣传效果。图2.22为一组采用逆向思维创意的杂志宣传广告。

图 2.22　逆向思维创意的广告

3. 发散思维与聚合思维

（1）发散思维

发散思维又称为扩散思维、辐射思维、开放思维，是一种由内向外联想、发散思考的方式。在广告创意中利用这种思维方式，可以充分调动沉淀在大脑中的素材、运用丰富的想象力，产生新思维。下面是运用发散思维创意的一组化妆品广告：在"女人是天鹅"广告中出现的是一只丑小鸭逐渐变成一只美丽的天鹅，标题为"有变化才会高贵"；在"女人是音符"的广告中出现的十二音阶，通过高低音的变化奏出了绚丽的乐章，标题为"有变化才会完善"；在"女人是珍珠"的广告中出现的是一个珠蚌逐渐使粗糙的砂石变成一个晶莹的珍珠，标题为"有变化才会细润"。整个作品以女人为出发点，然后通过发散思维寻找出"天鹅""音符""珍珠"等相关事物，并加以形象化，从而形成了一则广告佳作。

（2）聚合思维

聚合思维又称为收敛思维、集中思维等。与发散思维方向相反，它是一种异中求同、归纳集中、由外向里的思维方式。在广告创意中运用聚合思维有利于创意的深刻性、系统性和全面性。

4. 纵向思维与横向思维

（1）纵向思维

纵向思维又称为垂直思维，是指根据事物本身的发展过程，按照既定的思考路线进行上下垂直式思考。在广告创意中运用这种思维方式，能历史地、全面地看待问题，有利于思维的深刻性、系统性。广州致诚广告公司2001年全面策划海尔007系列冰箱的上市，经与广告主沟通，为007冰箱作出产品定位：独有的-7℃保鲜技术，保鲜最精确的中高档冰箱。广告人员通过纵向思维：新鲜是什么（是天然，是原汁原味）→天然和原汁原味想到什么（鲜活力）→鲜活力想到什么（欢蹦乱跳）→欢蹦乱跳想到什么（有弹性）→有弹性想到什么（最有标识性的弹簧）。这样，便找到了创意的表现元素——"弹簧"。广告主题和创作表现自然水到渠成，"-7℃保鲜，当然弹性十足"，如图2.23所示。

（2）横向思维

横向思维又称为水平思维，它是从与某事物相关联的其他事物分析比较中寻求突破口，是一种跳跃性的思维方式。在广告创意中运用这种思维方式，可以引发灵感，产生新构想，收到意想不到的创意效果。例如，图2.24是一组雀巢咖啡系列广告，利用蝴蝶猎艳、少女新欢、金鱼寻味和青藤爬墙等跳跃性手法表现雀巢咖啡味美香浓的产品特性，采用的是典型的横向思维方式。

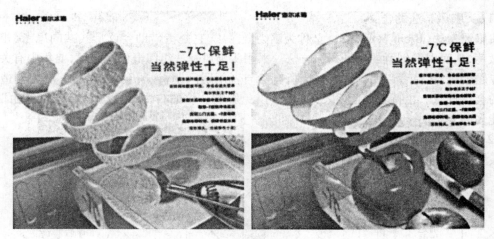

图 2.23 海尔 007 系列冰箱广告

图 2.24 雀巢咖啡系列广告

(五)广告创意的基本操作方法

广告创意的常用操作方法有头脑风暴法、检核表法、联想法和组合法等。

1. 头脑风暴法

头脑风暴法是由美国 BBDO 广告公司的奥斯本于 1939 年首次提出、1953 年正式发表的一种激发性思维的方法,现在已被广告界广泛采用。

(1)头脑风暴法的含义

头脑风暴法(Brain Storming),又称为脑力激荡法,它是指借助会议形式共同思考、相互启发和激荡,从而引发创意的一种操作方法。采用头脑风暴法组织群体决策时,要集中有关专家召开专题会议,主持者以明确的方式向所有参与者阐明问题,说明会议的规则,尽力创造融洽轻松的会议气氛。主持者一般不发表意见,以免影响会议的自由气氛,由专家们"自由"提出尽可能多的方案。

(2)头脑风暴法的操作步骤

头脑风暴法的操作步骤分三步:确定议题、头脑激荡及筛选评估,如图 2.25 所示。

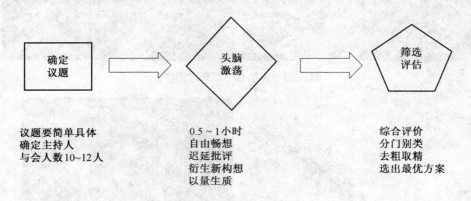

图 2.25　头脑风暴法的操作步骤

(3)实施头脑风暴法的要求

①准备工作。会议要明确主题,要求主题唯一。会前要将主题提前通报给与会人员,让与会者有心理准备;选好主持人,主持人要熟悉并掌握该方法的要点和操作要素,了解主题现状和发展趋势;参与者懂得会议提倡的原则和方法;会前可进行训练,即对缺乏创新锻炼者进行打破常规思考,转变思维角度的训练活动,以减少思维惯性。

②组织形式。参加人数一般为 10～12 人,最好由不同专业人员组成;会议时间控制在 0.5～1 小时;设主持人 1 名,主持人只主持会议,不作评论;设记录员 1 人,要求认真记录与会者的每一个设想。

③会议原则。为使与会者畅所欲言,互相启发和激励,达到较高效率,必须严格遵守下列原则:

a. 禁止批评和评论。

b. 目标集中,追求设想数量。

c. 鼓励利用和改善他人的设想。

d. 与会人员一律平等,各种设想全部记录下来。

e. 主张独立思考,不允许私下交谈,以免干扰他人的思维。

f. 提倡畅所欲言,自由思考。
g. 创造民主环境。

2. 检核表法

为了有效把握创意目标和方向,奥斯本于1964年又提出广告创意的检核表法,即用一张清单对所需要的问题一条一条地进行审核,从各个角度诱发多种创造性设想。检核表通用性强、简便易行,一般包括转化、适应、改变、放大、缩小、代替、重组、颠倒、组合九个方面的检核。后来,有学者将奥斯本的检核表进一步通俗化,提出如下12个"一"的检核表。

① 加一加:加高、加厚、加多、组合等。
② 减一减:减轻、减少、省略等。
③ 扩一扩:放大、扩大、提高功效等。
④ 变一变:改变形状、颜色、气味、音响、次序等。
⑤ 缩一缩:压缩、缩小及微型化。
⑥ 联一联:把因果、相关因素联系起来。
⑦ 改一改:改缺点、改不便或不足之处。
⑧ 学一学:模仿形状、结构及方法,学习先进。
⑨ 代一代:用别的材料代替,用别的方法代替。
⑩ 搬一搬:移作他用。
⑪ 反一反:能否颠倒一下。
⑫ 定一定:定个界限、标准,以提高效率。

3. 联想法

联想法是借助想象,把相似的、相连的、相关的或在某一点有相似之处的事物加以联结,以产生新构想。有接近联想、类似联想、对比联想、因果联想等各种联想创意方法。

(1)接近联想

接近联想是由时空上的接近而形成的联想,如由鲜花的芳香联想到香水。

(2)类似联想

类似联想是由性质、形状或内容上相似而引发的联想,如番茄酱瓶口倒出的番茄酱,如同一个人伸出的舌头,令人垂涎三尺。

(3)对比联想

对比联想是指在性质上或特点上相反的事物发生的联想。利用对比反差,可以形成对比联想创意广告。图2.26为一戒烟公益广告,采用的就是对比联想。

(4)因果联想

因果联想是指事物有逻辑关系而发生的联想。例如,在某牌轿车4S维修店,修理工坐在那儿无所事事,

图2.26 戒烟公益广告

这是结果,而原因是该品牌的汽车质量可靠,根本无须到维修站维修,维修站的员工当然无事可干。

4. 组合法

组合法又称为拼图游戏法或万花筒法。它是一种对旧元素进行巧妙结合、重新配置以获得整体效应的常用创意方法。利用事物间的关联性进行组合创意,是广告创意中一项重要方法。在利用组合法进行广告创意时,可以将令人喜爱的、尊敬的、权威的人或物与某个品牌的产品或服务组合、嫁接、联系起来。

日本索尼立体声组合音响广告,为了突出高昂激越、雄壮有力的音响效果,广告利用组合法把完全处于不同空间的两个事物——尼加拉大瀑布和美国纽约摩天大楼巧妙地组合在一起,钩织出超现实画面:尼加拉大瀑布从纽约摩天大楼群上奔腾而下,其宏伟的气势、飞动的力量给人以强烈的视觉冲击和听觉刺激,如图2.27所示。

图2.27 索尼立体声组合音响广告

另外还可以将不同的事物以新的形式组合在一起,给受众以新颖、意外、强烈的感受和印象。例如,2003年的伊拉克战争期间推出的统一润滑油广告,以"多一点润滑,少一点摩擦"为主题创意电视广告,使商业宣传与时事新闻巧妙结合、相得益彰;再如,某品牌广告利用政治人物和事件进行组合创意,曾将莱温斯基的照片贴在克林顿的额头上,表达该品牌产品"专治剧烈头疼";还有邦迪创可贴广告,曾借用朝韩峰会金正日与金大中的会晤,传达"邦迪坚信没有愈合不了的伤口"等都是运用组合法进行广告创意的例子。

三、广告创意的ROI理论

ROI理论是20世纪60年代由广告大师威廉·伯恩巴克根据自身创作经验积累总结出来的一套创意理论。该理论的基本主张是优秀的广告必须具备三个基本特征,即关联性(Relevance)、原创性(Originality)及震撼力(Impact)。ROI理论体现了一种广告思维方式的转变,即从产品到消费者,从诉求到表现的转变,强调广告的艺术表现力。

(一)关联性

关联性就是广告创意的主题必须与商品、消费者密切相关。消费者有一种从众的心理,当看到其他消费者纷纷购买某种产品时,很容易受到感染而产生购买欲望。为了强调商品的特点,生动形象地表达商品的个性特征,广告常常需要为产品找一个关联体,把产品的有关特征从关联体上反映出来。关联体应该具备如下特性:关联体是生活中司空见惯的;关联体是生动、形象的;关联体是为大众所喜爱的;关联体与商品特性的关联性越强,消费者就越能理解,广告效果就越好;关联体可以是生活中的人们所熟悉的人(如名人)、事、物,也可以是为消费者广为认同的道理、观念。

(二)原创性

原创性就是广告创意应与众不同,其创意思维特征就是要"异"。广告创作的一个根本要求就是新颖,广告必须有所创新以区别于其他的商品和广告,创新首先要突破常规的禁锢,善于寻找诉求的突破。百事可乐的一则电视广告获得2000年第41届克里奥广告奖的金奖,其创意手法采用了小孩训斥大人的反传统角色。广告大意是:在一间退休士官们常去的酒吧里,一个小女孩想喝百事可乐却没有,就痛斥侍者一番。接着小女孩走出酒吧,所有的顾客都跟着小女孩离开了酒吧。

(三)震撼力

震撼力是指广告作品在瞬间引起受众注意并在心灵深处产生震动的能力。一条广告作品只有在视觉和听觉以至心理上对受众产生强大的震撼力,其广告信息的传播效果才能达到预期的目标。情感诉求的广告就是让消费者在浓厚的情感氛围中传达商品的信息,使消费者不自觉地产生情感共鸣,强化对产品的好感度。怀旧广告是情感表现广告的一种重要的形式。每个人的内心深处总有些美好的记忆和深深怀念的故事,把消费者这些记忆深处的故事挖掘出来,引起消费者感情上的共鸣,让产品巧妙地融入其中,传递商品的信息,会起到很好的广告效果。台湾中华汽车以怀旧的情绪表达了一个主题,"最重要的一部车——爸爸的肩膀""最长的一条路——妈妈的皱纹"两则广告感人至深。随后中华汽车又以"连续剧"的形式推出从两人共组小家庭、怀孕生子到养育孩子的三则广告,描写生活中的温情故事,为汽车公司增添了一层浓浓的人情味。

从ROI理论来看,关联性、原创性和震撼性在逻辑上存在着先后的关系,在作用上各有不同,既独立又联系,相互间不能取代。ROI创意理论认为:广告创意如果与商品之间缺乏关联性,就失去了创意的意义;广告创意如果没有原创性,就缺乏广告作品的吸引力和生命力;广告创意如果没有震撼力,就谈不上传播效果。广告创意要达到三者完美的结合,就必须深刻地了解消费者、了解市场,把握产品的特点,明确产品的定位,准确而有效地传递商品信息。

四、广告创意的共鸣理论

共鸣理论主张在广告中述说目标对象珍贵的难以忘怀的生活经历、人生体验和感受,以唤起并激发其内心深处的回忆,同时赋予品牌特定的内涵和象征意义,建立目标对象的移情联想,通过广告与生活经历的共鸣而产生广告的宣传与销售效果。共鸣理论侧重的主题内容是爱情、童年回忆及亲情。

共鸣理论适合大众化的产品或服务。在拟定广告主题内容前,必须深入理解和掌握目标消费者的情况。运用共鸣理论取得成功的关键是要构造一种能与目标对象所珍藏的经历相匹配的氛围或环境,使之能与目标对象真实的或想象的经历连接起来。

例如好丽友派楚河汉界篇广告。广告发生在学校,男孩用空的好丽友包装袋逗女孩,女孩生气地在桌上用粉笔画了一条"三八线",男孩知道错了,又拿出来好丽友派给女孩,两个小孩赌气,一来二往,袖子将粉笔都擦干净了。这则广告发生的场景是消费者都很熟悉的,而那条"三八线"更是引起共鸣,勾起大多数人的回忆。这则广告唤起了受众对童年的回忆,对友情的怀念,也就对好丽友派产生了很好的印象,将其与友情相联系,并且产生购买欲望。

本章小结

广告是一个信息传播过程。AIDMA 理论认为消费者在接受广告时的心理活动遵循如下顺序:注意(Attention)、兴趣(Interest)、欲求(Desire)、行动(Action)和记忆(Memory),形成 AIDMA 模型。

4C 理论以消费者需求为导向,重新设定了市场营销组合的四个基本要素,即消费者、成本、便利和沟通。整合营销传播的中心思想是以统一的传播目标来运用和协调各种不同的传播手段,使不同的传播工具在每一阶段发挥出更佳的、统一的、集中的作用。

广告心理,是指广告受众在接受广告信息时所产生的一系列心理活动。广告心理研究的重点是消费动机与购买行为的关系。广告心理研究的三项基本内容是:购买动机、购买主体和购买模式。恐惧、幽默和性感是广告创意表现的"三大支柱"。美女、婴儿和动物是广告表现的"3B 原则"。

广告诉求是商品或服务在广告宣传中所要强调的内容。作用于认知层面的理性诉求和作用于情感方面的感性诉求成为广告诉求的两种最基本的策略。

USP 理论,即"独特的销售主张",要求找出产品独具的特点,然后以足够强大的声音说出来,而且要不断地强调。该理论有三个要点:独特性、销售点及劝说力。

企业形象系统(CIS)包括三个子系统:企业理念识别系统(MI)、企业行为识别系统(BI)和企业视觉识别系统(VI)。MI 是 CIS 的灵魂,BI 是 CIS 的行为基础,而 VI 是 CIS 的关键系统。

品牌是一个错综复杂的象征,它是品牌属性、名称、包装、价格、历史、声誉、广告方式的无形总和。品牌形象就是品牌在人们头脑中所形成的主观印象。

定位是一种传播策略,让产品占领消费者心志中的空隙,即通过传播手段塑造产品或品牌在顾客心目中的有利地位。定位策略主要有:针对诉求内容的定位、针对消费者的定位及针对市场竞争者的定位。

广告主题就是广告为达到某项目的而要说明的基本观念,也就是广告主要想向大家诉说或说明的问题。广告主题构成要素为广告目标、信息个性和消费心理。

广告创意,是广告人员对抽象的产品诉求概念予以具体而艺术的创造性的思维活动。广告创意的思维方式可以分为抽象思维与形象思维;顺向思维与逆向思维;发散思维与聚合思维;纵向思维和横向思维。广告创意的常用操作方法有头脑风暴法、检核表法、联想法和组合法等。

优秀的广告创意必须具备三个基本特征,即关联性、原创性及震撼力。广告创意也可以采取怀旧等方式,挖掘人的情感,通过共鸣而产生广告的宣传和销售效果。

自 测 题

一、名词解释
广告心理　理性诉求　感性诉求　USP　CI 理论　品牌　品牌形象　AIDMA 法则　CS 理论　IMC　广告主题　广告创意　头脑风暴

二、问答题
1. 什么是广告创意表现的三大支柱?什么是广告创意的 3B 法则?
2. 简述 USP 理论的核心。
3. 简述 CI 理论的核心。
4. 简述品牌形象的理论核心。
5. 简述定位的理论核心。
6. 广告定位策略有哪些?应如何运用?
7. 广告主题三要素是什么?
8. 确定广告主题的方法有哪些?
9. 确定广告主题应注意哪些问题?
10. 简述头脑风暴法的操作步骤与方法。

三、实践题
"水木无华,相荡乃成涟漪;石本无火,相激乃发灵光"。头脑风暴是激发灵感、寻求创意的一个有效方法。请按照头脑风暴法的要求,在班级自由分组,组内选定主持人及记录员,就"智能手机广告创意"进行脑力激荡,以此寻求最佳创意表现。

四、案例分析

1. 分析下面几个广告作品所运用的定位方法。

作品1：佳通轮胎（图2.28）　　　　　作品2：宜家家居（图2.29）

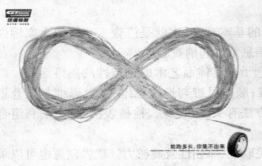

图2.28　能跑多长，你量不出来　　　图2.29　大宜家　小价钱　找个理由多买点

作品3：巨能钙（图2.30）　　　　　　作品4：熊猫手机（图2.31）

图2.30　假如你用它支撑你的身体

图2.31　女人精致秀

2. 分析杜邦Tyvek纸张杂志广告文案的诉求策略。

引　题：非常非常轻
主　题：强化最最重要的海报信息
副标题：Tyvek却拥有最轻的质感
　　　　Tyvek印制的招牌和布旗最能将创意发挥得淋漓尽致
正　文：Tyvek是杜邦公司所研发成功的一种革命性材质，特别适合作为海报布旗和户外看板。它非常特殊，轻得难以想象，处理和装设都十分简易，而且坚韧、抗撕裂、防水且耐用持久。更棒的是，Tyvek的高科技加工处理还能帮助您展现质感高级与色彩鲜明的不凡印刷成果。

3. 分析高尔夫车平面广告文案的诉求策略。
广告语:世界经典两厢车——一汽大众:汽车价值的典范
标　题:和我一样,贝尼觉得朋友越多越好
副标题:没错,高尔夫,很生活
正　文:相信你也一定需要这样一部车
　　　　去记载生活中许多值得回味的细节
　　　　独具特色的第五门揭背设计
　　　　后备空间大有余地
　　　　真正符合你,宠物与欢乐,越多越有趣
　　　　原来,高尔夫可以很生活,生活可以很高尔夫
　　　　杰作天成,一见如故
　　　　高尔夫,经典名车

4. 分析铁达时表平面广告文案的诉求策略。
广告语:不在乎天长地久 只在乎曾经拥有
正　文:一厢情愿
　　　　爱在世界的边缘
　　　　梦难圆
　　　　咫尺天涯
　　　　不再回首
　　　　此生隐没在无爱的忧愁

第三章
Chapter 3

现代广告环境

【学习目的与要求】

通过本章的学习,要求学生了解广告环境的概念、特点及广告与环境的相互作用与影响,掌握宏观广告环境及微观广告环境的构成要素,熟悉宏观广告环境分析及微观广告环境分析的思路与方法,在此基础上,能够运用 PENST 分析方法对宏观环境进行综合分析、运用 SWOT 分析方法对宏观环境与微观环境进行综合分析,为广告决策提供科学依据。

【案例导入】

入乡随俗的品牌传播策略

国外众多洋酒品牌,国内消费者知道得并不多。即使是洋酒的准消费群体,能一口气说出五个以上洋酒品牌的也寥寥无几。因此除了很多靠体验式宣传的家族式葡萄酒庄而言,更多的洋酒品牌希望能通过增加曝光率来提高品牌的知名度,通过先入为主的品牌宣传,加大在中国的传播攻势,毕竟"酒香也怕巷子深"。

世界著名白兰地品牌人头马进入中国市场非常早,早在1993年开始就用"人生得意,享受之时"等中国式广告语帮助人头马打开了市场,"人头马一开,好事自然来"更是成为一句老少皆知的广告语。而尊尼获加经典广告语"Keep Walking"的中译版则套用了一句中国俗语:"有志者,事竟成"。

近几年来,广告语"这就是芝华士人生"在国内广为流传,为芝华士品牌建设取得巨大的成功。近日,芝华士又在中国发布了其最新广告片《活出骑士风范》,广告片对于现代"骑士风范"的精彩演绎,诠释了现代人应有的荣耀、勇气、手足情义及绅士风度四个价值观,再次赢得了广大消费者的赞誉。而轩尼诗 VSOP 正是迎合了当代年轻人个性化的生活品位和追求,给人以充满自信、果敢的品牌形象。"敢梦想,敢追寻,这就是我"作为轩尼诗 VSOP 的品牌定位,诠释了当下中国的年轻人正和世界各个角落的年轻人一样拥有追求个性生活的时尚态度。

这些广告语在各类媒体、各种有关场合的频繁曝光收到了显著的成效,且不论知道这些广告语的人对相对应的洋酒品牌究竟了解多少,它所造成的影响力是不言而喻的。"吉祥、好运、积极、团结、友谊、时尚"这些中国人热爱并向往的元素在不同品牌的广告语中都得到了淋漓尽致地呈现,中国特色的市场环境由此可见一斑,这种价廉物美的表现方式证明了洋酒的入乡随俗是相对明智的选择。

(资料来源:http://www.dianliang.com/brand/chuanbo/zhannue/200812/151497.html)

企业经营是在一个不断变化发展的环境中进行的,而广告活动也是在一定的环境中展开,总会受到政治法律、经济制度、社会文化、科学技术、自然环境及行业环境的影响和制约。环境分析对广告策划具有重要意义。

第一节 广告环境概述

一、广告环境的概念

广告环境是指影响和制约广告活动(战略、策略、创意、制作、发布)的各种因素。

广告环境包括两个层面:一是影响广告活动产生、发展的宏观环境,如政治法律、经济制度、社会文化、科学技术、自然环境等;另一个是影响广告传播活动实施的微观环境,如行业竞争、广告主、广告受众、媒体、广告人才等广告业务运作环境。

广告的宏观环境是指影响广告活动产生、发展的大趋势、大环境。广告的微观环境与广告行业的自身经营有关。仔细考察广告所处的宏观环境与微观环境,分析企业所面临的市场机会与威胁,了解自身的优势与劣势,利用优势抓住机会,在准确把握市场需求脉搏的基础上,进行正确判断,制订出相应的广告战略和策略,是广告运作取得成功的前提条件。

二、广告环境的特点

(一)客观性

客观性是广告环境的首要特征。广告企业总是在特定的社会环境下生存发展的,广告环境的存在不以广告企业的意志为转移,主观地臆断某些环境因素及其发展趋势,往往会造成盲目决策,导致广告策划的失败。

(二)动态性

动态性是广告环境的基本特征。任何环境因素都不是静止的、一成不变的,它们始终处于变化,甚至是急剧的变化之中。广告环境也是如此。例如,顾客的消费偏好和消费行为在变,宏观产业结构在调整等,广告企业必须密切关注广告环境的变化趋势。

(三)复杂性

广告环境包括影响企业广告活动的一切宏观和微观因素,这些因素涉及多方面、多层次,而且彼此相互作用和联系,既蕴含着机会,也潜伏着威胁,共同作用于企业广告决策。广告环境的复杂性决定了广告企业必须采取不同的广告策略去适应这种状况。

(四)相关性

广告环境是一个系统,在这个系统中,各个影响因素相互依存、相互作用和相互制约。这是由于社会经济现象的出现,往往不是由单一的因素所能决定的,而是受到一系列相关因素影响的结果。

(五)不可控性

影响广告环境的因素是多方面的,有些因素具有不可控性。相对于广告企业微观环境来说,宏观环境具有不可控性。例如,一个国家的政治法律制度、人口增长以及一些社会文化习俗等,广告企业很难改变。

(六)可影响性

"适者生存"既是自然界演化的法则,也是企业广告活动的法则,如果广告运作不能适应外界环境的变化,很可能会在竞争中失败。

强调广告企业对所处环境的适应,并不意味着广告企业对于环境是无能为力或束手无策的,只能消极地、被动地改变自己以适应环境。广告企业可以从积极主动的角度出发,能动地去适应营销环境,即运用自己的资源去影响广告环境,为企业创造一个更有利的活动空间。

由政治法律、经济、社会文化、科学技术及自然所构成的宏观广告环境对广告企业具有刚性,对广告企业而言这种环境是难以改变和控制的,广告企业一般要适应这种环境。微观环境则不同,广告企业可以在某种程度上影响,甚至改变微观环境。从这个意义上来讲,在广告环境分析方面,广告宏观环境分析固然重要,但广告运作环境分析的重点应放在微观环境。

> **【案例3.1】**
> **DHL快递市场营销环境的特征**
> 1. 客观性与企业的主观能动性
> DHL快递公司面临的营销环境是客观存在的,有着自己的运行规律及发展趋势,是不为人所控制的因素,特别是外部环境因素的变化是不能控制的。
> 2. 多变性
> 多变性是指DHL快递公司市场营销的各种环境因素,由于各种原因,总是处于一种动态的变化过程之中。经济波动、政治危机、能源危机、技术革新等环境因素的变化都会给快递公司带来巨大的影响。快递公司必须建立快速的反应机制,作出及时的调整,适应各种变化。

3. 相互关联性和相对分离性

一系列相关因素影响着 DHL 快递公司的营销环境,就如同一个国家的体制、政策与法令总是影响着该国的科技、经济发展的速度和方向,从而改变社会习惯。同样,科技、经济的发展又会引起政治经济体制的相应变革。

4. 世界经济处在以信息科技为主导的新经济环境下

新经济环境的主要表现是全球一体化,以信息技术为动力的信息经济。它使得人们的观念转变和知识更新。信息经济通过现代信息技术如互联网、卫星数据传送、远程通信等,使区域经济、民族经济和世界经济实现了一体化,改变了传统的以国家和地区为核心的经济管理和经营模式,实现了从全球经济的角度建立国际经营体系,创造全球性经济效益。

(资料来源:http://www.dhlcn.cn/news/1922.Html)

三、广告与环境的关系

(一)环境对广告的作用

无论是广告的宏观环境,还是广告的微观环境,对广告都起着促进、调整与制约的作用。

促进作用——为广告企业及广告行业发展提供有利条件。

调整作用——广告环境的变化促使广告企业及广告行业趋向于适应环境的变化。

制约作用——为广告企业及广告行业提供有限的发展条件或者削减其有利条件,使它们在限定的空间中生存和发展。

(二)广告对环境的影响

在现代社会中,广告已经成为企业进行市场营销的重要手段,成为大众媒体传播的重要内容,其数量、规模、覆盖面都相当大,环境不但对广告的作用日益明显,而且广告对环境的作用也越来越明显。

广告一方面在经济环境的影响下成为经济的晴雨表,另一方面也在影响着企业的生存发展和企业之间的市场竞争,影响着消费者的消费观念和购买行为,在社会经济生活中扮演着重要的角色。随着企业和消费者对广告依赖程度的加深,广告对经济生活的影响和作用也越来越大。

广告在传播商品信息的同时,也对受众的社会心理和社会行为产生一定的影响,因此也间接地影响到社会、文化环境。

由于广告业日益成为一个重要的信息服务性行业,广告传播的内容、广告主体的行为日益复杂,也出现了许多必须通过法律、法规制止或者矫正的内容和行为,因此广告的发展也对国家或者地区的立法提出了新的要求,在一定程度上促进了法制的发展和完善。

广告对环境的作用在现代社会已经受到了政府、公众和社会各界学者的广泛重视,也引发了不少关于广告道德的讨论。广告对环境既有正面的影响,也有负面的影响,而加强广告的正面影响,降低其负面影响,是现代广告从业人员必须具备的基本社会责任感。

四、广告与营销环境

（一）营销、广告、媒体与消费者的关系

营销、广告与媒体之间的关系，类似三个相互连接、大小不同的齿轮，在运作上必须紧密相扣，这样才能为品牌宣传提供最佳效果，如图3.1所示。

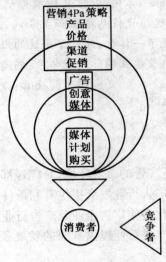

图 3.1　营销、广告、媒体与消费者的关系

（资料来源：陈俊良.广告媒体研究——当代广告媒体的选择依据[M].北京：中国物价出版社，1997.）

从图3.1可以看出：营销的主要内容为产品、价格、渠道和促销。促销包含广告，因此广告为营销的一环。广告运作的主要内容为创意与媒体，创意为广告信息，媒体则为信息载体。媒体为广告运作的内容之一，是对消费者提供品牌信息的主要手段。现代营销观念视媒体为有力的营销工具，媒体策略成为营销策划项目的核心内容之一。如今，媒体运作的重心已从单纯的"购买"演变成为计划与购买并重，这也导致广告媒体运作中媒体计划与媒体购买的分工，使媒体策略与计划成为营销的延伸。在消费者至上的媒体环境中，更加强调的是消费者的媒体，而不是产业的媒体。消费者为品牌的最终决定者，决定对品牌的喜好，也决定品牌的兴衰。进行品牌营销时，竞争品牌也同时在市场上以类似的手法争夺消费者。在日益激烈的市场竞争中，极少有广告主会忽视竞争对手的广告宣传活动。在这种情形下，媒体计划人员应依据竞争强度作出媒体排期决策，以寻找未被竞争对手有效利用的媒体。

在营销领域中，广告具有触媒的作用，当面对消费者时，媒体担任的是接触的任务。媒体是广告最终与消费者接触的渠道，广告因消费者的媒体接触而产生效果，媒体既是广告运作的一部分，也是营销的进一步延伸。

（二）营销环境

任何广告策划活动都离不开营销环境,这是广告策划活动的前提。营销环境分析包括:宏观环境分析;行业状况分析;产品分析;竞争分析;消费者分析;媒体环境分析等。

广告活动是企业营销计划中的一部分,是与促销活动相关的规划,整个广告活动要以企业的营销计划为指导,如图3.2所示。

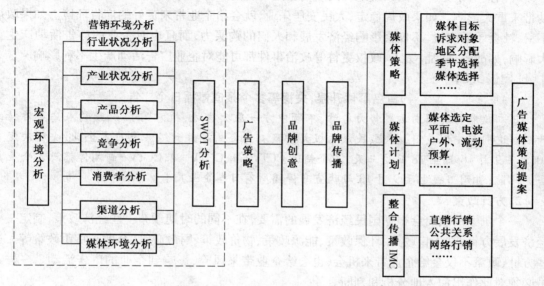

图3.2　营销环境与广告运作

广告活动离不开营销组合中的各个要素,包括产品特征、分销渠道、价格政策、促销和包装等。营销环境分析对广告策划的意义在于有效确定广告目标受众,评估广告传播与销售效果。

第二节　宏观广告环境

宏观广告环境一般包括:政治法律环境、经济环境、社会文化环境、科学技术环境及自然环境等。一般把政治法律、经济、社会文化、技术及自然五大类影响广告运作的环境分析方法简称为PENST分析。

一、政治法律环境

政治和法律环境与社会经济生活是紧密相连、息息相关的,它必然会影响社会经济生活的各个方面。企业进行广告运作也需要对政治和法律环境有一个敏感的认识和深刻的理解。

(一)政治环境

政治环境是指企业广告活动的外部政治形势和状况以及国家方针政策的变化对广告活动带来的或可能带来的影响,包括政治局势和方针政策。

1. 政治局势

政治局势是指一个国家或地区的政治稳定与否的状况。一个国家的政局会给企业广告活动带来重大影响。如果政局稳定,人民安居乐业,就会给企业带来良好的广告环境。如果政局不稳,社会矛盾尖锐,不仅会影响经济发展和人们的购买力,而且也对企业的广告活动产生重大影响,如战争、暴乱、罢工、政权更替等政治事件都可能对企业广告活动产生不利影响。

【案例3.2】

钓鱼岛事件升温,央视等多个频道停播日企广告

日本政府与其国内右翼势力勾结,不顾中方一次次告诫,执意"购岛"致钓鱼岛事件持续升级。这引起中国政府、企业、民众的极大愤慨。钓鱼岛事件升级波及日本企业,央视决定自2012年9月16日至18日这三天,三个频道CCTV-1、CCTV-4、CCTV-新闻停播日本企业广告。此前,贵州卫视也于9月13日晚宣布停播所有日本企业广告。

2. 方针政策

一个国家的政府会根据国民经济发展的需要,在不同的时期颁布一些经济政策,制定一些经济发展方针,如人口政策、环保政策、能源政策、物价政策、财政政策、金融与货币政策等。这些方针、政策不仅会给企业带来机会,也会给企业带来风险,影响到企业的广告活动。广告人员必须对此作出深入地分析和判断。

【案例3.3】

杰伦·爱玛低碳出行公益行动

从震撼人心的电影《2012》,到沸沸扬扬的哥本哈根会议,一时间,低碳生活成了眼下最热门的话题之一。2009年12月20日下午,周杰伦现身河北廊坊出席"杰伦·爱玛低碳出行公益行动"。他在参加启动仪式时宣布,在新的一年里,他将主演一部宣传低碳生活的公益广告片,并从即日起全球征集合作导演及广告创意。

"杰伦·爱玛低碳出行公益行动"是由周杰伦和全国最大的电动车企业天津爱玛科技股份有限公司共同发起的旨在推广低碳出行方式的一项大型公益行动。拍公益广告是该"行动"针对目前低碳理念尚不普及的现状而实施的第一项计划。

周杰伦在启动仪式上表示:低碳是一项符合时尚潮流的生活方式,每一个有社会责任感的人都有义务参与和宣传它。拍公益广告片旨借用媒体的影响力推广更健康的低碳生活。

(二)法律环境因素

法律是由国家制订或认可,并以国家强制力保证实施的行为规范的总和。对企业来说,准确判断企业的经营环境并在法律框架下制订广告战略与策略是至关重要的。

一项法律的制订,一个政策的出台,都直接影响到企业的经营决策,影响到广告活动的开展。企业应及时了解法律的变化,熟知政府颁布的任何一项新的法律、规定及条例。

对国内广告法律环境的分析,主要是指国家、政府主管部门及地方政府颁布的各项法规、法令、条例等。随着经济体制改革和对外开放的不断深入,以及按国际惯例办事和与国际接轨的要求,我国已日益重视经济立法与执法。近年来,我国颁布了许多经济法规,如《企业法》《合同法》《商标法》《环境保护法》《专利法》《广告法》《食品卫生法》《进出口商品检验条例》《消费者权益保护法》等。在广告管理方面还包括一些管理细则,如《广告管理条例》《药品广告准则》《医疗广告管理办法》《药品广告审查办法》《食品广告发布暂行规定》《保健食品广告审查暂行规定》《食品广告管理办法》《烟草广告管理暂行办法》《酒类广告管理办法》《房地产广告发布暂行规定》《户外广告登记管理规定》等。企业了解这些法律法规,既可保证企业按法律办事,不违反各项法律法规,又能够用法律手段来保障企业自身权益。

从事国际广告活动的企业还要了解和遵守当地国家的广告法律环境,否则,企业国际广告运作活动会受到挫折,甚至寸步难行。在广告方面,许多国家禁止电视广告,或者对广告播放时间和广告播放内容进行限制。例如,德国不允许做比较性广告和使用"较好""最好"之类的广告词;许多国家不允许做烟草和酒类广告等。对于这些特殊法律规定,企业进行国际广告宣传时要特别注意。

【案例3.4】
国家工商行政管理总局公布一批严重违法广告

新华网北京2012年7月18日电 国家工商行政管理总局对今年5月全国部分电视、报纸等媒体发布的医疗、药品、保健食品、化妆品及美容服务类广告进行了监测抽查,并于18日对监测抽查发现的部分严重违法广告向社会进行了公告。

这批严重违法广告是:

(1)藏秘雪域冬虫夏草胶囊食品广告。该广告出现与药品相混淆的用语,宣传食品的治疗作用,利用专家、消费者的名义和形象作证明,误导消费者。发布媒体:兰州晨报。

(2)那曲雪域冬虫夏草胶丸保健食品广告。该广告出现与药品相混淆的用语,宣传食品的治疗作用,利用专家、消费者的名义和形象作证明,误导消费者。发布媒体:市场星报(安徽)。

(3)三清三排茶保健食品广告。该广告超出功能审批范围,出现与药品相混淆的用语,宣传食品的治疗作用,利用消费者的名义和形象作证明,误导消费者。发布媒体:青岛晚报。

(4)妙巢胶囊保健食品广告。该广告出现与药品相混淆的用语,宣传食品的治疗作用,利用专家、消费者的名义和形象作证明,误导消费者。发布媒体:吉林市新闻综合频道。

(5)美国AN奥复康保健食品广告。该广告出现与药品相混淆的用语,宣传食品的治疗作用,利用专家、消费者的名义和形象作证明,误导消费者。发布媒体:六安新闻综合频道。

(6)雷震子牌护康胶囊保健食品广告。该广告出现与药品相混淆的用语,宣传食品的治疗作用,利用专家、消费者的名义和形象作证明,误导消费者。发布媒体:都市消费晨报。

(7)西安北大医院医疗广告。该广告以医疗资讯节目形式变相发布,利用专家、患者的名义和形象作证明,含有不科学的表示功效的断言和保证,误导消费者。发布媒体:渭南新闻综合频道。

(8)北京振国中西医结合肿瘤医院医疗广告。该广告以医疗资讯节目形式变相发布,利用专家、患者的名义和形象作证明,含有不科学的表示功效的断言和保证,误导消费者。发布媒体:青海卫视。

(9)包头中心医院医疗广告。该广告以医疗资讯节目形式变相发布,宣传诊疗技术,利用专家、患者的名义和形象作证明,严重违反广告法律、法规规定。发布媒体:包头新闻综合频道。

(10)桂圆琼玉冲剂药品广告。该广告利用专家、患者的名义和形象作证明,含有不科学的表示功效的断言和保证,误导消费者。发布媒体:北京晨报。

(11)常雪清降压袋泡茶药品广告。该药品广告利用专家、患者的名义和形象作证明,含有不科学的表示功效的断言和保证,误导消费者。发布媒体:南宁晚报。

(12)芯宝软胶囊药品广告。该广告属于禁止在大众传播媒介发布的处方药广告,利用专家、患者的名义和形象作证明,含有不科学的表示功效的断言和保证,误导消费者。发布媒体:石河子新闻综合频道。

(13)山菊降压颗粒药品广告。该广告属于禁止在大众传播媒介发布的处方药广告,并在广告中利用专家、患者的名义和形象作证明,含有不科学的表示功效的断言和保证,误导消费者。发布媒体:郑州晚报。

(14)南少林降压茶药品广告。该广告利用专家、患者的名义和形象作证明,含有不科学的表示功效的断言和保证,误导消费者。发布媒体:新疆都市报。

(15)天通宁舒筋活络丸药品广告。该广告以健康资讯节目形式出现,利用专家、患者的名义和形象作证明,含有不科学的表示功效的断言和保证,误导消费者。发布媒体:本溪综合频道。

工商总局表示,将依法查处上述严重违法广告;同时,加强跟踪监测和日常检查,及时发现并查处其他媒体发布的上述严重违法广告。

(资料来源:http://www.law-lib.com 2012-7-18)

二、经济环境

经济发展给带人们来了生活方式、消费行为和消费观念的变化,不断有新的产品进入人们的生活,也不断有旧的产品被淘汰。这一方面来自广告的影响,另一方面也对现代广告提出新的要求。由于经济的发展,以大众媒体为主体的各种传播媒介也获得了迅速的发展,消费者接触媒体的途径和机会不断增加,广告对处于各种媒体的大量信息包围之中的消费者发生预期作用的难度越来越大。经济的多元化使社会生活多元化的态势愈加鲜明,从而在同一时间、同一地域造就了有不同需求的多种消费群体,使广告受众的构成变得愈加复杂。经济环境的好坏,对广告决策影响最大,广告运作如何展开,分析经济环境最为重要。

经济环境包括经济制度、经济发展阶段和购买力状况等内容。对经济环境进行分析,应重点分析购买力。购买力是指社会各方面在一定时期用于购买商品或劳务的货币支付能力,是构成市场和影响市场规模大小的一个重要因素。购买力主要由消费者的收入、支出、储蓄和信贷等因素影响和决定。

(一)消费者收入水平

消费者收入包括消费者个人的工资、奖金、租金、赠予等,其收入状况决定其购买力水平。消费者收入增加,会引起消费支出增加,也会使储蓄增加,产生潜在购买力,扩大社会总需求。消费者的收入,又可分为货币收入和实际收入。在货币收入不变的情况下,如物价下落,其实际收入便会增加,如物价上涨,则实际收入降低。消费者收入的波动,往往引起市场的波动,从而给许多企业带来经营不稳定的后果,同时也带来许多新的机会。从发展趋势来看,需要不断地增加消费者的收入,刺激需求,进一步促进生产。

(二)消费者支出模式

除总收入外,收入又可分为个人可支配收入和可任意支配收入。个人可支配收入是个人收入除去税款等负担之外可用于消费支出或储蓄的余额。个人可任意支配收入是消费者个人可支配收入减去用于维持日常生活费用后的收入。

个人可任意支配收入是消费需求变化中最活跃的因素,是企业重点考虑的内容。

19世纪后半叶,德国经济学和统计学家恩斯特·恩格尔曾对德国萨克地区进行过深入的调查研究,发现家庭的收入越少,用于饮食的支出在家庭收入中所占的比重就越大,而随着家庭收入的增加,用于饮食支出的比重就越小。一般情况下,用于住宅、水电、衣着等的支出所占的比重变化不大,而用于满足文化、娱乐等需要的支出则占越来越大的比重,以此可以衡量一个国家或地区的福利水平和富裕程度,这就是现在仍然适用的"恩格尔定律"。有一个衡量发达程度的系数,即在总支出中购买食品的比例,在75%以上为贫困线,50%以上为温饱线,40%达到小康水平,20%进入一般发达国家程度。美国1935年时为35%、1970年时为19%,20世纪90年代已为16%左右。日本1950年时为57.3%,1980年时为29.3%。改革开放以来,我国居民的恩格尔系数在不断下降,城乡居民的恩格尔系数由1978年的57.5%和67.7%分别下降到2006年的35.8%和43%。

我国的消费特点主要是以家庭为中心,一般比较保守,较多还是传统消费模式。近几年消费模式有了一些变化,旅游、娱乐、文化生活、保健等方面的消费有了明显的增加,但所占的比例还是比较小的。就目前来说,虽然城乡居民收入增加,但总的需求欲望不强,不太愿意在日常生活支出之外做较多的消费,大多数人倾向于储蓄。

(三)消费者储蓄和信贷的变化

一般来说,在其他条件一定的情况下,消费者储蓄与购买力成反比:储蓄额增加,购买力就减少;反之,购买力则增多。对于我国居民来说,由于消费习惯的影响和对住房、医疗、教育等支出增大的担心,一般都注重节俭,积累钱财,热衷于储蓄。1997年我国开始出现通货紧缩现象,物价稳中有降,消费者的储蓄热情进一步高涨,2000年底全国储蓄额已达到6.7万亿人民币。尽管采取数次降低利息、征收利息税等办法来刺激消费,但效果不是很明显,信贷消费在我国也不能普遍开展。这些需要在政策上和消费意识等方面进行调整,从而构成新的消费热点。近年来通过采取一系列措施,实施经济刺激政策,使得国内购买力大大增强,市场活跃度不断加强,为企业经营和广告经营带来了无限生机和活力。

三、社会文化环境

社会文化环境包括一个国家或地区的社会结构、社会风俗和习惯、信仰和价值观念、行为规范、生活方式、文化传统、人口规模与地理分布等因素。任何企业都处于一定的社会文化环境中,企业广告活动必然受到所在社会文化环境的影响和制约。为此,企业应了解和分析社会文化环境,针对不同的文化环境制订不同的广告策略。对广告社会文化环境的分析一般从以下几个方面入手。

(一)人口因素

人口因素对企业战略的制订有重大影响。人口数量直接影响社会生产总规模,人口的地理分布影响企业的选址,人口的性别及年龄结构在一定程度上决定了社会需求结构,进而影响社会供给结构和企业生产,人口的教育文化水平直接影响着企业的人力资源状况,家庭户数及其结构的变化与耐用消费品的需求和变化密切相关,因而也就影响到耐用消费品的生产规模等。人口因素分析采用的变量主要有:离婚率、出生和死亡率、人口的平均寿命、人口的年龄和地区分布、人口性别比例变化、人口在地区间教育水平和生活方式上的差异等。

【案例3.5】

"丁克家庭"

丁克的名称来自英文 Double Income No Kids 四个单词首字母 D、I、N、K 的组合——DINK 的谐音,是指那些具有生育能力而选择不生育,除了主动不生育,也可能是主观或者客观原因而被动选择不生育的人群。

对"丁克家庭"的一份调查结果显示,选择"丁克家庭"的理由主要有:

(1)夫妻双方以事业为重,不愿意让孩子影响自己的工作。

(2)要做"新新人类"的代表,他们有全新的婚恋观、家庭观及生育观,所以拒绝"第三者"(孩子)插足。

(3) 不让自己和孩子太累,认为自己势必会为子女成长费尽心血,所以还不如不生育。
(4) 对家庭生活没有信心,在自己对生活还没有十足的把握时,不要孩子。
(5) 受经济条件的制约,认为自己现在的工作还不够稳定,希望能创造更好的经济条件,让孩子出生后有好的生活。
(6) 把家庭幸福的条件放宽,认为没有儿女承欢也一样可以活得很充实。
(7) 相信社会保障功能的进步,这些家庭认为"防老"未必非得"养儿",家庭的保障功能逐步由社会来承担。

(二)教育状况

消费者受教育程度会影响消费者对商品功能、款式、包装和服务要求的需求。通常文化教育水平高的国家或地区的消费者要求商品包装典雅华贵,对附加功能也有一定的要求。因此企业在进行市场营销时,制订的广告策略要考虑消费者的受教育程度。

(三)宗教信仰

不同的宗教信仰有不同的文化倾向和戒律,影响人们认识事物的方式、价值观念和行为方式,影响着人们的消费行为。在一些信奉宗教的国家和地区,宗教信仰对市场营销、广告宣传影响更大。在我国文化中,宗教所占的地位并不像西方那样显著,宗教情绪也不像西方那样强烈,但其作用仍不可忽视。

【案例 3.6】

索尼公司收录机广告

日本索尼公司曾经为了在泰国推销收录机,煞费苦心地想出了一个高招:用释迦牟尼作广告。在电视广告中,这位佛祖安详侧卧,双目紧闭,进入物我两忘的境界。不一会儿,画面上的索尼收录机放出美妙音乐。佛祖听了居然凡心萌动,全身随音乐不停摆动,最后睁开了双眼。日本商人的广告创意,本来只是想宣扬自己的产品,连佛祖听了也会动心。岂料佛教之邦的泰国,举国上下信奉佛教,对释迦牟尼至为崇敬。他们认为这个广告是对佛祖的莫大侮辱,是对泰国的公然挑衅。泰国当局忍无可忍,最后通过外交途径向索尼公司提出抗议。此时索尼公司才醒悟过来,决定立即停播这个广告,并公开做了道歉。

(四)价值观念

价值观念是指人们对社会生活中各种事物的态度和看法。在不同文化背景下,人们的价值观念往往有着很大的差异,消费者对商品的色彩、标识、式样以及促销方式都有自己褒贬不同的意见和态度。企业应根据消费者不同的价值观念设计产品,制订相应的广告策略。

【案例 3.7】

中西方广告中的价值观

崇尚自我的价值观几乎成为西方广告的核心主题。无论什么广告创意都有可能把主题指向个性张扬、自由崇尚、个人尊严、自我价值等方面。

自由造型美发服务(Freestyle)的广告文案:"人类生来享受自由、享受尊严与权力的平等"。广告传达出这样一种信息:头发出人意料的造型是为了更好地享受美丽人生,而自由的享受属于自己的生命,是人人拥有的权力。LANCOME 的奇迹香水展现了一个满怀自信的西方新女性,她们标榜着"天地间,你就是奇迹!"在她们的观念中,个人是本位,是目的,更是核心,社会是个人施展个性的舞台。

受儒家思想的影响,中国传统价值取向是重整体而轻自我,集体主义是中国文化的主要价值观,它强调社会第一,个人第二,个人利益应当服从整体利益。这与西方个人主义价值观完全相反。从民族品牌的广告宣传语中就可以窥见一斑:长虹以产业报国为己任(长虹电器);道不尽的强国梦,述不尽的红旗情(红旗轿车);买国货精品,度欢乐时光(联想电脑);中国人的生活,中国人的美菱(美菱电器);四十年风雨历程,中华永远在我心中(中华牙膏);非常可乐,中国人自己的可乐(非常可乐)。这些广告都用不同的方式体现出中华文化中的集体主义价值观。

(五)消费习惯

消费习惯是人们长期形成的一种消费方式。不同的消费习惯,对不同商品有不同的要求。研究消费习惯,不但有利于生产适销对路的产品,而且还可以有针对性地制订广告宣传策略。

【案例 3.8】

南北饮食消费习惯差异

北方菜口味浓一些、烈一些,南方菜淡一些、清一些。而且南方人的饮食习惯很科学,每日少量多次的进餐既避免了浪费,又有利于食物的消化吸收。但是一旦到了北方,不管烤全羊还是土豆炖排骨,先上一盆,让你吃了上顿不想下顿。

北方的包子显得大气、粗犷,单从个头上都可以看出来,而南方的包子大多小巧玲珑,无论是外形还是馅心都精致得很。

北方人吃面,南方人吃米。南方人认为面只能拿来做点心,永远吃不饱。北方人则认为吃大米既奢侈,也不顶饿。主食的不同,造成了整个饮食结构以及吃法的巨大差异,北方崇尚简朴,南方追求华美。北方饮食粗糙,而南方做工精细。八大菜系,南边占了绝大部分,流派纷呈,只给北边剩下京菜、鲁菜两个系,根本不能与川菜、湘菜、粤菜等相匹敌。

南方人是咸辣、麻辣、油辣、甜辣,北方人是干辣、酸辣。北方人喜欢大块吃肉,大碗喝酒;南方人要把肉切得细细的,煨得烂烂的,炒得嫩嫩的,把酒烫得温温的。北方人喜欢吃饺子,饺子用醋蘸蘸就行了,一口一个。南方人喜欢吃馄饨,馄饨要汤碗、调料齐全,一口只咬半个。南方人喜欢吃葱,北方人喜欢吃蒜;南方人吃泡菜,北方人吃咸菜。南方人喝各种各样的茶,北方人只喝花茶就够了。

(资料来源:http://blog.renren.com/share/246342000/463108715)

（六）语言文字

语言文字是人类交流的工具，是文化的核心组成部分之一。不同国家、不同民族往往有自己独特的语言文字，即使同一国家，也可能有多种不同的语言文字。语言文字的不同对广告活动有巨大的影响。

可口可乐公司新推出"Diet Coke"饮料，在中国台湾取名为"健怡"，意为健康、快乐；在法国取名为"Coke Liet"，因为Diet在法国有健康状况不佳的意思；在日本则取名为"Coke Light"，因为日本妇女不喜欢承认自己正需要减肥。这些都是对地区语言文化差异作出的反应。

【案例3.9】

入乡随俗做广告

一个成功的广告换一个地方就能成为谬误，其根本原因就在于没有考虑不同国家的语言、文化、宗教和生活习惯的差别。

很多大型跨国公司，往往在本土经营时广告效果非常显著，然而一旦到了国外就会水土不服，甚至全军覆没，这种事情屡见不鲜。Pepsodent品牌的牙膏在东南亚地区做推广时，就遇到了这样的麻烦，他们曾尝试通过强调牙膏能美白牙齿来促销，但是这个地区的居民却喜欢咀嚼槟榔，来使自己的牙齿变黑，以显示自己的社会地位。所以这则广告推出之后几乎没有起到什么作用。

1. 生活习惯差别

麦斯威尔在日本做速溶咖啡上市时，起初的广告虽然创意也很吸引人，画面也很讲究，但广告效果并不让人满意。这家公司后来发现很多日本人喜欢用咖啡豆煮咖啡，他们在调研之后，得出结论，平均每次煮咖啡所用的咖啡豆在43颗左右，所以他们推出了新的广告语："用43颗咖啡豆制成的速溶咖啡"，结果效果很好。

2. 文化背景不同

Marlboro香烟广告上的男子对美国和欧洲人来说所反映的是一个强壮的男子汉形象。但是它试图在香港也使用这个形象却并不成功，因为香港几乎所有的城市居民都没有在乡村里骑马的体验。因此，菲利普·莫里斯公司很快将这幅广告换成一幅香港风格的万宝路男子形象。他依然是一个充满男子汉气概的牛仔，但却更年轻，穿着更讲究，拥有一辆卡车和脚下的一片土地，效果就可想而知了。

3. 色彩感受不同

色彩是有感情的，不同国家或地区的人们对不同的色彩有不同的感受。美国联合航空公司开始运营其从香港起飞的航班时，就曾遇到过麻烦。他们向乘客分发了许多白色的康乃馨，但是他们却没意识到白色的康乃馨对许多亚洲人来说代表着死亡的厄运。

4. 语言文化差异

美国派克钢笔在西班牙进行推广时犯了一个令人笑掉大牙的错误。他们新研制的钢笔插在衬衫口袋里不用担心墨水会把衣服弄脏，所以他们推出了这样的广告语："派克钢笔能够避免尴尬。"看上去广告语还不错，简单但很有说服力。而且在美国市场很成功。后来他们在闯入拉美市场时，把这个广告语改成："避免尴尬——请选用派克钢笔。"甚至还把这条广告语制成金属牌挂在销售处，结果非常糟糕，西班牙语的"尴尬"也可以表示另外的意思——怀孕。于是这则广告就便成了："避免怀孕——请选用派克钢笔。"在语言差异中还有一个容易被忽视的问题就是阅读习惯，大多数国家是从左向右阅读的，但是当到从右向左读的国家去开拓市场时可要千万注意，要不然会犯大错的。一家清洁剂公司在中东地区展开促销活动之前自认为接触过当地居民，于是他们做了这样的广告画面：脏衣服在左面，清洁剂在中间，干净衣服在右边，但是这一地区的阅读习惯是从右向左读，所以在当地许多顾客认为其潜在的画面信息是：清洗剂可以把衣服弄脏。

5. 宗教信仰

倩碧化妆品公司在泰国就其Clinique香水进行推广时，使用了这样的画面，一条蛇在佛祖释迦牟尼的头上爬行。为此，泰国政府向美国倩碧化妆品公司提出了抗议，认为广告是对佛教徒的侮辱，倩碧公司不得不立即取消了这则广告，并向在华盛顿的泰国大使致函表示道歉。

（资料来源：http://hi.baidu.com/cooper_na/blog/item/66ebd28ee75816f2503d92c2.html）

四、技术环境

技术是社会生产力的表现。新技术的应用，会影响人们的消费方式和购买习惯。技术在给企业创造新的发展机会的同时，也会冲击和毁灭陈旧落后的产业。技术也能促进企业营销手段的更新。分析技术环境，对于广告策划来说，也是十分重要的。随着互联网络的普及，网络传播日益发达，越来越多的人通过上网获取有关信息，电子商务的开展也变得越来越普遍。广告策划就应注意到这些新的变化，掌握各类网站、家庭电脑普及率、上网人数等基本情况等，从而采取相应的传播策略。

此外，新技术也促使广告行业的快速发展，主要体现在高科技促进新广告媒体、新广告材料的不断出现，高科技变革了传统广告制作的技术手段，使广告制作工艺得到不断提高，极大地增强了广告的表现力。

五、自然环境

自然环境是企业赖以生存的基本环境。自然环境的优劣不仅影响到企业的生产经营活动，而且影响一个国家的经济结构和发展水平，使经济环境和人口环境等均受到联动影响。

一个国家、一个地区的自然环境一般包括该地的自然资源、地形地貌和气候条件，这些因素都会不同程度地影响企业的营销活动的开展。

（一）自然环境

自然资源是指自然界提供给人类各种形式的物质财富，如矿产资源、森林资源、土地资源、水力资源等。在广告策划活动中，了解企业经营决策中所面对的自然环境是很必要的，如研发新产品时先就要考虑环保，广告宣传可以选择环保主题。

【案例 3.10】

大众汽车 Bluemotion 环保广告创意：邮筒变身杂志回收点

随着人们环保意识的觉醒，"节能环保"差不多是每家品牌都要设法往自己身上贴的万能标签，因为如此不但能迎合政府政策号召，也能博得消费者的好感。可是，如何为品牌平添一抹绿色呢？

有人花费巨资在花哨的广告中自吹自擂，让人将信将疑，甚者或惹人生厌；有人则着眼公益，引导人们从日常生活中的点滴细节做起，自觉践行环保理念，不知不觉间将节能环保的品牌诉求埋在人们心中，德国大众无疑属于后者。

最近，奥美广告帮助大众汽车在南非首府开普敦推出一则极具创意的广告活动。寻常的杂志广告，画面再精美，文案再巧妙，也不过是一则平面广告，很难吸引读者足够的目光。每日被海量信息裹挟着的人们，早已对广告信息深感抵触，即便是正面的环保宣传。何况，在杂志上吹嘘汽车的节能环保技术，终究给人一种隔靴搔痒之感，不能给人以切身的体会。

奥美决定另辟蹊径。据统计，有77%的杂志读完后都会被扔进垃圾堆，造成纸张浪费，消耗森林资源。何不从杂志本身的环保着手？若能引导人们将废旧杂志送至纸张回收点，既能实实在在地为环保作贡献，也与自家品牌理念不谋而合，实现商业与公益的融合。

奥美选择将广告制作预算费都花在邮费上。它为大众汽车设计了一款特殊的广告标签，夹在各种杂志中。消费者仅需将小标签贴在废旧杂志的封面，然后扔进邮筒，便可将其邮寄至标签上注明的纸张回收点。当然，邮费由大众汽车统一结算。

于是，一则杂志广告变成了一个夹在杂志里的小标签；一场宣传独特卖点(USP)的营销活动变成了一场全民参与的节约纸张活动；而遍布当地各处的邮筒也随之变身为一个个废旧杂志回收点。结果显示回收率达到9%，比预想结果差不多高出一倍。

奥美的这一广告创意在2012年夏纳广告节上为其赢得了一银一铜。

（资料来源：http://auto.163.com/12/0924/09/8C5JQ60O000084TV5.html）

（二）地理环境

一个国家或地区的地形地貌和气候，是企业开展市场营销活动所要考虑的环境因素，这些因素会对一个国家或地区的生产、经营乃至人们的生活产生影响，进而影响到广告战略的制订、广告表现手法的选择。

【案例3.11】

"苹果"有毒?

作为当前流行的个人电子产品品牌之一,苹果公司旗下的产品正越来越多地走入消费者家庭,并拥有了一大批的铁杆"果粉"。但我国环保组织却发现,一直强调"承诺确保最高标准的社会责任"的苹果公司,其中国供应商却存在严重的环境污染和社会责任缺失问题。

从2010年4月开始,自然之友、公众环境研究中心等34家中国民间环保组织开始陆续发布《IT品牌供应链重金属污染调研报告》,涉及的调研对象包括29家国内外知名IT品牌,其中就包括苹果公司。记者获得的调研报告称,多份公开资料显示苏州联建公司是苹果公司触摸屏的重要供应商,自2008年8月起该公司要求员工用正己烷取代酒精擦拭手机显示屏。正己烷是一种挥发性液体,其挥发速度快于酒精,有利于提高工作效率,且擦拭效果优于酒精,可以降低次品率,但是有麻醉和刺激作用,长期接触可致周围神经源性损害。

调查报告称,联建公司使用正己烷之后,不少员工发生中毒反应,有的员工甚至留下永久性残疾。而在使用正己烷之前,该公司既没有向有关部门申报,也没有告知员工。类似致使员工健康受损的疑似苹果供应商还有运恒五金等。这些企业曾受到当地有关部门的查处,但未得到苹果企业的关注。此外,苹果疑似供货商联建科技、富港电子、东莞万士达、生益电子、南玻集团同样有着环境违规记录。

苹果高度依赖代工企业,它虽然只负责品牌运作和研发,但这些供应商其实也是它的工厂,苹果对此有不可推卸的责任。

(资料来源:中国消费网,2011-2-17)

第三节 微观广告环境

微观广告环境是指对广告行业发展起直接作用的影响因素,这些因素包括广告行业竞争、广告主及其产品、媒体、广告受众等。

一、广告行业竞争环境

广告行业竞争环境是指存在于广告行业内部的,对整个行业和行业内的个体发展起到促进、制约作用的各种因素。广告行业竞争环境包括竞争者、竞争条件及竞争理念。

(一)竞争者

竞争者包括现有广告商之间的竞争,也包括现有竞争者与潜在竞争者之间的竞争。对竞争者的分析主要包括竞争者的数目,确定谁是最具有威胁的竞争者并具体研究分析他们的竞争能力、其广告服务在广告主心目中的地位,他们的竞争战略以及广告策略、战略、预算、选用媒体、表现方式等。从目前来看,行业内竞争随着分工的细化也逐步向细化的方向发展,合资广告公司和本土公司的竞争成为竞争的一个焦点。另外,广告公司与广告主的规模对等也加大了广告公司在同层次上的竞争。

（二）竞争条件

广告公司要想在竞争中取胜,需要培育自己的竞争优势。竞争优势的培育可以从以下几个方面获得:战略定位、多元化经营、基于客户数据库的关系营销、广告公司与媒体的联合以及稳定的客户代理合作关系。从目前竞争者之间的竞争趋势来看,广告公司之间的竞争已经逐步从资金规模、策略灵活度、媒介关系的竞争向技术和人才的竞争发展。

（三）竞争理念

竞争理念是企业在市场竞争中求得企业生存和发展的观念。随着经济的发展,市场竞争的加剧,竞争理念对企业兴衰将发挥着越来越重要的作用,甚至是关键性的作用。

广告公司在竞争理念方面的竞争主要表现在:①广告公司目标层次和战略方向的选择;②广告公司管理水平和变革能力的竞争;③广告公司服务质量的竞争;④广告公司企业执行能力的竞争。

二、广告主及其产品

这部分内容主要是分析广告主企业的内部条件,其分析的内容主要有:广告主企业的发展史、企业的技术水平、生产能力、管理素质、人员素质、新产品开发能力、现有产品的情况(包括产品的产量、性能、规格、质量、价格、包装等)、营销组合、广告运动、公共关系以及企业文化等因素。通过分析,有助于广告策划者弄清广告主企业的优势和劣势。

由于广告主企业内部条件涉及的范围极大,广告策划者不可能对广告主企业的所有情况都弄得清清楚楚,可以把重点放在对产品的分析上。对产品的分析,主要是注意收集广告主的产品、服务以及竞争对手的产品或服务。不仅要对这些产品的供求关系进行分析,而且还要对企业的产品方案进行分析,其中包括企业的产品政策、产品规划和生产经验计划、新产品开发计划,以及产品品种之间的搭配和构成等情况。

三、媒体环境

媒体是广告信息传播的载体,能够把广告适时地、准确地传递到一定范围、一定时期内的消费者中去。普通受众能否成为广告受众,与其所处的媒体环境有密切关系。良好的媒体环境能让受众得到更多的与媒体接触的机会,使广告信息能够有效送达,从而完成普通受众向广告受众的角色转换。

媒体环境包括社会环境和家庭环境两个方面。社会的媒体传播环境是指媒体数量及种类、媒体分布、节目内容、播出段位、品牌形象和信誉、管制等多个方向。家庭的媒体传播环境分为物质和精神两个方面。物质方面主要是家庭所拥有的媒体状况,包括报纸、杂志、收音机、电视机、网络终端等的占有数、视听条件、阅读条件、上网条件等。精神方面包括家庭成员的构成、文化程度、价值观、对媒体的喜好以及接触媒体时的氛围。良好的媒体广告环境对广告品牌有提升作用,观众对媒体的印象影响其对广告的印象。

媒体环境分析,是制订广告策略的一项基础性工作。从广告计划的角度来说,如果没有强有力的媒体调查,媒体计划人员就很难对媒体环境作出有效判断,也就难以作出客观的媒体计划报告。反之,如果只有媒体调查,而没有媒体计划,那么媒体计划也无法实施。媒体调查、媒体环境与媒体计划三者之间的关系应当成为稳固的金三角,如图3.3所示。

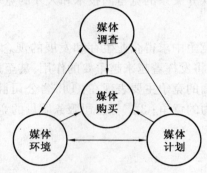

图 3.3　媒体调查、媒体环境与媒体计划三者之间的关系

四、广告受众

对广告受众进行分析,是广告微观环境分析的一个重要内容。受众的媒体接触时间与受众的闲暇时间关系密切。随着社会的进步和生活质量的提高,人们的闲暇时间越来越多,这就意味着人们接触媒体、接受信息的时间增多了。随着时间的推移和媒体的日新月异,受众对媒体的接触时间呈增长趋势。现代人把大量的闲暇时间花费在媒体上,这为广告传播提供了巨大的机会和空间。媒体受众在大量接触媒体信息的同时,才有可能进一步转换为广告的目标受众。

对广告受众分析的主要内容包括:

①广告受众的风俗习惯、生活方式,不同类型的广告受众的性别、年龄、职业、收入水平、购买能力以及对产品、商标、广告的态度和认识。

②产品使用对象的阶层、广告受众对产品的品格、质量、供应数量、供应时间、价格、包装以及服务等方面的意见和要求,以及广告受众对新产品的需求趋势。

③影响消费的诸因素,如受众的媒体接触动机、购买动机、消费行为以及消费习惯等。

【案例3.12】

男女消费者购物行为差异

1. 男性消费者的消费行为特点

（1）购买行为有明确的目的性和理智性

与女性相比，男性常常是在感觉到缺什么的时候再去购买商品，所以他们购买的目的性很强。另外，男性比女性更善于控制自己的情绪，更具有理性，不会因为商场打折促销而大量购物。

（2）购买动机形成的迅速性和被动性

男性消费者在认识到了某种需求之后，会很快地转化为购买动机，并进行购买行为。同时，男性消费者的购买动机也很被动，其形成的原因往往是因为外界影响造成的，如家里物品缺乏，或者是朋友的委托。

（3）购买过程的独立性和缺乏耐心

对熟悉的商品，男性消费者在购买时很少货比三家，在购买过程中不愿意讨价还价，对商品挑选不仔细。这体现了男性消费者在购买过程中的独立性和缺乏耐心。

2. 女性消费者的消费行为特点

（1）购买行为的主动性与购买目标的模糊性

与男性消费者购买动机的被动性相比，女性消费者的购买行为具有较大的主动性。一般来说，女性比较喜欢"逛"，女性大多的消费行为是在逛商场的时候产生的，即使事先并不打算购物，但在逛的时候看到合适的商品或者是打折商品，就会顺便买一些回来，她们常常为自己的"丰收"而产生一定的成就感，相对于男性对购买目标的目的性，女性就显得比较模糊。

（2）购买行为受环境因素的影响较大

由于女性有较强的自我意识和敏感性，她们在选购商品时就很容易受到外界环境的影响。如商场环境、购买氛围以及营业员的推销等。在这些环境因素的影响下，女性消费者容易出现从众行为。从这方面讲，女性比男性更容易出现冲动购买。

（3）注重商品的具体利益

女性消费者更重视所买的商品能给她带来什么享受，商品的具体利益越显而易见越好。大多数女性掌管着家庭的收支，所谓"不当家不知柴米贵"，所以她们更注重商品本身的实用价值。大多数女性在购买商品的过程中会货比三家，谨慎仔细地比较利害得失，追求商品的物美价廉。

（资料来源：http://www.doc88.com/p-532463704841.html）

第四节 广告环境的 SWOT 分析

一、SWOT 分析简介

SWOT 分析是美国麦肯锡咨询公司提出的一种战略环境分析工具。SWOT 分析是指对企业自身优势(Strength)与劣势(Weakness)、企业面临的机会(Opportunity)与威胁(Threats)的综合分析。也就是说,SWOT 分析是对企业内外部条件各方面内容进行综合和概括,进而分析组织的优劣势、面临的机会和威胁的一种方法。通过 SWOT 分析,可以帮助企业把资源和行动聚集在自己的强项和有最多机会的地方。SWOT 分析也可以应用到广告环境分析上。

二、SWOT 分析的内容

机会和威胁分析将注意力放在外部环境的变化及对企业的可能影响上,优势和劣势分析主要是着眼于企业自身的实力及其与竞争对手的比较。在具体分析时,应把所有的内部因素集中在一起,然后用外部的力量来对这些因素进行评估。

(一)机会与威胁分析(OT)

随着经济、社会、科技等诸多方面的迅速发展,特别是世界经济全球化、一体化过程的加快,全球信息网络的建立和消费需求的多样化,广告行业所处的环境更为开放和动荡。这种变化几乎对所有广告企业都产生了深刻的影响。正因为如此,广告环境分析日益成为广告主、广告公司以及广告媒体的一项重要的分析内容。

广告环境发展趋势分为两大类:一类表示环境威胁,另一类表示环境机会。环境威胁是指环境中不利的发展趋势所形成的挑战,如果不采取果断的战略行为,这种不利趋势将导致广告行业内相关公司竞争地位受到削弱。环境机会就是对广告行业内相关公司富有吸引力的领域,在这一领域中,这些公司将拥有竞争优势。

(二)优势与劣势分析(SW)

识别广告环境中有吸引力的机会是一回事,拥有在机会中成功所必需的竞争能力是另一回事,因此,每个企业都要通过"企业经营管理检核表"定期检查自己的优势与劣势,将每一要素按照特强、稍强、中等、稍弱或特弱划分等级,在此基础上进行综合分析。

三、SWOT 分析的步骤

(一)分析环境因素

运用调查研究方法,分析出公司所处的各种环境因素,即外部环境因素和内部能力因素。外部环境因素包括机会因素和威胁因素,它们是外部环境对公司的发展直接有影响的有利和不利因素,属于客观因素;内部环境因素包括优势因素和弱点因素,它们是公司在其发展中自身存在的积极和消极因素,属于主动因素。在调查分析这些因素时,不仅要考虑到历史与现状,而且更要考虑未来发展问题。

(二)构造SWOT矩阵

将调查得出的各种因素根据轻重缓急或影响程度进行排序,构造SWOT矩阵。在此过程中,将那些对公司发展有直接的、重要的、大量的、迫切的、久远的影响因素优先排列出来,而将那些间接的、次要的、少许的、不急的、短暂的影响因素排列在后面。

(三)制订行动计划

在完成环境因素分析和SWOT矩阵的构造后,便可以制订出相应的行动计划。制订计划的基本思路是:发挥优势因素,克服弱点因素,利用机会因素,化解威胁因素;考虑过去,立足当前,着眼未来。运用系统分析的综合分析方法,将排列与考虑的各种环境因素相互匹配加以组合,得出一系列公司未来发展的可选择对策。

【案例3.13】
手机媒体无线广告SWOT分析

1. 无线广告的优势

手机已快成为人身体上的另一个"器官"。作为第五大媒体的手机极端个性化的日常用品,与人的接触是随时随地的,具有极大的黏性特征。手机与固话和电脑不一样,固话和电脑可以是全家使用的,这使得手机信息个性化非常明显。所以以手机为平台的定向沟通能迅速引起手机用户的注意力。另一个优势是手机信息可以及时快速地传递,其成本效益也比传统媒体低。对手机用户广告发布,可以利用用户的数据库,对目标对象进行分众,定向地向他们发布无线广告,同时利用手机的互动性,判断出量化的无线广告有效到达率。

2. 无线广告的弱势

由于手机的极端个性化,使得手机成为一个非常敏感的信息渠道。这就要求无线广告要非常小心地留意要在何时、何地以及怎样传达广告信息。由于手机媒体的广告接触频次是有限的,手机短信只能有70个字,使得广告信息不可能太多。对广告创意要求更高。手机用户对无线广告的接受程度和广告效果的有效性均需要验证和引导。另一个问题就是还缺少无线广告发布的标准和验证无线广告效果的测量工具。

3. 无线广告的机会

手机正处于高速普及的过程中,手机上网也方兴未艾,这意味着无线广告业也会随此增长。互联网的普及将与手机上网运动交织在一起,相互推动向前发展。近两年,广告主们已经认识到第四类媒体互联网广告的好处,同时对于移动互联网也有正面的和建设性的期盼。高速发展的网络宽带等与无线广告相关技术发展也十分迅猛,这使得广告表现形式和高视听众暴露度广告均有更大的实现空间。由于手机的互动性本质,使得广告信息传递速度和广告效果的质量有更大的提高。而许多新的技术可以实现对手机终端用户行为的测量和评估,使得数据库营销的战略实施更真切可行。随着定向和定位技术的普及应用,广告主可以精确地锁定目标对象,做到真正意义上的有效到达。对于手机的终端用户来讲,将会得到更有效和有用的资讯。

4. 无线广告面临的威胁

无线广告主要有六个威胁:①由于担心个人隐私泄露而不愿使用手机接收广告;②由于手机用户对高技术的恐惧感产生的不正确使用,以及企业未经授权就滥用手机用户的个人资料,现加上许多电信公司在营销上的经验缺乏使得广告主和手机用户均没有信心使用 rt sm;③对移动互联网高期望值产生的失落感,不管怎么说,手机媒体仍在颜色、空间、操作上有局限性,许多使用者和投资者在初期会抱有很大的希望,而当运营商在实际操作中没能兑现过多的使用效果承诺,因此让人产生失望感;④仍有众多服务提供商、地区运营商缺乏诚信,不断地误导初期使用者,欺骗用户的资费,不尊重消费者的使用感受,使人反感和产生不信任感;⑤政策风险,运营商的政策不断处于变化中时,使服务提供商处于被动状态,风险就有可能被转嫁到手机用户头上,进一步打击人们对无线广告的信心;⑥手机病毒,随着手机上网时代的全面来临,手机病毒也将随之而来。

(资料来源:http://www.wap-3g.net/Html/news/47Articl.htm)

本章小结

广告环境是指影响和制约广告活动(战略、策略、创意、制作及发布)的各种因素。广告环境包括两个层面:一是影响广告活动产生、发展的宏观环境,如政治法律、经济制度、社会文化、科学技术、自然环境;另一个是影响广告传播活动实施的微观环境,如行业竞争、广告主、广告受众、媒体、广告人才等广告业务运作环境。

广告环境具有客观性、动态性、复杂性、相关性、相关性、不可控性、可影响性等特点。由政治法律、经济、社会文化、科学技术及自然所构成的广告宏观环境对广告企业具有刚性,广告企业一般可以适应这种环境。微观环境则不同,广告企业可以在某种程度上影响,甚至改变微观环境。

宏观广告环境一般包括政治法律环境、经济环境、社会文化环境、科学技术环境及自然环境等。一般把政治法律、经济、社会文化、技术、自然五大类影响广告运作的环境分析方法简称为 PENST 分析。

微观广告环境是指对广告行业发展起直接作用的影响因素,这些因素包括:行业竞争、广告主及其产品、媒体、广告受众等。

SWOT 分析是将对企业内外部条件各方面内容进行综合和概括,进而分析组织的优劣势、面临的机会和威胁的一种方法。

自测题

一、名词解释

广告环境　　宏观广告环境　　微观广告环境　　PENST 分析　　SWOT 分析

二、问答题

1. 广告环境具有哪些特点？
2. 营销、广告、媒体与消费者有什么关系？
3. 简述宏观广告环境分析的内容。
4. 简述广告经济环境分析的内容。
5. 简述微观广告环境分析的内容。

三、案例分析

2012 媒体环境变化及电视媒体趋势选择

2011 年，"限娱乐""限广令"、台网联动、三网合一、剧情与形式限制频出，电视媒体遭遇近十年来的最大冲击。2012 年，电视媒体投放也是变动最大、更需智慧的一年。

一、电视媒体新态势

2012 年是电视媒体的平台营销建设年，除了"限娱乐""限广令"等限制对平台本身提出的要求，广告主的需求也随着期望传播力提升，更期待出现超越单纯硬广告的媒体价值，如增强型曝光的植入、版面、表现形式、布局和手段等。对广告主而言，在电视平台如此"多事之秋"之际，广告主投放电视媒介又该注意什么呢？

资源向平台实力强的频道聚拢。湖南卫视的节目强项一直在综艺娱乐，"限娱乐""限广令"对卫视的影响也以湖南卫视首当其冲。但是，2012 年湖南卫视将原来 7：30-8：30 档栏目时间改播电视剧，从 1 月 1 日开播以来的收视率上看，金芒果剧场的收视率已达到同时段卫视首位，可见平台对"粉丝"的持续吸引力。

电视剧节目蕴含深度合作机会。从 1 月份各大卫视执行"限广令"的情况来看，电视剧前后广告段位至少延长了 3～5 分钟。观众流失率大、广告段收视率下降及广告关注度下降导致了广告效益下降，新的形式及版面成为改善这一状况的希望，电视剧前后时段的广告环境成为考虑的重点之一。

近年也有不少电视台参与投资拍摄或自拍剧目，以降低播出成本，那些主流资本实力强的平台，对大剧的锁定能力会更强。同时，广告时段的限制反倒让其内容植入的机会增加，参与拍摄或自拍剧的媒体会有优势，甚至可以在剧集创作阶段就实现内容的深度合作。

娱乐节目进一步精减，优秀栏目的互动性及话题性更强。"限娱令"和"限广令"，让电视媒体平台反省了自身栏目品质的低俗化和同质化，以及定位和布局的不合理节目会获得更高的眼球效应，会有创新的版块与模式以聚集"粉丝"，加强互动性与话题性。如果能够恰当地应对这些改动，不但更能抓住观众的关注度，而且能提高自身平台的品质，进而净化广告投放环境。关注电视媒体平台转型和内容突破,寻找增长点以优化投资效益。在电视政策的驱使下,优势资源稀缺,电视台销售任务仍持续上涨,涨价是必然结果。2012年央视涨价幅度在20%,卫视平均超过了30%,王牌节目甚至翻倍。在预算费用有限,而价格上涨、广告时段拉长后(尤其是电视剧时段)收视率下降的问题上,更加理性、深度参与合作才可能优化电视传播的效果。

二、混媒体与跨界投放

2012年,总体来讲,媒体在技术及政策环境中,呈现社区化、本土化、移动化、精准化的动向,因此也呈现多屏融合化的趋势,模糊了传统媒体的边际。不过,电视媒体也可以增加自己的包容性,主动将其他视频关联的媒体纳入整合范围,依据电视媒体为主干的混媒体整合传播以及跨界传播将成为趋势。以饮品为例,电视是其主流的投放媒体,年轻网民同样也是饮品的消费人群,选择时可以电视为主体,同时将网络作为补充,实现投放频次增加的同时,或实现人群的互补,或强化相同人群的品牌印象。

三、广告主应采取的对策

1. 全屏认知

户外媒体、手机媒体在屏幕化,甚至纸媒也在电子化和屏幕化,基于全屏认知将可以以内容为核心进行整合,在基于优质内容契合度,跟随内容出现的不同屏幕进行媒体多元跨界传播。

2. 平衡成本的组合策略

二线卫视近两年有不错的潜力表现,一线卫视平台资源紧张稀缺,广告主可适当结合二线卫视的优势平衡投资成本,培育和发展潜在的沟通渠道,在价格谈判阶段具有较好的优势。

3. 整合年度热点

2012有很多热点话题,如政治选举年、体育大赛年、经济走向年等。借用事件营销和电视热点放大传播效果是小投入大回报的机遇。根据电视媒体在这些热点话题上的内容,在平台影响力、收视预期保证上等选择适合品牌定位的合作机会。

电视媒体仍是公信力最好的媒体选择,具有广覆盖的优势,不同的频道定位与栏目价值可以从内容定位上对受众精准定位,整合内容关联的视频媒体形式。在当前的媒体策略中,各种形式均有优劣比较,但更多是在"合适的场景做合适的事情",互相包容与联动,基于传播需求和内容进行价值整合。

(资料来源:实力传播集团,谭莉敏)

问题:

1. 从广告主的角度分析媒体环境中的机会与威胁。
2. 从媒体的角度分析行业的发展趋势。
3. 改版后的电视频道对广告主是否有帮助?为什么?

第四章
Chapter 4

现代广告调研

【学习目的与要求】

通过本章的学习,要求学生了解广告调研的基本概念、调研的程序、广告调研的方法,掌握广告调研方案的设计、广告调研报告的撰写,熟悉调查问卷的设计,在此基础上,能够灵活运用各种调研方法,开展有效的广告调研活动,为广告策划提供决策依据。

【案例导入】

速溶咖啡为什么受冷遇?

一提起麦氏咖啡,人们就会想起"滴滴香浓,意犹未尽"。然而,在20世纪40年代,麦氏速溶咖啡刚投入市场时,却不怎么受欢迎。于是厂家请专家进行问卷调查,让消费者回答不喜欢速溶咖啡的原因,很多人的回答是不喜欢它的味道。显然,这不是真正的原因。为了深入了解消费者不喜欢使用速溶咖啡的潜在动机,专家们改用了间接的方法进行调查和研究。他们编制了两种购物单,这两张购物单上的项目,除了一张上写的速溶咖啡,而另一张上写的是新鲜咖啡这一项不同外,其他各项均相同。专家们把这两种购物单分别发给两组妇女,请她们描写按购物单买东西的家庭妇女是什么样的妇女。结果表明,两组妇女所描写的两个家庭主妇的形象是截然不同的:看到有速溶咖啡购物单的那组妇女几乎一半人说,按这张购物单购物的家庭主妇是个懒惰、邋遢、生活没计划的女人,有12%的人把她说成是挥霍浪费的女人,还有10%的人说她不是一个好妻子。另一组妇女则把按新鲜咖啡购物单购物的妇女,描绘成勤俭的、讲究生活的、有经验的和喜欢烹调的主妇。这说明,当时的美国妇女有一种带有偏见的自我意识:作为家庭主妇,担负繁重的家务劳动乃是一种天职,而逃避这种劳动则是偷懒、受到谴责的行为。这也说明,速溶咖啡开始时被人拒绝,并不是由于它的本身,而是由于人们心目中的价值观,即希望做一个勤劳的、称职的家庭主妇,而不愿做一个被别人和自己所谴责的懒惰失职的家庭主妇。速溶咖啡受到冷遇的原因找到了,厂家就对广告和产品的包装作了相应的修改,以除去使人产生消极心理的因素。在广告上,不再宣传又快又方便的特点,而是着力宣传它具有新鲜咖啡所具有的美味、芳香和质地醇厚等特点。在包装上,使产品密封十分牢固,开启时十分费力,这就在一定程度上打消了顾客因用新产品省力而造成的心理压力。结果,速溶咖啡销路大增,很快成为西方世界最受欢迎的咖啡之一。

(资料来源:http://www.syll259.com/html/3596.html)

第一节 广告调研概述

广告策划前要了解企业信息、了解目标市场信息、了解目标受众信息,所有这些都不能靠主观臆想或经验推断来实现,必须依靠科学的广告调研。只有科学调研,广告策划才有针对性,广告策划才能取得好的宣传和销售效果。

一、广告调研的含义、特点及分类

(一)广告调研的含义

广告调研是指利用科学的调查、分析方法,对广告活动有关的信息进行系统地收集、整理、分析,为广告策划提供决策依据的活动。

广告调研是广告策划的重要组成部分。只有通过广告调研,在广告策划中才能确立正确的广告目标,制订合理的广告战略与策略,企业的广告活动才能达到预期的效果。

(二)广告调研的特点

1. 目的性

广告调研是一种有目的的,经过精心考虑、周密筹划的活动。广告调研是企业进行广告策划而开展的活动。从这一点来看,广告调研本身并不是目的,而是要服从于广告策划活动,是市场营销活动的一个有机组成部分。

2. 系统性

广告调研应从系统观点出发,把影响广告策划的各种因素视为一个有机的系统,注重研究各种因素之间的内在联系,从因素的联系、制约和相互作用中把握市场需求的变化趋势及运动规律。

3. 信息性

广告调研最终是为广告策划提供信息服务,其本质是一项信息工作。它应包含信息工作中确定信息需求、信息处理、信息管理和信息提供的全部职能。不过与一般信息相比,其对象侧重于广告信息,并且直接为市场营销服务。

4. 科学性

广告调研是一个完整的、复杂的系统,要完成这项工作,必须进行科学的组织与管理;广告调研要得出可靠准确的结论,还应该采用科学的方法进行数据统计与数据分析。另外,广告调研是广告策划的基础,所提供的信息必须是科学的。

5. 经济性

广告调研和企业的其他经济活动一样,要考虑经济效益,要尽可能用最少的费用来完成预期的广告调研目标。

(三) 广告调研的分类

1. 按地域范围划分

广告调研可以划分为国际性广告调研、全国性广告调研和地区性广告调研。

2. 按活动顺序划分

广告调研可以划分为前期调研和后期调研。

3. 按信息来源划分

广告调研可以划分为直接调研(实地调研)和间接调研(文献调研)。

4. 按工作方式划分

广告调研可以划分为问卷调研、电话调研、观察调研、回函调研等。

5. 按调研对象数量划分

广告调研可以划分为个人调研、小组调研和集体调研。

二、广告调研的作用及其局限性

(一) 广告调研的作用

科学合理的广告决策,是营销目标实现的关键。科学合理的广告决策离不开广告调研。企业广告活动要以广告调研结论为依据,广告调研对广告策划的全过程、各个环节、各个方面均具有十分重要的指导作用。

1. 为广告策划提供所需资料

广告策划是对广告活动的全局性规划和安排,但广告策划绝不能凭空臆造,而必须依据特定的市场状况、消费心理和产品的特点来作出科学的安排。广告调研通过对市场各种相关信息资料的收集,为广告策划提供决策依据。

2. 为广告创意和设计提供依据

广告创作的目的性和功能性很强,其构思和设计必须围绕着广告主商业目的的实现而展开。因此,广告创意和设计必须建立在广告调研的基础之上。

3. 为制订广告策略提供导向

广告调研是广告策划者了解市场信息、熟悉市场环境的基本途径,为广告战略、广告策略的制订提供基本导向,使广告战略和广告策略与市场实际紧密相连,从而发挥出广告策划的作用。

(二)广告调研的局限性

①广告调研不是万能的,并非所有信息都可以通过广告调研而获得。例如,竞争对手的商业机密就很难通过广告调研获得。

②广告调研获得的广告信息不一定都是真实的。在广告调查中,有些问题有些人可能会拒绝回答。另外,即便得到答案,但是他们所说的是否真实,也值得怀疑。

③广告调查通常是了解消费者过去发生的消费行为,消费者只能凭记忆回答,其可靠性也值得怀疑。

④并不是所有合适的受调查者都愿意接受调查。

⑤由于抽样和人为等主、客观因素的影响,广告调研都存在一定程度的误差。

三、广告调研的基本原则

为了提高工作质量,在进行广告调研时必须遵循以下原则:

(一)科学性原则

广告调查必须按客观规律办事,所有广告信息都应该通过科学的方法来获得。它要求从调查设计、抽样设计到资料采集、数据的分析和统计处理等整个过程都必须严格遵循科学的规律。

【案例 4.1】

速溶咖啡的市场调查

在本章案例导入中,我们谈到速溶咖啡的市场调查。速溶咖啡投入市场后,由于销路与原来预料的大相径庭,于是厂家请来了心理学家进行调查,主题是消费者为什么不喜欢速溶咖啡。在最先采用的问卷调查中,由于采用直接询问法,很多受调查者都回答是因为不喜欢速溶咖啡的味道,而实际上速溶咖啡的味道经过测试与人们习惯使用的豆制咖啡并没有区别,说明该项问卷调查获得的结果是不可靠、不正确的。后来心理学家改用了间接的测量方法,才找出消费者不喜欢速溶咖啡的真正原因,即家庭妇女担心购买使用速溶咖啡会被认为是懒惰的人,是不称职的妻子。可见,调查方法是否合理,直接影响调查结论的可靠性。

(二)客观性原则

在调查过程中,一切从客观存在的实际情况出发,详细占有资料,在统计学理论指导下,进行科学的分析研究,从现实事物本身得出其发展的客观规律性,并用于指导行动。

(三)系统性原则

广告调研是一个系统,它由广告调研主体、客体、程序、方法、资金和各种信息等构成的复杂系统。在广告调研过程中,会涉及很多方面,特别是在广告调研的设计及对调查资料统计分析处理时,必须综合考虑各种因素,遵循系统性原则。

（四）时效性原则

广告调研必须要有时效性,这是由广告调研的性质决定的。市场是不断变化的,广告调研正是在这种不断的变动中对市场现象进行研究。广告调研如能及时地了解到市场的变动,为广告决策提供可靠的信息,就能有利于实现企业的营销目标。

（五）经济性原则

开展广告调研时必须考虑广告调研的经济效果,在投入产出间寻找一个最佳的结合点,以最少的调查费用,取得最佳的调查效果。

（六）保密性原则

保密性原则体现在两个方面：

①为客户保密。许多广告调研是由客户委托市场研究公司进行的,因此调查公司以及从事调查的人员必须对调查获得的信息保密,不能将信息泄漏给第三者。

②为受调查者提供的信息保密。不管受调查者提供的是什么信息,也不管受调查者提供的信息重要程度如何,都要做到信息保密。

广告调研的各项原则是相互联系的,在广告调研中要将各项原则综合应用,并将其贯穿于广告调研活动的始终。

四、广告调研的主要内容

与广告活动有关的市场营销因素以及其他环境因素,都可列入广告调研范围。广告调研的内容包括以下几个方面：

（一）营销环境调研

营销环境调研是对某一产业的背景资料、行业动态与政策等大的市场环境的考察,具体分为市场环境调研、市场需求调研、行业状况调研和竞争对手调研。

1. 市场环境调研

市场环境调研涉及整个社会的政治、经济、文化教育、科技和自然环境等各个方面,如有关法律法规、经济政策；国民生产总值、国民收入水平与趋向；居民的民族特性、宗教信仰、风俗习惯、审美观念、职业构成、教育程度等社会文化情况以及人口数量、质量和增长速度；不同阶层的经济地位、生活方式、消费水平和消费习惯；一个国家或地区的地理位置、气候、资源等自然条件和交通运输状况以及城市、农村、少数民族地区的具体分布等。

2. 市场需求调研

市场需求调研包括市场容量、市场供求关系、市场消费结构与发展变化趋势以及企业产品的市场占有率或产品知名度等调研。

3. 行业状况调研

行业状况调研包括对企业和产品所处的行业背景、经营状况和竞争局势的调研。行业状况调研有助于企业更加明确本行业的发展趋势和面临的内外部情况,从而有效地进行广告决策。

4. 竞争对手调研

竞争对手调研包括竞争对手的数量、经营历史、财务状况、市场状况、品牌地位、营销手段及产品生命周期阶段等内容,也包括竞争对手广告的诉求方式、产品广告与形象广告之间的比例、广告传播的主要媒体、竞争对手广告的数量和规模、竞争对手广告的费用以及竞争对手广告与其营销手段的配合等内容。

(二)产品调研

在广告策划之前,应了解产品的属性、特点、生产状况和营销状况,了解消费者和经销商对产品的基本看法,甚至亲自试用一下产品。它是确定产品价值、产品优势和对消费者的利益诉求的根据。产品调研主要包括:产品定位、产品价格、产品包装及产品渠道等的调研。

(三)消费者调研

消费者调研包括对消费者类别、消费需求、消费心理、性格、态度、购买行为、消费习惯等多方面的调研。消费者调研是广告运作获得成功的关键。企业只有对消费者进行了客观分析之后,才能有效地进行市场细分,准确地确定目标市场,取得良好的广告宣传效果。

(四)广告媒体调研

广告媒体调研包括电视、广播、报纸、杂志等大众媒体以及户外、DM(直邮广告)、海报等广告传播媒体的特征、经营情况、覆盖面、收费标准等所进行的调研。广告媒体调研为有效确定媒体策略提供了依据。由于媒体刊播费用一般在广告活动中花费最大,所以对广告媒体的调研也就成为广告调研中最为重要的项目。

(五)品牌调查

品牌以产品为依托,但它涵盖的内容已经超出产品本身。对品牌的知名度、美誉度和忠诚度的调查,可以了解品牌目前所处的状况以及品牌发展与销售增长之间的关系。

(六)广告效果调查

广告效果调查包括广告的经济效果调查、心理效果调查和社会效果调查。广告效果调查分为事前调查和事后调查。事前调查是指广告在实施前对广告的目标对象进行小范围的抽样调查;事后调查是指在广告之后的一段时间里,对于广告的目标对象所进行的较大规模和较广泛范围的调查。

第二节 广告调研的程序

广告调研是一项涉及面广、操作复杂的工作,并且有时间要求。为了使整个调研工作能够有条不紊地进行,在正式开展调研工作之前,必须认真、细致地进行广告调研策划。不同类型的广告调研,虽然内容不同,但从程序来看,都包括以下阶段:调研准备阶段、调研设计阶段、资料收集阶段和分析与总结阶段,如图4.1所示。

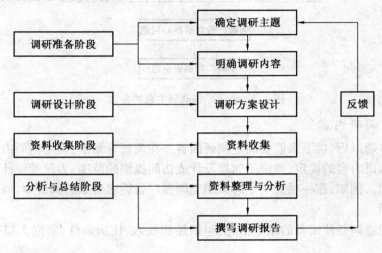

图 4.1 广告调研程序

一、调研准备阶段

调研准备工作充分与否,对调研工作和调研质量的影响很大。广告调研准备阶段的主要任务是明确调研主题及调研内容。

(一)确定广告调研主题

调研主题是广告调研所要解决的具体问题,它必须说明为什么要做此项调研,通过此项调研要解决哪些问题,通过调研要达到什么目标等。调研主题直接决定着调研的内容,因此,广告调研主题必须明确、具体。

为了确定广告调研的主题,调研人员必须分析相关背景,与决策者讨论,拜访有关专家或专业人士,分析间接资料,做必要的探测性调查。在掌握足够信息的基础上,明确广告调研的核心问题,确定广告调研主题,如图4.2所示。

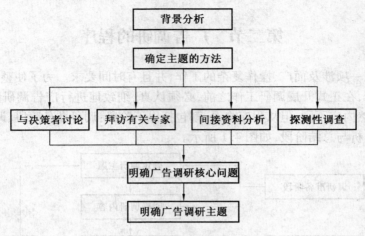

图 4.2 确定广告调研主题的方法

(二) 明确调研内容

明确调研主题以后,接下来就要确定调研内容。在调研策划中,确定调研内容是相当重要的一个环节。调研内容的确定,界定了问卷设计或访问提纲的范围,为问卷设计或访问提纲的编写提供了依据。例如,在一项关于了解家用空调器广告诉求对象的调研中,调查内容可能包括下列几个方面:

①现有家用空调器使用者的基本情况,包括经济收入、住房条件、家庭人口数、文化程度、职业等。

②参与空调购买决策的家庭成员,是谁倡议购买、谁搜集信息、谁提供品牌选择意见、谁作出最后决定、谁执行购买等。

③有潜在购买意向的消费者是什么样的人或家庭。这些人或家庭的经济收入、住房条件、家庭人口数、文化程度、职业等。

在列出所有调研内容之后,调研设计者还必须检查各个调查内容与调研主题是否相符,保留有用内容,删除冗余内容。

二、调研设计阶段

广告调研是一项有计划的研究工作,其计划性是通过调研方案体现出来的。调研方案是整个调研工作的行动纲领,保证调研工作的顺利进行。设计调研方案,就要对调研的内容进行全面规划。广告调研方案,一般包括以下内容:

(一) 设计调研项目

调研项目是调研过程中所要取得的调查对象的属性、特点、类别、状态、规模、水平等资料,包括定性分析资料与定量分析资料。科学地设计调研项目是取得有价值的广告信息的前提和基础。

(二) 设计调研工具

设计完调研项目之后,需要设计反映这些项目的调查工具。调查工具是指调查指标的媒介,如调查提纲、调查表、调查问卷等。

(三) 确定调研的空间

调研空间是指调研实施的地区。调研空间的选择要有利于调研目的,有利于资料搜集工作,同时要考虑经济性。

(四) 确定调研的时间

调研时间是指调查的开始时间及持续时间。调研是一项时效性很强的工作,调研时间的确定,必须着眼于对现时市场实际情况的了解。调研持续时间与调查的方法和规模有关,必须根据具体的调研内容和方法,确定调查的时间跨度。

(五) 确定调研的对象

确定调研对象,具体说来,就是确定样本对象类型及样本对象的数量。调研的对象决定调研的范围大小,牵涉到调研目的、调研空间、调研方式、调研时间等各方面因素。

(六) 确定调研的方法

调研方法,包括选择组织调研的方式和搜集资料的方法,也包括整理和分析研究广告资料的方法。调研方法的选择取决于调研目的、调研内容及市场状况,调研者需要认真比较,选择最适合、最有效的方法。

(七) 落实调研人员、经费和工作安排

调研方案要计算调研人员、经费的数量,并进行落实,这是调研顺利进行的前提条件。此外,还应对调研人员的工作进行合理安排,使调研工作有条不紊地进行。

(八) 组建调研队伍

实施调研方案,必须要有一支训练有素的调研队伍,为此必须做好调研人员的选择、培训和组织工作。

广告调研方案设计好后,还要进行可行性分析,要通过小样本调研试验、专家讨论等检验方法,发现问题,及时修改,尽可能使之科学、合理。

三、资料收集阶段

广告调研所需的资料,可分为原始资料和现有资料两大类。原始资料是指需要通过实地调研才能取得的第一手资料。现有资料是指政府机关、企事业单位或个人现有的第二手资料。在实际调研中,应当根据调研方案所提出的资料范围和内容,尽可能组织调研人员收集现有资料。

（一）收集现有资料

收集现有资料的途径主要有：本企业内部、其他企业或个人、图书馆及互联网等。

收集现有资料应注意以下问题：①必须保证资料的准确性和可靠性；②对于统计资料，应弄清指标的含义和计算的口径，必要时应作出调整，使之符合调查项目的要求；③对某些估计数据，要了解其估算方法和依据，判断其可靠程度；某些保密资料，应当根据有关保密规定，由专人负责收集、保管，严防泄密。

（二）收集原始资料

在广告调研中，仅靠收集第二手资料是不够的，还必须实地调研收集原始资料，这样才能保证资料收集的完整性和客观性。在实地调研中，应当根据调研方案所确定的方式，先选择好调研对象，然后由调研人员通过观察法、实验法和问卷法，直接向被调查者收集第一手资料。

四、分析与总结阶段

这一阶段的主要任务是整理分析资料和撰写调查报告。

（一）整理分析资料

广告调研所获得的大量信息往往是分散的，因此必须对所收集的调研资料加以整理和分析，这样才能客观地反映被调查事物的内在联系。该工作包括以下内容：

1. 资料的检查、核实和订正

对于调研所得资料，在整理过程中，首先要检查资料是否齐全，有无重复或遗漏之处，是否有差错，有关数据相互之间是否有矛盾；然后对资料中所存在的问题，及时复查核实，予以订正、删改或补充，力求资料真实可靠。

2. 资料的分类整理

即把经过核实订正的资料，按照调研方案的要求，归入适当的类别，并用计算机制成各种统计表和统计图，以供资料分析时使用。

3. 资料的分析

资料的分析是一项难度很大的工作，一般可采用数理统计方法，如多元回归分析、因素分析、判断分析、相关分析和多向量表等方法，运用相关软件，如 SPSS、SAS 等，对数据信息进行多变量分析，找出变量之间的相互关系，结合各变量的内在联系，从中得出合乎实际的结论。

（二）编写调研报告

广告调研报告是对广告调研工作的书面总结，是建立在客观数据分析的基础之上，是调研的最终成果。广告调研报告应客观、实事求是，不能有任何虚假成分和主观臆断。

1. 广告调研报告的内容

（1）题目

题目包括广告调研报告标题、报告日期、承办部门、撰写人等。

(2)摘要

摘要介绍调研报告的主要内容及重要分析结论和建议。

(3)序言

序言简要说明广告调研的动机、背景、过程、调研要点及所要解答的问题。

(4)正文

正文部分的内容主要包括对调研基本情况的说明、对市场情况的分析、有关图表和数据的分析和解释、调研的结论和建议等。

(5)附录

附录包括资料来源、使用的统计方法、附属图表、公式、附属资料及鸣谢等。

2. 编写广告调研报告应注意的问题

(1)坚持实事求是原则

调研报告要如实反映情况和问题,绝不能弄虚作假。对报告中引用的事例和数据资料,要反复核实,内容必须确凿、可靠。

(2)要集思广益

在报告撰写的过程中,撰写人要认真听取调研小组内、外各方面的意见,以提高调研报告的质量。

(3)突出重点

调研报告的内容应紧扣调研主题,突出重点。语言要准确精练,条理要清晰。

(4)调研结论要明确

调研报告的结论要依重要程度顺序排列,应考虑结论是否符合一般情理,立场是否公正、客观,前后是否一致,是否严谨、细致。

第三节 广告调研的方法

确定广告调研的方法,关键是要解决两个基本问题:一是抽样问题,二是资料采集问题。随着统计学、社会科学等相关学科研究方法的发展,目前可供采用的抽样方法和资料采集方法很多。例如,在抽样方法上有属于随机抽样的系统抽样、分层抽样、分群抽样;有属于非概率抽样的判断抽样、任意抽样及配额抽样。在资料采集方法上,则有访问法、观察法、实验法、文献法等调研方法。每种方法各有利弊,各自适应于不同的条件,在选择运用时要十分慎重。调查运用的方法如果不恰当、不合理,势必会影响到调查结果的正确性。因此采用正确、合理的调查方法,是获得可靠调查结果的基本条件。

下面介绍在资料采集方面常用的一些方法。

一、访问法

访问法是指通过询问的方式向被调查者收集资料的方法,特点是与被调查者保持直接联系,因而可获得较为全面准确的调查资料。采用访问法进行调研,调查者可以把所需收集的资料或所需了解的问题事先设计成问卷的形式,向被调查者询问。在广告调研中常用的访问形式有拦截访问、互联网访问、焦点小组访谈和深度访谈,其他访问形式还有入户访问、置留问卷访问、邮寄问卷访问、电话访问等。

(一)拦截访问

1. 拦截访问的概念

拦截访问,也称为街头访问,是由访问员在适当的地点,如商场入口处、街头等地点拦住受访者进行访问。

2. 拦截访问的优缺点

优点:成本低;避免入户访问的困难;便于对访问员的监控。

缺点:难以得到有代表性的样本;访问环境嘈杂,影响信息的质量;被访问对象的拒答率比较高;不适合较长的问卷调查;不适合复杂问题的调查。

3. 拦截访问的实施过程

(1)抽样

由访问员按培训时的要求对出现在拦截地点的人进行抽样。拦截访问的抽样方法通常是任意抽样或判断抽样。

(2)拦截并访问

访问员上前拦住被抽到的对象,向他们介绍自己的身份,说明调查的目的或意图,尽量争取他们的配合和支持。

(3)致谢

当所有的问题都询问完毕之后,访问员要当面致谢,并及时赠送一份小礼品。

4. 拦截访问的注意事项

(1)对问卷设计的要求

问卷要尽可能简短,要让受访者不觉得时间太长;问题不能涉及隐私等难以回答的问题,这样的问题容易遭到拒绝。

(2)对访问过程的要求

甄别受访者,检查受访者是否是合适的调查对象,如果不是要婉言拒绝,但不能挫伤人家的自尊心;避免在场其他人(如受访者的同伴)影响受访者的作答。

(二)互联网访问

互联网访问是通过互联网询问被调查的网上用户,获得广告资料的调查方法。互联网访问具有双向互动性、实时性、方便性和准确性等特点。

1. 网上调查的方式

①电子邮件。利用网上用户的 E-mail 地址,采取随机抽样的方法发放 E-mail 问卷,再对被调查者使用电子邮件催请回答。

②网上焦点团体座谈。直接在网上用户中征集与会者,并在约定时间举行网上座谈会,进行广告调研。

③使用论坛进行网上广告调查。

④浏览网页调查。在高访问率网站上设置广告调查专项,网上用户访问率越高,调查效果越好。

2. 网上调查的优缺点

优点:效率高;成本低;接触效果好,调查表回收率高;调查资料的统计分析快捷、容易。

缺点:只反映了网络用户的意见;被调查者多回答感兴趣的问题,样本代表性不高。

(三)焦点小组访谈

企业要想了解消费者对广告、新产品的包装、新产品的口味等方面的深度评价,靠泛泛的调查是很难获取全面信息的。因此,很多企业常常借助于焦点小组访谈法来搜集消费者的意见和建议。

1. 焦点小组访谈的概念

焦点小组访谈一般由 8~12 名从目标市场中选来的参与者组成,这些参与者在主持人的引导下对某一主题或观念进行深入讨论,从而获取有关营销或广告的信息。焦点小组访谈的目的在于了解和理解他们对一种产品、观念、想法或组织的看法,了解所调研的事物与他们的生活的契合程度以及在感情上的融合程度,关键是使参与者对主题进行充分和详尽的讨论。

2. 焦点小组访谈的优缺点

优点:参与者之间的互动作用可以激发新的思考和想法;可以在单向镜后观察参与者。

缺点:技术性要求高,主持人个人风格的不同也会使结果产生偏差;访谈结论与受访者本身有关;访谈小组所说的观点并不一定都具有典型性。

3. 焦点小组访谈的过程

(1)准备工作

①确定访谈环境。焦点小组访谈一般在焦点小组测试室内进行,测试室应具备话筒、单向镜、室温控制器及摄像机。

②征选参与者。一般是在商业街上随机拦截受访者,小组人数控制在 8~12 人。调查发现,人们同意参加焦点小组的动机依次是:报酬、对话题感兴趣、有空闲时间、焦点小组有意思、受访者对产品知道得很多、好奇及它提供了一个表达的机会。

(2)选择主持人

焦点小组对主持人的要求是:主持人必须能恰当地组织一个小组;主持人必须具有良好的

沟通技巧。

(3) 编制访谈指南

访谈指南是一份关于小组访谈所要涉及的访谈规则及话题概要。

(4) 编写焦点小组访谈报告

焦点小组访谈报告包括访谈目的、访谈的主要内容、征选参与者过程、小组参与者情况、访谈结论以及访谈建议。

(四) 深度访谈

1. 深度访谈的概念

深度访谈是一种无结构的、直接的、个人的访问，在访问过程中，由一个掌握高级技巧的调查员与一个被调查者进行深入的访谈，以揭示其对某一问题的潜在动机、信念、态度和感情。深度访谈法适用于了解复杂、抽象的问题。这类问题往往不是三言两语可以说清楚的，只有通过自由交谈，对所关心的主题进行深入探讨，才能从中概括出所要了解的信息。

2. 深度访谈的优缺点

优点：消除被访者的群体压力，被访者会提供真实的信息；一对一的交流更容易与被访者进行感情上的交流与互动；交流时间较多，可以鼓励被访者提供更多信息；访问弹性大，可以重复询问，可以对问题作解释；在特殊情况下，深度访谈是唯一获取信息的方法。

缺点：调查成本较高；调查速度较慢；访问质量过于依赖于访问员的水平与技巧；访问时间较长。

3. 深度访谈的过程

(1) 访问对象邀请

使用经过委托方确认的候选人员进行访问。

(2) 人员安排

深度访谈由本公司受过专门访谈训练的研究人员进行访谈。

(3) 组织实施

安排访谈的具体时间，每次访谈控制在一小时左右，现场进行录音或书面记录访谈内容，访谈结束后应给予受访者一定的礼品。

(4) 资料处理

对访谈的内容进行整理分析，并撰写深度访谈报告。

二、观察法

观察法是指通过观察被调查者的活动取得第一手资料的调查方法。广告调研人员直接到商店、商品展销会、订货会、商品博览会等消费者集中的场所，采用耳听、眼见的方式或借助照相机、录音机、摄像机或其他仪器，把被调查者的活动、行为等真实地记录下来，从而获得重要的广告信息资料。

观察法经常用来了解判断以下情况:

(一)观察商品资源

有经验的广告调查人员,通过观察了解工业生产状况,判断商品资源数量,提出市场商品供求数量的报告。

(二)观察顾客状况

零售商场是个开放性的公共场所,顾客情况是调查的重要内容。通过观察顾客活动情况,可以对比了解顾客的构成、营业员接待顾客的方式、接待频率、成交率等重要的市场资料,从而掌握吸引顾客的最佳服务方式,改进商品经营结构。

(三)观察顾客流量

选择有关的商店,确定某个日期,在商店的营业时期内,在顾客出入的通道,通过计数的方法,按照不同的时点,分阶段地、完整地记录顾客进入商店的数量。

(四)观察营业状况

在商业企业经营活动中,在商品展销订货会现场,通过观察营业现场的商品陈列、货位分布、橱窗布置、现场广告、商品价格变动和顾客流动状况等众多内容,可以了解企业的经营管理水平、商品供求、成交等情况。

(五)观察企业商品库存状况

通过对库存场所的观察、库存商品的盘存登记,可以了解企业经营商品的结构状况,各类商品的销售状况等。

(六)痕迹观察

痕迹观察,即调查人员通过观察行为发生后所留下的实际痕迹来调查有关资料。例如,为调查媒体传播效果,可以在几种报纸上刊登广告,并附有意见回条,顾客凭回条购买商品可优惠。企业可根据各媒体回条的比例数和内容,判断出哪种广告媒体能更好地把商品信息传递给消费者。

三、实验法

实验法是指在给定条件下,通过实验对比,对市场经济现象中某些变量之间的因果关系及其发展变化过程加以分析的一种广告调研方法。实验法源于自然科学的实验求证法。该方法的应用范围很广,如产品在改变品质、包装、价格、广告策略等因素时,可以先用实验法进行小规模的实验性测试,以调查市场的反应,然后再分析研究这种改变是否值得大规模推广。

优点:可以有控制地分析、观察某些市场现象之间的因果关系及相互影响程度,获得的调查结果较为客观、准确。

缺点:由于经济变量的影响因素错综复杂,往往在一定程度上影响了对实验效果的评价;

实验法仅限于对目前广告市场变量之间关系的观察分析,无法研究过去的情况,也无法预测未来;实验法所需时间较长,成本比较高,实验与推广受到限制。

四、文献法

文献调查是利用各种文献、档案资料进行的调查。包括两方面的内容:一是从文献档案资料中检索出有用的资料;二是不断搜索新的有关文献资料。文献调查可以为企业广告策划活动提供必要的信息,为实地调查打下基础,不仅节约大量的调查费用,而且节约调查时间。

文献资料主要来源于企业内部资料、有关机构资料及图书资料。在各种机构所提供的资料中,有相当一部分来自各种出版刊物,如果调查人员十分了解这些刊物,也可从中直接找到所需要的资料。

优点:能真实、客观地反映信息内容,费用较低,不受时空限制,适于作纵向分析。

缺点:许多文献的质量往往难以保证,资料不易获得,难于编录和分析,难以保证时效。

第四节 广告调研方案设计

一、广告调研方案的撰写格式

广告调研方案设计,就是根据调查研究的目的和调查对象的性质,在进行实际调查之前,在对广告调查各个阶段进行通盘考虑和安排的基础上,制订出来的行动方案,以使广告调查有目的、有计划、有组织地进行。广告调研方案应以书面的形式出现,既供客户审查,也是作为调查执行实施的依据。一份完整的调研方案大体包括以下几个部分:

(1)调查目的

简要地回答"为什么要进行这项调查""调查结果有什么用处"。

(2)调查项目

列出具体的调查项目。

(3)调查方法

界定调查对象及调查区域;确定抽样人数及抽样方法;确定资料采集及数据统计处理方法。必要时还要说明访问员的数量和资格、访问实施的操作过程及对访问员的管理监督办法。

(4)成果形式

调查报告的数量、内容结构。

(5)调查进度表

以表格的形式列出调查过程每个步骤所需时间。

(6)调查费用

一般要列出费用细目,制成估价单,以取得客户的认可。

二、广告调研的进度及经费问题

(一)拟定调研活动进度表

调研活动进度表是调研活动进行的时间安排,是检查调查活动进展情况的依据。调研策划者在制订调研进度表时,一方面要考虑时间要求,另一方面,也要考虑到调研的难度和完成调研的可能性。

制订调研活动的进度表,一般要考虑以下各项工作完成所需的时间:问卷设计印刷、抽样实施、访问员的招聘和培训、预调查、问卷修改与印刷、调查实施、资料的整理和统计、数据分析、报告的撰写修改和制作。

进度表不仅对于客户是必要的,对于调查公司来说也是必要的,它有利于调查公司强化调查过程管理,提高工作效率,节省调查成本。调查时间表样式,见表4.1。

表4.1 调查时间安排表

时间或日期	作业项目	作业负责人	备注
	问卷设计		
	抽样实施		
	访问员培训		
	预调查		
	问卷修改印刷		
	资料收集		
	数据录入与统计		
	报告撰写		
	调研结果汇报会		
	报告修改		

(二)调查费用预算

调查的费用因项目不同差异很大,一般来说,调查所要支出的具体费用项目包括印刷费、方案策划费、问卷设计费、抽样设计费、差旅费、邮寄费、访问员劳务费、受调查者礼品费、统计处理费、报告撰写制作费、电话费、交通费、服务费、杂费及税收等。

估算费用最常用的方法是:依据抽样设计和资料采集方法,列出调查过程中各个费用支出项目及金额,然后求出总费用。调查费用估算清单样式,见表4.2。

表 4.2　调查费用估算单

支出项目	数　量	单　价	金　额	备　注
资料费				
印刷费				
抽样费				
问卷设计费				
方案设计费				
访员劳务费				
交通费				
统计处理费				
报告制作费				
杂费				
服务费				
合计				

注：本估单有效期＿＿＿＿＿＿天

交款：订约时请交付调查启动金＿＿＿＿＿＿，余款于调查报告交付之后＿＿＿＿＿＿天内全部付清

第五节　调查问卷设计

问卷设计是广告调研一个极为重要的环节。问卷设计质量的好坏、水平的高低，决定着调研能否得到全面、准确、可靠的结果。

一、问卷设计的概念

（一）问卷设计的含义

问卷也称为调查表，它是一种以书面形式了解被调查对象的反应和看法，并以此获得资料和信息的载体。问卷设计是依据调研的目的，列举所要了解的问题项目，并以一定的格式将这些问题项目有序地排列组合成调查表的活动过程。

（二）问卷的主要类型

一般来说，调查中所使用的问卷，依据填答或使用的方式的不同，可分为自填问卷和访问问卷。自填问卷是由被调查者本人填答的问卷。访问问卷则是由访问员根据被调查者的回答填写的问卷。

二、问卷设计的步骤

问卷需要认真仔细地设计、测试和调整，然后才可大规模使用。问卷设计通常有以下六个

步骤,如图 4.3 所示。

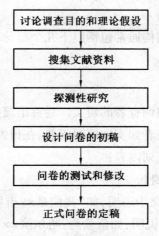

图 4.3　问卷设计的基本步骤

(一)讨论调查目的和理论假设

调查目的与假设是问卷设计的基础,问卷设计的其他步骤都是围绕它来进行的。只有认真讨论调查目的和理论假设,才能确定问卷的内容。

(二)搜集文献资料

要想把问卷设计得好,设计得完善,研究者要根据调查目的,了解更多的东西,如有关该课题的文献资料等。

(三)探测性研究

探测性研究是指问卷设计者带着问题对个别消费者进行访问。访问的目的是了解受访者的经历、习惯、文化水平以及对所要调查问题的了解程度,以使问卷的表达形式更容易被受访者接受。

(四)设计问卷的初稿

在搜集了大量的资料和经过探测性研究后,就可以设计问卷的初稿。首先,要明确通过问卷访问想要得到信息;其次,确定问卷的主题;第三,设计问卷的结构;最后,加上卷首语和相关的记录项目。

(五)问卷的测试和修改

问卷设计初稿完成后,必须先进行小范围测试调查。测试调查可以发现问卷的缺陷,以便及时修改和补充。

(六)正式问卷的定稿

问卷修改后,取得客户认可,才能定稿,正式用于调查。

三、问卷的结构

一般来说,一份完整问卷的结构通常包括以下几个部分:卷首语、填写说明、问题和选项及问卷记录。

(一)卷首语

卷首语也称为封面信,是致被调查者的短文。卷首语篇幅虽然短小,但在整个问卷中却具有相当重要的作用,能否让被调查者如实地填写问卷,在很大程度上取决于卷首语的效果。

在卷首语中,一般需要说明下列内容:

1. 调查的主办单位或个人的身份

这种身份可以在卷首语的正文中说明,如"我们是××市场调查公司调查员,我们正在进行一项××调查";也可以通过落款来说明,如落款为:哈尔滨××市场调查公司。

2. 调查的内容和范围

卷首语应简要地说明调查的实际内容,通常只用一句话指出内容的范围就行了。比如,"我们正在进行人寿保险方面的调查"或"我们这次调查,主要是想了解人们对人寿保险的看法"。

3. 调查的目的

对调查目的要尽可能作出恰当的、合理的解释,要让被调查者明白这种调查对他是有益的。比如,"这次调查的目的,是想要了解广大用户对数字机顶盒使用的看法,以便为我们改进产品提供科学依据"。

4. 调查对象的选取方法

这项说明的目的在于消除被调查者诸如"为什么偏偏要我回答"之类的顾虑。比如,"我们根据科学的方法选定了一部分居民作为全市居民的代表,您是其中的一位"或"我们从全市五家工厂中抽取了一部分工人作为调查对象"等,再加上有关不记名的说明和对回答保密处理的许诺,这样就会减少被访者的心理压力。

除以上内容外,通常还把填答问卷的方法、要求、回收问卷的方式和时间等具体事项写进卷首语。在卷首语的结尾处一定要真诚地对被调查者表示感谢。

【案例4.2】

卷首语示例

尊敬的被访者：

您好！

首先，真诚地感谢您参与我们的调研活动，本次调研活动是由哈尔滨市零度市场调研公司主办。我们调研的目的是想了解哈尔滨市居民的饮料消费状况，为开发未来市场提供依据。

您是我们通过随机抽样的原则而被选中的，您的意见将作为大约1万名哈尔滨市居民的意见，请您根据自己的真实情况亲自填答，我们承诺对您的资料将严格保密，仅做研究之用。

为感谢您的参与，我们将赠送给您一件小礼品。

哈尔滨市零度市场调研公司
2013年1月1日

（二）填写说明

填写说明是用来向被调者解释如何正确填答问卷的一种陈述。填写说明一般以"答题说明"或"填表说明"的形式出现在卷首语之后、正式调查问题之前。其作用是对填表的要求、方法、注意事项等做一个总的说明。

【案例4.3】

填写说明示例

填写说明：

★请按题目的要求用蓝色笔填答，在合适的选项前面的数字上画"○"。

★以下大部分题目将由您个人完成，但少数问题的回答可能需要您家人的协助，希望能得到您的积极配合。

（三）问题和选项

问题和选项是问卷的主体。问卷中的选项在形式上可分为开放式和封闭式两大类，在内容上又分为有关事实的、有关态度的和有关个人背景资料的三大类。

（四）问卷记录

问卷记录一般包括以下几个内容：访问员姓名、编号；审核员姓名；编码员姓名；受访者的姓名、地址、电话号码等；访问时间；问卷编号。访问记录一般置于题目之前，也有置于题目之后的。问卷记录主要用于检查问卷完成质量，了解数据质量发生的责任人，以便于追究责任者和采取相应的补救措施。

【案例4.4】

北京市饮料市场消费行为研究问卷访问记录

北京市饮料市场消费行为研究问卷
访问记录

问卷号：_____

访问地点：_____　　　访问日期：2009 年____月____日
被访者姓名：_____　　联系电话：_____
住址：_____
访问员姓名：_____　　编号：_____
督导员姓名（签字）：_____
复核员姓名（签字）：_____
录入员姓名（签字）：_____　　编号：_____

督导员检查记录：_____

四、问卷设计的具体方法

（一）问题的类型

问卷中的问题在形式上可分为开放式和封闭式两种。

1. 开放式问题

不为回答者提供具体的选项，而由回答者自由回答，这类问题称为开放式问题。开放式问题的主要优点：它允许回答者充分自由地发表自己的意见，不受限制，因而回答往往是最真实、自然的。例如问："你喜欢什么类型的体育活动？"

2. 封闭式问题

在提出问题的同时，还给出若干个可供选择的选项，供回答者根据自己的实际情况从中选择回答，这类问题称为封闭式问题。其优点是回答者填写问卷十分方便，所需时间和精力较少，便于进行统计处理和定量分析；缺点是限制了回答范围和回答方式，回答者胡乱选题往往难以发觉，从而影响调查结果的准确性和真实性。

封闭式问题，包括问题及选项两部分，形式主要有判断式、选择式、矩阵式和表格式。

（1）判断式

判断式也称为是否式，即答案只给予两个相反的答案，供被调查者选择。回答者根据自己的情况选择其一。其特点是回答简单明确，划分界线分明；缺点是得到的信息量太少，类别太粗。例如，你是否每天上网？①是　②否

(2) 选择式

选择式指给出两个以上的答案供被调查者选择。它分为单选式和多选式。例如,您上网的频率是多少? ①一个星期4次以上(含4次) ②一个星期2~3次 ③一个星期1次 ④其他

(3) 矩阵式

当询问若干个具有相同答案形式的问题时,可以将其设计成矩阵形式。

例如,您觉得下列环境问题在您居住的城市里是否严重?(在每一行的适当方框中打"√")

　　　　　很严重　比较严重　不太严重　不严重　不知道
① 噪声　　□　　　□　　　　□　　　　□　　　□
② 烟尘　　□　　　□　　　　□　　　　□　　　□
③ 污水　　□　　　□　　　　□　　　　□　　　□
④ 垃圾　　□　　　□　　　　□　　　　□　　　□
⑤ 有害气体 □　　　□　　　　□　　　　□　　　□

该形式问卷的优点是节省时间,问卷紧凑。同时,由于同类问题集中在一起,回答方式也相同,因而节省了回答者阅读和填答的时间。

(4) 表格式

表格式与矩阵式十分相似,比如将上例变成表格式即为:

你觉得下列环境问题在您居住的城市里是否严重?(在每一行合适的格中打"√")

	很严重	比较严重	不太严重	不严重	不知道
噪声					
烟尘					
污水					
垃圾					
有害气体					

(二) 提问的技巧

同样的问题,提问方式不同,所产生的效果也会不同。因此,要设计出意思清楚、便于回答、便于统计的问卷,必须注意提问的技巧。

提问的技巧主要有:尽量简短,尽量用简单具体的语言,提问范围要明确,不使用带诱导性语句,不用否定形式提问,不直接问敏感性问题以及不提双重含义的问题等。

(三) 问题的数目和顺序

问题的数目和顺序,也是问卷设计时要考虑的问题。问题数目的多少,决定着整个问卷的长短。一份问卷,究竟应该包含多少个问题合适,主要依据研究的内容、样本的性质、分析的方

法等多种因素而定,没有统一的标准。但是总体来说,问卷不宜太长,问题不宜太多,一般以回答者能在 30 分钟时间内完成为宜。

问题的前后次序及相互间的联系,会影响到被回答者对问题的回答,甚至会影响到调查的顺利进行。有关问题的顺序,一般来说,有下列规则:调查者熟悉的、简单易懂的问题放在前面;能引起被调查者兴趣的问题放在前面;开放式问题放在问卷的结尾部分;按照"行为、态度、个人资料"的顺序编排;按照一定的逻辑顺序编排。

(四)相倚问题

在问卷设计中,经常遇到有些问题只适用于样本中的一部分调查对象,而且某个被调查者是否需要回答这一问题,常常要依据他对前面某个问题的回答结果而定,这样的问题,称之为相倚问题。前面的那个问题则称为过滤问题或筛选问题。一个回答者是否应该回答相倚问题,要看他对前面的过滤或筛选问题的回答而定。比如,对于过滤问题:"您是否上过网?"有两种可能的回答,上过和没上过;而相倚问题"您每次上网时间有多长?"只适合"上过"的那一部分回答者。相倚问题可以考虑采用"回答'是'者请答××-××题,回答'不是'者请答××-××题"等字样。不过这种文字形式往往被受访者所忽视,需要访问员加以强调。

(五)备选项的设计要求

备选项是封闭式问题中重要的内容。如何列举备选项,关系到回答者是否能够回答,是否容易回答,还关系到问卷资料价值的大小。下面是备选项设计的一些具体要求。

1. 备选项应具有穷尽性和互斥性

一方面,所列的备选项要能包括所有可能的回答,不能有遗漏,不能使有的回答者无选项可填;另一方面,所列的备选项之间又不能相互重叠或相互包含,不能使有的回答者可以填多于一个的答案。

2. 正确使用"其他"

有些问题的备选项如果要将它们全部列出,既十分困难也没有必要,可在最后一项加上"其他",满足答案穷尽性要求。

五、问卷的审核

一份问卷完成之后,设计人员应从以下方面对问卷进行审核:

(一)内容方面

问题是否全面?问题是否必要?

(二)形式方面

1. 外观

问卷看上去应该整洁,四周应留有足够的空白,行与行之间或列与列之间不应太紧凑。问卷做得要尽可能正规,应当用高质量的纸印刷。如果问卷长度超过 4 页,应当考虑把它们装订成册。

2. 长度

问卷的长度应合适。可以请人模拟应答以判断回答问卷的时间。一般来说,完成问卷花费的时间应取五次最短时间的平均数。在街上拦截或电话调查的问卷如果访问长度超过20分钟,应当考虑删减。

3. 留空

开放式问题如果只留半行空就得不到多少信息。一般来讲,一个开放式问题留有3~5行较为合适。

4. 字体

为了避免混淆,所有的说明应当用独特的字体,以与问题区别。

【案例4.5】

"公交车电视广告"受众态度调研问卷

您好!

为了解大家对公车移动电视广告的态度,特意进行这次问卷调查。请结合自身实际情况,在选项□内打"√"。此次调查不记名,相应的结果也会保密。非常感谢您抽出宝贵的时间填写此问卷!祝您生活愉快!

1. 您是否坐过公交车?(说明:如果您选择"是",请跳到问题2;如果您选择"否",您已完成问卷)
□是　　□否

2. 您的性别是
□男　　□女

3. 您的年龄是
□25岁以下　　□26~36岁　　□37~50岁　　□50岁以上

4. 一般情况下,您每周坐公交车多少次?
□5次以下　　□5~10次　　□10次以上

5. 一般情况下,您在公交车上的时间大概是多久?
□0~20分钟　　□20~40分钟　　□40~60分钟

6. 您的学历是
□小学　　□初中　　□高中　　□专科　　□本科　　□硕士　　□博士

7. 一般情况下,您乘坐公交车的目的是
□回家　　□上下班　　□购物　　□其他

8. 您是否看过公交车广告?
□从不　　□偶尔　　□经常　　□每次坐车必看

9. 您是否会特意观看公交车广告？
□是　　□否　　□无聊的时候才会看
10. 您是否喜欢公交车广告？
□非常喜欢　　□喜欢　　□无所谓　　□讨厌　　□非常讨厌
11. 您认为公交车广告
□还可以，这也是接收信息的途径　　□无所谓，看过就过了
□挺热闹也挺有趣的　　□到处都是广告，讨厌
12. 您通常是怎样看公交车广告的？
□边听边看　　□只看不听　　□只听不看　　□不听不看
13. 您认为公交车上同一条广告重复的次数
□太多了，很烦　　□适中　　□太少了，记不住
14. 您觉得公交车广告的声音
□无声　　□太小声了　　□适中　　□太大声
15. 您觉得现在公交车广告
□形式单调、缺乏创意　　□内容枯燥、乏味　　□种类较少
□形式有趣、创意独特　　□内容丰富、新奇　　□种类齐全
16. 您经常看到的公交车广告是(可多选)
□衣服　　□食品　　□机票等出游交通工具　　□投资理财　　□折扣通知、庆典
□酒水饮料　　□药品　　□瘦身　　□其他　　□看过之后便忘记了
17. 您现在能够想起的公交车广告的内容是(可多选)
□广告的企业　　□广告的图片　　□广告的颜色
□广告的语言　　□什么都想不起来
18. 您觉得公交车广告的画面
□太模糊了　　□模糊　　□一般　　□清晰　　□太清晰了
19. 公交车广告对您的消费行为是否有影响？
□完全没影响　　□有一些影响　　□有很大影响　　□决定我的消费行为
20. 您对公交车广告有什么建议？

第六节 广告调研报告的撰写

一、广告调研报告的含义与撰写要求

（一）广告调研报告的含义

广告调研报告是以一定格式撰写的有关广告调研的目的、内容、方法、结论和建议的文书，它是广告调研活动过程的最终结果。在广告营销调查活动过程中，通过调查策划、收集市场信息，并经过对所收集到的市场信息进行加工处理，最终形成报告，提交给调研项目的委托者，以此作为广告决策的依据。

（二）撰写调研报告的基本要求

①在语言上，调研报告必须使用简洁明了、富有说服力的文字，避免使用任何晦涩难懂的术语。

②在选材上，必须注意真实、准确，同时要取舍得当，不能遗漏重要的资料。

③在结构上，要求简明、严密而又富于逻辑性，做到层次清楚、条理严谨。

④在内容上，必须反映调研的全部成果，对调研活动所要解决的问题提出明确的结论或建议。

二、调研报告的撰写

规范的广告调研报告，包含序言、摘要、正文及附件四个部分。

（一）序言

序言主要介绍调研项目的基本情况，通常包括扉页、目录与项目简介。

1. 扉页

扉页一般单独占一页，其内容包括：调研报告的题目；委托进行调研的单位名称；执行该调研项目的单位名称；调研项目负责人的姓名及所属单位；调研报告完成日期。

2. 目录

目录应当列出报告中各部分的标题名称及页码。目录的篇幅一般不超过一页。

【案例 4.6】

广告调研报告目录例示

一、简介 1
   1. 调查原因及背景 1
   2. 调查目的 2
二、摘要 3
三、调查方法 4
四、结果与分析 20
   1. ×××的知名度 20
   2. ×××的市场规模 23
   3. ×××的市场销量 25
   4. 消费者关于×××的概念 27
   5. ×××与×××的广告效果比较 29
   6. 消费者的特征 31
   7. 消费者的消费心态 33
五、结论及建议 35
附件 37
   1. 访问提纲 37
   2. 调查问卷 38
   3. 抽样补充说明 39
   4. 工作进度安排 41
   5. 原始资料的来源 43
   6. 调查获得的原始数据图表 45

3. 简介

简介应说明组织这次市场调研的原因、背景,简述调研的目的和要解决的主要问题,有变化的要说明调整情况及原因。

(二)摘要

摘要是用简单扼要的语言对调研结果作概括介绍,包括市场容量、本产品与竞争对手的竞争状况、产品在消费者心目中的优缺点、竞争对手的销售策略和广告策略、本产品广告策略及影响产品销售的因素,提出切实可行的措施和建议。

(三)正文

调研报告的正文应该准确地、客观地载明全部有关调研事实及结果,包括从调研方法的确定到结论的形成及其论证过程,同时应说明分析问题的方法,以便让读者自己分析调研结果是否客观、科学、准确可信,同时也便于读者不受影响地得出自己的结论。另外,正文还可以提出具有创见性的各种建议。

在结构上,正文一般应包括:对调研方法的说明、介绍调研结果、提出结论与建议三部分。

1. 调研方法

在这一部分应说明:调研地区;调研对象;样本容量;样本结构;资料采集方法;实施过程及问题处理;访问员介绍;资料处理方法及工具;访问完成情况等。调调研法的介绍有助于使读者确信调研结果的可靠性,描述要尽量简洁。

2. 调研结果

调研结果是将调研所得的、经过统计分析的数据报告出来。调研结果的描述形式通常是表格或图形,调研人员必须对图表中数据资料所隐含的趋势、关系或规律加以客观地描述,要对调查的结果作出合理解释。

3. 结论和建议

这一部分是说明调研结果的作用及其实际意义。结论可用简洁而明晰的语言对研究前所提出的问题作明确的答复,同时简要地引用有关背景资料和调研结果加以解释、论证。建议则是针对调研获得的结论,对该企业产品及其广告方式提出具体的要求及应该采取的改进措施。建议应该采用正面的、肯定的语句来表述。

(四)附件

附件是将各种有关原始材料汇总起来,这些材料可用来论证、说明或进一步阐述调研报告正文中的数据、结论,每一份附件都应该按顺序标上编号。在附件中经常出现的资料种类包括:访问提纲;调研问卷;抽样有关细节的补充说明;工作进度安排;原始资料的来源;调研获得的原始数据图表等。

本章小结

广告调研是指利用科学的调查、分析方法,对广告活动有关的信息进行系统的收集、整理及分析,为广告策划提供决策依据的活动。广告调研具有目的性、系统性、信息性、科学性、经济性等特点。广告调研包括调研准备阶段、调研设计阶段、资料收集阶段和分析与总结阶段。

广告调研的关键是要解决两个基本问题:一是抽样问题;二是资料采集问题。常用的调研方法主要有访问法、观察法、实验法和文献法。

调研方案包括调研目的、调研项目、调研方法、成果形式、调研进度表、调研费用等内容。问卷是一种以书面形式了解被调研对象的反应和看法,并以此获得资料和信息的载体。问卷结构通常包括卷首语、填写说明、问题和答案及问卷记录。广告调研报告是以一定格式撰写的有关广告调研的目的、内容、方法、结果、结论和建议的文书,它是广告调研活动过程的最终结果。

自测题

一、名词解释
广告调研　入户访问　拦截访问　广告调研报告

二、问答题
1. 简述广告调研的作用及其局限性。
2. 简述广告调研的程序。
3. 什么是拦截访问？拦截访问具有哪些优缺点？
4. 什么是焦点小组访谈法？
5. 什么是深度访谈法？
6. 一份完整的调研方案包括哪些内容？
7. 完整的调查问卷由哪些部分构成？
8. 广告调研报告包含哪些部分？

三、实务题
联想电脑公司针对在校女大学生开发了一款外观时尚潮流、使用方便简洁的笔记本电脑。为配合产品上市前的广告宣传，请你帮助联想电脑公司设计一套笔记本电脑产品的广告调研方案，并根据该调研方案设计一套调查问卷。通过广告调查，了解在校女大学生对笔记本电脑产品的偏好及需求情况，以便有针对性地进行广告创意。

四、案例分析
南昌市家庭装饰市场调研方案

一、调查背景和目的

家庭装饰是南昌市近几年新形成的一个行业，到目前为止，南昌市已有300多家家庭装饰公司。各家庭装饰公司都进行了多种形式的广告宣传和促销活动，其营业状况都比较良好。江西MH装饰工程有限公司原来从事大型工程装饰业务，2002年公司进行战略结构调整，准备高起点进入家装行业，拟加强广告促销活动，以期在家装市场缩小与竞争对手的差距。为配合这次战略结构调整，需要对南昌市家庭装饰市场做一次全面的市场调查。

本次调查的宗旨在于：了解消费者对家庭装饰市场的认知；了解消费者对家装的消费心理和消费习惯；了解消费者选择家装公司的重要指标是什么及各指标的权重；了解南昌市各家庭装饰公司的经营情况；知道各家庭装饰公司的优劣势。通过了解南昌市的家庭装饰消费状况，以及竞争对手的市场定位，可以找出家装市场的空白点，为MH公司制订一个有针对性的、科学周密的市场开发和广告营销方案提供翔实的市场资讯。另外，通过调查本身也可以很好地宣传MH公司。

二、调查内容

1. 家装主流消费者的特征(包括职业、年龄、文化程度和经济收入)；

2. 家装的消费动机；
3. 家装的消费行为特点；
4. 消费者获知家装公司的信息来源；
5. 消费者对家装公司的认知情况；
6. 消费者对现有家装公司(主要是指排在行业前五位)的态度及概念差异；
7. 现有家装公司的经营情况及广告营销策略。

三、调查方法

采取入户访问、店堂观察与深度访谈相结合的方式进行。

入户访问即派专业调查员拿着事先设计好的问卷到指定区域直接进入样本家中，通过交谈的方式，由调查员提问，调查对象回答，由调查员填写问卷，从而获取信息。店堂观察也是由调查员拿着事先设计好的观察方案到各主要家装公司进行观察，由调查员通过观察被调查对象而获得信息。

问卷调查表的题目有封闭式和开放式两种，封闭式的答案明确，便于统计分析，得出精确数据信息。开放式题答案不固定，主要是征求被调查对象的意见和建议，可收集大量信息。

本研究拟在南昌市内进行，调查对象为24岁以上、有较大消费能力的常住南昌市的居民。由于该研究为描述性研究，所以决定采用配额抽样方法进行抽样。确定样本量为100人，按年龄层次和性别比例分配名额。样本结构如下表。

样本结构表

年龄	22~30岁	31~40岁	41~50岁	51~60岁	60岁以上	合计
男/人	15	15	8	7	5	50
女/人	15	15	8	7	5	50
合计/人	30	30	16	14	10	100

年龄阶层的比例：(22~30岁):(31~40岁):(41~50岁):(51~60岁):60岁以上＝6:6:3:3:2；性别比例为男:女＝1:1。调查实施分散在市内有代表性的地点进行(预计抽选20个)。

调查的实施过程分三步进行：

第一步，对所有被抽到的100个样本均由访问员采用面对面的问卷访问，目的是获得调查内容的前三个方面的资料。

第二步，调查员直接到市内各家居市场进行观察，由调查员通过观察被调查对象而获得信息。

第三步，对经第一步调查确定的"家装消费者"作深入的访问调查，以期获得调查内容后三个方面的资料。所谓"家装消费者"是指最近六个月内装饰的消费者。

执行访问的访问员为江西师范大学传播学院广告专业三年级学生，他们均接受过市场调查和新闻采访训练。每一调查实施地点由两名访问员执行访问,共40名访问员。

资料的统计处理在计算机上进行。

四、作业进度表

自本方案得到认可之日起,20天内完成全部调查工作,并提交调查报告。具体时间安排见下表。

作业进度表

日期/日	完成的作业	备注
1~4	问卷初稿设计	
5~6	预调查	
7~8	问卷修正印刷	
10~13	调查实施	
14~16	资料统计处理	
17~19	撰写调研报告	
20	报告打印	

注:日期从本方案被认可的下一天算起

五、结果的形式

本调查的结果形式是调查书面报告,内容包括:引言、摘要、调查目的、调查方法、调查结果分析、市场开发策略、广告策略、营销策略及媒体组合、附录九个部分。交给客户书面报告材料两份。

个案思考题:

1. 请简要说明调研方案的基本结构。
2. 查阅相关统计学资料,了解什么是配额抽样方法。该方法如何具体实施?
3. 调研问卷的基本结构包括哪些方面?
4. 请你结合本案例,为此次调研活动设计一份调查问卷。

第五章
Chapter 5

现代广告策划

【学习目的与要求】

通过本章的学习,要求学生了解广告策划的基本概念、广告提案等内容,掌握广告目标的设定、广告战略及策略、广告预算等内容,熟悉广告策划书及其撰写要求,在此基础上,能够独立撰写广告策划书。

【案例导入】

果冻广告策划

果冻产品的制造者(广告主),在产品研制到达可以问世的标准后,就将整套的广告工作,包括对产品的命名、包装设计、商标设计、市场研究、广告策划等,全部委托××广告公司代理。

接到任务后,广告商会同广告主,列出了新产品在市场中的竞销对象,是冰淇淋、冰棍、水果等。在详细分析比较后,找出新产品有几项优点:它和很多水果一样,都不含淀粉,在营养和味道方面,也胜过冰淇淋。它又和冰淇淋一样,在凉快和简便性方面,胜过水果,而且能止渴,同时也较其他产品卫生。

根据这些优点,广告公司举行了头脑风暴会议。在头脑风暴会议上,首先研讨为产品命名。开始由大家分别提供了50余个名称。第二步,从其中选出了三个名称。最后,再从这三个名称中,选定这个新颖,读来顺口易记,也符合产品本质的名称——果冻。

接着,广告公司又研究确定了工作重点:对于广告诉求,决定以"零下40度的滋味"为重点、为标题。它的创意构想非常出色,不仅包含了产品的各项优点,而且十分新颖、独特。

对于销售对象，广告主所提出的主张，是以成人为主；而广告策划者所提出的研究结论，是以儿童为主。广告主和广告策划者，双方曾为此多次讨论。在广告策划者的恳切建议下，广告主接受了广告公司所提出的诉求对象，最终确定为儿童。

对于商标，广告主在广告公司所设计的多种图案中，最后选定一个简明的 C 字图案为商标，使消费者容易记认。同时这个图案也代表了厂商的名称。广告公司同时提出，应再选取一个代表商品的形象，使消费者一看到这个形象就会想到这种商品。选择了多次，终于选定一个在日本很流行，有两个大耳朵和胖得可爱的米老鼠为形象。

对于包装，广告公司则遵照了广告主的主张，以塑料袋为主，配合美观精致的米老鼠图案，刺激消费者对它产生一见就喜爱的感觉，而有了这个感觉，消费者的购买欲也自然而然地随之产生。

对于售价，广告主决定每个只售一元。这种售价，极适合一般消费者的购买力，也增加了广告代理业者执行广告必能获得成功的信心。

对于广告媒体的选择运用，策划决定先以报纸、电视、售点广告为主，并编制了广告歌曲应用在电视广告中，以引起孩子们的注意和学唱。

按照该策划的实施步骤，在一切准备完毕，便开始做区域性的销售。先从南方地区起试销，竟然一鸣惊人，销量直线上升，引起了冷饮业的重视。其旺销之势，连广告主也感到意外。一个月后，销路扩展至中南部地区，三个月后，已进入夏季，进而再扩大至北方地区，并渐渐遍及全国。广告主在这一套计划中，虽然支付了 80 万元左右的广告费用，却很顺利地达到大量销售的目的，也获得了超出当时预计的经营利润。

（资料来源：http://www.syguanggao.cn/example/2008109/a1132.html）

现代广告公司的经营运作以策划为核心，广告策划伴随整个广告运作的全过程，广告策划在一定意义上就是广告经营运作过程本身。

第一节 广告策划概述

一、策划与广告策划的概念

（一）策划的含义

策划并不是现代社会特有的思想，中国古代就存在策划的思想，如《史记》中所记载的"运筹帷幄之中,决胜千里之外"，这里的策划具有"谋划"的意思,可谓是中国古代典型的策划思想。现代意义上的策划可理解为关于未来活动的整体谋划，是一种对未来活动采取行动的准备过程，是一种理性思维程序。可见，策划是指人们为了实现特定的目标，在对环境充分调查的基础上，有创意地制订计划的过程。

(二)广告策划的含义

广告策划这一战略思想最早由英国伦敦波利特广告公司的创始人斯坦利·波利特在20世纪60年代提出。20世纪80年代中期后,我国广告界提出"以创意为中心,以策划为主导,为客户提供全面服务"的经营理念,广告策划在广告活动中的地位和作用越来越受到重视。

广告策划有狭义和广义之分。狭义的广告策划,是对广告活动中的一个环节的策划,如广告创意策划、媒体策划等;广义的广告策划,则是对广告活动进行的整体谋划,它规定着广告活动的基本方向,是系统的、具有战略决策性质的策划。

现代意义上的广告策划是广义的广告策划,即在市场调查的基础上,根据广告主的营销计划和目标,按照一定的程序对广告活动的战略与策略所进行的系统谋划。

广告策划以科学、客观的市场调查为基础,以定位策略、诉求策略、表现策略、媒体策略为核心内容,以广告策划文本为直接结果,以广告效果调查为终结,它追求广告活动进程的合理化和广告效果的最大化,是广告公司内部业务运作的一个重要环节,也是现代广告运作科学化、规范化的重要标志之一。

二、广告策划的特性

广告策划作为广告公司的战略性统筹谋划,具有不同于一般计划的特殊性。

(一)战略性

广告策划是从广告角度对企业市场营销管理进行策划的全过程,它要配合企业的整体营销进行战略层面上的运筹,其具有宏观性和方向性。

(二)全局性

由于广告策划对广告计划、广告执行具有统领指导作用,因而它必须要有前瞻性和全局性,广告策划者在策划时要有整体概念,考虑问题要全面。

(三)策略性

广告策划的灵魂和核心是战略指导思想、基本原则和方向的确立,是决定"做什么"的问题。战略一旦确定,就要有与此相匹配的可操作性的战术和方法,同时制订出关于"如何做"的一系列策略,如广告表现策略、广告媒体策略等。

(四)动态性

广告策划伴随着广告活动的全过程,广告策划要适应不断变化的未来环境和条件,应当具有动态灵活性。

(五)创新性

广告策划活动是一项创造性思维活动。创造性是广告策划的关键和保证,创造性的策划具有找出别人所没有做过事情的功能,主要表现在广告定位、广告语言、广告表现、广告媒体等方面。

三、广告策划的作用

(一)保证广告活动的计划性

现代意义上的广告活动必须具有高度的计划性,必须预先设计好广告预算、广告发布时机、广告媒体的选择与搭配、广告内容的创意与制作以及广告推出方式的选择等。而这一切,都必须通过策划来保证和实施。科学的广告策划,可以保证广告活动自始至终都有条不紊地进行。

(二)保证广告活动的连续性

广告的目的在于促进产品销售和提升企业形象,而要实现这一目的,仅通过一两次广告活动是不可能解决问题的,只有通过长期不懈的努力,逐步积累广告效果,才能实现广告的目的。

(三)保证广告活动的创造性

广告策划是策划人员集体创造的智慧成果。通过策划,可以把各领域创意高手聚集在一起,通过脑力激荡,激发他们的想象和创新能力,从而保证广告策划创意的新颖性。

(四)确保广告活动的最佳效果

通过广告策划,可以使广告内容的特性表现得更强烈和更突出,也可以使广告功能发挥得更充分、更彻底,从而降低广告成本,逐步形成广告规模效应和累积效应,达到理想的经济效益和社会效益。

四、广告策划的原则

(一)统一性原则

广告策划的统一性原则,要求广告活动各个方面要服从统一的广告目标,服从统一的产品形象和企业形象。

(二)适应性原则

广告策划面对复杂多变的市场环境,只有适应市场环境才能发挥策划的最佳优势。这要求广告策划在统一性原则指导下,要有灵活性和适应性。当广告信息的接受者——广告对象发生变化时,广告策划就要作相应的调整。例如,肯德基在2002年推出了"全家桶",这意味着肯德基的目标市场发生了变化,从单一的儿童和青年群体扩充到家庭群体,为此,肯德基的广告策略也有所调整。

(三)有效性原则

广告费用是企业成本支出,广告策划就是要使企业产出大于投入。广告策划不仅要以广告受众为活动中心,而且要兼顾广告主的长期利益和社会效益。

（四）操作性原则

广告策划不仅要作出策略性决策,而且要实施一系列计划。操作性原则要求广告策划必须符合市场环境和现实条件,符合广告主的实际负担和产品销售的可能,同时要便于广告实施人员具体执行,这样才能保证广告策划运作的有效展开。

（五）针对性原则

广告策划的流程虽然是相对固定的,但市场环境变化多端,消费者需求层次也不尽相同,广告策划对象也千差万别。因此,广告策划的内容和策略也要有相应的针对性。

五、广告策划的程序

广告策划的程序是指广告策划工作应遵循的方法和步骤。广告策划是一项科学活动,应按一定的方法和步骤进行。广告公司接受广告主的广告委托后,需要进行周详的广告策划,其策划程序如下。

（一）准备阶段

1. 成立广告策划小组

成立广告策划小组,具体负责广告策划工作。一般而言,策划小组应包括客户执行、策划创意人员、设计制作人员、媒体公关人员以及市场调查人员。这些人员通常由策划总监负责管理。

2. 确定并分配任务

按照广告主的要求,经广告策划小组研究,确定初步方案,并将初步方案下达各职能部门,以此来规定任务和人员安排,并设定各项时间进程,落实策划的前期工作。

（二）调研阶段

1. 市场调查

与消费者建立良好的沟通,有选择地吸取营销调查的相关信息。通过直接调查获得第一手资料,或者通过其他间接途径搜集有关信息,最大限度地占有相关材料。

2. 研究和分析相关资料

对所得的材料进行整理、归类,将有用信息进行总结分析,提交调研报告,为进一步制订广告策略提供依据。

（三）战略规划阶段

战略规划是组织生存和发展的重要活动。做好广告战略规划是广告主和广告商的共同职责,决定着广告活动的前途和命运。

1. 制订广告战略目标

广告战略目标是广告活动的核心,所有其他广告活动内容都要围绕这一中心展开。不同的广告战略目标直接决定着后期广告开展的不同走向。

2. 选择广告战略

根据广告战略目标,制订广告战略,勾勒出广告活动的大致轮廓。处于不同生命周期的产品,其广告战略有明显的不同。例如,脑白金的广告活动,市场导入期采取的是高曝光率,追求高知名度的广告战略;而发展期则采取稳健、理性说服、多种媒体组合的广告战略。

(四)策略制订阶段

策略制订是整个广告策划的核心运作阶段,也是广告策划的主体。以策划创意人员为中心,结合相关人员对广告战略目标加以分析,根据广告战略选择确定广告的定位策略、诉求策略,进而发展出广告的创意和表现策略,根据产品、市场及广告特征提出合理的媒体组合策略以及其他传播策略等。

这个阶段还包括广告时机的把握、广告地域的选择、广告活动的预算安排、与其他传播活动的配合以及广告活动的评估标准等。

(五)制订计划并形成文本阶段

把此前属于策略性、思想性的各种意向,以文字形式加以确定。

1. 制订计划

把在策略思考阶段形成的意向具体细化,确定广告运作的时间和空间范围,制订具体的媒体组合,明确广告的频率以及把广告的预算经费分配到具体的广告环节上。

2. 编制广告计划文本

把市场研究成果、策略及操作步骤用文本的形式加以规范表达,便于客户对方案的认知及对策划方案的执行。

(六)广告提案阶段

广告计划制订完之后,要召开广告提案会议。由广告公司和广告主双方参加,客户主管代表广告公司向广告主递交广告计划书,说明广告计划的内容,并根据广告主的意见修改和确定后由广告主审核、批准。

(七)计划实施阶段

这一阶段的主要任务是执行广告决策与实施广告计划。广告计划经批准后,即可进行广告的设计制作,制成广告作品,并对广告作品进行事前测定与评价,然后定稿并按计划发布。

(八)评价总结阶段

广告效果评估是广告策划的最后环节和内容,也是广告主最关心的部分。要对评估广告传播效果的标准、方法和指标体系作出计划安排,以便使评估结果客观、准确,并为下期广告策划提供参考依据。

六、广告策划的内容

一个完整的广告策划,一般包括市场分析、广告目标、广告定位、广告创意与表现、广告媒介、广告预算、广告实施计划以及广告效果评估与监控等内容。

第二节　广告目标

广告目标决定了广告计划的开展,它是广告策划过程中的重要步骤。广告活动的其他基本要素,如广告预算的确定、广告策略的选择、广告媒体计划的制订等,都要基于广告目标来展开。

一、广告目标的含义

(一)广告目标的概念

广告目标是指广告活动所要达到的预期目的,它规定着广告活动的总任务,决定着广告活动的发展方向。

(二)广告目标与营销目标的关系

广告目标与营销目标既有联系又有区别。

1. 广告目标与营销目标的联系

广告目标与营销目标的共同之处都是开拓市场,增加企业产品的销售量,提高产品市场占有率,增加企业的利润。

2. 广告目标与营销目标的区别

广告虽然可以提高产品知名度,树立品牌形象,推动产品的销售,但广告只是影响营销目标多种因素之中的一种,而营销目标的实现还会受到产品质量、价格、销售渠道、人员推销、市场条件等诸多因素的影响。

(三)广告目标的类型

企业由于经营目标、竞争环境及广告任务的不同,广告的目标也会有所不同。

1. 按广告目的划分

广告内容目标就是指广告通过传递信息所要达到的目的,可分为以下四种类型。

(1)创牌广告目标

目的在于提高受众对新产品的认知度、理解度和品牌商标的记忆度。广告通过对产品的性能、特点、用途等的宣传介绍,使受众产生初步的认识和需求,加深对产品及其品牌的印象,比如OPPO手机刚上市时做的广告。

(2)保牌广告目标

目的在于增加受众对广告产品的消费习惯和偏爱,加深受众对此产品的好感和信心,从而确保已有的产品市场,并提高产品的市场占有率。如可口可乐、百事可乐公司的系列广告宣传等。

(3) 竞争广告目标

目的在于提高广告产品的市场竞争能力。广告的诉求重点在于宣传本企业产品与竞争产品的差异,突出本产品的优异之处,促使广告受众购买和使用本企业的产品。如为了击溃百事可乐的进攻,可口可乐在1983年花了近4亿美元做广告,广告中运用了美国传统垒球比赛及拉拉队形象,劳动中的农民以及乡土风味浓厚的音乐,广告告诉美国喝可乐的人:"这就是可口可乐!"

(4) 形象广告目标

目的在于提高企业整体知名度和美誉度,树立良好的企业形象。此类广告的诉求重点是企业的价值观念、经营方针、服务宗旨、管理水平等企业理念。"中国制造,世界合作"是中国四个行业协会从2009年11月23日起在美国有线新闻网、美国头条新闻频道和国际亚洲频道等国际媒体为"中国制造"新推出的形象广告的主题,它强调中国与世界各国一道,为消费者提供高品质的产品。广告片一经投放,就引起社会公众的强烈反响。

2. 按广告效果划分

(1) 广告销售目标

广告销售目标是指广告活动所要达到的促销指标,主要包括利润增长率、销售增长率、市场占有率等内容。如某制药公司2012年为其产品"××骨通"(一种治疗骨质增生的产品)确定的广告销售目标为:"2012年产品在北京、上海、广州、深圳等主要城市的医院和药店的销售额达到960万元。"

(2) 广告传播目标

广告传播目标是指广告活动所要达到的心理指标,主要包括广告受众对广告信息的收视率、阅读率及注意、理解、记忆、反应等内容。如某饮料公司2012年为其产品"××蓝莓果浆"确定的广告传播目标为:"2012年产品在北京、上海、广州、深圳等主要城市目标消费群体中的品牌认知度达到25%。"

二、影响广告目标设定的因素

(一) 企业经营战略

经营战略决定广告目标。经营战略不同,企业的营销策略、广告策略也不同。经营战略直接影响到广告在企业经营活动中的作用,影响到广告目标的设定。

(二) 商品的供求状况

在不同供求状况下,企业设定的广告目标也有所不同。商品供不应求,企业应将广告目标设定为保牌目标或形象目标,进而带动商品的销售。商品供过于求,企业应将广告目标设定为销售目标。商品供求平衡,企业可将广告目标设定为保牌或竞争目标。

(三)产品生命周期

产品处于不同生命周期阶段,广告目标也有所差异。在产品成长阶段,目标应为创牌或形象目标;在产品成熟阶段,保牌广告目标应作为企业考虑的重点;在产品衰退阶段,广告的促销作用一般比较薄弱,广告目标主要在于传播,提醒广告受众。

(四)目标受众

目标受众对广告目标的设定也有影响。一般来讲,对于工业品用户,主要以销售效果作为广告目标;对于消费品用户,主要以传播效果作为广告目标。

三、广告目标设定的要求及方法

(一)广告目标设定的要求

1. 广告目标要符合企业整体营销目标

广告是企业整体营销活动中的一项工作,广告目标必须在整体营销计划指导下作出。广告目标要反映营销计划中的重点,以便使广告工作配合整体营销活动。

2. 广告目标要明确具体

广告目标是广告运作的准则及对广告效果进行评估的依据,广告目标应明确、具体并可量化。

3. 广告目标要符合实际

广告目标虽然主要由广告主来确定,但广告活动是广告商与广告主相互协调的产物,广告目标只有切实可行、符合实际,才能保证广告运动的顺利进行。

4. 广告目标要能够被营销部门接受

广告活动只是整体营销中的一个组成部分,为了配合整体的营销活动,广告目标要让营销部门能够接受,这样才可以让广告活动同其他营销活动相互协调起来。

5. 广告目标要有一定的弹性

广告目标的设定要考虑外部环境的变化,外部环境变化了,广告为了能配合整体营销的进行,可能会作出适当的调整,广告目标应具有一定的弹性。

(二)广告目标设定的方法

1. 以产品销售情况设定广告目标

广告的销售目标是通过广告活动期望企业的产品销售量能达到的数量。销售目标是最常见的企业广告目标。以销售额作为广告目标的设定方式确定过程比较简单,广告效果易于评价。在广告实施以后,只需考察一定时期内产品的销售额就可以衡量广告的效果。但是,这种目标的设定要有一个基本前提,就是企业或其产品在市场上已有一定影响力、知名度较高和销售情况稳定,广告已成为促使销售量增加的主要方式。

2. 以传播效果设定广告目标——达格玛模式

以传播效果来设定广告目标,是以广告受众知悉广告内容后的心理效果作为测定广告效果的目标,如广告是否在正确的时间、为正确的对象所知晓,广告受众是否产生了应有的记忆和理解,是否形成了预期的感觉和联想,是否建立了对产品有利的偏好等。

1961年,美国广告学家R·H·考利认为广告工作纯粹是一种信息传播性质的行动,其成败的关键取决于它能否把正确的信息在正确的时候以恰当的成本传达给适当的人士。考利依据广告所执行的只是传播任务的认识,极力说服广告主以传播效果衡量广告效果。他主张广告目标应是可以科学测定的量化指标,以便测定和衡量广告传播效果。他在著名的《为衡量广告效果而确定广告目标》一书中提出"为度量结果而确定广告目标"的方法。我们称其为DAGMAR模式(Defining Advertising Goals for Measured Advertising Results,达格玛模式)。DAGMAR与传统广告目标方法的不同之处在于,DAGMAR方法注重信息传播效果而非销售效果。

考利的DAGMAR法有一个显著的特点,就是更加注重于广告目标的明确性和可测定性,从而使广告目标的设定既具体而又量化。比如,我们假设要增加品牌A的知名度,用考利的方法则可以表述为:在12个月内,使M区域中25～40岁的男性消费者,对品牌A的知名度由目前的15%上升到35%。

3. 以综合指标设定广告目标——6M模式

20世纪60年代,全美广告主协会提出了制订广告目标的6M模式,即在实际确定广告目标时,可以根据六个基本要素(6M)确定一则广告应达成的具体目标。

(1)商品(Merchandise):我们所卖的商品与服务其最重要的利益是什么?

从顾客的立场出发,你所宣传的产品和服务的利益点是什么?针对不同细分市场的受众或消费者,哪些是最重要的,哪些是次要的诉求点?除产品或服务本身的品质外,在包装、购买便利等其他方面对消费者有没有好处,有什么好处?与其他竞争产品比较本产品的特殊诉求点究竟是什么?

(2)市场(Markets):我们所要影响的人是谁?

要对广告信息所要影响的人群状况,如居住地点、性格、习俗、兴趣等进行详尽地考察,以准确确定广告目标受众。

(3)动机(Motives):他们为什么要买或者不买?

应重点研究消费者的购买动机与行为。广告的目标受众并非是最终消费者,但消费者的最终购买行为是广告信息传播的出发点和落脚点。对于所有消费者,都要尽量了解其购买动机和心理。对于为什么购买或不购买或延迟购买的原因要探究清楚。购买者购买是基于产品品质还是基于外观,是因为购买方便还是因为售后服务好或对公司形象认同等,都要逐一分析。

(4)信息(Messages):我们所要传达的主要想法、信息与态度是什么?

确定广告主题与诉求点,并将这些信息向目标受众传递。

(5)媒体(Media):怎样才能到达潜在顾客?

信息的传播方式也是确定广告目标时就应考虑的因素。要根据媒体调查的结果,选择适当的媒体组合,把信息有效传播出去。

(6)测定(Measurements):用什么样的方法来测定传播效果?

按照考利的观点,广告目标是对广告传播效果度量方法的事先安排,因此在确定广告目标时就应对广告效果的测定方法事先加以明确。

第三节 广告战略及广告策略

一、广告战略

广告战略是对广告活动的宏观统筹和规划。它确定对谁、在什么地区、什么时间、达到什么目的等方向性的问题。

(一)广告目标

广告目标的选择和确定从根本上决定着企业整个广告活动的成败,是企业进行各项广告活动的出发点和归宿点,广告策划中的其他战略与策略,都要基于广告目标来开展。

(二)广告对象

应根据目标市场的描述、广告定位的分析,确定广告产品的具体对象,并在质和量上作出限定。

(三)广告地区

广告地区是指广告计划期内广告传播的地理范围。根据广告地区的赢利能力和竞争情况,广告传播的地理范围大致有三类:一是以全国范围为对象;二是以特定地区为对象;三是以海外特定市场为对象。

(四)广告时间

广告时间是指确定广告计划期内广告活动的时间期限和刊播广告的频次。

二、广告策略

广告策略是对广告活动的微观统筹和规划,是实现广告战略的具体措施和手段。广告策略包括广告目标市场策略、广告定位策略、广告创意策略、广告表现策略及广告发布策略。

(一)广告目标市场策略

广告目标市场是企业广告活动所要满足的、进入的市场。

（二）广告定位策略

广告定位策略是从众多的商品概念中，发现和确定有竞争力、差别化的商品特质，并将这种特质传播到消费者心志中的活动。

（三）广告创意策略

广告创意策略是指广告的创意构想和创作风格。在广告策划中，要根据广告战略，说明广告主题的选择及表现方式，提出广告设计、制作方案的基本要点。

（四）广告表现策略

广告表现策略是通过语言和非语言的手段，为广告信息寻找有说服力的表达方式。

（五）广告发布策略

广告发布策略主要是确定广告传播对象、广告传播地区、广告投放量、广告媒体组合、广告媒体排期及各媒体广告预算分配等问题。

第四节 广告发布策略

广告发布策略的制订是以达到预期广告传播效果为目标，依据各种广告媒体的基本传播功能、覆盖空间、传播频度、延续时间及影响力等特征，对各种广告媒体进行优化组合，使之形成有机的整体，形成整合传播优势的过程。

一、广告发布组合策略

广告发布有两种策略可以选择：单媒体发布策略和组合媒体发布策略。

（一）单媒体发布策略

单媒体发布策略指采用单一的媒体做持续性的广告发布，它是一种进攻型广告发布策略。到达率虽然有限，但暴露频次和持续性都相当高，比较适合于日用消费品，如饮料、食品等，对销售有较大影响力。

（二）组合媒体发布策略

组合媒体发布策略一般是几种媒体的综合运用，如视觉媒体与听觉媒体、瞬间媒体和长效媒体的组合运用等。每一种媒体都有其传播的局限性，组合能带来互补作用，强化印象和记忆。因此，传播上应倡导多种媒体的组合互补来提高传播效率。

二、广告发布空间策略

（一）全面覆盖策略

全面覆盖策略指利用覆盖面大的媒体和媒体组合，一次覆盖整个目标市场。

（二）重点覆盖策略

重点覆盖策略是选择销售潜力大的几个市场重点覆盖，在一个时期内广告花费较少而广告效益较高。

（三）特殊覆盖策略

特殊覆盖策略是在特定的环境条件下，对某一特定消费群体有针对性的覆盖。

（四）渐次覆盖策略

渐次覆盖策略指对几个不同地区分阶段逐步覆盖，即将全国分为几个区域，逐一在各区实行集中覆盖。媒体工具多选用地区性的，广告制作也可以针对这一地区特点而特别制作。在一个地区获得良好的宣传效果后，再到另一个区域进行有效宣传。

（五）交叉覆盖策略

目前，全国31个省、直辖市的电视节目已全部上星，省级上星频道覆盖范围大，广告费用低，利用这些频道交叉覆盖，从某种程度上讲，广告传播效果不亚于中央电视台黄金时段的传播效果。

【案例5.1】

广告成就海王

2001年中央电视台春节联欢晚会后，海王的广告以密集的投放量，新颖的创意，在市场上一举成名。紧接着从3.15晚会开始，海王银得菲的系列广告开始批量投放中央电视台，6月份，海王金樽的广告开始与海王银得菲一起通过中央电视台高密度地敲击市场。每天300多次的投放量令人震撼。据海王总裁张思民透露，2001年海王共投放广告两亿多元，人们惊呼海王"哈六药现象"又重来。

然而，海王不是哈六药，海王的投放似乎更老谋深算。

1. 不同产品广告产生累积效应。海王从一开始就对品牌进行了全面规划，提出了"健康成就未来"的核心价值主张。其广告策略是以主打产品银得菲、金樽、银杏叶片带动品牌形象，再以品牌效应带动其旗下30余种系列产品的销售。因此，在海王不同产品的广告之后，都会有一个对海王这一整体品牌进行的5秒标版，这样，产品形象与品牌形象兼顾，使不同产品的广告效果都累积到海王品牌的大旗之下，这是哈六药所无法比拟的。

2. 深入研究目标人群。海王金樽主要针对商务人士，对这些人士的研究发现，这些人因为事务繁忙，回来一般都很晚，如果在所谓的黄金时段发布广告，不仅费用昂贵，而且他们还看不到。因此，其广告发布时间选择在别的企业都不要的"垃圾时段"，即每天晚上的10点以后。

3. 巧妙利用受众心理。海王的每一个广告，都准备了30秒、15秒、5秒三个版本。在发布时机上，先选择30秒比较长的版本发布，对市场进行强势渗透。在市场启动后，投入删减后的15秒版本，节省传播费用。这时，因为人们已经对30秒的广告耳熟能详，因此在看15秒的广告时，会自动将删减的画面进行补充，甚至在换成15秒的广告后，相当一部分的消费者还不知晓。在广告的维持期，以5秒标牌广告进行品牌提示。

4. 广告创意的连续性。衡量一个广告是否是大创意的标准之一，便是其有没有连续性。海王银得菲以"关键时刻，怎能感冒"为创意主线，推出《生日篇》《求婚篇》《剃头篇》《彩票篇》等系列广告，使人们感受到海王企业的磅礴气势和创新精神，这远非是单一的广告片所能奏效的。

5. 中央台与地方卫视台联袂，迅速覆盖全国。海王广告在中央电视台和全国十大卫视台同时播放，达到了迅速启动市场的目的，海王知名度空前高涨，为后一步的招商预埋了伏笔。海王产品迅速铺进了全国近50 000家药店，金樽在广告投放的第二个月其销售量便增长了300倍。

6. 媒体组合分工明确。以电视广告树形象，以报纸广告配合促销活动，户外广告则达到品牌提示的作用，电台医药栏目则通过咨询谈话与受众产生互动。由于医药产品分为OTC和处方药两条线，因此必须分别对大众消费者和掌握处方药的医生专家们分别进行诉求，于是海王以大众媒体进行消费者传播，以医药专业媒体进行专家沟通，树立处方药在医生群体中的良好口碑。

7. 平面、电视广告的统一形象。平面选取电视广告片中的一个画面，这样，平面和电视广告产生互动，当人们看到平面广告时，会感到很熟悉，因为在电视广告中见过，而看到电视广告时，又会联想到平面广告。

（资料来源：中国营销传播网，海王、哈六药与脑白金的品牌传播策略分析，曾朝晖）

三、广告发布时间策略

把握好广告发布时机，在适当的时候进行广告宣传，可以做到事半功倍。

广告发布时间策略是指广告首次发布时间、发布持续时间、各媒体的广告发布顺序、广告发布频率以及媒体排期等媒体发布要素。广告发布时间策略一般由媒体排期模式来体现。

（一）广告媒体排期的基本模式

1. 广告媒体排期的定义

媒体在全年内由展露与间断所组成的广告显现方式称为媒体排期模式。

进行科学的媒体排期，应充分考虑受众的遗忘曲线，在有限资金和时间资源的前提下，对媒体资源进行合理分配，以取得最大的传播效果。媒体排期是资源的分配方式，是制订媒体策略的重要环节之一，科学的媒体排期对媒体策略起到事半功倍的作用。

2. 广告媒体排期的基本模式

从心理学角度来看，接触频次对记忆很重要，而持续性则对维持记忆很重要。持续性可以在人们需要信息的时候为他们提供资讯。广告投放的持续性通常要考虑三个问题，即投放何时开始、何时结束以及采取何种投放排期模式。选择广告时间的一个重要原则，就是让它能够出现在最有利的销售时期。

一般而言，共有三种常用的媒体排期形式：连续式、起伏式和脉冲式，如图5.1所示。

(1) 连续式排期

连续式排期是指在一段时间内均匀投放广告的形式(图 5.1(a))。比如,连续四周每天在某电视连续剧的播映时间内插播一次广告。与此相似,全年在每期《读者》杂志上都刊登一则广告也属于连续式排期。

(2) 起伏式排期

起伏式排期是指在一段时间内大量投放广告(通常为期两周),然后在一段时间内停止全部广告,然后又在下一段时间内大量投放广告(图 5.1(b))。起伏式排期常用于季节性销售或新产品上市,或用于反击竞争对手的活动。起伏式排期由于大量投放广告,广告可以重复亮相,有利于为品牌或产品建立知名度。

(3) 脉冲式排期

脉冲式排期就是将连续式排期和起伏式排期结合到一起的一种媒体排期策略,广告主在连续一段时间内投放广告,但在其中的某些阶段加大投放量(图 5.1(c))。

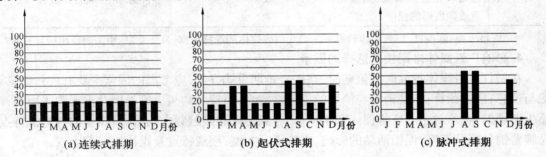

(a) 连续式排期　　(b) 起伏式排期　　(c) 脉冲式排期

图 5.1　广告排期的三种模式

3. 广告媒体排期模式的特性比较

三种媒体排期模式的特性比较见表 5.1。

表 5.1　三种媒体排期模式的特性比较

排期模式	优　点	缺　点	适用性
连续式	①广告持续地出现在消费者面前; ②不断地累积广告效果,防止广告记忆下滑; ③持续刺激消费动机; ④排期覆盖整个购买周期	①在预算不足的情况下,采取持续性展露,可能造成冲击力不足; ②竞争品牌容易采取较大展露量进行攻击; ③无法应品牌季节性的需要而调整展露量	①竞争较缓和品类; ②高关心度品类; ③购买周期较长或周期不固定的品类; ④有明显的消费季节性的品类; ⑤预算受到较大限制的品牌; ⑥促销广告活动

续表 5.1

排期模式	优点	缺点	适用性
起伏式	①可以依竞争需要，调整最有利的展露时机；②可以配合铺货进程及其他传播活动进程；③可以集中火力以获得较大的有效到达率；④集中大批量购买媒体，可以得到媒体折扣；⑤机动具有弹性	①广告空档过长，可能使广告记忆跌至谷底，增加再认知难度；②存在竞争品牌切入广告空档的威胁	①竞争激烈品类；②关心度较低品类；③购买周期较短且周期明显的品类；④明显的消费季节性的品类；⑤预算受到较大限制的品牌；⑥促销广告活动
脉冲式	①持续式累积广告效果；②可以依品牌需要，加强在重点期展露的强度	耗费较大的预算	全年销售比较稳定，但又有季节性需求的产品，如服装等

（资料来源：陈俊良.广告媒体研究——当代广告媒体的选择依据[M].北京：中国物价出版社，1997.）

4. 影响广告媒体排期模式选择的因素

在制订广告媒体投放时间策略时，在广告排期模式方面，应考虑的因素主要有广告信息记忆与遗忘；广告预算；产品销售与消费的季节性特点；消费者购买决策类型及重复购买周期；产品生命周期；竞争对手的广告模式和水平；广告到达率和接触频次的目标；媒体的种类及特点；品牌营销目标及策略；促销活动的影响；广告活动类型；创意特点及媒体执行等因素。

（二）广告媒体排期组合策略

1. 广告媒体投放的时间段模式

对于电波媒体，广告投放一般有两种基本的时间段刊播模式：横带型和纵带型，如图5.2所示。

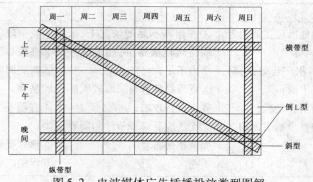

图 5.2　电波媒体广告插播投放类型图解

（资料来源：清水公一.广告理论与战略[M].胡晓云，译.北京：北京大学出版社，2005.）

(1) 横带型投放

横带型投放(Horizontal Spot)是指每天在同一个时间段插播电视广告的媒体投放策略。水平式的电视投放计划通常可以达到一个比较好的成本效益,虽然不能获得最高的到达率,但可以有很高的接触频次。

(2) 纵带型投放

纵带型投放(Vertical Spot)是指在每天不同时间段插播电视广告的媒体投放策略。垂直式的电视投放计划通常可以达到一个较好的到达率,使接触频次减少并提高收视点成本,但要考虑媒体目标及策略,平衡两者的比重。

除以上两种基本类型外,还有几种不同时间段插播投放方式可供选择,如横带型和周日纵带型的组合形式(倒 L 型),从周一早上到周日晚上斜着投放的方式或从周一晚上到周日早上斜着投放的方式(斜型)。

2. 基于刊播频率与投放时机组合的广告媒体排期模式

频率和时机通常相互配合使用,如在旺季来临前、新产品投放市场前、展销会开始前等一般强调高频率,而在其他情况下以维持低频率为主,只强调到达率。

关于刊播频率与时机相组合的广告媒体排期类型,以 P·柯特拉刊播模式最具代表性,如图 5.3 所示。

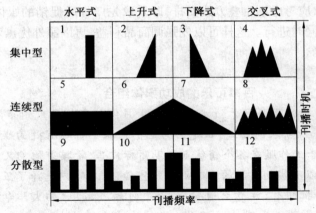

图 5.3　P·柯特拉刊播模式

一般认为,产品处于成熟期时采用水平式较适宜。节假日的产品广告适用于上升式频率,广告由少到多,在节日来临时广告达到高峰并停止(如 2 型)。递减频率的下降式是由多到少,最后慢慢停止,文艺广告、新产品上市或优惠酬宾的促销广告适用此频率(如 7 型)。递增递减交叉型刊播频率,适用于预算少的企业安排季节性及流行性商品广告的播出(如 8 型或 12 型)。无论采用哪种模式,广告在一天中的刊播频率与时机,应该根据消费者的生活形态来确定。

3. 多种广告类型下的广告媒体排期组合

媒体策划人员在设定排期进程时,有时要考虑处理广告与促销活动的配合,或者品牌下多项产品相互配合问题。假设考虑如图 5.4 所示的广告与促销配合的排期组合,则消费者对广告信息的接触可能出现 A、B、C 三种状况。

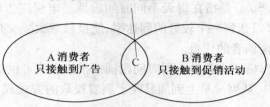

图 5.4 广告与促销活动的排期组合

这里存在的矛盾是,一旦排期不慎,广告与促销活动的搭配就很难实现"1+1>2"的整合效应。以目前的状况来看,A 消费者显然缺乏促销时的购买刺激;而 B 消费者则缺乏商品利益诉求的支撑;即便 C 消费者在接触促销活动后,广告刊播的意义也将大打折扣。这些都有可能成为广告传播效果向销售实现转化时的障碍。

在媒体排期安排上,应考虑不重叠方式安排,即采取先广告后促销的媒体组合,或将广告与促销活动结合在一起同时进行。这样可以先强调商品利益,再以额外优惠刺激购买,从而达到理想的媒体接触状况。

【案例 5.2】

百事可乐的成功媒体组合

1986 年 1 月 23 日,广州百事可乐汽水厂投产,4 月份就占领了广州市场,月销量达到 2 000 多吨。之所以取得如此骄人的业绩,正是因为他们采取了行之有效的媒体组合策略。首先派业务员穿着百事可乐工作服在各个销售点张贴商标广告,紧接着他们又以"百事好味道,全球都赞好"为口号,配以有实物图案的广告画进行宣传,并在市内选择了五个地点进行免费赠饮活动,又及时投放一批印有"注意交通安全,百事可乐汽水厂"的太阳伞到交通岗上。此外,他们还赞助了社会公益事业和群众性活动。在这次广告活动中,他们采用了广告画、POP 广告伞等载体,而且组合得相当成功,所以才能在极短的时间就打开并占领市场。

第五节 广告预算

确定广告预算,是广告策划的重要内容,它不仅直接影响到广告效益,而且影响到企业整体效益。

一、广告预算概念

（一）广告预算的概念

广告预算是企业和广告部门对广告活动所需费用的计划和匡算，它规定了广告计划期内开展广告活动所需的费用总额、使用范围和使用方法。

美国广告学专家肯尼思·朗曼（Kenneth Longman）经过长期研究于1971年提出了一个广告投资模式。朗曼认为，理想的广告宣传活动应该是以最小的投入取得最大的广告效果，当广告效果达到一定效果时，追加的广告投入就是一种资源的浪费。

（二）广告预算的作用

广告预算在企业广告策划中，具有以下作用：

1. 控制广告活动

广告的设计与制作、广告传播所需要的时间与空间、广告媒体的选择与使用等，都要受到广告预算的支配。通过广告预算，广告部门可以对广告活动进行管理和控制，使广告活动按计划开展，从而使广告目标与营销目标相一致。

2. 评估广告效果

广告预算对广告经费的每一项具体开支都作出了明确的规定，广告计划结束后，广告预算可以衡量每一具体的广告活动所支出的费用与所取得的广告效果。广告预算可以成为衡量广告效果的经济标准，并评估广告活动的经济效益。

3. 规划经费使用

科学合理的广告预算与分配，可以使广告费用的投入保持适度，避免盲目投入造成浪费，使广告经费得到合理有效的使用。

4. 提高广告效率

广告预算一方面可以监督广告费用开支，避免经费滥用；另一方面，可以提高广告活动的工作效率，获得广告活动的良好效果。

（三）广告经费的项目

财务费用中，一般可以列入广告经费的项目有以下几种：

1. 广告调查费用

广告调查费用包括市场调查、消费者调查、产品调查、广告效果调查、媒体调查、广告咨询等费用，有时还包括购买统计部门和调研机构的资料所支付的费用，整个调查费用约占广告费用总额的5%。

2. 广告设计制作费

广告设计制作费主要包括广告设计人员的报酬、广告设计制作的材料费用、工艺费用、运输费用等，这部分占广告费用总额的5%～15%。

3. 广告媒体租用费

广告媒体租用费主要指购买媒体的时间和空间的费用,如购买报纸杂志版面及购买广播电视时间的费用,用来购买户外广告媒体的费用,这部分占广告费用总额的80%~85%。

4. 管理费用

管理费用主要是广告部门的行政费用,包括广告人员的工资及办公费用,广告活动业务费用,与其他营销活动的协调费用等,这部分占广告费用总额的2%~7%。

5. 杂费

杂费主要是指广告活动有关的其他费用,包括公共关系费、促销活动费、直销活动费、折扣、橱窗陈列的装修服务费以及其他广告活动的费用等,这部分占广告费用总额的1%~3%。

【案例5.3】

国际广告界对广告费用的划分

有关广告费用的项目构成,目前国际上公认的广告费用开支表,是由美国最权威的广告刊物之一《印刷者墨汁》所提出的广告费用项目构成标准。该标准将广告费用的支出划分为三大类:列入白表的费用可以作为广告费用支出;列入灰表的费用既可以作为广告费用支出,也可以不作为广告费用支出;列入黑表的费用是不能作为广告费用支出的。

(1) 列入白表的费用。①购买广告媒体及其他广告的费用,包括广播、电视、报纸、杂志媒体、户外广告、POP广告、直邮广告、商品目录、宣传小册子、电影、幻灯、交通广告等。②管理费用,含广告部门有关人员的工资、办公费用、付给广告代理和广告制作者以及顾问的手续费、差旅费用。③广告制作费用,包括美术设计、文字编辑、印刷制版、纸型、照相、录像、录音、包装设计等。④其他费用,包括广告材料的运送费用、陈列橱窗的安装服务费用以及涉及白表各项活动的杂费。

(2) 列入灰表的费用。样品费、示范费、客户访问费、推销表演费、商品展览费、广告部门的存货减价处理费、电话费、广告部门其他各项经费、推销员推销费用、宣传汽车费用、有关广告协会和广告团体费用、商品目录费用、研究及调查费用。

(3) 列入黑表的费用。免费赠品、社会慈善、宗教、互助组织的捐献品和费用、旅游费、包装费、标签费、新闻宣传员的酬金、报纸杂志费、行业工会费、接待费、陈列室租金、推销会议费、推销样本费、工作人员的生活福利费、潜在顾客招待费。

二、广告预算编制的基本原则及其影响因素

编制广告预算时,除了确定广告费用的范围,明确广告预算的内容外,还必须了解影响广告预算编制的因素及原则。

尽管目前还难以用十分精确的方法来确定广告预算的规模,但可以通过衡量可能对预算造成影响的因素来大体确定广告预算额度。影响广告预算的因素很多,大体包括:广告任务;长期或短期目标;利润空间;产品使用的地理范围;到达目标市场的难易度;购买频率;销售增

长量对产品成本的影响;介绍新产品;竞争性活动等,如图5.5所示。

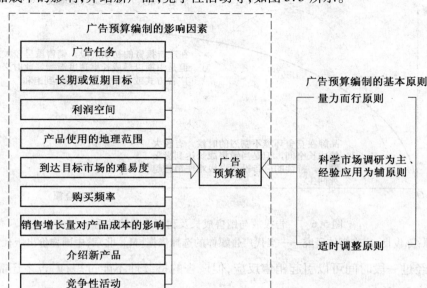

图5.5　广告预算编制原则与影响因素

编制广告预算时,在单独考虑每一个因素作用的基础上,将众多因素进行综合,最终形成一个预算数字。在综合衡量以上各种影响预算因素的同时,还应当遵循三条广告预算编制的基本原则,即量力而行原则,科学市场调研为主、经验应用为辅原则,适时调整原则。

三、广告投放与商品销售及利润的关系

广告虽然常被用来促进销售,但它的最大作用还在于积累、巩固品牌效应。因此,广告尽管是一种账面上的支出,但它同时也是一种长期资本投入。广告投资、销售成长与利润之间的关系如图5.6所示。

许多内在和外在的变量都会影响到企业营销与广告努力的效果,测量广告投资、销售成长与利润之间关系的方法目前还不健全。不过,大量调查表明:

①广告与销售呈正相关,但具有边际效益递减的趋势。

②品牌在广告投入较少且拥有较大回报率的阶段,所获得的利润较高;当广告继续投入,但销售量并未成等比例上升时,销售量虽然提高,但利润则会逐渐下降。

③销售量在到达一定极限后不再增长,如果继续广告投入,会使利润下降到亏本的程度。可见,市场占有率最高的品牌不一定是利润率最高的品牌,利润率最高的品牌也通常不是市场占有率最高的品牌。

④广告对销售量的影响程度会因不同品牌或种类的产品而有所不同。

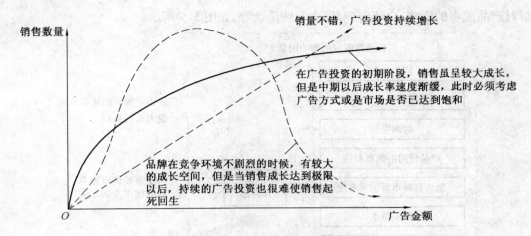

图5.6　广告投放与销售成长及利润之间的关系

（资料来源：陈俊良.广告媒体研究——当代广告媒体的选择依据[M].北京：中国物价出版社，1997.）

⑤广告经过一段时间可以引起销售反应，但广告的持续性不能过短，广告主还需要不断地进行广告投入。

⑥广告投入具有底线，当广告投入未达到底线时，广告支出对销售效果影响不大。

⑦即使不发布广告，也会有一些销量。

⑧广告存在饱和度，超出这个限度，广告再多也不会增加销售。

四、广告预算额度的确定方法

1. 销售额百分比法

该方法是以广告主企业在一定时期内产品销售额作为基数，在此基础上根据所确定的百分比匡算广告预算总额的一种方法。这种方法简单易行，是最常用的一种广告预算编制方法。

其应用时主要确定两个因素：一个是销售额基数，另一个是百分比。关于销售额基数确定问题，通常参考上一年度销售额实现情况，或者参考广告主企业近几年销售量变化趋势对下一年度销售额进行预测，从而得出预期销售额。百分比的确定，受到的影响因素较多，多借助于经验数值，不同行业广告费用占销售额的比例存在一定的差异。一般来说，食品行业、保健品行业、饮料行业等快速消费品行业比率相对较高；而家电、房地产、汽车等耐用消费品等行业比率相对较低。

$$广告预算 = 销售总额 \times 广告费用比率$$

例如，某制药企业上年度的销售总额为1 000万元，广告预算按广告费用比率8%计算，则今年的广告预算为

$$广告费用 = 1\ 000万元 \times 8\% = 80（万元）$$

2. 目标任务法

目标任务法指根据实现广告目标的各项任务而推算广告费用的预算方法。目标任务预算法的步骤：首先，根据企业的营销战略和营销目标，具体确定广告目标；其次，在广告目标的基础上编制广告活动计划（如广告媒体的选择、广告表现内容的确定、广告发布时间、频率安排等），确定为达到这种广告目标而必须执行的任务；最后，估算执行这种工作任务所需的各种费用并累加以确定企业的广告预算总额。

目标任务法是在广告调研的基础上确定的广告预算总额，它的科学性较强，但比较繁琐。

3. 销售单位法

销售单位法是以产品销售数量为基数，通过确定单位产品的广告费用来进行广告经费预算的一种方法，即销售单位法是按每一销售单位投入的广告费进行广告预算的方法，它实际上是销售额百分比法的一种变形。这种方法操作比较简便，适用于经营产品种类不多的情况。在美国，汽车公司通常以每辆汽车价格的某一固定比例来确定广告预算；而石油公司则以每加仑汽油价格的某一固定比例来确定广告预算。

其计算公式为

$$广告费用 = 单位产品分摊广告费 \times 本年度计划产品销售数量$$

例如，某碳酸饮料生产企业上年销售饮料 100 万箱，广告投入为 12 万元。今年计划销售 150 万箱，则广告投入为

$$广告预算 = (12 \div 100) \times 150 = 18（万元）$$

4. 竞争对抗法

竞争对抗法是根据竞争对手的广告费用来确定本企业的广告预算。在这里，广告主明确地把广告当成进行市场竞争的工具。运用竞争对抗法确定广告预算，其主要缺点是广告费用大，容易造成浪费；其次，由于竞争对手广告费用不透明，数据难以获得，容易造成失误。

五、广告预算的分配方法

广告预算的分配，主要有以下几种方法。

（一）按照广告的时间分配

广告预算按广告时间分配时，首先要把整个计划期间划分为若干个时间段。长期广告计划应细化到年度广告预算分配，年度广告计划应细化到季度、月份广告预算分配。值得注意的是，广告预算额还可以根据市场开拓策略和商品销售淡旺季规律的要求，在不同时间段进行不同分配。按照商品销售淡旺规律的要求，通常在销售旺季安排较多的广告经费，在淡季安排较少的广告经费。

【案例 5.4】
广告预算的时间分配

广告预算的时间分配见表 5.2。

表 5.2　广告预算的时间分配

阶段	第一阶段			第二阶段			合计
商品	4~6月	7~9月	小计	10~12月	1~3月	小计	
A 商品	12 500	7 500	20 000	14 000	6 000	20 000	40 000
B 商品	22 500	9 000	31 500	1 000	7 500	8 500	40 000
合计	35 000	16 500	51 500	15 000	13 500	28 500	80 000
各月所占比率/%	43.8	20.6	64.4	18.8	16.9	35.6	100

(资料来源:汪涛.广告学通论[M].北京:北京大学出版社,2004.)

(二)按照市场区域分配

按市场区域分配是指企业将整个目标市场划分为若干个区域市场,然后针对各个区域市场的实际和策略安排来分配广告经费的一种方法。通常来说,企业在营销管理过程中已经将总体市场按照行政区域进行了划分,如华东地区、华南地区、华中地区、华北地区、东北地区、西北地区和西南地区。由于不同的区域经济发展的程度不一致,广告预算在不同区域的分配也有所区别。

【案例 5.5】
广告预算的市场分配

广告预算的市场分配见表 5.3。

表 5.3　广告预算的市场分配

广告费	分公司							合计
	东北	华北	华中	华东	西北	西南	华南	
分公司广告费	1 200	1 500	8 500	4 600	6 000	2 800	1 900	26 500
总公司管理广告费	7 000	9 000	57 000	27 000	32 500	25 000	16 000	173 500
联合广告费				15 000			35 000	5 000
合计	8 200	10 500	65 500	46 600	38 500	27 800	52 900	205 000
地区比例/%	3.28	4.2	26.2	18.64	15.4	11.12	21.16	100

(资料来源:汪涛.广告学通论[M].北京:北京大学出版社,2004.)

(三)按照产品类别分配

产品类别分配是指针对不同类型的产品分别确定相应的广告预算。不同的产品,由于其战略地位、所处的行业、市场竞争状况及所处生命周期的不同,企业在按照产品类别分配广告经费时,应有所侧重,不能作简单的平均。

【案例5.6】
化妆品/浴室用品各产品类别广告经费投放情况

化妆品/浴室用品各产品类别广告经费投放情况见表5.4。

表5.4 化妆品/浴室用品各产品类别广告经费投放情况

产品	2004年		2005年	
	广告经费/亿元	广告经费比重/%	广告经费/亿元	广告经费比重/%
洗发/美发/护发	132.63	38.22	141.22	35.22
护肤用品	98.56	28.40	106.68	26.61
口腔清洁用品	56.81	16.37	103.91	25.92
浴室用品	38.54	11.11	34.82	8.68
洁肤用品	20.50	5.91	14.33	3.57

(资料来源:田涛,李焌.2005年中国日化行业广告投放回顾[J].CTR 媒介智讯.)

(四)按照广告媒体分配

按广告媒体分配就是根据广告计划所选择的广告媒体以及媒体刊播频次来分配广告经费的方法。分配方法一般有两种形式:第一种是广告媒体之间的分配,即根据广告计划所选定的各种媒体进行广告费用的分配;第二种是广告媒体之内的分配,即根据对同一媒体不同时期的广告需求来分配广告经费。

按广告媒体分配广告费用,要根据产品的种类和定位、产品的销售区域、媒体的使用价格等综合考虑,在广告预算中,首先应该保证的是广告媒体的使用经费。

【案例5.7】
化妆品/浴室用品在各媒体广告经费投放情况

化妆品/浴室用品在各媒体广告经费投放情况见表5.5。

表5.5 化妆品/浴室用品在各媒体广告经费投放情况

产品	2004年		2005年	
	广告经费/亿元	广告经费比重/%	广告经费/亿元	广告经费比重/%
电视媒体	361.37	95.52	428.98	95.60
杂志媒体	9.68	2.56	11.75	2.62
报纸媒体	6.58	1.74	7.25	1.62
电台媒体	0.69	0.18	0.73	0.16

(资料来源:田涛,李焌.2005年中国日化行业广告投放回顾[J].CTR 媒介智讯.)

(五)按照诉求对象分配

广告诉求对象可以按照营销策略中设定的目标用户来划分,一般可分为生产商、批发零售商以及个人消费者。也可以根据企业市场细分的情况,结合企业选择的目标市场进行分配。对不同的诉求对象进行预算分配时,要区分重点对象与一般对象,要结合营销策略来进行,不同企业在不同时期,不同的诉求对象预算分配情况各不相同。

【案例5.8】

按广告诉求对象分配预算

按广告诉求对象分配预算见表5.6。

表5.6　广告预算的诉求对象分配

不同商品	不同对象						
	婴儿市场	儿童市场	青年市场	已婚市场	主妇市场	休闲市场	合计
A商品		5 000	100 000			20 000	125 000
B商品	8 000			15 000	50 000		73 000
C商品		10 000		15 000	80 000		105 000
D商品			26 000				26 000
合计	8 000	15 000	126 000	30 000	130 000	20 000	329 000

(资料来源:汪涛.广告学通论[M].北京:北京大学出版社,2004.)

上述广告经费预算分配方法,分别适用于不同的情况,具体运用时要视具体情况而定。具体运用时有两点值得注意:①在按照各个类别将预算分配以后,可以考虑将几种分配结果在一张表上综合体现出来,以便更清楚地了解广告经费额度的结构分布;②预算要预留机动费用,以应对未来市场的不确定因素。

六、广告预算表的编制

广告预算表是广告预算活动的结果,通常以表格的形式出现。广告预算表是执行者制订广告投放计划、开展广告活动的重要依据,也是检验广告效果的重要依据。广告预算表应该充分体现出广告经费项目内容、时间段安排以及分配流向等内容。对于广告策划人员来说,编制广告预算表,是进行广告策划的基本功。

(一)广告预算表的构成

广告预算表是以文字、表格和数据的形式对广告活动所需经费和支出计划情况的说明。

一般来说,广告预算表包括三部分内容。

1. 表头部分

表头部分通常包括广告项目、广告时期、预算委托单位名称及负责人、预算单位及负责人、广告预算总额、编制人员及日期等内容。

2. 表体部分

表体部分是广告预算表的核心内容,主要包括预算项目、支出内容、执行时期、费用数额等。其中预算项目主要包括市场调研费、广告设计费、广告制作费、广告媒体费、广告单位管理费、广告机动费、促销公关费以及其他费用等。

3. 表脚部分

表脚部分通常包括对预算表内容和文字的解释与说明。

（二）广告预算表的一般格式

广告预算表的基本格式和内容可视具体的业务项目而定,广告预算表的基本格式见表5.7。

表5.7 广告预算表

广告预算书				
预算委托单位：		负责人：		
预算单位：		负责人：		
广告预算项目：		期　　限：		
广告预算总额：		预算员：		
广告预算时间：		预算书编号：		
项　目	开支内容	费　用	执行时间	备　注
市场调研费 　1. 文献检索 　2. 实地调查 　3. 研究分析 　……其他				
广告设计费 　1. 报纸 　2. 杂志 　3. 电视 　4. 广播 　5. 户外 　……其他				
广告制作费 　1. 印刷 　2. 摄制 　……其他				
媒体租金 　1. 报纸 　2. 杂志 　3. 户外 　……其他				

续表 5.7

公关促销费 1. 公共 2. 促销 ……其他				
服务费				
管理费				
其他杂费				
机动费用				
总计				

说明：1. _____
2. _____
3. _____

（资料来源：崔晓文.广告学概论[M].北京：清华大学出版社，2009.）

第六节　广告策划书及其撰写

一、广告策划书概述

（一）广告策划书的概念

广告策划书是广告公司对广告客户委托的广告进行创意、策划，并以一定格式撰写的策略性指导文件。广告策划书有时又泛称广告计划书，即对未来时期广告活动整体安排的一种策略性指导文件。

（二）广告策划书的作用

广告策划书的作用主要是了解广告策划的内容、复审策划工作的结果、作为评判广告策划工作成绩和选择广告策划合作者的主要依据等。

（三）广告策划书的构成

广告策划书包括封面、目录、前言、正文、附录及封底等部分。

1. 封面

一份完整的广告策划书文本应该包括一个版面精美、要素齐备的封面，以给阅读者良好的第一印象。

封面包括：名称（标题）、广告客户、策划机构、策划人、日期及编号等内容。

标题采用常用的公文格式，例如，2013 年 OPPO 音乐手机广告策划书。

【案例5.9】
广告策划书封面
名　　　称:卡茵儿(sweet甜丝丝淡香水)广告策划书
广告客户:福建卡茵儿集团
策划机构:锐角广告公司
策　划　人:陈阳洋
日　　　期:2012年5月20日
编　　　号:002

2. 目录

广告策划书目录应该列出广告策划书各个部分的标题,使阅读者能够根据目录方便地找到想要阅读的内容。

3. 前言

前言又称为执行摘要,它是全部广告策划的摘要,目的是把广告策划的要点提出来,它概述了广告策划的目的与任务、进行过程、使用的主要方法及策划书的主要内容,以使广告客户对广告策划书有大致的了解。这部分内容不宜太长,以数百字为佳。

4. 正文

正文是广告策划书的主体部分,包括市场分析、广告战略、广告策略、广告预算及广告效果监测等五个方面,文字一般在两万字左右。

5. 附录

策划书附录应包括为广告策划而进行的市场调查文本和其他需要提供给广告主的资料,如市场调查问卷、市场调查访谈提纲及市场调查报告等。

6. 封底

封底一般可根据具体情况做一些简单的修饰,也可加上一些文字内容。

二、广告策划书的内容

广告策划内容繁多,涵盖了广告活动的全部领域。根据广告策划的内容要点,参照营销计划书的结构以及广告策划者在实践中总结出来的广告策划书的格式,广告策划书正文一般可分为五部分,即市场分析、广告战略、广告策略、广告预算及广告效果监测。在实际撰写广告策划书时,可根据具体情况对上述五部分的内容进行增减或合并。

(一)市场分析

1. 营销环境分析

(1)宏观环境分析

分析要点:政治法律、经济、社会文化、科学技术、自然资源等因素。

(2) 微观环境分析

分析要点：波特五种竞争力。

(3) 企业内部条件分析

分析要点：企业组织结构、企业文化、企业资源条件、企业价值链及企业核心能力。

(4) SWOT 综合分析

分析要点：机会、威胁、优势及劣势。

2. 目标市场分析

分析要点：市场规模、市场构成、市场特性、消费者及竞争对手。

3. 产品分析

分析要点：产品特征（性能、质量、价格、材料、工艺、包装）、产品生命周期、产品品牌形象、产品定位、市场占有率、销售状况及销售趋势。

（二）广告战略

广告战略是宏观上对广告活动的统筹和谋划。在广告策划中，广告战略是通过市场分析，对广告目标、广告受众、广告地区、广告时间等作出的战略性决策。

1. 广告目标

广告目标是指达到广告活动所要达到的效果，是控制和衡量广告活动的标准。广告目标的设定应考虑广告目标与企业营销目标的关系、广告目标的内容及广告目标的量化。

2. 广告受众

广告受众是广告的传播对象和诉求对象。在广告策划中，要根据市场分析、产品定位策略和心理策略，说明广告受众的人口总数、分布、地区、年龄、性别、职业等情况，以及广告受众的生活方式和消费方式，以确定相应的广告策略。

3. 广告地区

广告地区是指广告信息的传播地区。在广告计划中，要根据市场分析和产品定位的结果，决定产品的目标市场及广告宣传区域，并说明选择目标市场的理由，明确广告宣传的具体地区，为广告信息策略和媒体策略的决策提供依据。

4. 广告时间

广告时间是指确定广告计划期内广告活动的时间期限和刊播广告的频次。

（三）广告策略

广告策略是广告活动中所运用的具体措施与手段，主要包括广告主题策略、广告定位策略、广告诉求策略、广告创意策略、广告表现策略及广告媒体策略等。

1. 广告主题策略

广告文稿表达的内容可以用主题来概括，广告主题是广告信息的中心内容。实践中可以从下列选材中确定广告主题：快乐、经济实用、质量、荣誉及时尚等。

2. 广告定位策略

广告定位策略是指在广告中通过突出产品符合消费者心理需求的鲜明特点,确立商品在市场竞争中的地位,是产品定位策略在广告中的运用。

3. 广告诉求策略

广告诉求体现了整个广告的宣传策略,是广告成败关键之所在。在广告诉求方面,可根据产品的特点及受众对象选择理性诉求或感性诉求的方式,也可以用情理结合的诉求策略,即用理性诉求传达信息,以感性诉求激发受众的情感,从而达到最佳的广告效果。

4. 广告创意策略

广告创意是广告达到广告目的的创造性的想法和意念,在商业广告中,广告创意是广告达到促销目的的独特主意。广告创意贵在创新,只有新的创意、新的格调、新的表现手法才能吸引公众的注意,才能有不同凡响的心理说服力,加深广告影响的深度和力度。

5. 广告表现策略

广告表现是通过语言和非语言的手段,为广告信息寻找有说服力的表达方式。

6. 广告媒体策略

媒体策略主要是确定媒体传播对象、传播地区、投放的广告量、使用媒体组合、媒体排期、各媒体的预算分配等问题。

(四)广告预算

广告预算是广告活动的经济保证,它不仅制约着广告的制作,而且制约着广告媒体的选择和发布频率。在广告计划中,要提出广告费用的总额和经费分配方案,具体说明经费使用项目和相应数额,并详细列出媒体价格。如有必要,可以用文字与表格结合的方式,说明经费的具体开支和使用情况。

(五)广告效果监测

广告效果监测是广告活动达到广告目标和完成广告任务的保证。广告效果监测包括监测目标的设定、监测方法的选择以及监测过程的实施。

【案例5.10】

宁波八仙牌汤圆新品2003—2004年度广告计划(纲要)

一、市场分析

1. 营销环境中的制约因素

(1)有限的市场规模和上升的竞争压力。

(2)价格调涨的空间越来越小。

(3)消费者消费心理的相对不稳定。

(4)相对尚未成熟的速冻食品产业。

2. 营销环境中的有利因素

(1) 不断发展的市场规模。

(2) 追求高质量和多元化的食品消费。

(3) 品牌的正宗。

(4) 区域品牌的优势。

(5) 地区较高的消费水平。

3. 当前汤圆市场存在的问题

(1) 花色品种相对单一,消费者在市场上选择的余地不是很大。

(2) 市场上各种品牌林立,消费者对品牌的认知度模糊。

(3) 生产技术水平不高,导致产品的口味无法满足消费者。

(4) 产品的营养成分不高,不能满足消费者在营养方面的需要。

(5) 包装简陋,缺乏统一的规划。

4. 汤圆与传统文化

5. 影响市场营销的微观因素

(1) 设备设施。

(2) 生产组织方案。

(3) 产品销售方案。

(4) 企业与供应商的关系。

6. 市场概况

(1) 市场构成。

(2) 市场主要品牌和各品牌所占的市场份额。

7. 营销环境总结

(1) 市场机会。这是一个不断扩大的市场,市场的需求量不断扩大,市场上只有一个品牌占据突出的优势地位。

(2) 市场威胁。市场上品牌众多,竞争激烈,不利于新品牌的导入。

(3) 企业在市场中的优势。虽然在市场上有着众多的品牌,虽然他们都打着正宗宁波汤圆的旗帜,但是却没有一家宁波本地的企业,因此,这对本企业的发展有着相对的优势。此外,由于地理原因,本企业在促销、运输成本上开销较小。

(4) 产品在市场上的优势。优质的原料,正宗的手艺,全手工制作。

(5) 产品在市场上的劣势。由于是新产品上市,在宣传推广上需要下更大的工夫。

(6) 重点问题。利用当前市场尚未完全成熟的机遇,首先,把"八仙"品牌打入市场,确立其在消费者心目中正宗宁波汤圆的形象。其次,迅速提高其在市场上的占有率。第三,培养一部分消费者的品牌忠诚度。

二、广告战略

1. 广告目标

(1)产品的市场占有率在产品导入的一年内达到20%,对五丰、思念、龙凤三大品牌构成威胁,抢占三大品牌原有的市场占有率。在计划中,这一年的产品导入期将是我们广告投放量最大的时期,也是产品能否被消费者接受,八仙能否生存的关键。

(2)产品的知名度达到60%~70%,在宁波市场,知名度要提高到80%以上。

(3)消费者以"八仙"系列速冻食品、汤圆为第一品牌率达到15%以上。

(4)消费者以"八仙"系列速冻食品、汤圆为第二品牌率达到25%以上。

2. 广告时间

(1)开始时间:2003年7月1日。

(2)结束时间:2004年6月30日。

(3)持续时间:一年。

3. 广告的目标市场

(1)地域。以产品的营销范围为依据,以宁波市为重点,江浙一带为广告投放的范围。

(2)目标消费群体。主要是年龄在21~50岁的中青年人群,这部分人具有下列特点:以女性购买者为主,尤其是中年妇女;生活方式较传统,较喜爱传统食品;对速冻食品的需求注重美味;对宁波汤圆这一传统食品有特殊喜爱。

(3)关注地方特色小吃的外来观光者。

尽管大部分购买速冻食品者是因为追求饮食方便,但从问卷中,我们得出了这样一个情况,购买者不单纯是为了便捷,同时对饮食的结构、速冻食品的营养、口感也表现出越来越多的关注。

三、广告策略

1. 广告主题策略

根据广告的诉求重点、诉求方法及广告主题,我们确立出广告主题是:香甜醇厚,温馨久远。这个主题将口味和亲情结合起来。由这个主题发展出两个创意:用一种怀旧的叙述,把一老年人从小到老吃汤圆的经历说出来,一方面表达传统宁波汤圆的口味,给受众以"八仙汤圆"口味正宗的印象,另一方面,通过一家人吃汤圆表现出传统宁波汤圆的内涵"团团圆圆"的那种亲情,以此打动受众,提升"八仙"的品牌形象。

2. 广告定位策略

经过比较分析,放弃品类产品的共同优势定位,取其有代表性、不同于其他品牌的优势,即手工制作流程和低糖的特点作为广告定位的出发点。这两方面的定位还能够形成宁波汤圆自身特色,有利于自身独有消费市场的开发。

3. 广告诉求策略

(1) 广告的诉求对象。

宁波汤圆的诉求对象为城市广大中青年男女,典型的诉求对象为:

21~30岁,尚未结婚,单身居住,不懂烹调,又追求美食者。选择汤圆方便、省时兼享受,并对幼时品尝的手工制作的汤圆有着较深的情结。

21~30岁,已有家庭,夫妻均为上班族,一般中餐、晚餐在外解决,早餐则选择方便食品的。这部分人多为白领,收入在2 000元左右,讲究饮食的结构和搭配、食品的口味等因素。

31~50岁的女性,普通家庭主妇,忙于工作,没有足够的时间制作汤圆等家常小点心,就购买速冻食品改善家人饮食结构,或者由于孩子的原因将速冻食品作为家中必备的食品。

外地游客,品尝宁波地方的特色小吃。这部分人有足够的消费能力,而且他们最为讲究"正宗"的概念,在宁波吃到正宗的宁波汤圆,在心理上就会有"没有白来一趟宁波"的感受,而带上几袋速冻的宁波汤圆回去,也是一种旅行的收获。

(2) 广告诉求的重点。

以手工工艺这一特点为出发点,以"正宗""可口"为口号,灌输消费者"八仙牌宁波汤圆是真正正宗的汤圆"概念,并把甜而不腻、皮薄馅多、口感好等特点有机结合进行诉求。

(3) 广告诉求方法。

非功能性食品的广告一般采用感性诉求方式,而像汤圆这类同质化强的普通食品则更应注重感性诉求。以感性诉求为主,可适量辅之以理性诉求。可通过对生活环境、生活方式、家庭关系、亲情等情感角度进行感性诉求。以传统文化为背景,用宁波的特色文化对消费者进行诉求。

4. 广告创意策略

以手工制作和亲情相联系,附带上宁波的文化为创意的核心。

5. 广告媒体策略

(1) 媒体类别选择。

由于本次的广告活动旨在将"八仙"牌宁波汤团导入市场,并要求在一段时期内迅速扩大其一定区域范围内的品牌认知度,企业也将投入较多的广告花费,因而将突破只做一到两个媒体的模式,而是采用全方位的媒体策略。

①以电视广告为主导,利用电视这一媒体针对目标消费者做重点诉求,争取以电视广告形式对目标消费者达到最广泛的覆盖面。

②以报纸广告为补充,向目标消费者做进一步的诉求,将产品介绍给广大的目标消费者,同时也将信息传达给电视广告未能传达到的那一部分目标消费者。

③以广播广告为更进一步的补充,向目标消费者传达关于产品更丰富的信息,同时各种促销活动的内容信息等也将通过广播广告及时告之消费者。

④以车身和候车亭广告形式作为扩展,活泼醒目、具有强烈视觉冲击力的广告画面强化目标消费者对产品信息的记忆。

⑤以招贴广告和实物广告作为售点广告,在各大商场、超市、地方旅游点饭店、旅游点小吃摊等区域以招贴和实物的形式对消费者做提醒性的广告宣传,促使他们即时采取购买行动。

(2)媒体选择的标准。

选择宁波地区对这一消费者群体覆盖面最广的媒介;选择宁波地区对这一消费者群体最具影响力的媒介;选择宁波地区这一消费者群体接触最多的媒介。

①宁波电视台第4套节目:该套节目以电视剧播放为主,是宁波的地方有线电台的电视剧频道,该频道颇受女性消费者的关注。

②《宁波晚报》:目前发行量已达19万份,是宁波市发行量最大的综合性报纸,并且在浙东沿海享有一定的声誉和影响。

③宁波电台交通音乐频道:宁波电台交通音乐频道在宁波地区享有较高的收听率,消费者群体除本身有收听习惯外,在乘坐公交车、出租车时也能收听到其中的广告内容,它的广告覆盖面也很广,能有效地对报纸广告进行补充。

④宁波公交车身广告:车身广告能全面覆盖城市空间,巨大的广告幅面,能让产品的信息得到充分的表现。而且在城市中这种广告形式的受众注意力高,能充分覆盖目标消费者的注意。

(3)媒体广告发布时机。

各媒介的广告在广告活动开始时同时发布,以达到全方位的广告宣传的效果。

(4)广告发布频率。

各媒介在广告发布的时间和频率上互为补充,以期达到最佳的广告效果。在广告活动一开始时,为了迅速地打开市场,在广告策略的采取上,应使用密集型的策略,即是在各个媒介上持续发布广告,保持一个较高的广告频率。两个月后则采取间歇发布的策略,此时,消费者对该产品已有了一定程度的了解,至少对该产品已有所耳闻,间歇的广告发布策略能时不时地对受众的记忆进行提醒,既节约了广告费用,同时也未对宣传效果造成影响,广告的连续性在,广告持续的说服和提醒作用也在。

(5)各媒体广告表现策略。

①系列电视广告:15秒,以抒情性的故事为主。

②系列广播广告:15秒,同样以抒情性的故事为主。

③报纸广告:系列平面广告,以半版的广告形式为主,文案简洁,不以故事为核心。

④招贴、车身、候车亭广告:以鲜艳色彩的图案为核心,再加之以广告语。

(6) 广告媒介发布排期表

项　目	时　间
广告策划研讨	2003 年 5 月~7 月 21 日
确定广告实施计划	2003 年 8 月 1 日
广告制作	2003 年 8 月 3 日~9 月 15 日
广告作品测试	2003 年 9 月 16 日~9 月 20 日
媒介购买	2003 年 9 月 20 日~9 月 25 日
促销活动准备	2003 年 9 月 26 日~9 月 29 日
第一期广告发布	2003 年 10 月 1 日
第一次主题促销活动	2003 年 10 月 1 日
传统文化节开幕	2003 年 10 月 3 日

四、广告预算

广告投放前三个月是广告投入量的最大时期,为 597 920 元。促销费用暂时不计,如遇到元宵节,广告的投放量将增加,此费用也暂时不计入。购买旅游客车的企业标志目前不知道明确费用,估计在 50 000 元。产品进入市场的后 9 个月,总的广告费为 563 400 元。影视广告制作费用为 100 000 元,直邮专刊为 80 克铜版纸,八开二版,24 cm×35 cm,0.31 元/份,数量为 8 万。机动广告费为 500 000 元。一年内的总的广告费为 1 801 600 元(宁波市)。

前三个月:

媒体	版面	规格大小	日期	费用
宁波晚报	封底 彩色	16×11	每周五	16 000/周×12
交通音乐		15′	17:00~18:00 雪利时间	15 次/天 60 000/月×3
车体	AAA 级 518 路 AA 级 10 路	普通单车 普通单车		73 000/年 65 000/年
宁波电视台 影视剧频道	影视广告	15′	19:55　周五、六 20:23　周五、六	3 300/次 13 200/周×12
候车亭	B 级 12 座	小牌 路线:西门口、大卿桥、金鼎宾馆、兴宁桥、天封塔、江东南路、青少年宫、灵桥东、银殿宾馆		2 520/年

后九个月：

媒　体	版　面	规格大小	日　期	费　用
宁波晚报	封底 彩色	16×11	每个月一次 每周五	16 000/月×9
交通音乐		15′	17:00～18:00 零利时间	6 次/天 40 000/月×9
宁波电视台影视剧频道	影视广告	15′	19:55　周六 每半个月一次	3 300/次×9

五、广告效果监测

(1)电视、广播媒体广告一星期测定一次。

(2)报纸媒体广告两星期测定一次。

(3)车体媒体两星期测定一次。

(4)户外媒体广告两星期测定一次。

(5)每一个月组织一次消费者座谈会。

通过实施宁波八仙牌汤圆广告计划，八仙品牌将对五丰、思念、龙凤三大品牌构成威胁，抢占三大品牌原有的市场占有率，八仙牌汤圆的市场占有率在产品导入的一年内达到20%，知名度要提高到80%以上，产品逐步被消费者所接受。

(资料来源：http://wenku.baidu.com/view/6928d4d4b14e852458fb57fe.html，有改动)

三、广告策划书的编写要求

广告策划书应简洁明确，重点突出；策划书的内容应符合市场和产品实际；策划内容应量化、具体；策划执行方案应细致且具有可操作性。

第七节　广告提案

一、广告提案的概念

(一)广告提案的定义

在实际广告经营过程中，仅仅完成广告策划书，有时还不能够完全达到广告主的愿望和要求，实现充分的理解和沟通。广告主往往还要通过召开广告专门会议的方式，更为直观地听取对广告活动的构想，这就是广告提案。

广告提案(Presentation)是运用口头说明的方式，以相关的视听媒体为辅助手段，把广告策划的重点内容与广告主进行交流的一种形式。

(二)广告提案的种类

广告提案根据内容不同，可以分为策略提案，创意、表现提案，广告实施计划提案。

（三）广告提案与广告策划书的关系

与广告策划书相比，广告提案比较具体、形象，信息传播具有直接性和双向性。两者之间的关系主要体现在以下方面：

①同属广告策划的有机组成部分。
②广告提案派生于广告策划书。
③广告提案重在阐释广告策划的精髓。
④广告提案是广告策划的最后环节。

二、广告提案的内容

（一）广告提案的主题

广告提案的主题在于明确广告活动的主旨，领会广告活动的内核，明确自己要做什么。

（二）相关背景及市场调研情况介绍

包括形势的分析与问题的界定；广告战略的调查；创意概念的调查等。

（三）广告策略的汇报

包括广告目标、广告计划、广告战略与创意组合的介绍。

（四）媒体策划方案

媒体策划方案包括受众目标；媒体分布目标；增强到达率、频次和持续性等媒体策划的因素；媒体组合因素；在媒体决策中具有影响力的因素；媒体战略陈述；选择媒体载体的标准；媒体排期的方法以及媒体的排期等。

（五）广告效果的事前评估

广告事前测试的方法介绍和成果汇总。

（六）相关费用的预算

相关费用的预算包括市场调研费用，创意表现、制作的费用，媒介实施的费用等。

三、广告提案准备与提案制作

（一）广告提案的准备

提案的成功并不仅仅取决于提案会现场，提案的准备工作对于提案能否成功也是非常重要的。提案准备步骤可以大致分为准备材料、决定内容、制作资料及准备现场等。

1. 准备材料

这个步骤要求广告提案人员在书面广告策划的基础上，考虑哪些内容可以用于提案，哪些内容可以用书面的形式呈交给客户。

2. 决定内容

这个阶段要完成以下工作：将提案目的明确化，收集有关接受者的信息，确定提案具体内容，根据具体内容设定提案会的时间进程。

3. 制作资料

将提案内容制作成提案书，并备齐提案中所需的有关资料。这个阶段的任务包括收集有关提案会的各方的基础资料，对内容进一步提炼，选择合适的表达方式和工具，将提案内容根据选择的方式和所用的工具进行处理。

4. 准备现场

这个步骤主要为正式提案做演练。具体工作包括确定提案人选，做好会场安排布置（包括座位、灯光、茶点以及调试器材设备等），演练表达等。

（二）广告提案的制作

广告提案制作是准备提案过程中非常重要的一个环节。目前由于笔记本电脑的普及，广告提案一般采用多媒体形式，将所有提案的内容做成 PowerPoint 幻灯片。这样可以最大限度地满足提案在表现方面的需求，把文字、图片、设计稿、影像等内容都直观地表现出来，使客户对提案的内容有清晰的了解。

在内容方面，广告提案书的制作大致可以分为以下步骤：决定提案书的内容要素；决定提案书的大纲；写出各要素的要点；为要点拟订相应的内容；考虑各部分内容的时间安排；对提案书的有关内容进行视觉化处理；调整广告提案书的有关格式。

在时间方面，一般提案会的长度为 30 分钟、45 分钟或 1 小时，广告提案书的内容不要过长，以免超时。

在形式方面，广告提案尽量做到视觉化。为了使受众能方便轻松地接受信息，提案者必须利用各种方法来提高所传达信息的效果，同时也要加强信息传达的效率。

本章小结

广告策划是在市场调查的基础上，根据广告主的营销计划和目标，按照一定的程序对广告活动的战略与策略所进行的系统筹划。广告策划具有战略性、全局性、策略性、动态性及创新性。进行广告策划应遵循的基本原则有统一性原则、适应性原则、有效性原则、操作性原则及针对性原则。广告策划的程序包括准备阶段、调研阶段、战略规划阶段、策略制订阶段、制订计划并形成文本阶段、广告提案阶段、计划实施阶段及评价总结阶段。

广告目标是指广告活动所要达到的预期目的，它规定着广告活动的总任务，决定着广告活动的发展方向。影响广告目标设定的因素有企业经营战略、商品的供求状况、产品生命周期及销售对象。广告目标设置方法主要有以产品销售情况来设定广告目标和以传播效果来设定广告目标。广告战略是宏观上对广告活动的统筹和谋划，广告策略是广告活动中所运用的具体措施与手段。

广告预算是企业和广告部门对广告活动所需费用的计划和匡算,它规定了广告计划期内开展广告活动所需的费用总额、使用范围和使用方法。广告预算额度确定方法有:销售额百分比法、目标任务法、销售单位法和竞争对抗法。

广告策划书是广告公司对广告客户委托的广告进行创意、策划,并以一定格式撰写的策略性指导文件。广告策划书正文一般可分为市场分析、广告战略、广告策略、广告预算及广告效果监测。

广告提案是运用口头说明的方式,以相关的视听媒体为辅助手段,把广告策划的重点内容与广告主进行交流的一种形式。

自测题

一、名词解释

广告策划	广告目标	DAGMAR 模式	广告战略
广告策略	媒体的空间策略	媒体时间策略	广告媒体排期
广告预算	广告策划书	广告提案	

二、问答题

1. 简述广告策划的程序。
2. 影响广告目标设定的因素有哪些?
3. 简要说明确定广告目标的 6M 法。
4. 简述广告媒体排期的基本模式并比较其优缺点。
5. 可列入广告经费的项目有哪些?
6. 确定广告预算额度的方法有哪些?
7. 广告预算的分配方法有哪些?
8. 一份完整的广告策划书正文包含哪些内容?

三、实务题

康师傅公司通过传统口味与现代工艺的结合,打造出新的饮品品牌——冰糖雪梨,其产品特选新鲜雪梨压榨成汁,融合晶莹剔透的特级冰糖,按照古老配方精心熬制而成,具有清甜润泽、生津止咳的功效,满足了各个年龄段人群的口味需求。康师傅公司为了扩大该饮料在哈尔滨地区的销售量,打算在哈尔滨进行广告投放。请你按规定格式为康师傅公司撰写《康师傅公司冰糖雪梨饮品 2013 年哈尔滨地区广告计划书》。要求字数不少于 3 500 字。

四、案例分析

2010 年德芙巧克力广告策划书

广告客户:德芙巧克力公司
策划机构:指南针广告公司
策 划 人:黄迎

完成日期:2009年11月29日

前言

巧克力似乎早已成为人们传递情感,享受美好的瞬间的首选佳品。可是,走进商场,面对琳琅满目的各种品牌,消费者却难以抉择,消费者关心的不仅仅是一盒糖果,而是产品的品质、口感、味道,他们要求整盒巧克力可以带来非凡的感觉。面对日益成熟的消费者,本公司不仅全力以赴研制出高品质的德芙牛奶巧克力,而且每年求新应变,希望给大家美好的巧克力体验。

一、市场分析

1. 市场背景

据调查结果显示,柳州巧克力市场品牌集中度极高,消费者主要吃两个品牌的巧克力,德芙和吉百利,分别占60.2%和28.8%,合计消费比率近九成,这种现象在其他类食品市场从未有过。

2. 竞争对手分析

吉百利、金帝等产品较早进入市场,在消费者心中有一定的分量。在中国市场对巧克力产品销量贡献最大的是年节市场(中秋/圣诞/春节/情人节),这个市场的产品销售恰好以礼品/礼盒为主。在中国,金帝巧克力的销量不是最大,但礼品装巧克力金帝的销量最大。而"送礼"这种品牌诉求直到近两年才深入人心,现在不仅保健品可以送人,连调味品也有礼品装了。正是凭着先行一步的优势,金帝很快后来居上,在去年金帝终于赶超了吉百利,位居行业第二,仅次于德芙。

3. 产品分析

(1)用途:送礼、自己吃。

(2)种类:黑巧克力、牛奶巧克力、白巧克力及夹心巧克力。

(3)命名:具有亲切感的中国名字。

(4)包装:采用欧美风格设计,包装要精美。

(5)口味:既保持欧式巧克力细腻典雅的风格,又吸收英式巧克力奶香浓郁和美式巧克力多吃不腻的风格,更加入中国人所喜欢的细腻柔和、鲜醇幼滑的特点。

(6)价格:零售价在40至200元不等。

产品优势:口感好;巧克力味纯;到嘴就化;比较细腻;含热量多;不腻口。

产品劣势:价格高;太甜;上火;品种少;不容易保存;量少。

二、广告战略

1. 广告目标

在提高产品知名度的前提下,逐步扩大市场占有率。

广告的目的在于消费者看了或听了广告之后,对产品的特点有一个比较清楚的认识与了解,提高消费者购买兴趣,激发购买欲望。

2. 广告对象

(1) 10～15岁的年轻人,特征:消费行为具有经常性,习惯性甚至依赖性,心理上有相互攀比的倾向,在思想、意识上尚未形成模式和概念。

(2) 正在恋爱或想恋爱的年轻男女,由于情人节的到来,他们会是购买的主要群体。

(3) 16～28岁的女性。年轻女性爱吃巧克力,巧克力可以说是她们最喜爱的食品之一,尽管她们在体形和美味的抉择中痛苦不堪,但从现实来看,女性对巧克力的偏好仍十分明显。

3. 广告地区

全国各地一、二级城市。

4. 广告实施阶段

2010年1月～2010年12月。

三、广告策略

1. 广告主题

"牛奶香浓,丝般感受"。

2. 广告诉求方式

情感诉求。

3. 广告创意

广告场景:略。

4. 广告媒体

(1) 媒体选择与组合。

①电视媒体和网络媒体:视频效果好,能够更好地突出产品的优点;②杂志媒体:关于女士时尚杂志最佳;③车灯、车体媒体广告。

(2) 媒体的地理分配。

①电视媒体和网络媒体覆盖整个中国;②杂志同上;③车灯、车体分布在大城市。

(3) 媒体的时间、版面分配。

①电视广告播放指定时间10秒广告;网络采用旗帜广告,在娱乐时尚网播放。②杂志采用封二广告。③车灯、车体广告宣传6个月。

经过以上媒体广告,力争在一年的时间内,在全国提升"德芙"的知名度与美誉度。

(4) 媒体的频率分配。

电视广告在湖南卫视播放,采用节目冠名方式,每周一次。网络广告,刊播6个月。杂志广告刊登12期。车体广告发布6个月。

四、广告预算

1. 广告媒体费

电视媒体费45万元;网络媒体费2万元;杂志媒体费2万元;车体媒体费1万元。

媒体广告费共计50万元。

2. 广告设计制作费

广告设计费:1万元;广告设计制作的材料、工艺费用:0.5万元;运输费用0.1万元。

3. 广告调查研究费

广告调研、咨询费用及购买统计部门和调研机构资料费用1.5万元。

4. 广告部门行政费用

广告部门行政费用:1万元。

五、广告效果监测

在广告刊播后,不定期以问卷、座谈会等方式做广告效果测定,以随时修正广告策划方案。

1. 电视广告一星期测定一次。
2. 网络媒体一星期测定一次。
3. 杂志媒体两星期测定一次。
4. 车体媒体两星期测定一次。
5. 每一个月组织一次消费者座谈会。

问题:

1. 结合案例说明一个完整的广告策划书一般包含哪些内容?
2. 本广告策划书的广告目标是否明确?请你结合DAGMAR理论,为该广告策划书设定一个可以量化的广告目标。
3. 结合本策划案,请你为德芙巧克力设计一个广告创意的场景。
4. 请你为本策划案的广告预算进行分配。

第六章
Chapter 6

现代广告设计与制作

【学习目的与要求】

通过本章的学习,要求学生了解广告创作的基本要求、广告作品及其类型、平面广告表现策略、平面广告制作工艺等相关知识,掌握平面广告文案的构成及撰写、色彩的规律运用、图案的作用及表现形式,熟悉平面广告布局要素与法则,在此基础上,逐步掌握平面广告设计与制作的基本技能。

【案例导入】

经典广告文案赏析

麦氏咖啡:滴滴香浓,意犹未尽

作为全球第二大咖啡品牌,麦氏的广告语堪称语言的经典。与雀巢不同,麦氏的感觉体验更胜一筹,虽然不如雀巢那么直白,但却符合品咖啡时的那种意境,同时又把麦氏咖啡的醇香与内心的感受紧紧地结合起来,同样经得起考验。

M&M 巧克力:只溶在口,不溶在手

这是著名广告大师伯恩巴克的灵感之作,堪称经典,流传至今。它既反映了 M&M 巧克力糖衣包装的独特 USP,又暗示了 M&M 巧克力口味好,以至于我们不愿意使巧克力在手上停留片刻。

德芙巧克力:牛奶香浓,丝般感受

之所以够得上经典,在于那个"丝般感受"的心理体验。用丝绸来形容巧克力细腻滑润的感觉意境够高远,想象够丰富。充分利用联想感受,把语言的力量发挥到极致。

第一节 广告创作概述

一、广告创作的基本原则

广告创作是广告活动的关键环节,广告创作要求广告制作者本着真实性、科学性、思想性及艺术性的原则进行创作。

(一)真实性原则

真实性原则是指广告作品所传播的信息要真实准确,客观实在,不能虚夸,更不能伪造虚构。保证广告的真实性、维护广告的信誉是广告从业者应该承担的社会责任与法律责任,也是我国广告事业健康发展的前提条件。广告的真实性主要体现在:

1. 广告所介绍的商品或者服务是真实的、客观存在的

广告创作者在广告创作时应对产品的功能做客观宣传,不能夸大甚至捏造不存在的功能。当前有些明星利用社会公众人物的特殊身份,为某些产品做广告时所做的夸大或不实宣传对社会的危害不容忽视。

2. 广告内容能够被科学的依据所证实

在现实生活中,一些保健品广告使用了未经科学证明的所谓"科学配方""科学配比"等一些不科学的宣传。这些广告宣传用另类的观点吸引老百姓的眼球,其实只是一种卖点,或者说是一种噱头,让老百姓掏更多的钱去购买他们的产品。

3. 广告内容与实际相一致

商品或者服务的基本构成要素,如性能、质量、价格、产地、生产者、有效期、允诺等,必须真实,不得夸张。广告创作者在进行广告词创作时,不能用含糊其辞的语言或制作空洞的概念误导消费者。

4. 广告表现的艺术夸张手法应当能够被公众所接受和认可

产品广告无论以什么名字进行宣传,都不能使消费者对产品的性能、质量等要素产生误解,广告宣传中应当将产品的功能、质量等事项表述清楚、明白。

【案例6.1】

夸张的广告

连日来,某省卫视台经常在交易时段播放一条长达10分钟的"一招先股票预警分析系统"广告,其夸张程度令人惊讶。广告称,"一招先"是一款基于中国沪深交易所的LEVEL-2权威数据,通过国际顶尖的云计算技术,既能实现提前24小时计算出个股涨跌,又能实现最低买入价和最高卖出价的革命性的智能软件。在没有展示任何文字或图像证据的情况下,广告宣称,国际权威专家、美国股神巴菲特对"一招先"给出高度评价。华尔街某日报则认为"一招先"软件的出现让中国散户股民充分受益,引起了证券机构的恐慌。

一个被称作首席分析师的人士宣称：该软件运用云计算，根据沪深海量信息，计算结果绝对精确，并24小时预知涨跌。

主持人以肯定的语气表示：只要是按一招先的办法操作，"一定稳赚不赔"。不管在牛市还是熊市，都能做到准确抓住涨停。

在广告中，以散户形象出现的投资者歇斯底里地吼着："真是太棒了，赚翻了，我的股票全部涨停""赚疯了，我第一次炒股，用一招先几天就赚了十几万呢""摇身一变成为大老板，真的像做梦一样"。

一位老师模样的人强调，有人出价上亿元想买该预警技术，而他们只限散户股民订购。广告煞有介事地说："鉴于一招先软件预警的准确性，一旦大量散户股民拥有会打破股市平衡，经行业批准，每档仅限量发售88套，严禁机构使用。"

随后一位"机构人士"接受采访时踌躇再三后的发言令人莞尔："我不作评价"。但他还是评价了："如果一招先大范围公开的话，将对股市产生巨大的影响，这对机构是不公平的"。

（二）科学性原则

广告的科学性表现在广告内容应突出产品的工艺与功能的科学原理宣传，广告例证具有普遍性、科学性，广告不能违背现行法律，语言要科学、规范，不能造成文字污染。

1. 广告应强调产品的工艺或功能的科学原理

科学性要求广告创作时应对产品，特别是新产品的先进工艺或功能的科学原理进行宣传，以增加观众对新产品的信赖程度并激发购买欲望。但目前各种媒体却都充斥着许多违背科学的、具有严重误导性质的广告用语，"纯中药制剂，无毒副作用"的知名度应该是最高的，然而它的误导效应也是最大的。近年来，一些中药制剂因严重的质量问题与副作用被叫停已不是个别现象。是药三分毒，中药也不例外，显然宣传"中药无毒副作用"是不科学的。

2. 广告例证应具有普遍性

广告例证的普遍性是指广告所列举的事实具有典型性而不是个别特例。如果某品牌冰箱在运往国外市场途中被海水浸泡，冰箱从海水中取出后仍能正常使用，就可以证明这种品牌冰箱不怕水浸，具有普遍性。但如果将产品送给某明星使用，然后用明星所陈述的使用感受来宣传商品，使明星效应等同于商品的普遍效应，这样的广告就缺乏普遍性。

3. 广告语言应具科学性

科学性要求广告创作使用科学语言、规范化语言，不要为了新奇而滥用词语。例如，诸如"疗效最佳""质量最好""无与伦比"等最高级用语在广告词中应避免使用，这些词语不仅会伤害竞争对手，而且违背事物发展的科学规律。另外，广告语污染语言文字的现象也不容忽视。

（三）思想性原则

思想性是广告的灵魂。一条内容真实、思想健康、格调高雅，集知识性、趣味性于一体的广告,不仅能使人们了解商品信息和社会经济发展的信息,丰富知识,而且能通过积极向上的艺术形象在潜移默化中提高思想水平。增强广告的思想性既是广告创作者的职业道德,也要求广告创作者有较高的思想文化素养,通过良好的创意来表现积极向上的思想。

（四）艺术性原则

广告是以艺术手段表现商品或服务的真实信息的学问。广告的艺术性是指广告必须通过运用美术、摄影、歌曲、音乐、诗词、戏剧、舞蹈、书法、绘画、文艺等丰富多彩的艺术形式,生动活泼地表现出它的主题。广告的艺术性给真实性和思想性附加以价值,赋予生命力。广告的艺术形象越鲜明,越具有创造力,就越会感染社会公众,产生更大的广告效益。

二、广告作品及其类型

现代广告自19世纪中期发展至今,已有上百年历史。随着广播、电视的出现,广告的形式也呈现出多元化和立体化。如今的广告在经济发达国家已趋于成熟,在理论与实际运作方面已形成一套完整的体系,在经济和政治生活中扮演着重要的角色。面对众多的广告形式,作为一个从事广告设计的专业人员就应该对广告从整体上有一个基本的认识,从而把握不同广告形式的特征,更好地发挥其优势。

（一）广告作品的定义

广告作品是指直接提供给广告媒体发布的并为广告受众所接触的广告物质实体,如报纸广告、杂志广告、电视广告、广播广告、户外广告、互联网广告等。

（二）广告作品的类型

按媒体特点划分,广告作品通常可以分为：

1. 平面广告

平面广告是指在长、宽二维空间内将视觉元素(文字、图案及色彩)按照一定的秩序和法则组合而成的广告形式。平面广告因为传达信息简洁明了,能瞬间扣住人心,从而成为现代广告的主要表现手段之一。以平面形态出现的广告,均属于平面广告范畴,具体包括以下三大类：

(1) 印刷类

指通过印刷手段制作的广告,如报纸广告、杂志广告、招贴广告、样本广告、挂历广告、旗帜广告、传单广告、DM广告(直邮广告)等广告形式。图6.1为一则汽车的POP广告。

(2) 喷绘类

通过人工绘制或电脑喷绘制作的单幅或多幅的平面广告,如路牌广告、墙体广告、车身广告、横幅广告和交通护栏广告等户外平面广告,如图6.2所示。

(3) 电子类。

通过电子技术或发光体构成的平面广告,如霓虹灯广告、灯箱广告和电脑网页广告等,如图6.3所示。

图 6.1 大众朗逸传单广告

图 6.2 极富创意的公路广告牌

图 6.3 深圳地铁站灯箱广告

2. 影视广告

影视广告是指将电波影像技术与影视语言艺术相融合,通过光波与声波将产品或服务信息传递给受众的一种广告形式。影视广告是非常奏效而且覆盖面较广的广告传播方法之一。影视广告在制作上具有即时传达远距离信息的媒体特性——传播上的高精度化,影视广告能使观众自由的发挥对某种商品形象的想象,也能具体而准确地传达吸引顾客的意图。传播的信息容易成为人们的共识并得到强化。这种形式的广告各个年龄段的人都容易接受,所以可以说影视广告是覆盖面最广的大众传播媒体。

3. 广播广告

广播广告是指通过无线电波以声音的方式向受众传播产品或服务信息的一种广告形式。广播是听觉艺术,广播艺术的表现手段就是声音。广播广告的声音可以分解为语言、音乐和音响。语言是广播广告准确、清晰地传达信息的最基本的工具,具有严密的逻辑性和明确的语意性。音乐、音响是广播广告特有的传播手段。音乐不仅能增强广播广告的可听性和感染力,还能直接传达信息。音响不仅能塑造环境氛围,还能传达语言无法传达的信息。

4. 网络广告

随着 Internet 在全球范围的发展,互联网已成为一个全球性的信息系统,并被人们称为是继报纸、杂志、广播以及电视之后的第五大传播媒体。伴随着电子商务的产生和发展,网络广告应运而生。网络广告是指以网络为媒体向网络受众传播产品或服务信息的一种广告形式。网络广告既不同于平面媒体广告,也不是电子媒体广告的另一种形式。作为网络营销的一种强有力的促销手段,网络广告迅速崛起并得到了极大的发展,日益展现出其特有的魅力与广阔的发展前景。

三、广告创作团队

广告创作要求广告创作者具有较高的思想素质、专业知识与能力素质。现代广告作品从创意、设计到制作涉及多个行业的多种专门知识,如撰稿、拍摄、冲印、编辑、配音、合成以及装潢、包装等工作,因此广告创作是一个由创意、设计、制作相关专业人员构成的以分工协作为基础的创作团队。

在广告公司中,进行广告创意工作的是创意部。创意部的工作具体到一个广告任务,通常以创意小组的形式进行。

(一)创意总监

创意总监(Creative Director)简称 CD,是创意工作的负责人。创意总监负责广告从战略方针的制订到广告表现实施的整个创意作业流程。

(二)艺术总监

艺术总监(Art Director)简称 AD。艺术总监负责广告表现中视觉形象的创意和制作。在有的广告公司中,艺术总监主要负责印刷媒体的广告表现。

（三）文案撰稿人

文案撰稿人（Copy Writer）负责广告表现用语、文案的写作。广告文案包括印刷广告的文字文案以及广播、电视广告的声音和音响文案。在有的广告公司中，广告文案主要负责印刷媒体的广告表现用语、文案的写作。

（四）CF策划人

CF策划人（Commercial Film Planner）是广播、电视广告的表现策划人。在有的广告公司中，CF策划人是电视广告片的主要负责人。CF策划人不仅要和广告公司内部的创意人员进行沟通，同时要和制作公司和客户进行协调。

（五）制作人、制作总监、创意制作人或代理制作人

在制作方面，通常还会有一个制作人，有时也称为制作总监（Produce Director）、创意制作人（Creative Producer）或代理制作人（Agency）。制作人（或制作总监、创意制作人、代理制作人）是制作实施方面的负责人，主要负责根据创意总监领导的创意小组的策划和创意，进行和实施制作任务，主要进行制作、制作品质管理、制作成本控制等工作。

四、广告设计工具

广告设计的优秀与否对视觉传达信息的准确起着关键的作用，是广告活动中不可缺少的重要环节。广告的目的在于广告效果，而广告效果的优劣与广告设计的成败关系很大。现代广告设计的任务是根据企业营销目标和广告战略的要求，通过引人入胜的艺术表现，清晰、准确地传递商品或服务信息，促进产品销售并树立良好的企业形象。

目前广告设计与制作工具很多，广告设计者应根据所设计广告的表现特点与自己的使用习惯有针对性地选择适合的设计工具。

（一）平面广告设计工具

1. Photoshop

Photoshop是Adobe公司推出的一款功能强大和完善、性能稳定、用户界面友好、使用范围十分广泛的位图编辑软件，是目前众多设计师进行平面设计、图形图像处理、后期处理的首选软件。在几乎所有的广告、出版、软件公司中，Photoshop都是首选的平面广告设计工具。

2. Illustrator

Illustrator是Adobe公司推出的标准矢量图形软件。该软件是以点和线的数学形式进行精确图形描述，并且符合印刷品设计标准，色彩指定手段也是设计者熟悉的印刷分色形式，支持激光照排分色输出。该软件最适合于广告插图、商标、标志、包装、宣传页等商业图文设计制作。

3. PageMaker

PageMaker是Adobe公司推出的既专业又简洁的页面排版软件，是出版业首选的排版工

具之一。PageMaker 提供了一套完整的工具,用来设计专业、高品质的出版刊物。借助于 PageMaker 提供的丰富的模板、图形及直观的设计工具,使用者可以快速入门。PageMaker 软件的稳定性、高品质及多变化的功能受到使用者的赞赏。

4. FreeHand

FreeHand 是一款基于矢量的绘图软件。诞生于 1987 年的 FreeHand,经过十几年的发展,已经成为桌面出版领域最优秀的绘图软件之一,已经与 Illustrator、CorelDraw 并驾齐驱,牢牢地掌握着绘图软件的市场。FreeHand 的文本处理能力比其他的绘图软件更加强大,甚至可以说不逊色于专业的文字处理软件,这也是 FreeHand 一直拥有众多用户的原因之一。个人作品设计、公司徽标及海报制作,FreeHand 都可以轻松完成,应用于广告、印刷等行业。

5. CorelDraw

CorelDraw 也是一款非常受欢迎的基于矢量的绘图与排版软件,用作商业设计和美术设计的 PC 机几乎都装有 CorelDraw。CorelDraw 界面设计友好,操作精微细致,为设计者提供了包括图形精确定位和变形控制方案等一整套的绘图工具,这给商标、标志等需要准确尺寸的设计带来极大的便利。CorelDraw 被广泛地应用于商标设计、标志制作、模型绘制、插图描画、简报制作、彩页设计、手册制作、产品包装、排版及分色输出等诸多领域。

(二)视频设计工具

1. Flash

Flash 是 Macromedia 公司推出的快捷、生动的动画制作工具。Flash 是二维动画的后起之秀,也是目前制作二维动画的主流软件,因此它在很多领域被广泛使用。

2. 3D Max

3D Max 是由美国 Autodesk 公司推出的基于个人计算机的三维动画设计和制作软件,是当前世界上销售量最大的三维建模、动画制作及渲染解决方案,它广泛应用于视觉效果、角色动画及下一代的游戏制作中。

3. Premiere

Adobe 公司推出的基于非线性编辑设备的视频音频编辑软件 Premiere 已经在影视制作领域取得了巨大的成功。现在被广泛地应用于广告制作、电影剪辑等领域,成为 PC 和 MAC 平台上应用最为广泛的视频编辑软件。Premiere 软件作为一款专业的非线性视频编辑软件在业内受到了广大视频编辑专业人员和视频爱好者的好评。

第二节 平面广告创意表现策略

广告创意表现就是将创意构想以适当的形式传达出来。构想是创意的内容,而表现则是创意的形式。好的创意构想只有通过恰当的形式表现出来才能发挥作用。

一、直接展示法

直接展示法是一种最常见的表现手法。它是将某产品或主题,充分运用摄影或绘画等技巧,以直白感性的形式如实地展示出来,给人以现实感、亲切感和信任感。在广告表现中,需要突出和渲染的产品特征,一般应该是富于个性的产品形象、与众不同的特殊性能、显著的品牌和企业标志等要素。图6.4为创维液晶电视的广告,采用直接展示法。

图6.4 创维液晶电视广告

(二) 对比衬托法

对比是一种趋向于对立冲突的艺术美中最突出的表现手法。它把作品中所描绘的事物的性质和特点放在鲜明的对照和直接对比中来表现,从对比所呈现的差别中,达到集中、简洁、曲折变化的表现。通过这种手法更鲜明地强调或提示产品的性能和特点,给消费者以深刻的视觉感受。图6.5为宝马轿车令捷豹落荒而逃。图6.6为百事可乐对抗可口可乐的广告,均采用了对比衬托法。

图6.5 在宝马面前捷豹落荒而逃　　　图6.6 百事可乐的对抗广告

（三）突出特征法

突出特征法是指运用各种方式强调产品或主题本身与众不同的特征，并把它鲜明地表现出来，将这些特征置于广告画面的主要视觉部位或加以烘托处理，使观众在接触画面的瞬间即能感受到，并对其产生注意和发生视觉兴趣，达到刺激购买欲望的促销目的。图 6.7 为 OLYMPUS-Slim 奥林巴斯相机（轻薄到看不见）。图 6.8 为香甜而柔软的 Harrys 面包。图 6.9 为世界上报道最快的报纸，均采用了突出特征法。

图 6.7　OLYMPUS-Slim

图 6.8　香甜而柔软的 Harrys 面包

图 6.9　世界上报道最快的报纸

（四）诙谐幽默法

诙谐幽默法是指广告作品中巧妙地再现喜剧性特征，抓住生活现象中局部性的东西，通过人们的性格、外貌和举止的某些可笑的特征表现出来。幽默的表现手法，往往运用饶有风趣的情节，巧妙的安排，造成一种充满情趣，引人发笑而又耐人寻味的幽默意境。图 6.10 为 Nugget 鞋油广告，采用的手法就是诙谐幽默法。

图 6.10　光可鉴人的 Nugget 鞋油

（五）比喻法

比喻法是指在创意过程中选择两个互不相干，而在某些方面又有些相似性的事物，以此物喻彼物。与其他表现手法相比，比喻手法比较含蓄隐伏，有时难以一目了然，可是一旦领会其意，便有意犹未尽的感受。图 6.11 为奥迪轿车广告。图 6.12 为一减肥产品广告。两则广告均采用了借用比喻法。

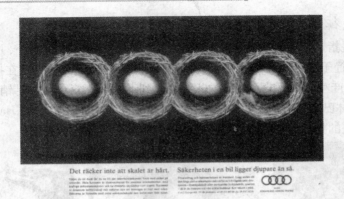

图 6.11　奥迪轿车广告

图 6.12　减肥产品广告

（六）以情托物法

艺术的感染力最具有直接作用的是感情因素,在表现手法上侧重选择具有感情倾向的内容,以美好的感情来烘托主题,真实而生动地反映这种审美感情就能获得以情感人的力量,这是现代广告创意的审美意境与情趣的追求。以情托物的表现手法多运用在一些软性商品(如烟酒、化妆品、衣饰等)的广告宣传中,只要运用的恰到好处,就能获得良好的效果。图 6.13 为法国人头马香槟广告,采用的就是以情托物法。

图 6.13　人头马香槟广告

（七）悬念安排法

悬念安排法是指在表现手法上故弄玄虚，使人们对广告画面乍看不解题意，造成一种猜疑和紧张的心理状态，驱动消费者的好奇心和强烈举动，引起观众进一步探明广告题意之所在强烈愿望，然后通过广告标题或正文把广告的主题点明出来，给人留下难忘的心理感受。图6.14为惠普打印机"书架篇""花盆篇""鱼缸篇"广告。

图6.14　惠普令您的旧打印机物尽其用

（八）选择偶像法

选择偶像法抓住人们对名人偶像仰慕的心理，选择观众心目中崇拜的偶像，配合产品信息传达给观众。由于名人偶像有很强的心理感召力，故借助名人偶像的陪衬，可以大大提高产品的印象程度与销售地位，树立名牌的可信度，诱发消费者对广告中名人偶像所赞誉的产品的注意。偶像的选择要与广告的产品或服务在属性方面相吻合，这样才能达到预期的目的。图6.15为采用NBA体育明星的锐步体育用品广告。

图6.15　锐步体育用品　做我自己

(九)夸张烘托法

夸张烘托法是指借助想象,对广告作品中所宣传对象的品质或特性的某个方面进行夸大,以加深或扩大对这些特征的认识。通过这种手法能鲜明地强调或揭示事物的实质,加强广告作品的艺术效果。按其表现的特征,可以分为形态夸张和神情夸张两种类型,前者为表象性的处理品,后者则为含蓄性的情态处理品。图6.16为WMF刀具广告,采用的就是夸张烘托法。

图6.16 异常锋利的WMF刀具

(十)谐趣模仿法

谐趣模仿法别有意味地采用以新换旧的借名方式,把世间一般大众所熟悉的艺术形象作为谐趣的图像,经过巧妙的整合,给受众一种崭新奇特的视觉印象,从而提高广告的诉求效果,增加对产品的关注度。图6.17为采用了蝙蝠侠、蜘蛛侠、超人的ARIEL洗涤用品广告。

图6.17 采用了蝙蝠侠、蜘蛛侠、超人的ARIEL洗涤用品广告

第三节 广告文案

广告文案(Advertising Copy),是指广告艺术形式中的语言文字部分。平面广告文案一般是指在报纸、杂志、直邮等印刷广告作品中的文字部分。电视广告中的文案一般称为"故事板"(Story Board),是指人物的语言和字幕广播广告中的文案一般称为"广告脚本"(Script),是指人物的语言。

一、平面广告文案

平面广告文案,一般由标题、正文、口号和随文构成,它是广告内容的文字化表现,如图6.18所示。有的文案,副标题、口号和随文可以省略。在广告设计中,文案与色彩、图案同等重要,色彩、图案具有前期的冲击力,广告文案具有较深的影响力。

图6.18 欧米茄手表广告

平面广告文案的标题通常安排在全幅广告上方最突出的位置,或者仅次于图片的位置,通常采用较大字号和醒目字体;正文一般安排在版面的中心位置,使用较小字号、容易阅读的字体;随文一般安排在广告版面最下方或右下角,使用较小字号和醒目字体;广告语一般与企业或品牌名称标志相伴,有的放在广告最上方,有的放在随文上方,采用固定的标准字体。

(一)广告标题

1. 广告标题的概念

广告标题是广告作品中在显著位置以特别字体或特别语气突出表现广告主题的语句,一般放在广告的最上方,是整个广告最重要的部分。广告标题是广告文案的主题,往往也是广告内容的诉求重点。它的作用在于吸引受众对广告的注目,引起受众对广告的兴趣。一项测验调查报告表明,80%的读者都要先浏览广告标题后再看广告正文中的信息。因此,广告文案人员在进行文案表现时,总是将制作标题作为一个非常重要的甚至是首要的工作。

2. 广告标题的类型

(1)直接标题

直接标题是以简明的语言直接表明广告内容的主题,如"中意冰箱,人人中意"。

(2)间接标题

利用艺术的手法暗示或诱导消费者,引起消费者的兴趣与好奇心理,从而进一步注意广告正文的标题,如"眼睛是灵魂的窗户,为了保护您的灵魂,请给窗户安上玻璃吧!"(美国眼镜的广告标题)

(3)复合标题

复合标题由主标题和副标题构成。主标题往往以艺术的手法表明一个引人入胜的思想,副标题则是说明产品的名称、型号、性能等,目的在于进一步补充和扩展主标题的含义,例如:膝上秘书——四通编辑机。

有些标题,除正题、副题外,还有引题,如天府花生广告:

引题:四川特产,口味一流

正题:天府花生

副题:越剥越开心!

3. 广告标题的写作原则

(1)体现广告主题

在受众的阅读习惯面前,广告标题的写作应运用标题的魅力将广告受众的兴趣和视线转向广告正文。在写作时,要尽量体现广告主题,使得广告受众能在标题中对广告的主题有所了解,得到广告最主要的内容和最主要的利益承诺。

(2)体现消费者利益

在标题中体现消费者的利益,可以使广告抓住消费者的消费渴望和消费理想,诱使他们产生浓厚的兴趣,自觉地阅读广告下文。如"我们已突破了世界语言的障碍"(荷兰电信广告标题),表现了消费者对商品的消费期待和商品消费利益点,体现了商品满足消费的有效性。

(3)诱发受众好奇

广告标题的写作要诱发受众的好奇心理,使他们在好奇心的驱使下,对广告产生追根究底的欲望。诱发好奇有两种途径:一是利益点上的好奇引发,二是利用表现形式上的创意。如用新闻式引发好奇:"'舒味思'的人来到此地"(舒味思奎宁柠檬水)。

(4)表现形式简洁明快

为了让受众能一目了然,广告标题的撰写要语言简明,易懂易记。广告主题句子的长度不要太长,一般控制在12个字以内。

(二)广告正文

1. 广告正文的概念

广告正文(Body Copy)是指广告文案中处于主体地位的语言文字部分,它是具体承载广告信息、反映广告主题、说明广告对象的语言文字,是广告文案的核心。广告正文的主要功能是展开解释或说明广告主题;将在广告标题中引出的广告信息进行较详细的介绍;对目标消费者展开详细诉求。广告正文的写作要使受众得到希望了解的信息,在阅读中建立起对产品的了解和信任,并产生购买欲望。广告正文撰写要实事求是、通俗易懂,要抓住主要的信息来叙述,言简意赅。

2. 广告正文的形式

(1)直销型

直销型广告正文又称为解释性正文,由克劳德·霍普金斯在20世纪初首创并推广。大卫·奥格威在他的广告生涯中始终忠实地采用直销式,在广告正文中最大限度地告知受众广告主题和广告商品信息。

(2)故事型

故事型广告正文是通过故事情节来吸引受众的,采用对话的形式讲述一个故事或采用连环画的形式描述一个故事。用故事情节来揭示广告主题,传播广告产品的属性、功能和价值等,能够创造出轻松的信息传播与接受氛围,具有较强的吸引力和记忆度。

(3)抒情型

抒情型广告正文采用散文、诗歌等形式。这种形式凝练精美,能够表现出真挚感,给人以耳目一新的感受。1935年,李奥·贝纳为明尼苏达流域罐头公司的"绿色巨人"牌豌豆做文案时,为了表现豌豆的新鲜和饱满,制作了一幅连夜收割、包装豌豆的画面,并在画面上设计了一个捧着一只大豌豆的巨人形象,并别出心裁地选用了一种浪漫的、诗情画意的表达方式和语言,以"月光下的收成"为标题,将人们带进一种优美的意境和氛围。

(4)功效型

功效型广告正文强调广告产品所能够给消费者带来的功效。如北京亚都生物技术公司的新产品DHA的广告文案:"最新一代智力保健品——亚都DHA,是采用现代生物高科技研制开发的新型保健品,系缓释胶囊型。旨在补充人们大脑发育、智力增长所必需的重要物质;DHA即二十二碳六烯酸,主要来源于深海鱼类的鱼油,乃是人类脑细胞生长发育必需的结构物质。'亚都DHA'不仅是增进胎儿脑细胞发育、提高智力的营养物质,并且具有增强幼童、青少年和中老年人的思维判断能力、记忆力、反应速度和感觉功能的神奇作用。"

(5)断言型

断言型广告正文直接阐述自己的观念和希望,以此来影响受众的心理。这种类型的广告正文一般都采用断言式的语句。威廉·伯恩巴克的广告文案杰作之一"慷慨的旧货换新"即为典型的断言型:为什么你硬是欺骗自己,认为你买不起最新的与最好的东西?在奥尔巴克百货公司,你不必为买美丽的东西而付高价。有无数种衣物供你选择——一切全新,一切使你兴奋。现在就把你的太太带给我们,我们会把她换成可爱的新女人——仅只花几块钱而已。这将是你有生以来最轻松愉快的付款。

(6) 幽默型

幽默型广告正文借用幽默的语言完整地表达广告主题,使受众在轻松活泼的氛围中接受了广告信息,例如:

阁下:驾驶汽车时速不超过30英里,您可饱览本地的美丽景色;超过80英里,欢迎光顾本地设备最新的急救医院;上了100英里,那么请放心,柔佛州公墓已为你预备了一块挺好的墓地。

此广告幽默的警告,别出心裁,匠心独具,相信这则交通广告要比我们常见到的"超速行驶,罚款××元"的广告更具说服力。

(7) 证言型

证言型广告正文中提供权威人士或者著名人士对商品的鉴定、赞扬、使用和见证等,以达到对消费者的告知、诱导和说服。证言型广告正文中常用的手法有:专家学者、权威人士和社会名流的证明、权威性的专业机构与专业报刊的评价、各种试验和消费者的调查与推荐等。

【案例6.2】

BMW汽车广告文案

标题:我们没有发明车轮,但我们发明了纯粹的驾驶乐趣

正文:

驾驶BMW325i的确是一种感官上的享受。是什么让它如此难以抗拒?是高精度的灵活性?是踩动油门时一触即发的反应?还是顺畅平静的动力系统?一辆独特的运动型轿车,融合跑车的优点,更遗传了BMW所独有的特质。无与伦比的传动系统配以直列六缸引擎,开创了全新的速度艺术。优质的MONTANA真皮和桃木内饰,营造出高雅豪华的气质。精密的悬挂系统令车与路面完美贴合。环境工程学的合理运用,使人车合一的舒适境界成为现实。感受无与伦比的试驾体验,敬请致电联络。

电话:××××-××××

(三) 广告口号

1. 广告口号的概念

广告口号(Slogan),又称为广告标语,是指一种长时期反复使用的、强调企业品牌、定位或形象的商业用语。它以最简短的文字把企业或商品的特性及优点表达出来,给人以浓缩的广告信息。广告口号是标题中的标题,好的广告语,对整个广告起到画龙点睛的作用。

2. 广告口号的作用

(1) 表明企业的使命

IBM的口号"Solution for the Small Planet"不仅让人们知道它是制造计算机的,同时也为人

们提供商务方案咨询,是权威的商务咨询顾问。

(2)表达企业的理念

广告口号可以体现企业沟通的态度、企业的信念及价值观。海尔的口号"真诚到永远!"表达的是真诚,是与消费者建立感情,而不仅仅是产品。

(3)提升品牌的价值

好的口号有助于提升品牌价值,很多企业希望给自己的产品起一句富有科技感和时尚感的口号。驾驶 BMW(宝马)可以尽情地释放你的感情,充分地体验驾驶的快感,因为它的口号是"纯粹驾驶乐趣"。

(4)代表品牌的专业

好的口号是为品牌专有的,是独一无二的,是不能为其他品牌所轻易效仿的。在行业中居于领导地位的企业,口号就是公司的名字,例如"It's a Sony"和"Coke is it"。

(5)提供企业与顾客沟通的工具

广告口号能为企业和顾客建立起沟通的桥梁。当你走进美国 Radio Shack 电器店,那里不但提供一些电器的小配件和维修服务,每个员工还还会为你提出的问题作出回答,消费者也会带着满意离去,因为他们的口号是"You got questions,We got answers"(有问题,我回答)。

3. 广告口号的创作要求

广告口号基于企业长远的销售利益,向消费者传达一种长期不变的观念。商业广告口号的创作要求主要有:

(1)语言表达要精练准确

广告口号向消费者传达产品或品牌的核心概念,是浓缩的观念性信息,语言表达要准确。所谓准确,就是要找出广告诉求的重点,即产品的独特卖点和消费者对产品的独特需求。众所周知,百事可乐崛起于二战之后,在与可口可乐的竞争中,它们从年轻人身上发现市场,抓住了二战后出生的年青一代反叛、不羁、崇尚自我的心理特点,果断地提出了"新一代的选择!"这样响亮的口号,把自己定位为新生代的可乐,并邀请新生代喜欢的超级歌星作为自己的品牌代言人,终于赢得青年人青睐。

(2)广告口号要有个性,语言表述要特色鲜明

广告口号若要在信息海洋中脱颖而出,就要有个性,其语言表述要特色鲜明。2000 年夏季,韩朝峰会引起全球关注,半个世纪的对峙终于握手言和。邦迪广告《韩朝峰会篇》敏感地抓住这一真实的历史,把人们对和平的期盼,通过"邦迪坚信:没有愈合不了的伤口"这一广告口号,将邦迪创可贴"愈合伤口"这个简单的产品功能扩展为"再深再久的创伤也终会愈合"的产品理念,在受众心中引起共鸣。

(3)广告口号语言要生动优美,彰显文化底蕴,给受众带来美的享受

广告口号除了传播产品的独特利益和品牌精髓外,还要带给受众美好的享受。美国营销大师爱玛·赫伊拉说得好:"不要卖牛排,要卖嗞嗞声。"事实证明,无论是书面广告,还是有声

广告,语言的生动性和形象性都会给消费者留下深刻的印象,从而有利于树立商品形象、传播商品信息、促进商品销售。20 世纪 50 年代,智·威·汤逊芝加哥公司为世界最大的钻石商戴比尔斯创作的广告语:"钻石恒久远,一颗永流传。"50 年后,依然震撼着我们的心灵。

(4)广告口号要便于记忆,语言表述简洁明了

在纷繁的信息中,消费者唯一能记住的或许就是你的广告口号,而记住了广告口号,也就记住了你的产品或品牌。简洁的语言容易让人记住,也容易传播。例如"海尔,真诚到永远"(海尔集团)"大家好,才是真的好"(好迪化妆品)"科技以人为本"(诺基亚)"一切皆有可能"(李宁体育运动用品)等。这些语言内涵深厚,极具穿透力,表述简洁明了。

(四)随文

随文又称为附文、辅助说明,是广告文案的附属部分(Caption),是对广告内容的补充说明,一般是提供广告主或经销商、零售商以及促销活动的信息,包括商标、品牌、公司名称、地址、联系方式、购买方法等。

二、电波广告文案

(一)电视广告文案

"故事板"(Story Board),又称为"故事画纲",它是电视广告的文案形式,是以"连环画"的形式对广告创意所做的图画和文字说明。

绘制故事板对创作人员整理自己在策划阶段形成的创意构思很有好处,通过绘画和文字可以把创作过程中的想法表达出来,便于审视、斟酌和进一步完善或修改。同时,故事板还是创作人员与客户沟通的必要手段,借助故事板很容易向客户叙述电视广告脚本的内容与表现,从而获得客户理解和认可。此外,故事板也是电视广告制作的重要依据,制片公司将根据故事板的画面,编制预算、安排场景、挑选演员,而导演、摄影、灯光都要以此为依据进行再创作。

故事板并没有统一的标准和规格尺寸,一般内容应包括客户名称、产品名称、长度、画面、声音的说明、镜头与镜头的连接方式以及拍摄方式等,正式的故事版还应附上创意说明。

【案例6.3】

中华汽车电视广告文案

画外音:

如果你问我,这世界上最重要的一部车是什么?那绝不是你在路上能看到的。

30 年前,我 5 岁。那一夜,我发高烧,村里没有医院。爸爸背着我,走过山,越过水,从村里走到医院。爸爸的汗水,湿遍了整个肩膀。我觉得,这世界上最重要的一部车是爸爸的肩膀。

今天,我买了一部车。我第一个想说的是,阿爸,我载你来走走好吗?

广告语:

中华汽车,永远向爸爸的肩膀看齐。

(二)广播广告文案

广播广告的文案,即广播广告脚本,相当于电视广告的故事板。

广播广告脚本有较固定的格式。一般应该在左上角标出产品名称及题目;第二行说明播出时间长度;接着是文案主体,注明是现场广播还是录音广告;要在音响效果底下画线,用以提醒制作人员注意,并且单列一行。如果音响必须在某行的对话中出现时,可用省略号表示,然后再从头写一行说明音响的内容,在下面一行对话开始前加上省略号以表示恢复对话。音乐内容和音响效果作同等情况处理。

为了方便阅读,所有广播文案最好隔行书写。撰写广播广告文案时,应该尽量同时注明声调的要求。比如要求某人生气地、乞求地、讽刺地等方式念出来,如果不能成功地达到所要求的表达方式或不能表现出特殊的声音,这个广告的效果就会大打折扣。

第四节 广告色彩

色彩是广告表现的一个重要因素,广告色彩的功能是向受众传递某种商品信息。因此,广告的色彩与受众的生理和心理反应密切相关。色彩对广告环境、对人们感情活动都具有深刻影响,商品的色彩效果对人们有一定的诱导作用。广告设计中,除了色彩的象征性影响着人们的感受外,还需要利用文字与图像说明的配合来充分发挥广告作品丰富的联想作用。广告色彩的应用要以受众能理解并乐于接受为前提,设计师还必须观察和总结生活中的色彩语言,避免使用一些受众禁忌的色彩组合。

一、广告色彩的作用

(一)色彩在广告设计中的作用

色彩是人们感知物体存在的最基本的视觉因素。色彩在广告信息传播的各要素中,以其传递速度最快而著称,色彩给人视觉上的冲击力最为直接、迅速,比图形和文字因素的视觉冲击力更强、更快,是一种先声夺人的艺术语言。有调查显示,彩色广告注意率为84.1%,而黑白广告则为46%。在广告设计中要充分考虑色彩的作用,将平面广告设计的三大构成要素有机组合起来,使广告受众在接触到广告的一瞬间吸引他们的关注,从而有效地传达广告信息。

(二)色彩的心理作用

广告色彩的运用会涉及心理因素。色彩的心理作用是指色彩作用于人的视觉器官时所产生的心理感受,由此使人们产生的一系列视觉、味觉、听觉等各方面的联想,则是色彩心理的具体表现。

受众对广告的第一印象是通过色彩而得到的,在设计中可以运用色彩对人的心理产生不同的作用。可用色彩的冷暖、轻重、远近、味觉、情感等来表现不同的产品和主题,如暖色调可使人感到温暖、喜庆、热烈，常用来表现节日礼品、喜庆场面等；而如果用暖色调来表现水果、食品等则能使画面充满诱人的美味感。冷色调体现出的是寒冷、凉爽、严密性和可靠性，可用于表现医疗、家电、计算机、精密仪器及数码类产品等。设计中运用色彩的情感联想及商品的形象色等色彩规律，有助于人们对商品的识别记忆，可使广告更加迅速、有效地传递商品信息。恰当的色彩运用在广告设计中是不容忽视的，在广告设计中更需要充分考虑色彩的心理因素。

二、广告色彩感情规律的运用

一幅广告的色彩，是倾向于冷色或暖色，是倾向于明朗鲜艳或素雅质朴，这些色彩倾向所形成的不同色调给人们的整体印象，就是广告色彩的总体效果。广告色彩的整体效果取决于广告主题的需要以及受众对色彩的喜好，并以此为依据来决定色彩的选择与搭配。如药品广告的色彩大都是白色、蓝色、绿色等冷色，这样的总体色彩效果会给人一种安全、宁静、可靠的印象，使广告宣传的药品易于被人们接受。如果不考虑广告内容与受众对色彩的心理反应，凭主观想象设计色彩，其结果必定适得其反。

（一）主色调的确定

广告的色调一般由多种色彩组成。为了获得统一的整体色彩效果，要根据广告主题和视觉传达的要求，选择一种处于支配地位的色彩作为主色，并以此构成画面的整体色彩倾向。其他色彩围绕主色变化，形成以主色为代表的统一的色彩风格。

1. 食品类商品

常用鲜明、丰富的色调。红色、黄色和橙色可以强调食品的美味与营养；绿色强调蔬菜、水果等的新鲜；蓝色、白色强调食品的卫生或说明冷冻食品；朴素的色调说明酒类、酿造调味品等酿制历史的悠久。

2. 药品类商品

常用单纯的冷或暖色调。冷灰色适用于消炎、退热、镇痛类药品；暖色用于滋补、保健、营养、兴奋和强心类药品；而大面积的黑色表示有毒药品；大面积的红、黑色并用，表示剧毒药品等。

3. 化妆品类商品

女性化妆品常用柔和、过渡色或中间色等中性色彩。如具有各种色彩倾向的红灰、黄灰、绿灰等色彩，常用来表现女性高贵、温柔的性格特点。而男性化妆品则较多运用黑色或纯色体现男性的庄重与大方。

4. 五金、机械、仪器类商品

常用黑色或单纯、沉着的蓝色、红色等，表现五金、机械产品的坚实、精密或耐用的特点。

5. 儿童类商品

常用鲜艳的纯色色相对比、冷暖对比强烈的色彩，以适应儿童天真、活泼的心理和爱好。

（二）背景色的确定

广告画面中既有商品主题形象的主体色，又有衬托主体色的背景色。主体与背景所形成的色彩关系，是平面广告设计中主要的对比关系。在处理主体色与背景色彩关系时，要考虑两者之间的适度对比。为了达到突出主体色，广告画面背景色通常比较统一，多用柔和、相近的色彩或中间色突出主体色，也可用统一的暗色突出较明亮的主体色。背景色彩明度的高低，视主体色明度而定。一般情况下，主体色彩要比背景色彩更为强烈、明亮、鲜艳，这样既能突出主题形象，又能拉开主体与背景的色彩距离，制造醒目的视觉效果。

三、广告色彩的设计原则

在广告设计中，色彩并不是越多越好，不能将色彩的运用简单地模式化，使广告色彩在雷同中失去了个性和视觉冲击力。在广告设计中首先要考虑到主、次色彩的关系和对比，既要做到视觉效果强烈，又要做到和谐统一。要运用好色彩的三要素（色相、明度、纯度）来组合出各种不同的、有个性的广告色调。设计广告色彩的同时还要考虑不同国家及民族的文化因素，比如相同色彩在不同的国家、文化、宗教背景下会有不同的含义和象征，这一点需要注意，否则广告效果适得其反。另外，广告色彩设计还要考虑企业的标准色（CIS 中的企业色彩）等因素。

第五节　广告图案

图案是平面广告设计中最重要的视觉传达元素之一，它以一种最直观、最形象、最生动和最富有美感的形式将广告所要表述的信息传达给广告受众。广告创意的成败与否在很大程度上取决于广告作品中图案的表现是否具有强烈吸引受众注意的能力。

一、广告中图案的作用

广告图案要有利于促进商品的销售，这是广告图案与艺术图案的根本区别。在现代平面广告中，无论是报纸、杂志还是招贴广告设计，图案总是占据着整个广告画面的大部分，甚至占据了整个画面。广告图案的作用主要有：

（一）有效传达广告所宣传的内容

广告图案可以弥补文字的不足，它通过强烈的视觉效果，以通俗易懂、简洁、明快的图形突出商品或服务的个性，传达广告产品或服务的信息。

（二）有效吸引受众的注意力

广告图案可以刺激人们的感官，吸引受众的注意力。有调查数据显示，图案对视觉的刺激作用远远高于文字，当图形与文字同时出现时，人们对图形的关注度是78%，而对文字的关注度则只有22%。美国广告界发明的图案"阅读最省力原则"，即看一眼广告图案并不费多大劲,这说明广告上的精彩图案足可以使受众忘掉他是在看广告。好的图案能抓住受众的心理,把受众引至文案,从而进一步获得有关产品的细节内容。

(三) 能生动、直观地表现商品特性

图案在广告中还可以传达品牌的视觉形象和商品的内在特征。例如,可以将那些难以言传的商品信息(如型号、包装、色彩、解剖构造以及切面形态等)进行直观的视觉展现。

(四) 有利于美化版面

广告图案要根据广告内容及版面装饰的需要进行设计,好的广告图案不仅可以美化版面,而且还可以帮助受众理解广告信息内容,起到画龙点睛的作用。

二、广告图案的表现形式

广告图案是表现广告创意的工具,也是表现广告内容的一个重要手段。广告图案通过线条、色彩、布局等视觉语言,形象、直观地表现广告主题。广告图案是否具有吸引力,直接影响着广告的效果。广告图案的主要形式包括照片、绘画、卡通漫画和图示四大类。

(一) 照片

照片是通过摄影获得的艺术作品。广告照片是应用最广泛的图案形式,一般有产品陈列照、现场照、效果照以及与产品宣传有关的其他照片等,如图 6.19 所示。近年来,广告摄影发展迅猛,照片广告大有取代绘画广告之势。广告摄影已经大量应用于报刊广告、路牌广告、招贴广告、直邮广告和其他各种印刷广告中。与绘画广告相比,照片广告生动逼真,能够再现事物的本来面目,因而具有较强的说服力。

图 6.19　梅赛德斯-奔驰 SMART 轿车

(二) 绘画

绘画这种艺术形式也可将广告内容以视觉化的造型表现出来,它是一种直观、形象的视觉语言,其创作余地大,具有较大的自由表现性。在广告设计领域中,随着技术的进步和摄影技

术的发展,多姿多彩的摄影照片已经逐渐取代绘画的位置,占据视觉表现的主导地位,但绘画所具有的艺术形象创造的随意性及艺术表现手法的自由性等特点,使绘画在广告界仍占具一定的地位,展示其独特的魅力,如图 6.20 所示。

图 6.20　香港母乳育婴协会公益广告

绘画有利于创造一种理想的气氛,表达不同的意境。按制作手段分类,广告绘画可以分为手工绘画和电脑绘画。手工绘画包括油画、水彩画、水墨画、版画、素描或速写画等。电脑绘画主要是在创意思考的基础上运用电脑工具与创作软件进行的创作,它能绘制出手工创作无法实现的复杂设计图案,目前已成为广告绘画创作的主流。

（三）卡通漫画

卡通漫画是运用拟人手法把无生命的事物赋予人性化形象的一种艺术形式。卡通漫画具有幽默性、诙谐性、夸张性等特点,它可以抓住被描述对象的某些特点加以强调,突出产品或服务的本质特征,强化表现效果,使受众在愉悦环境中接受广告信息、感受新概念。卡通漫画形象生动,使受众看后回味无穷,留下深刻印象,适合于诙谐表达的广告宣传,对少年儿童的影响尤为显著,如图 6.21 所示。

（四）图示

图示即广告中采用的示意图,如机械制图、建筑蓝图等,它可以表现产品构造、工作原理、作用机理、地理位置或户型结构等复杂信息,使复杂现象条理化、抽象概念形象化,形象地、具体地展现出不易于用文字说明的广告信息,一般适用于工业产品及房地产的广告,如图 6.22 所示。

图 6.21　麦当劳咖啡卡通创意平面广告

图 6.22　房地产广告户型图示

第六节　平面广告布局

一、平面广告布局概述

（一）平面广告布局的定义

平面广告布局(Lay Out)，是对平面广告的整体构图设计。平面广告布局设计是指在有限的平面空间里，把广告设计所涉及的各个元素，按照美学规律和视觉流程整合在一起的视觉传达技法，也就是对广告中的图形、文字等要素所做的整体安排，它是根据所需要表达的广告主题，将各个要素进行创作性组合的设计。

平面广告布局设计，目的在于合理安排广告要素，充分表达广告主题。在广告布局时要根据广告策略和创意，针对特定产品、特定目标受众、特定媒体，设计出构图新颖、重点突出、和谐统一、具有强烈视觉冲击力的平面广告作品。

（二）平面广告设计与平面广告布局设计的关系

平面广告布局设计不同于平面广告设计。平面广告设计是一个大概念，包括平面广告布局设计，它是将广告中的文字、图形、色彩三大要素通过艺术手段合理、清晰、完整、有机地编排在一起的设计；而平面广告布局设计是一个小概念，它是指在二维空间内对图形及文字等要素分布的设计，是一种空间安排。

二、平面广告布局的构成要素

（一）图形

图形是广告中使用的摄影照片、绘画、漫画、商标及符号等一切图形化的对象。广告图形除了我们常见的摄影照片、绘画、漫画及图示外，广告标志（LOGO）也是平面广告不可或缺的图形元素。广告标志又分为商标和标徽。商标代表一家企业或一个品牌的视觉形象，需要登记注册（注册商标），如中国联通的"中国结"图案；标徽则是代表一个团体、组织等机构的视觉图像，如"红十字"标识。

（二）文字形式

文字内容属于广告文案，但文字形式则属于广告布局的组成要素。文字形式包括字体、字号、文字编排及字距与行距四个方面。

1. 文字字体

字体是指字的各种不同的形状。常见基本汉字字体有宋体、仿宋体、楷体和黑体。广告字体一般可分为印刷体、手写体和美术体三类。

印刷体庄重规范，基本字体有宋体、仿宋体、楷体和黑体。宋体横轻直重、平易朴实，一般用于正文，大号字体用做标题，具有醒目大方的特点；仿宋体笔画细致轻灵、秀美飘逸，一般用做小标题或正文；楷体笔画浑圆庄重、柔中带刚，一般用做轻松性标题，不宜用于内容较长的正文；黑体横竖笔画同粗细，具有凝重有力的特点，多用作广告标题。

手写体轻松随意，具有个性色彩，具有亲切感，一般有篆、隶、碑、草、行、楷等。

美术体具有艺术装饰性，为人们喜闻乐见。一般也有宋、黑等变体。各种变体美术字可以根据广告内容灵活变化，如装饰美术字、形象美术字、立体美术字和书法美术字等。其中书法美术字具有中国文化特色，在国内广告装饰和商品包装设计中最为常见。

在选择字体时，应充分考虑广告商品的特性、广告主题和整体风格。例如，粗体字强壮有力，有男性特点，适合机械、建筑业等广告内容；细体字高雅细致，有女性特点，更适合服装、化妆品、食品等行业的广告内容；黑体字优美轩昂能体现出商品的质感，适宜家电广告；宋体字优美秀丽、字体轻盈,适用于化妆品、针织服饰类商品;书法美术体具有民族文化特色,适用于中药、民族乐器类商品。

一幅广告画中字体选用不要太多,一般不要超过三种,否则会使整个画面过于零乱,缺乏整体感,应根据广告画面整体布局,适当选用字体。

2. 文字字号

字号即量度字体大小的标准单位。目前主要采用印刷业专用的号数制和点数制,尺寸规格以正方形的汉字为准。

(1)号数制

将汉字大小定为七个等级,按一、二、三、四、五、六、七排列,在字号等级之间又增加一些字号,并取名为小几号字,如小四号、小五号等。号数越高,字越小。号数制的优点是用起来简单、方便,使用时指定字号即可,无需关心字形的实际尺寸。缺点是字的大小受号数的限制,有时不够用;号数不能直接表达字形的实际尺寸;字号之间没有统一的倍数关系,折算不方便。尽管如此,号数制仍是目前表示字形规格最为广泛的方法。

(2)点数制

点数制是国际上通行的印刷字形的计量方法。这里的"点"不是计算机字形的点阵,"点"是计量字大小的单位,是从英文 Point 的译音来的,一般用小写 p 表示,俗称"磅"。其换算关系为

$$1\ p = 0.351\ 46\ mm \approx 0.35\ mm, 1\ in = 72\ p$$

在字处理中,点数制与号数制并存使用,两者之间有对应的折算关系。

广告中的字号选用要服从整体构图安排,应与图案相呼应,要根据视觉效果而定。

3. 文字编排

文字编排是指文字的位置、线条形式和方向。有目的的文字编排设计,可以使广告作品富有艺术感染力,吸引受众。常见的文字编排形式主要有:

(1)排列成线

这是平面广告中文字编排最常见的形式,最适宜阅读。常见的线形有直线和曲线两种,直线形包括水平线、垂直线及斜线;曲线有弧线、波浪线和自由曲线。

(2)排列成面

在编排中可根据版面空间和构图形态的需要,把文字由点排成线,再由线排列成面,形成文字的"群化"。排列成面的文字整体性和造型性较好,便于阅读。

(3)左右对齐

将广告版面的文字左右两端整齐排列。这种方式整齐严谨但不够灵活多变。

(4)左对齐

把每一行文字的开头对齐,而在适当的地方截止换行,使行尾出现参差不齐的形状。这种排列方法在英文中比较常见,排列中文时就要以一个完整的句子或一个段落来划分。这种方

式轻松、活泼,并方便阅读。

(5)右对齐

把每一行文字的结尾对齐,使行头出现参差不齐的形状。这种方式可以创造出一种别具一格的风格,能体现出前卫、时尚和别致的个性。

(6)中间对齐

以中心为对齐轴线,使两端文字出现参差不齐的形状。其特点是视线更集中,中心更突出,整体性更强,能产生优雅的感觉。用文字中间对齐排列的方式配置图片时,文字的中轴线最好与图片中轴线对齐,以取得版面视线的统一。

(7)沿图形排列

当画面有图形时,可顺着图形的轮廓进行排列,使图形和文字互相嵌和在一起,形成互相衬托、互相融合的整体,是一种自由活泼的编排方式。

(8)横排、斜排和竖排

文字编排有三种形式:横排、斜排和竖排。其中竖排被视为文字传统的书写方式,在中式广告设计中运用竖排更能强化传统文化风格的特点,在现代设计中灵活地运用这种编排方式能区分信息的传达,获得不同凡响的版面形式。图6.23为上海奥美广告有限公司为贝克啤酒做的广告《禁酒令》。此广告文案借用了公文中"令"的写作形式和语言风格特点,将广告信息用规范的公文形式表现出来,产生了一种独特的说服力。

图6.23　贝克啤酒《禁酒令》广告

(9)错位编排

错位编排是将需要强调的文字进行提升、下沉、放大、压扁、拉长等处理,从而改变字体的造型、尺寸和位置,突出与强调广告文字内容。

(10)编排成图形

把文字编排成图形,就是运用多种手法,把文字排列成具有一定节奏变化与形态特征的图形视觉形象。把文字编排成图案,要以可视性、象征性为主,同时还要兼顾可读性,通过视觉形象来传达广告文字信息。

4. 字距与行距

在平面广告设计中字距和行距不只是方便阅读,它还能体现出广告的编排风格。适当的字距与行距可增加版式的装饰效果,体现独特的审美意趣。对于一些特殊的版面来说,字距与行距的加宽或缩紧,更能体现主题的内涵。例如,加宽行距可以体现轻松、舒展的情绪,适用于娱乐性、抒情性的内容。另外,通过精心安排,使宽、窄行距并存,还可增强广告版面的空间层次感。

三、平面广告布局的基本法则

平面广告设计千变万化,但它的目标是受众,因此广告设计应符合人们的审美情趣,广告设计也必须遵循形式美的法则。形式美的法则是人类在创造美的形式、美的过程中对美的形式规律的经验总结和抽象概括。

(一)有主有从

广告布局要素要有主有从,主从分明。一则广告,有主无从显得单调呆板,有从无主则散漫零乱。在进行广告布局时,首先要根据广告主题确定主体要素,将之置于画面的重要位置,以此统领整个广告画面,其他要素从属于主体要素。广告布局最主要的主从搭配是插图与文案之间的搭配,一般有主图文辅和主文图辅两种基本类型。在实际设计中,图文的主从搭配是相对的,要根据广告主题与表现来确定。

(二)统变有度

广告布局须遵循统变有度的法则,即在整体上要统一完整,而在局部上则应活泼变化。广告中一切要素就局部而言是相对独立的,有变化的;但在整体上要相互关联,有所呼应,做到形式协调统一,形态顾盼有情。具体来说,广告布局中的插图、产品形象、商标图案,文字形式等,要相互呼应、关联统一。

(三)节奏与韵律

节奏是指有规律的重复,它强调变化起伏的规律,反复使用具有相似特征的形状进行节奏性排列时就会产生韵律。形成韵律的方式通常有两种:重复与渐变。重复的方式决定了版面的视觉效果和节奏感的强弱。渐变的方式产生层次变化的规律,形成律动的美感,富有韵律。节奏和韵律的安排可以使一些凌乱散落的形象产生一种秩序感。在平面广告编排设计中把握好图形与文字的重复、渐明、渐暗、渐大、渐小、渐长、渐短等排列因素,利用疏密、聚散、重复、连续和条理来编排,形成一定的节奏与韵律,会使整个版面富有艺术感。

(四)对称与平衡

对称是以一点为基准向上下或左右同时展开的形态,包括上下对称、左右对称和多面对称等。它以同形、同量、同距、同色的组合形式,体现出秩序美和规则感,形成平稳庄重、严谨宁静的美感。在广告设计中,以两侧相同或近似的设计元素,以某点为中心,进行左右对称、中心对称、上下对称或动感对称等。

平衡是对称形式上的发展,给人以变化、活泼、动感及新颖等视觉感受。平衡可以补充有缺失的一方,利用视觉和心理上的平衡原理来调节中心两侧分量上的平衡。平衡又分为对称式平衡和非对称式平衡。对称式平衡在广告设计中创造的是一种静态美,它明快的视觉传达方法产生一种简单有效的形式美感。非对称式平衡可以有效地避免平衡造成的版面呆板、单调,同时也不失稳重之感。

(五)对比与协调

对比是指把性质不同的元素放在同一个平面中相互比较所产生的分离感,如大小对比、明暗对比、粗细对比、曲直对比、高低对比等,都可以形成对比效果。对比是一种冲击力很强的视觉艺术语言,是一种趋向于对立冲突的艺术美中的最突出的表现手法。在广告设计中,要综合考虑图形、文字、色彩三大要素,把握对比关系的协调与反差,将它们综合应用、相互作用,增强画面的艺术效果,从而强调或提示产品的性能和特点,给受众以深刻的视觉感受与冲击。

如果过分强调对比关系,容易使画面产生混乱。此时可以加上一些造型要素,增加画面共性,减弱画面的差异性,产生共通的格调,称之为协调。对比是相邻部分的差异,协调是不同部分间的过渡,是动态效果,协调创造出统一美。在广告设计中应将对比与协调结合使用,做到对比与协调要相互呼应,配合默契,达到此中有彼的设计风格。

(六)比例

比例是从尺度中产生的,理想的比例关系存在着秩序美和对比美。在布局采用"黄金分割比"能够使整个画面产生一种谐调的美感。在平面广告设计中通过使用适当的比例关系可将平面空间内的图形、文字、色彩三大要素整合起来,不仅给人以美的感受,也给版面增加了活力。

(七)留白

在平面广告设计中,留白的运用也有着重要的作用。留白不仅可以使整个版面产生透气、高贵、大气的作用,而且还可以强调主题所表现的内容,引起受众的注意。中国画里的"疏可走马,密不透风"讲的就是这个道理。版面中应该密的地方尽量密,应该空白的地方尽量留大一点,形成强烈的疏密对比,这样才能达到好的版面视觉效果。

"设计无定法。"广告设计时,要根据产品特征和广告创意,灵活运用这些布局法则。

四、平面广告布局设计的视觉流程

视觉流程,也就是视觉对信息的感知过程。各种视觉信息不断作用于我们的视觉器官,引起视线的移动和变化,视觉运动遵循一定的方向和程序有规律地进行,形成视觉流程。在平面广告设计中,为了在广告运行过程中快速、准确、有效地将各种信息传达给广告受众,需将不同的视觉元素根据主次关系进行合理编排,使之符合一定的阅读习惯,从而能主动引导消费者按照广告意图接受信息。

通常,人的阅读习惯是按照从上至下、从左至右的顺序进行的,在阅读平面广告时也是如此。心理学家研究发现,人的视觉在一定范围内其注意力是不均衡的。一般而言,版面上部比下部注目价值高,左侧比右侧注目价值高,中间比边缘注目价值高。因此版面左上侧位置最为引人注目,是视觉中心。视觉中心是广告主要内容安排的重要位置。

五、平面广告布局设计的步骤

平面广告布局工作,首先是要根据广告内容及创意要求,设计出若干草案;然后从中选择较为理想的草案;最后将草案细化,形成正式方案,交客户审定。

广告布局设计一般经历如下三阶段:创意布局(Idea Layout)、粗略布局(Rough Layout)和最后布局(Comprehensive Layout),如图 6.24 所示。

(a)创意布局

(b)粗略布局

(c)最后布局

图 6.24　广告布局步骤

(一)创意布局

广告布局设计的一个关键步骤就是设计草案(Thumbnail Sketches),它是广告企划员、文案员、美工等经头脑风暴共同创意并将创意以粗线条勾画出来,故称为创意布局。通常是画在小幅画纸上,不刻意描绘创意细节,主要是粗略表达创意的不同布局形式,以用作广告表现导向。草图一般要画很多幅,经过反复比较以选择最佳布局。

(二)粗略布局

当广告标题、副标题、正文以及广告插图等广告元素确定后,广告设计者就要从营销观点出发来确定广告主题所表现与强调的内容,然后根据轻重有序、平衡谐调的原则确定其他要素的位置,形成具有一定视觉效果的粗略布局。这种布局,一般用来征求客户的初步认可,也是确定最后布局的依据。

(三) 最后布局

粗略布局被客户认可后,美工要对粗略布局进行具体化,形成最后的布局,这又称为完稿布局(Finished Layout)。完稿布局要求精细,文字要正式,一般要采用正式的照片图像、打印的字体、正规的插图等。最后布局要细致、要具体,整体效果应等同正式作品。

第七节 平面广告制作工艺

广告制作是一项专业性很强的工作,操作复杂,本节仅对平面广告的制作工艺加以简要介绍。

一、印刷相关知识

平面广告制作,特别是印刷广告制作,会涉及纸张及印刷工艺问题,有必要对它们有初步的了解。

(一) 纸张计量单位及其类型

1. 纸张计量单位

印刷用纸的计量,有两种方法,即质量法和面积法。质量法多用于贸易方面,其计量单位有吨(t)、千克(kg)等。面积法多用于出版、印刷方面。就纸张的使用效益讲,面积计量法是纸张的主要计量方法,它可直接反映纸张的使用效益。

在面积计量法中,纸张的面积计量法常用单位有张、印张、令、卷等。

(1) 张

张是一个标准的印刷用纸(全张纸幅面)单位,一个标准张的印刷用纸通常是 787 mm×1 092 mm。

(2) 印张

印张是计算出版物篇幅的单位。全张纸幅面的一半(即一个对开张)两面印刷后称为一个印张。印张的计算在印刷出版中具有重要意义,它是计算印刷费用、装订费用、纸张用量及其费用的基本单位。

(3) 令

令印刷用纸的计算单位为"令"(Ream),每 500 张标准纸为 1 令。一张全张纸经印刷后可折合成两个印张,所以 1 令就合 1 000 个印张。色令是平版胶印彩色印刷的基本计量单位。如 1 令纸印 1 次为 1 色令,印 2 次为 2 色令。

(4) 卷

卷是卷筒纸的包装单位,每卷为 5 000 个标准张。印刷报纸用的新闻纸是卷筒包装的,所以卷是报纸印刷的常用单位。

2. 纸张的品质单位

纸张的品质与厚度有关，每张纸因用料和厚度不同，其质量也会有所不同，所以一般以纸张单位面积的质量来表示纸张的品质，单位为定量。定量是纸张单位面积的质量，定义为每平方米纸张的质量，以克表示，即克/平方米（g/m^2）。定量是表明纸张品质的指标，俗称"克重"。书刊常用纸张的定量有 40 克、52 克、60 克、70 克、80 克、100 克、105 克、120 克、128 克、150 克及 157 克。定量不超过 250 克/平方米的一般称为纸，超过的则称为纸板。广告业常用的是每张重 105～157 克的铜版纸，一般多使用 128 克纸，在制作 POP 作品时就需要使用 210 克以上的铜版卡纸。

3. 纸张规格及名称

（1）常见规格

正度纸：长 109.2 厘米，宽 78.7 厘米。

大度纸：长 119.4 厘米，宽 88.9 厘米。

不干胶：长 765 厘米，宽 535 厘米。

无碳纸：有正度和大度的规格，但有上纸、中纸、下纸之分，纸价不同。

（2）常见名称

拷贝纸：17 克，正度规格，用于增值税票、礼品内包装，一般是纯白色。

打字纸：28 克，正度规格，用于联单、表格，有七种颜色：白、红、黄、兰、绿、淡绿及紫色。

有光纸：35～40 克，正度规格，一面有光，用于联单、表格、便笺，为低档印刷纸张。

书写纸：50～100 克，大度、正度均有，用于低档印刷品，以国产纸最多。

双胶纸：60～180 克，大度、正度均有，用于中档印刷品以国产、合资及进口常见。

新闻纸：55～60 克，滚筒纸、正度纸，报纸选用。

无碳纸：40～150 克，大度、正度均有，有直接复写功能，分上、中、下纸，它们不能调换或翻用，纸价不同，有七种颜色，常用于联单、表格。

铜版纸：双铜 80～400 克，正度、大度均有，用于高档印刷品；单铜：用于纸盒、纸箱、手挽袋、药盒等中、高档印刷。

亚粉纸：105～400 克，用于雅观，高档彩印。

灰底白版纸：200 克以上，上白底灰，用于包装类。

白卡纸：200 克，双面白，用于中档包装类。

牛皮纸：60～200 克，用于包装、纸箱、文件袋、档案袋及信封。

特种纸：一般以进口纸常见，主要用于封面、装饰品、工艺品及精品等印刷。

（二）印刷工艺

平面广告制作的印刷工艺技术一般有以下几种。

1. 凸版印刷

凸版印刷（Letter Press-Relief Printing），印刷面凸出而接受油墨，着墨部分压印于纸上，此法即凸版印刷。凸版上的图文部分远高于非图文部分，因此，油墨只能转移到印版的图文部分，而非图文部分则没有油墨。常见的凸版印刷方式：活字印刷（包括泥活字、铅活字）和柔性版。现在只有柔性版还在广泛使用。传统报纸采用凸版方式印刷，所以报纸广告代理公司的大量工作就是制作广告制版稿；现在报纸基本都是双色胶印或四色胶印，广告制版工作由电脑完成。由于每色一版的工艺限制，一般情况下凸版印刷的广告，在设计时只能使用四五种色彩或更少，现在大多数平面广告基本上不再采用这种成本虽低但表现力不足的印刷方式。

2. 凹版印刷

凹版印刷（Gravure-Intaglio Printing）工艺与凸版正相反，它将凹版凹坑中所含的油墨直接压印到承印物上。印刷时，油墨被充填到凹坑内，印版表面的油墨用刮墨刀刮掉，印版与承印物有一定的压力接触，将凹坑内的油墨转移到承印物上，完成印刷。凹版印刷作为印刷工艺的一种，具有印制品墨层厚实、颜色鲜艳、饱和度高、耐印率高、印品质量稳定、印刷速度快等优点，在印刷包装及图文出版领域内占据极其重要的地位。从应用情况来看，在国外，凹印主要用于杂志、产品目录等精细出版物，包装印刷和钞票、邮票等有价证券的印刷，而且也应用于装饰材料等特殊领域；在国内，凹印则主要用于软包装印刷，在纸张包装、木纹装饰、皮革材料、药品包装上得到广泛应用。凹版印刷的主要缺点是印前制版技术复杂，周期长，制版成本高，印刷中采用的挥发溶剂具有毒害性。

3. 网版印刷

网版印刷（Mimeo graphic & Silk-Screen Printing）即利用绢布或金属网的通透性，使油墨或树脂材料漏在纸或玻璃、皮革、塑料承接面上的一种印刷工艺。网版印刷的制版过程，与凸版大致相同。二者间的区别仅在于凸版在感光后保留了要印的部分，而网版是要印的部分被感光分解掉了，露出网目用来透滑油墨。广告灯箱、广告路旗、赠品广告、即贴材料的POP广告品和一些广告文化衫、广告服装、公交广告等都是用网版印刷方式加工的。

4. 平版印刷

平版印刷（Offset Lithography-Surface Printing）即胶版印刷，印刷部分与非印刷部分均没有高低之差别，它运用了"油水不相融"原理，用水作为要印的部分与空白部分的间隔物。在胶印工艺中，即把印刷用的金属版上的油墨印在沾了水的胶皮版辊上，再把胶辊上由水托着的油墨印到纸上。把图案从正版印到胶辊上时成了反像，再把反像形态的油墨转移到纸上就又成了正像。由于真正的金属版不与纸摩擦而用胶辊代劳，所以胶版印刷可大量复制同一个版的成品。

此外，平面广告采用的印刷工艺还有烫金银电化铝膜的烫金版、浮凸压印版、立体视感印刷和静电复印技术等，但它们均非大规模使用的方法。

二、现代平面广告制作工艺

(一)桌上出版系统(DTP)的产生与发展

桌上出版系统 DTP(Desktop Publishing)是 1985 年由 Aldus 公司的总裁于苹果电脑公司的一个会议上发表的,他将 Macintosh 电脑、Aldus 的 PageMaker 排版软件,以 Adobe 的 PostScript 页面描述语言,运作在 Apple LaserWriter 印表机上,合成一个新的出版系统,名为桌上出版(Desktop Publishing),也称为电脑印前设计。再加上 Linotype 将 PostScript 引入于传统排版植字机(Photo-typesetter)上使用,后期发展成为图像排版机(Image Setter),这样的组合对印刷业的前期设计排版及制版产生了重大的影响。

桌面印前设计系统主要由图像输入系统、图文设计与编排系统和输出系统三大部分组成。它摒弃了传统的铅字排版工艺,采用电子出版新工艺,这一变革被人们称为以"光与电"取代"铅与火"。DTP 技术的发展极大地提高了彩色印刷品设计的工艺水准和制作效率,促进了信息的传播和生产的发展。

如今,DTP 已广泛应用于广告印刷业,如报纸杂志广告、招贴广告、邮寄广告、售点广告、广告宣传册等,其设计与制作都离不开电脑印前设计 DTP 技术。

(二)桌上出版系统(DTP)的优势

①效率高。
②容错性好。
③准确度高。
④方便存储。

(三)桌上出版系统(DTP)的主要硬件设备

1. 电脑主机

(1)苹果 iMac 系列计算机

苹果 iMac 系列计算机是专业的电脑图文制作主机系统,其硬件设备兼容性好,通用性强,可靠性强;操作系统采用 Mac OS 系统,操作方便,运行可靠。苹果 iMac 系列计算机价格相对较高,一般多为电脑激光照排输出中心和专业广告设计公司所采用,作为运行主机。

(2)IBM PC 系列计算机

IBM PC 系列计算机是较为普及的电脑图文制作主机系统,其硬件设备兼容性好,通用性强;操作系统采用 Windows 系列,使用方便。PC 系列计算机价格相对较低,为许多小型广告设计公司和个人设计师所喜爱。

2. 电脑操作与输入设备——鼠标与键盘

3. 图像输入设备

①彩色扫描仪。

②数字化仪和压感笔。

③数码相机。

4. 电脑显示器

5. 设计样稿的输出设备——打印机

6. 输出分色菲林的激光照排机

7. 电脑直接印刷系统

8. 资料存储设备

(四)桌上出版系统(DTP)常用的软件系统

1. 电脑绘图软件

绘图软件可用来做绘画插图、图片修饰及艺术创作,为广告插图的绘制提供了更新更快的手段。苹果 iMac 系列微机常用的矢量绘图软件是 Illustrator 和 Freehand。PC 系列微机常用的矢量绘图软件是 CorelDraw。

2. 电脑图像处理软件

苹果 iMac 系列微机及 PC 系列微机,图像处理软件一般都采用 Adobe 公司的 Photoshop。Photoshop 软件以其强大的图像处理功能见长,且具有很强的兼容性,支持多种图像格式,已成为图像处理的流行软件。

3. 电脑排版软件

排版软件中可以对文字进行输入、分栏及自动绕图,也可以进行整体版面的统一页眉设计、版面分栏、图片输入和放置等。排版软件适合编辑书籍、广告册页、杂志、报刊广告以及其他印刷类的广告和包装展开图。苹果 iMac 系列微机上常用的排版软件是 PageMaker 和 QuarkXPress。此外,北大方正飞腾排版系统(FIT)和维思排版系统(WITS)也是目前 PC 系列微机上常用的排版软件,适合于报纸、杂志的排版,是目前国内生产的最为普及的排版软件。

4. 电脑字体库

电脑字体库为广告设计师提供了丰富的字体种类与字体风格,设计师可以用这些字体去传播不同的形象,表达不同的视觉含义。苹果 iMac 系列微机上常用的矢量字库是 TureType 格式和 PostScript 格式,PC 系列微机上常用的矢量字库是 TureType 格式。

5. 广告设计素材库

广告设计素材库是广告设计必备的素材资料。通过光盘出版的广告设计素材库包括广告图形集、广告图片集、广告纹理库、广告三维材质库、广告三维造型库、广告图案库、广告设计作品集等。

本章小结

广告创作是广告活动的关键环节,广告创作要求广告制作者本着真实性、科学性、思想性、艺术性的原则进行广告创作。广告作品是指直接提供给广告媒体发布的并为广告受众所接触的广告物质实体。平面广告构成要素包括文案、色彩和图案。

常用广告设计工具有：Photoshop、Illustrator、PageMaker、Freehand、CorelDraw、Flash、3D Max及Premiere等设计软件。

广告表现就是将创意构想以适当形式传达出来，主要表现方法有：直接展示法、对比衬托法、突出特征法、诙谐幽默法、借用比喻法、以情托物法、悬念安排法、选择偶像法、夸张烘托法和谐趣模仿法。

广告文案是指广告艺术形式中的语言文字部分。平面广告文案一般由标题、正文、口号和随文构成。色彩是广告表现的一个重要因素，广告的色彩与消费者的生理和心理反应密切相关。图案是平面广告设计中最重要的视觉传达元素之一，包括照片、绘画、卡通漫画和图示四大类。

平面广告布局，是对平面广告的整体构图设计。平面广告布局设计应按照美学规律和视觉流程设计。平面广告布局应符合人们的审美情趣，广告设计也必须遵循形式美的法则。广告布局设计一般经历如下三阶段：创意布局、粗略布局和最后布局。

广告制作过程复杂，现在基本采用桌上出版系统制作广告。

自测题

一、名词解释

广告作品　　平面广告　　广告文案　　平面广告布局

二、问答题

1. 广告创作的基本原则有哪些？
2. 简述平面广告的构成要素。
3. 常用的平面广告设计工具有哪些？
4. 广告创意表现有哪些策略？
5. 简述平面广告文案的基本结构。
6. 色彩在广告中具有哪些心理作用？
7. 如何结合广告商品的特点选择广告字体？
8. 平面广告布局应遵循哪些法则？

三、实务题

结合你所学的广告文案知识，创作一则寻物启事。要求文案有创意，能够吸引行人的注意。

四、案例分析

优秀广告作品赏析：潘婷泰国感人广告《你能型》

这是一个有故事的广告，因为有故事所以精彩，有着不一样的感受。

[剧情]

在片子的开始一阵舒缓柔和的小提琴音乐响起，稚嫩的小女孩、络腮胡子的年迈的路边艺术家,温柔的眼神,暖色的夕阳,勾勒了音乐带给观众的和谐画面。

镜头一转,汽车喇叭刺耳地响起,拎着琴盒和书包已经长成少女的女孩走在汽车前,毫无所动,听而不闻。在练习室,一个扎着马尾辫的女孩气势十足地对少女吼道:"你以为鸭子可以飞吗?一个聋子也想学拉小提琴?你脑子有问题吗?为什么不学点别的!"在双人练习中,同伴因自己的拙劣而恼怒地在钢琴上随手一砸,随即站起身来推倒了她的乐谱架并转身离开。白色的乐谱纷飞散落一地,仿佛她失落无依的心情。镜头切换,女孩坐在教室悲伤的哭泣。"你在浪费所有人的时间!"同伴的话,在耳边回荡。

街头,衣衫更加破旧了的老艺人还在拉小提琴。一曲演罢,老艺人鞠躬为礼,路人纷纷鼓掌。围观者渐渐散去的时候,女孩静静地站在人群后。老艺人蹲下身子收拾东西,看到了远远站着的她,老艺人做了个拉琴的动作:你还在拉小提琴么?女孩的委屈再也不能隐藏,渐渐从心底涌了出来。站在路边,低头哭泣。老艺人同女孩坐在街沿,女孩哭着伤心地比划——为什么我和别人不一样?老艺人微笑着,用不熟练的手语慢慢地回答:

为什么必须和别人一样?

女孩疑惑的表情,老艺人微笑着,继续比划:

"音乐,是有生命的。"他用双手托着小提琴,郑重地交到了女孩的手里。"轻轻地闭上你的眼睛去感受,"老艺人的手划过面前,仿佛眼睑轻轻闭起。"你就能看见。"

镜头再次切换。女孩站在楼顶,左肩托着心爱的提琴,轻轻地闭上双眼,用心感受小提琴拉出来的音乐。她感到音乐世界的广阔无垠,仿佛行走在一望无际的草原。镜头一转,在舒适明亮的教室,她的同伴正在老师的指点下练习钢琴,骄傲的手指在钢琴上流动。她们共同的梦想,就是能参加在大剧院举办的经典音乐会。

甄选的那天,女孩抱着琴盒站在门外静静等待,马尾女孩看到她的时候,眼神中满是惊讶、不信和恼怒。为什么,凭什么,她竟然还没有放弃小提琴的梦想,她不过是个听不见音乐的聋子而已!在马尾女孩刻意的挑衅中,女孩的提琴失手摔下,而肇事者毫无歉疚之心,反而更加咄咄逼人。面对欺压和排挤,女孩并没有屈服和放弃。她抬起头来望向窗外的眼神,依然明亮而坚定。

她仍然在天台上练习小提琴,和老艺人一起进行街头表演。在音乐中,她笑得纯真而开朗,甚至令坐在豪华私家车中路过的马尾女孩惊讶与嫉妒。回家之后,马尾女孩咬着牙拼命地练习钢琴。她对着指导老师发脾气,琴键上十指如飞,乐曲激烈一如心境:她无论哪一方面都比那个聋子好,怎么可以就这样输给她;绝不,绝不!一个人的不甘映衬着另一个人的平和,一个人的扭曲映衬着另一个人的平静。

街头,拉着小提琴的她和老艺人被几个街头流氓缠上,他们被推来搡去,老艺人为了保护她而挨了打,小提琴也跌落在地上,发出一声悲鸣。

恰与此同时,大剧院里,马尾女孩的钢琴独奏出最后一个音符。

结束了,观众们为着她高超的技艺鼓掌。主持人也出来感谢她作为压轴戏的精彩表演。

正在主持人要宣布音乐会结束的时候,有人匆忙提醒。于是,音乐会临时增加了一位表演者。这最后一位演奏者站在大幕边,手里紧紧地抓住了已经碎得不成样子的,用胶带勉强粘合起来的小提琴。

她一定要取得成功。正如她在老艺人的病床前默默地发誓,这次表演,她一定要参加,而且,一定要成功。

她左手举起了小提琴,在肩头架好。老艺人的手划过面前,仿佛眼睑轻轻闭起。"音乐,是可以被看见的。闭上双眼,你就会看到。"

她慢慢闭起双眼。右手擎弓,轻轻拉起。

音乐,从那陈旧而破碎的小提琴中婉转如水流。

她已经不仅仅是在用手来演奏,而是将全身心都投入了音乐的世界中——在音乐的世界中,没有被讥讽的辛酸,没有被迫放弃的不甘,没有被权势欺压的痛苦,也没有身体缺陷的天堑。世界那么大,天与地之间只有她一个人;世界又那么小,仿佛将蝴蝶紧紧包裹住的蛹茧。云开破日,青涩的小蝴蝶挣脱了蛹茧的束缚振翅飞舞,广阔的原野上,蝴蝶翩跹着飞向温暖和煦的阳光……音乐戛然而止。

她太过投入,连头发都散乱。台下的观众们大张着嘴,呆若木鸡,毫无反应。

良久,有人带头站了起来鼓掌。几乎是同时,人们仿佛被惊醒,所有人都跟着站了起来,为她鼓掌。马尾女孩站在人群中,表情复杂。

聚光灯下,她终于找到了属于她的音乐世界。

片尾出现广告词:"潘婷,你能型。"

[作品赏析]

新颖的构思,唯美的画面,感人的故事,广告已不再只是广告。

不同于中国传统的洗发水广告,只是把头发甩来甩去,潘婷的《你能型》,不仅仅是短暂的广告,更是一部电影。它基于泰国的阶层分级来阐释人性中的不甘、不服、追求、向上、求异……

本片形象生动地展示了一个小女孩从自身缺陷的困扰,到找到自信,从梦想的起点出发,并最终获得成功的全过程,如图 6.25 所示。看到片子的人,都能够从中学到对生活的热情和对梦想的追求,并且产生共鸣。而最后"潘婷,你能型"的广告语也在末尾恰到好处地达到了产品的宣传效果。本片是潘婷洗发水的一个励志广告,它告诉人们,世界上没有什么是不可能的,每个人都一样,每个人都会焕发出精彩。

问题:

1. 简述"潘婷,你能型"广告作品的创意。
2. 说明"潘婷,你能型"广告创作的艺术手法。
3. 如何理解广告已不再只是广告?
4. 从传播角度,分析这则广告的成功之处。

图 6.25　潘婷广告

第七章
Chapter 7

现代广告媒体

【学习目的与要求】

通过本章的学习,要求学生了解广告媒体的基本概念、广告媒体的发展趋势,掌握传统广告媒体的特性及其优缺点,熟悉媒体广告价值评估指标及媒体选择策略,在此基础上,能够综合应用媒体的定性指标与定量指标,有效确定媒体及其组合。

【案例导入】

微革命:从推特到新浪微博

凭借一个账号、一张照片、一段视频,140个字,玩着就跃上了虚拟新大陆。

Twitter首页写着:分享和发现世界各处正在发生的事。

新浪微博首页写着:随时随地分享身边的新鲜事儿。

在共享与传播"我思、我见、我说"的旗帜之下,微博输送多元趣味,创新话语空间,改变社交生态,整合人际互动。

Twitter扇动翅膀,无意也必然地引发了传播方式进而生活方式的革命。一双手虽然小,但无数双小手彼此关注、评论和转发,真正连接起社会的神经末梢;社会呈现真正的网状组织,信息开始核聚变,个体的付出能即时看到实效和业绩,自我的吁求能即时听到共鸣和回响,微博变成了温暖的围脖。

微传播产生微动力,缓慢但坚实地推进着国家新语境、国民新思维和社会生态变革。微,不是弱小和卑微,是个体被看见,是越草根越大声。

微传播改变了什么?它通过优化你我的沟通、促生个体的行动,进而改变了世界:从内观到分享到发现。

> Twitter等微博产品所带来的不仅仅是互联网的新形态,也是媒体传播的新格局。它们以外包式的新闻聚合每一个微小的个体,由"微信息"和"微交流"共同推动"微革命"。
>
> (资料来源:http://tech.sina.com.cn/i/2010-01-14/18343772157.shtml)

第一节 广告媒体概述

广告经过市场调研、策划、创意等多个环节,最终都要通过广告媒体把广告信息传递给受众,实现广告的沟通作用。媒体选择直接关系到广告目标能否实现、广告效果能否达到,媒体策略是广告活动重要环节之一。

一、广告媒体的概念

（一）媒体

媒体(Media)又称为媒介,媒体的概念有两种:一种是信息传递的载体,即凡是能够把信息从一个地方传递到另一个地方的载体都可称为媒体,如纸张、光盘、U盘、互联网、广播、电视、报纸等;另一种是传播活动的组织机构,如电视台、广播电台、报社等。

这里特指第一种,即从作为媒介的角度来审视媒体。

（二）广告媒体

凡能传递广告信息的物质和工具都可以称为广告媒体。大到广播、电视、报纸、杂志、互联网等大众传媒,小到一个商品包装、一支笔、一件衣服、一张卡片,只要能够传递广告信息,都可以称为广告媒体。广告媒体是承载广告信息、实现广告目标的一种物质技术手段。

（三）广告与广告媒体之间的关系

广告与广告媒体之间有着十分密切的关系。首先,广告与广告媒体是相互依存的关系。广告必须借助于媒体来表达,离开媒体,广告就会失去其应有的功能和作用;媒体是广告借以表现自己的物质形式,不依赖媒体就能传达给受众的广告是不存在的。其次,广告媒体与广告是表现与被表现的关系。广告媒体是用以传播表现广告的,广告是被传播表现的对象。

二、广告媒体的特性

广告媒体除具有一般传播媒体的基本属性外,同时还具有动态性、广泛性、适应性、评估性、商业性等显著特征。

（一）动态性

广告媒体是动态的,永远在改变之中。随着科学技术的进步,广告媒体日益丰富,正朝着电子化、现代化和艺术化的方向发展。

(二) 广泛性

现代工业的大量生产,导致营销地域的再扩大,因而使得为营销服务的媒体也必须面对大众传播,因此商业广告涉及的媒体往往指的是大众媒体。

(三) 适应性

广告媒体因其物质形态不同,具有不同的适应性。广告主可以根据广告信息发布的范围、受众多少、地区远近、对象阶层、时间长短以及速度快慢等不同要求,选择适应性不同的广告媒体,以提高信息传播效果。

(四) 评估性

商业广告是一种投资行为,在投资上要考虑投入产出效果,因此广告媒体必须具有明确的可评估性。

(五) 商业性

广告宣传具有付费特性,广告收入是广告媒体盈利的来源,这体现为广告媒体的商业性。

三、广告媒体的功能

(一) 吸引受众功能

吸引是广告产生传播功效的前提。广告媒体的首要功能在于吸引社会公众,使他们接触媒体,从而接受媒体传播的信息。广告媒体的吸引力取决于:媒体本身的吸引力和广告作品的吸引力。

(二) 传播信息功能

广告媒体可以承载广告信息,打破时空的界限,将信息传达给众多的目标受众,使广告对象能看到或听到广告内容。广告的信息传达采用各种不同的形态,既有图片、影像,也有声音,各种信息的综合构成了有意义的广告信息。

(三) 促进销售功能

有效运用广告媒体,通过广告代理商、客户和传播媒体的三角互动,可以提高品牌知名度,促进产品或服务的销售,为企业创造经济效益。

(四) 文化宣传功能

广告媒体能够塑造与弘扬社会文化,这使得广告的社会地位和社会作用大大增强。广告不仅存在于经济层面上,而且存在于社会层面,具有深刻的社会意义。广告媒体的文化功能主要表现在广告的艺术创造、文化色彩和繁荣社会文化生活等方面。

四、广告媒体的分类

(一)按历史时间划分

1. 传统媒体

如报纸媒体、杂志媒体、广播媒体、电视媒体、户外媒体、交通媒体、POP、直邮媒体等。

2. 新媒体

如网络微博媒体、手机媒体、楼宇电视媒体和植入式广告媒体等。

(二)按照受众的数量划分

1. 大众媒体

大众媒体是指受众广泛、数量巨大的媒体,其受众没有明显的年龄、性别、职业、文化及消费层次的区分,如全国性的报纸、电视、杂志等。

2. 中众媒体

中众媒体是指在有限的地域内传播,受众小于大众媒体,如地区性的报纸、电视、杂志等。

3. 小众媒体

小众媒体是指针对很少一部分受众进行传播的媒体,如直邮广告(DM)、售点广告(POP)、楼宇广告等。

(三)按照媒体传播范围大小划分

1. 全球性媒体

全球性媒体是指传播范围跨越国界,拥有不同国家的媒体受众,如卫星电视、电台,世界发行的出版物,国际的交通工具,国际性的广播等。

2. 全国性媒体

全国性媒体是指媒体信息覆盖全国,如全国发行的报刊、杂志,全国性的广播电视等。涵盖的广泛性是这类媒体的主要特征,适合做全国性市场的产品广告。

3. 区域性媒体

区域性媒体是指媒体信息覆盖在某一区域,比如东北地区、华东地区的媒体,或者某个省(直辖市),如黑龙江省或上海市的媒体。

4. 地方性媒体

地方性媒体是指以当地公众为媒体主要受众,信息内容侧重地方新闻和地方文化为主的媒体,如地、市、县级以下的地方性电视台、地方性报纸、户外媒体等。这类媒体涵盖区域明确,地方性强,适合做地方市场的产品广告。

(四)按照媒体的自然属性划分

1. 印刷媒体

印刷媒体是指用印刷品实物的方式展示的媒体,如报纸、杂志、图片等。

2. 电子媒体

电子媒体是以电子器材和电子技术传播广告信息的媒体,如电视、电影、广播、互联网、电子显示屏等。

3. 户外媒体(OD)

户外媒体是指设置在室外,让公众了解广告信息的一切传播手段,如路牌、灯箱、招贴、交通工具、气球、公共设施等。

4. 销售点广告媒体(POP)

这种媒体是指在销售场所设置传播广告信息的媒体,包括室内销售点广告媒体和室外销售点广告媒体。

5. 直接邮寄广告媒体(DM)

直接邮寄广告媒体又称为直邮广告媒体,是通过邮局直接寄发给广告目标对象的媒体,如商品目录、征订单、试用品等。

第二节 传统广告媒体

一、印刷广告媒体

印刷广告媒体是指以印刷作为物质基础和技术手段,以文字和图像等平面视觉符号作为信息载体的信息传播工具。印刷广告媒体随处可见,如报纸、杂志、传单、招贴、宣传册等都属于这一范畴。下面重点介绍报纸和杂志这两种最常见的印刷媒体。

(一)报纸广告媒体

报纸是四大传统广告媒体之一,它综合运用文字、图片等印刷符号,定期、连续地向公众传递新闻、时事评论等信息,同时传播知识,提供娱乐或生活服务。

1. 报纸广告媒体概况

对报纸媒体从规格与版式、出版频率、内容、发行方式等方面分类考察,可以了解其大概情况。

(1)规格与版式

报纸一般以散页形态出现,其规格与版式主要有对开8版、对开4版、4开4版、4开8版、4开16版、4开24版等多种不同的规格与版式。版面大小决定了广告可供利用的尺寸,版面编排顺序则决定了读报时阅读的习惯顺序,二者将直接影响受众对广告信息的关注程度。

(2)出版频率

出版频率是指报纸单位时间出版的次数。报纸的出版频率主要有每日出版(日报)、周二版(每周两次)、周三版、周报等多种不同的形式。一般来说,日报的时效性最强。

(3)类型

报纸种类繁多,有政治性报纸、商业性报纸;有综合性报纸、专业性报纸;有日报、晚报、周报;有国际性报纸、全国性报纸、地方性报纸等。

(4)发行方式

报纸的发行有订阅和零售两种方式。订阅主要集中在政府机关、企事业单位及当地居民,零售主要针对流动人口,当然也有不少居民喜欢到报摊购买。订阅方式的读者群比较稳定,零售方式的读者群不固定,波动较大。

2. 报纸广告媒体的基本特性

(1)报纸是一种纯平面视觉、趋于理性的广告媒体

报纸通过版面载体,以文字传播为主,增加了读者思考的层次和深度。报纸不仅仅报道新闻,它还发挥评论诉说的功能,对读者的意识观念和舆论方向具有引导作用,这也体现出它的理性色彩。

(2)报纸是一种主动选择性的广告媒体

报纸的读者可以根据自己的兴趣爱好和需要对不同的报纸、版面和内容进行筛选,根据自己的知识能力对报纸信息进行解读。

(3)报纸是一种比较经济的广告媒体

报纸的制作成本比较低廉,其采编、纸张、印刷等费用比电波广告媒体的节目制作成本要低得多。

(4)报纸是一种可信度高的广告媒体

在大众媒体中,报纸发展的历史最为悠久且最成熟,报纸的这一独特优势使它具有较高的权威性和可信度。

3. 报纸广告媒体的优势与劣势

(1)报纸广告媒体的优势

①传播范围广。报纸都有自己广泛的发行网,在通常情况下,报纸的发行量都比较大,尤其是全国发行的综合性日报,如《人民日报》《工人日报》《经济日报》《光明日报》等。大城市的晚报则能够深入绝大多数家庭。

②传播速度快。日报、晚报每天发行一次,当天便可把信息传到四面八方。级别高的大报,在全国各大城市都有传真版印刷点,一日之内便能在全国各地进行广泛的传播。另外,许多报纸还设有网络版,方便读者在互联网上阅读。

③受众选择性强。一般报纸都有较强的地理区域选择性和读者对象选择性。大多数报纸都是为某个特定地区的读者服务的,如地区性日报、晚报等。许多报纸拥有自己特定的读者群,如《中国经营报》的读者以企业界人士为主,《光明日报》的读者以知识分子为主,《中国青年报》的读者以年轻人为主。

④传播信息详尽。报纸媒体传播广告,可以较详尽地展示广告信息。报纸版面大,篇幅多,刊登广告内容以文字表述为主,并配合图案或图片,可以对广告信息进行详细解说,如图

7.1所示。

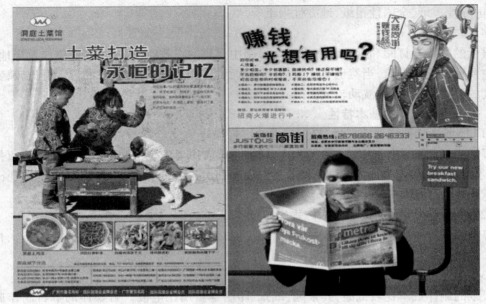

图7.1 报纸广告

⑤发布简便灵活。报纸媒体可以按照广告主的意愿和要求进行有计划的广告活动,既可以集中发布,也可以均衡发布;既可以发布单则广告,也可以发布系列广告;既可以发专版,也可以发专栏;广告版面可大可小,内容可简可繁;表现形式可文字叙述,也可以图文并茂。

(2)报纸广告媒体的劣势

①时效性短。在一般情况下,报纸以新闻报道为主,生命力以天计算,报纸在读者阅读之后便失去了价值,再次阅读的机会微乎其微。因此,报纸广告的时效性并不长。

②注目率低。报纸内容具有综合性,以刊发新闻为主。读者在翻阅报纸时首先注意阅读的是具有吸引力的重要新闻或与自己有关的内容,往往容易忽略广告,即使看了广告,也常常是一瞥而过。

③印刷效果欠佳。报纸一般以新闻纸印刷,印刷不够精美,且多数是黑白报纸,很难取得好的印刷效果,难以形成强烈的视觉美感。

④感染力差。与其他三大媒体相比,报纸广告内容多以文字来表述,图片较为粗糙,对受众的感染力要差一些。

4. 报纸广告媒体的投放策略

一般来说,报纸的版面大致可以分为:跨版、整版、半版、双通栏、单通栏、半通栏、报眼、报花等,见表7.1。

表 7.1 报纸广告版面分类及其投放要点

版面	规格	投放要点
跨版	整版跨版、半版跨版、1/4版跨版	体现企业的大气魄、雄厚经济实力,适宜于大企业采用
整版	500 mm×350 mm 或约 340 mm×235 mm	以图为主,辅之以文;以大画面、大文字和少文字进行感性诉求
半版	约 250 mm×350 mm 或约 170 mm×235 mm	"以白计黑,以虚显实"。充分利用受众的想象力;采用大标题,少正文文案,重点性附文方式,突出定位
双通栏	约 200 mm×350 mm 或约 130 mm×235 mm	为广告文案写作提供了较大的空间,凡适于报纸广告的结构类型、表现形式和语言风格都可以在这里运用
单通栏	约 100 mm×350 mm 或约 100 mm×170 mm	符合人们的正常视觉,版面自身有一定的说服力;最好用单标题,正文字数不可多于 500 个
半通栏	约 65 mm×120 mm 或约 100 mm×170 mm	广告版面较小,与众多广告排列在一起,互相干扰,广告效果容易互相削弱
报眼	横排版报纸报头一侧的版面	广告注意值高,体现出权威性、新闻性、时效性与可信度,文案最好采用新闻式
报花	约 3 cm×2 cm 或约 6 cm×2 cm	价格低廉,文案只能作重点式表现;突出品牌或企业名称、电话、地址及企业赞助之类的内容

(资料来源:刘超.广告媒体策略[M].北京:中国建筑工业出版社,2008.)

研究证实,广告版面越大,广告的注意率越高,广告面积与广告效果成正比。根据读者视线移动规律,报纸版面的注意值是左面比右面高,上面比下面高,中间比上下高,中缝广告处于两个版面之间,不易引起读者的注意。

企业投放广告,应该分清楚报纸的目标受众是否与产品的目标市场相吻合,分析产品处于生命周期的哪个阶段。一般来说,首次登广告,新闻式、告知式宜选用较大版面,以引起读者注意;后续广告,提醒式、日常式,可逐渐缩小版面,以强化消费者记忆。节日广告宜用大版面,平时广告可用较小版面。另外,广告应根据产品属性的不同放在相应的版面中。

(二)杂志广告媒体

杂志,又称为期刊,是一种以固定时间周期发行的,刊登某一门类的知识性或娱乐性文章、图片等供读者研究或消遣的小册子形式的平面印刷读物。目前,四大传统媒体之一的杂志已成为人们社会生活中不可缺少的文化消费品。

1. 杂志广告媒体概况

(1)规格

国外的杂志规格大致有以下四种:袖珍本,规格为 7 英寸×5 英寸,如《读者文摘》;标准本,规格为 10 英寸×7 英寸,如美国的《国家地理》;平装本,规格为 11 英寸×8 英寸,如《新闻周刊》;大版本,规格为 13 英寸×10 英寸,如《生活》杂志。

国内杂志规格大致有32开、大32开、16开、大16开及8开等多种规格,其中大16开是国际流行的开本规格。

(2)出版频率

杂志的出版频率大致有以下几种:周刊、旬刊、半月刊、月刊、双月刊、季刊、半年刊及年刊等。其中,月刊为常见的杂志出版形式。

(3)类型

杂志的类型决定了读者群。依其内容和读者对象的不同,杂志大致可分为以消费者为对象的消费类杂志,如以年轻女性为主的《瑞丽》,以在校大学生为主的《大学生》等,以行业读者群为对象的商业杂志,如以企业营销人员为主的《销售与市场》,以企业经营管理人员为主的《经营管理者》和以广告从业人员为主的《现代广告》等。

2. 杂志广告媒体的基本特性

(1)杂志是一种目标受众集中,受众理解度高的广告媒体

杂志的内容反映某一领域的专业知识或娱乐信息,因此有"聚众"效应,不同的杂志根据受众的消费需求,可以有针对性地刊登广告。比如,在儿童杂志上做玩具广告,在体育杂志上做体育用品广告,在妇女或家庭杂志上做化妆品或服装广告等。

(2)杂志是一种印刷精美,深度报道的广告媒体

杂志广告的纸张质量较好,色彩鲜明,形象逼真,生动活泼,往往能给读者带来视觉上的冲击和快感,从而强烈地吸引住读者的眼球。杂志所关心的话题侧重于在一个背景下对事件的前因后果进行分析,因此杂志的内容既有广度又有深度。

(3)杂志是一种有效期长,重复阅读率高的广告媒体

杂志广告可随同杂志被长时间保留,一般可达几周、几个月甚至几年,刊登在杂志上的广告能够得到更多的曝光机会。此外,杂志经常在读者之间互相传阅,可以让更多的人接触到杂志上面的广告。

3. 杂志广告媒体的优势与劣势

(1)杂志广告媒体的优势

①针对性强。杂志受众一般是对某个专业、某个部门领域感兴趣的读者,因此杂志媒体针对性强。企业可以通过杂志媒体选择不同的行业做广告,也可以通过杂志媒体选择不同的地域做广告。

②有效期长。杂志可以保存一周、一个月、一年甚至更长时间。人们阅读杂志的时间比较充裕,同一广告往往会多次重复出现在读者面前,可以起到累积复加的效果。

③受众对象理解度高。杂志的读者,一般文化水平较高,或者是某一方面的专门研究人员,他们大都具有专业知识,对于杂志上专业性强的广告,阅读者大多有较浓厚的兴趣和极强的理解力。

④广告内容含量大。杂志页面较多,可用较多的页面刊载广告,广告信息含量大。

⑤印刷精美。杂志纸张一般选用上等纸张或精细的铜版纸,广告制作精致,多色高级印刷,广告画面清晰、色泽纯正、形态逼真,能吸引读者的注意力,给人以赏心悦目的感受,如图7.2所示。

图 7.2　时尚《瑞丽》杂志

(2)杂志广告媒体的劣势

①灵活性小。杂志最快的为周刊,慢的为季刊、年刊,印刷费时费力。另一方面,杂志广告的预先托刊时间(Lead Time)较长,需要提前几个月预订广告版面。因此,杂志媒体不适合刊登时效性强的广告,而适合刊登具有稳定性的名牌老产品。

②成本费用高。在杂志上刊载广告需要较多的制作费用和刊载费用。杂志广告设计较精致,多系铜版纸彩色印刷,制版费、加色费较高,一般只有在封面、封底、封二、封三的位置上刊登广告,效果才显著,而这些版位的收费也相应较高。

③受众局限。杂志发行量较小,有非常明显的专业性和指向性,受众较少,影响力比不上广播、电视和报纸。对于提高产品知名度和塑造企业形象来说,杂志广告媒体受众局限。

4. 杂志广告媒体的投放策略

杂志广告有其固定的广告版面。杂志广告大致有四封,即封面、封二、封三、封底和内页等版位。封底一般只刊登整版广告,内页广告则可以包括不同的规格。不同版面的广告注意度具有差异性,见表7.2。

表 7.2　杂志广告媒体版面注意值

版　　面	封　面	封　底	封　二	封　三	内　页
注意值	100	70～80	60～70	50～60	50以下

(资料来源:刘超.广告媒体策略[M].北京:中国建筑工业出版社,2008.)

杂志的广告版位不但直接影响到广告注目率,而且影响到广告的价格。在一般情况下,封面和封底价格最高,封二和封三次之,内页版位价格最低。杂志的价目表是广告主购买版面的成本依据。除了标准价目外,杂志社一般还会对出血版(Bleed Page)收取额外的费用。所谓出血版,即广告的背景色一直延伸到版面的边缘,取代标准的白边。折页广告(Gatefold Ads)是一种超宽的广告,这种广告也要额外支付费用,广告主经常在高档杂志的封二采用折页。杂志媒体广告的投放,应结合版面特征有针对性地加以选择,见表7.3。

表7.3 杂志版面分析及投放要点

版　　面	投放要点
封面和封底	位置显著,广告以精美的画面吸引受众,淡化专业性,更接近于大众化,适合于经济实力较强,需要提升品牌和行业影响力的企业
封二、目录对页和封三	多以图文并茂形式加以表现,适合发布企业力推的某款产品和某项技术
全页、半页、1/4页、跨页、折页、多页	与文章内容结合在一起,具有提示准确,认同率高的特点,适合发布企业最新的产品、技术,比如新品介绍、渠道招商等
分类广告	主要以引人注目的标题为主,大部分以品牌名称或企业形象标识为主,需保持长期性和版面固定性
企业冠名专栏	宣传内容根据特定的企业进行特别策划和包装,让企业享受到专业化的媒体服务
软文打包服务	能有效地将企业的品牌、产品、技术潜移默化地渗透到读者,能在客户心中最终形成立体的企业形象

(资料来源:刘超.广告媒体策略[M].北京:中国建筑工业出版社,2008.)

二、电波广告媒体

电波广告媒体是通过无线电波承载和传播广告信息的媒体,主要有电视广告媒体和广播广告媒体。

(一)广播广告媒体

广播广告媒体依靠无线电波传播诉诸人的听觉,重视语言、音响、音乐的结合,用声响承载信息。

1. 广播广告媒体概况

根据传播手段,广播可分为无线广播、有线广播和数据广播。

(1)无线广播

无线广播根据信号载波调制方式的不同,可以分为调幅(AM)和调频(FM)两种形式。调幅广播容易受到干扰,并难以消除杂音。调频广播极少甚至没有干扰,几乎不失真,声音也特别清晰。我国的无线广播,如今已形成以调频广播为主的广播网络体系,有全国广播电台、地方广播电台两大类。

(2)有线广播

有线广播是通过金属导线或光导纤维所组成的传输分配网络,把广播节目直接传送给用户,如农村的广播站、大学校园广播等。

(3)数据广播

数据广播采用计算机技术将广播信息通过已有的电视、广播传输网络,传送给用户。我国国家数据广播中心,可以直接向边远地区传送中央人民广播电台的节目。

2.广播广告媒体的基本特性

(1)广播广告纯粹诉诸听觉

广播广告单纯通过听觉唤起受众的相关记忆和想象,形成对事物立体画面的动态感知。富有表现力的声情并茂的广播广告作品能撩拨受众的心弦。著名销售专家赫伊拉说过:"不要卖牛排,要卖'吱吱'声",说明联想是信息对象获得审美感受的重要条件。

(2)广播媒体具有明显的伴随性

广播是传送声音的媒体,具有明显的伴随性。广播广告在人们出行、搭车等各种状态下皆能方便收听,且携带方便,充分占领了媒体的流动空间。

(3)广播媒体拥有稳定的受众群体

广播媒体作为大众媒体之一,拥有稳定的受众群体。近年来广播广告走差异化路线和高质量、低成本的趋向使广播广告收入呈现增长的态势。

3.广播广告媒体的优势与劣势

(1)广播广告媒体的优势

①传播速度快。广播广告媒体的传播速度,在五大媒体中可以说是最快的。广播不需要经过复杂的编排制作与录像录音过程,不受地区、交通、距离、气候等条件的限制,能以最快的速度将新闻与广告传播到城市、农村及世界各地。

②覆盖面广。广播媒体的覆盖面是电波所及的范围,只要收音机在广播发射功率范围内,就可以收听到广播的内容。

③灵活性强,时效性高。广播广告制作十分灵活,内容可长可短,形式多种多样;广播媒体更具移动性,收音机可以随身携带,随时收听广播节目;广播节目可以随时插播广告,时效性比较高。

④目标受众明确。广播媒体可以锁定细分市场的受众。广告主可以选择其商品与听众兴趣较接近、易于接受的专题节目时间做广告。例如,老年人是广播媒体的主要听众,利用评书栏目前后时间段来做老年保健产品广告效果就会好些。

⑤成本低廉。广播广告制作简单,播出也容易。在四大媒体广告中,广播广告的收费是最低的。

(2)广播媒体的劣势

①信息易逝。广播广告的播出时间有 5 秒、10 秒、15 秒、30 秒、60 秒多种,一般以 30 秒居多。在极短的时间内,一则广告随声音传出,也随声音的消失而消失。

②形象性差。广播广告的内容只能通过声音表现,听众只能凭自己的想象去勾勒产品的形象,难以给人留下深刻印象。

③误解和歧义。由于有些词发音相似,广播广告有时容易产生误解和歧义。

4. 广播媒体的投放策略

(1)广播广告的分类

广播广告文稿又称为广告脚本,常见的有对话式、独白式、小品式、现场式、体育解说式、散文和歌曲结合式等类型,见表7.4。

表7.4 广播广告文稿类型

文稿形式	特 点
对话式	通过人物之间的对话形式构成文稿,亲切感人
独白式	由第一人称介绍产品功能特性,抒发对产品的感受或情感,直接明了,产生一对一的传播效果,有浓重的真实感和亲切感
小品式	加入音响、音乐、表演的元素,比其他形式更显得多姿多彩趣味性强,文稿口语化、生活化,更加贴近生活
现场式	广告词与广告内容紧密联系的节目搭配,有强烈的现场感,能得到受众的情感认同,制作简单而且成本低廉
体育解说式	通过解说员解说体育赛事实况转播时,灵活插播广告,形式活泼自然,让受众在不经意间主动接受广告信息
散文和歌曲结合式	用散文推出商品名称,使人产生初步印象;用动听的歌曲、旋律加强情感沟通,巩固广告传递的商品信息

(资料来源:刘超.广告媒体策略[M].北京:中国建筑工业出版社,2008.)

(2)广播广告的编排

广播广告一般长度为5秒、15秒、30秒等,特殊情况下可长达5分钟或10分钟,采用直播方式或录播方式。广告主根据需要购买广播网联播时间、点播广播时间或地方电台广播时间投放广告。根据投放时段与编排技巧的不同,广播广告的编排可分为整点报时广告、特约广告、插播广告、专题广告等,见表7.5。

表7.5 广播广告编排类型

类 型	特 点
整点报时广告	指利用电台整点前、整点、半点报时的特殊时段,播放广告以扩大产品、企业知名度的广告形式
特约广告	针对性比较强,在时间上比较固定;广告费用一般较高,广告效果比较理想
插播广告	与广播节目内容无关,广告费用低廉,播放灵活
专题广告	由客户编制好的广告节目,广播媒体在固定的时间刊播的广告形式,能提高消费者或用户的记忆程度

(资料来源:刘超.广告媒体策略[M].北京:中国建筑工业出版社,2008.)

（二）电视广告媒体

1. 电视媒体概况

电视是一种听觉、视觉兼有的现代化广告媒体，是现代广告媒体中最有生命力的媒体，传播能力最强，其广告效果也最好，是广告主最热衷的媒体。目前，电视已成为第一位的主流媒体，电视广告凭借电视媒体巨大的影响力，已成为广告行业的主力军。

电视节目具有不同的信号类型，一般可将电视信号分为以下类型：

（1）无线电视与有线电视

无线电视是传统的电视接收形式，信号在地面通过无线电波传送，信号传输距离近，频道少，抗干扰性差，信号收视效果不好，目前不再是电视收看的主流形式。

有线电视（Cable TV）是采用电缆或光缆组成传输线路，将电视节目直接传送给用户。有线电视节目容量大，不受无线电波的干扰，图像质量高。目前，有线电视已成为城市电视收看的主流。

（2）模拟电视与数字电视

传统电视信号采用模拟信号，图形效果不佳，目前已被数字信号替代。

数字电视（Digital TV）是从电视信号的采集、编辑、传播、接收整个广播链路都采用数字化的广播系统。数字电视图像质量可以达到电视演播室的质量水平。数字电视通过机顶盒接收、解码、转换成 AV 信号，通过现有的有线网络传输到每家每户。另外，数字电视可以提供视频点播服务（VOD）。

（3）地面电视与卫星电视

通常意义上的无线电视和有线电视都可以称之为地面电视，因为它们的信号都是在地面附近传输。

卫星电视是指利用地球同步卫星将数字编码压缩的电视信号传输到用户端的一种广播电视形式。它主要有两种方式：一种是将数字电视信号传送到有线电视运营商，再由有线电视运营商将数字或模拟信号传送到用户家中。这种形式已经在世界各国普及应用多年。另一种方式是将数字电视信号直接传送到用户家中，即 Direct to Home（DTH）方式，又称为直播卫星接收。美国 Direct TV 公司是第一个应用这一技术的卫星电视营运公司。与第一种方式相比，DTH 方式卫星发射功率大，普通家庭用户用较小的天线即可接收，如图 7.3 所示。我国在 2008 年 6 月发射了一颗中星 9 号直播卫星，满足了偏远地区用户收看电视的需求。

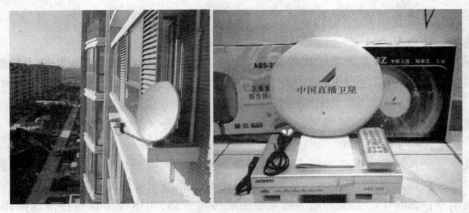

图 7.3　直播卫星接收

【案例 7.1】

"中星 9 号"使我国广播电视覆盖率提高到 98%以上

2008 年 6 月 9 日 20:45,我国第一颗直播卫星"中星 9 号"发射成功。"中星 9 号"成功发射后,将扩大我国电视广播覆盖率,提高节目收视质量,对我国边远地区群众收看电视意义尤其重要。所谓广播电视直播卫星,即信号可以直接到户,不必经过电视台再转送。

由于在覆盖效率方面拥有绝对优势,"中星 9 号"直播卫星的投入使用将有效解决中国广大偏远地区无法收看卫星直播节目的尴尬。据统计,我国 3.78 亿户家庭中,其中有线电视用户为 1.4 亿户;其余 2.38 亿户主要通过无线方式接收广播电视。卫星投入使用后,能够提供 150 至 200 套标准清晰度和高清晰度电视节目,不仅大大增加了传输容量,提高了节目收视质量,而且将我国广播电视覆盖率提高到 98%以上。广大居民使用直径 0.25～0.45 米小型天线就能直接接收卫星广播电视节目,有效地解决了边远地区广大居民收听收看广播电视难的问题。

电视技术发展很快,数字化、高清化是目前电视发展的方向。目前已有央视和部分省级电视台开通了 1080P 的高清电视节目(HD)。

2. 电视广告媒体的基本特性

(1)全方位的视听感官接触

电视广告是一种视听媒体广告,声、像、色感受兼备,表现形式丰富多彩,可以通过独特的声音编排技巧、图片动态演示,让人有身临其境的感觉,生动直观地表现广告内容与传递广告信息,使观众易于接受产品信息。

(2)广泛的覆盖面

电视的覆盖面极其广泛,不受时空的阻隔,能够瞬间到达所及的区域。电视已成为一种最大众化的传播媒体。随着有线电视逐渐涵盖了新闻、资讯、娱乐等不同的领域,使得电视媒体内容更为丰富、受众细分趋势更为显著。

（3）收视率高，有较高的社会影响力

电视媒体属于强制性高的媒体，信号的发送和接收同步，受众主动选择的余地较小。电视又是人们了解信息、筛选信息的重要渠道，受众为了获得信息必须坐在电视前并形成相对固定的收视习惯，能获得较高的收视率。电视每时每刻传递政治、经济、科技、法律和文化娱乐等信息，具有引导舆论、传播知识和普及教育等功能。

3. 电视广告媒体的优势与劣势

（1）电视广告媒体的优势

①形象生动，说服力强。电视广告，集听觉形象与视觉形象于一身，熔图像、声音、色彩、动作、文字等于一炉，富有强烈的表现力和感染力。

②辐射面广，渗透力强。除中央电视台外，各省、市、自治区都有自己的电视台，中央电视台及大部分省级电视台的电视信号，通过卫星传送至全国各地乃至国外，电视节目的辐射面大。

③传播迅速，时空性强。电视几乎可以在同一时间把图像和声音传播到全国各地，尤其是卫星电视台的节目，电视信号传播迅速。

④直观真实，理解度高。电视广告用真实的画面介绍产品，并用生动的语言解说，直观真实。

⑤表现手法多样，艺术性强。电视表现手法新颖、生动、活泼、多样，为电视广告的创作提供了良好条件。

（2）电视广告媒体的劣势

①信息时效短。与广播媒体一样，电视图像也具有即逝性的特征，受众如没有听清或看清广告，只有等到该广告下一次播出。

②信息量小。电视广告多采用插播型广告，长的 30 秒，短的只有 15 秒、10 秒甚至 5 秒，一则广告所容载的信息相对较少，因此，广告主只能作简单诉求。

③广告费用高。电视广告涉及编辑、导演、美工、作曲、演员、摄影、场记、音响、灯光、道具等众多人员，采用电影、戏剧、音乐、舞蹈、曲艺等多种艺术形式，制作过程复杂，因此，电视广告的制作费用高。如果聘请名人做广告代言，其费用会更高。另一方面，电视广告的播出费用也高。整体来说，电视广告费用在四大媒体中最高。

④选择性低。电视广告常插在黄金时段或黄金节目中播出，不管观众喜欢与否，不得不观看那些挤进来的广告，受众选择性低。

4. 电视广告媒体投放策略

（1）电视广告时段

电视广告媒体都具有时间结构特性，其容量是以时间来衡量。电视时段是指一天 24 小时中播送电视节目的各时间区段。一般情况下，11:30～12:30、18:30～20:00 这两个时段是受众进餐或全家共同观看电视的时间，广告宣传效果比较理想；其中 19:00～21:00 则是电视媒体的黄金时间,广告的关注度在这段时间内能达到较高的水平。

一个广告要达到有效的信息传播效果,其时段的长度以2分钟左右为宜。通常不超过3~4分钟;而常规的电视广告均以秒为计时单位,电视广告一般是5秒、15秒、30秒三种。

(2)电视广告编排

电视广告主要通过荧屏表现声音和图像来进行广告宣传。为了能有效地宣传商品信息与企业形象,不仅要合理地编排广告的视觉部分(包括画面与字幕)与听觉部分(包括有声语言、音乐与音响),还要考虑是否符合人们的日常生活习惯、与节目的相关程度、受众注意度等,并遵循适当重复的原则,具体策略见表7.6。

表7.6 电视广告媒体投放策略

类型		特点
时段广告		相对比较固定,根据不同电视台的规定不同,分为A段、B段、黄金时段等;如A段为19:00~20:00,在这期间播出的广告就称为时段广告
栏目广告		在电视栏目内播出的广告,是目前电视广告的一种常规形式,广告主根据产品的特点选择电视台某个电视栏目,在节目中播出自己企业的广告
特殊广告	电视广告片	时长一般有30秒或60秒,但15秒更为常见,价格相当于30秒的85%
	标版	通常只有体现企业形象的画面和广告语,企业多数会选择电视黄金时段的标版,时间较短,一般为5秒,甚至更短
	赞助广告	一般在片头、片尾注上某企业赞助字样,该类广告价格昂贵,赞助形式有电视晚会、体育比赛直播、突发事件、电视片拍摄等
	冠名广告	将企业的名称或以产品品牌命名为某些热门栏目,具有排他性;"特约播出"也属于栏目冠名广告,是企业常用的赞助形式
	购物广告	对产品功能进行介绍和演示,出现产品价格并提供热线电话供消费者电话订购,电视直销广告就属于这一类;另一类侧重展示产品形象
	贴片广告	在栏目标版出现后播出,固定地"贴"在电视连续剧的片头、片尾或片中插播
	字幕广告	播放正常节目时,在屏幕下方打一行游动的字幕,即时播放产品促销信息

(资料来源:刘超.广告媒体策略[M].北京:中国建筑工业出版社,2008.)

三、其他广告媒体

(一)户外广告媒体

户外广告主要指在城市道路两边、主要建筑物的楼顶或商业区的门前、路边等户外场地设置的广告媒体。户外广告分类见表7.7。

表7.7 户外广告媒体的分类

类别	媒体
电子类	电视墙、电子快播板（Q板）、电脑显示屏（LED）、DAV广告车
绘制类	招贴、条幅、路牌、墙体
光源类	霓虹灯、灯箱及大型户外投影
空中类	烟雾、激光、气球、飞艇、降落伞及火箭
其他	赛场、雕塑、自动售卖机及立体充气模型

（资料来源：严学军，汪涛.广告策划与管理[M].北京：高等教育出版社，2001.）

户外广告以其形式多样、表现手法丰富、色彩鲜明、时效性长、可选择性强、价格低廉等特点深受广告主的青睐。图7.4为一组户外广告。

图7.4 户外媒体广告

1. 户外广告媒体的优势

（1）时效性长，印象深刻

户外广告媒体的使用周期一般较长，几周、几个月甚至一年都有，因此可以连续不断地传播广告信息，增加广告信息重复出现的次数，提供广告信息的到达率。

（2）价格低廉

户外广告媒体制作成本低廉，广告位的租金也比较便宜。

（3）选择性强

广告主可以根据产品的特性，选择目标消费者所在区域的户外媒体进行广告投放。如广告主的目标受众为在校大学生，就可以在校园周边进行广告投放。

(4) 视觉冲击力强

户外广告媒体可以融合多种表现手段，图文并茂，引人注目，特别是电子类、光源类、空中类等色彩华丽、表现手段独特的户外广告媒体，不但为城市增添了色彩，同时也达到了广告传播的目的。

2. 户外广告媒体的劣势

(1) 广告信息量有限

由于行人一般是在运动中看户外广告的，加上广告与行人之间相隔一定距离，因此户外广告字体要大，信息容量则相应减少，文字力求简明扼要。户外广告媒体最主要的功能是树立品牌形象，其次才是发布产品信息。

(2) 媒体传播效果评估难度大

由于户外广告受众具有很强的流动性，没有固定的样本，媒体监测数据难以让人信服，评估传播效果难度较大。

(二) 交通广告媒体

交通广告媒体被称为最大的户外移动媒体，与户外广告有着不可分割的关系。交通广告媒体是指以公共汽车、出租车、地铁、飞机等各种交通工具，以及候车亭、站台等相关区域作为广告发布载体的媒体。相对于其他传统媒体，移动交通广告发布在城市主要的人群聚集地，具有明显的地理选择性和流动性。交通广告具有高接触频次、高到达率的特点，是较为经济的广告形式之一。交通工具内形成相对单调的密闭环境，使其承载的广告信息具有比其他媒体更强的主动选择性和重复阅读性。公交广告和地铁广告具有稳定的受众群，是最具影响力的交通广告媒体。

1. 公交广告媒体

(1) 车身广告

车身广告是可见机会最大的户外广告媒体，能够主动出现在受众的视野中，广告发布面积大且清晰，可多面、立体地展示广告信息，可视距离远且能根据公交线路的设置覆盖城市各个角落。不仅适用于品牌诉求和产品推广，而且还能与电视、报纸广告相配合，扩大广告影响力，如图7.5所示。

(2) 车内广告

公交车内广告有主动性阅读、强迫性阅读、阅读时间长、频次高等特点。最常用的形式有吊环广告、车厢插片广告、座椅靠背广告，如图7.6所示。目前，公交电视、公交杂志也逐渐普及。

(3) 候车亭广告

候车亭平面灯箱广告最为常用，新颖的立体候车亭广告具有强大的吸引力，相对于车身广告与车内广告的优点是日夜可见。受众在候车亭有较长的停留时间，广告更能靠近终端受众，能传递更多的信息。

图 7.5　车身广告

图 7.6　车内广告

2. 地铁广告媒体

　　地铁媒体广告除了最普遍的悬挂式广告外,根据不同的空间特点有多种媒体形式可供选择。兼有普通户外交通媒体与室内 POP、灯箱媒体的传播特性。地铁广告覆盖面理想,放置在站内相对比较封闭的位置,广告注意度高,能更有效地到达年轻、高收入的受众群体。

【案例7.2】

德高贝登控股"媒体伯乐"

在国内为数不多的拥有地铁的城市——上海,一场看不见的地铁广告资源争夺战已悄然完成。著名户外广告商媒体伯乐日前发布公告称,欧洲第一大和世界第二大户外广告集团JCD旗下的德高贝登已与其控股股东晨兴集团签约,以近8亿港元收购其73.38%股份及可换股债券。据悉,今年3月底,德高贝登已经完成了对"户外媒体四小龙"(媒体世纪、媒体伯乐、白马、TOM)中的媒体世纪的收购。

据了解到,媒体世纪在内地15个城市中拥有16 855辆巴士,北京全部的地铁广告和上海地铁2号线及明珠线广告等,以及内地300多间大卖场的广告。

媒体伯乐原控股股东晨兴集团为香港陈氏家族,掌控上海地铁1号线、4号线、1号线延伸段莘闵线等地铁广告经营权,5 000辆公交车车身独家媒体使用权,此外还有广州地铁1号线全线广告营运权、南京地铁1号线为期18年的广告经营权,以及内地其他地区万余辆公交车车身广告经营权。

德高贝登此番将四小龙之中的两家都强力纳入麾下,则其对地铁广告的看好不言自明。

(资料来源:http://219.239.115.201/zygg_fb/manage/news/news_display.asp?id=384)

(1) 灯箱看板类

地铁内灯箱属于光源类户外广告媒体,走廊、站台灯箱看板位置相对较为固定,扶梯旁灯箱看板、站台连套灯箱看板等基本形式符合常规阅读习惯。另外,保洁箱灯箱同时具有保洁与广告功能,滚动灯箱能同时上刊多幅广告。

(2) 贴画类广告

贴画发布在地铁进站口到站台的通道墙面、地面、立柱、检票口、座椅以及地铁车窗、车门等位置。大小与形式不受限制。

(3) 其他类别

影像隧道(Tunnel Vision Media,TVM)是一种数字影像媒体,通过在隧道壁面加装高辉度精制LED光柱,将高科技与视觉原理结合,当隧道内地铁高速运行通过时使人们产生短暂的视觉停留,从而产生如电影般连续画面。正在发展中的TVM技术将能展现更逼真、富于动感的绚丽画面,其形式新颖,突破地铁传统广告表现形式而成为地铁广告媒体的新兴事物。

【案例7.3】

首条"影像隧道"现身广州 1秒影像投资成本10万元

继白马广告掘金公交车候车亭、分众传媒牟利楼宇广告之后,众投资者又将目光聚焦至更加"窄众"的地铁广告之上。2005年9月28日,国内首条地铁影像隧道TVM现身广州。

据地铁影像隧道TVM的项目负责人介绍,这条国内地铁中首条全彩影像隧道TVM试验段安装于地铁1号线(往广州东站方向)农讲所至烈士陵园站的隧道区间,由200台LED(液晶显示屏)组成,每台LED相距1.6米,全长300多米,乘地铁经过该影像隧道区间约有15秒。

该负责人说,该项目由互动传媒广告有限公司和广州地铁广告公司共同投资完成,"地铁方面提供隧道资源,由于是第一段隧道,互动传媒出资200万元左右,今后的成本将降至150万元,平均1秒投资成本10万元"。据该负责人透露,TVM将有3至6个月的试播评审期,"试播阶段我们已谈下午后红茶和吉百利等客户,可口可乐和P&G则在接洽之中"。据了解,TVM影像隧道的刊登价为15万元1个月。

(资料来源:http://219.239.115.201/zygg_fb/manage/news/news_display.asp?id=384)

3. 其他交通广告媒体

(1)飞机广告媒体

飞机广告媒体是稀缺性资源,飞机冠名、外部机身广告可以为大型企业树立品牌形象,覆盖地域广阔且有瞬间性的冲击力;飞机内部封闭舒适的良好广告环境,具有较低的广告干扰度;登机牌、机票封套、座椅头巾、餐桌板、航空杂志等载体适用于投放高端产品广告。

(2)的士广告媒体

的士广告置于车顶灯或车尾等位置,流动性极强,与公交广告媒体相比不受路线与时间限制,其广告范围广阔,覆盖不同类型场所,使大量行人有意识或无意识地接触广告,达到广而告知的效果,深受中小企业青睐。

(三)售点广告媒体

售点广告(POP)是一种在销售点(如商场、售货亭、流动售货车等)发布的广告形式(如店内悬挂物、橱窗和柜台的设计、商品陈列、商店的招牌、门面装潢等),通过音乐、色彩、造型、文字、图案等手段,向受众强调产品具有的特征和优点。POP广告可以在销售终端吸引潜在消费者、激发购买欲望、促成即时消费,对冲动性购买产生重要的作用。

1. 售点广告媒体的基本特性

①创造及时购买与消费的气氛,以促成现场最终交易。

②内容简洁明快、手法简明新颖,可最大限度地引人注目。

③广告发布与商品销售计划紧密结合,及时适应商品促销活动的变化。

2. 售点广告的类型

因销售服务环境与经营内容方式的差异,售点广告大致有手绘海报、传单、货架广告、橱窗广告、悬挂广告及离子电视广告六种主要类型。

3. 售点广告的优点与缺点

(1)售点广告的优点

①有利于促成购买行为。POP广告可适时地提醒消费者,吸引顾客走进店门,并可能促成消费者的购买行为。

②有利于营造购物气氛。POP广告通过立体、平面、悬挂等多种形式及强烈的色彩、美丽的图案、突出的造型、准确而生动的广告语言,营造一种购物氛围,吸引消费者,并唤起消费者的潜在购物意识。

③ 提升企业形象。POP 广告能把企业的产品、形象通过售点广告媒体展示出来,既提高了产品的知名度,又宣传了企业形象。

④ 美化商店环境。设计制作精美的 POP 广告,不仅具有吸引新老顾客的效力,而且能较好地美化商场环境。

(2) 售点广告的缺点

① 媒体影响面小。POP 广告是一种售点现场广告,辐射范围小,对消费者的影响面不及传统的四大媒体。

② 杂乱无章。售点现场通常容量有限,如设置各种 POP 广告太多,势必造成店堂凌乱,不利于宣传商品。

③ 设计要求高。POP 广告的设计要以精致美观为前提,这样才能达到吸引消费者的目的。如果 POP 广告设计简陋,制作粗糙,毫无新意,则会影响消费者的购物态度。

(四) 直邮广告媒体

直邮广告(Direct Mail)指的是以受众数据库为依托,通过邮寄途径把印刷品广告(如商品目录、宣传小册子、企业刊物、样品等)有选择地送到用户手中的广告形式。由于直邮广告的形式与内容高度统一,受阅率逐渐提高,成长空间巨大。目前,在全国重点城市,直邮广告媒体正悄然发展。在北京、上海、广州等大城市形成了有优势的直邮类期刊,如北京的《目标》、上海的《生活速递》等,其他城市(如深圳、沈阳、重庆等)DM 免费期刊的发展也相当迅速。直邮广告是超市运用非常广泛的一种广告宣传手段,也是地产行业、金融行业和汽车行业常用的媒体形式。

1. 直邮广告的形式

(1) 广告信函

这是 DM 广告中一种最常见的形式,通常采用印刷或电脑打印的方式,直接寄给企业负责人、业务人员、选定的顾客等广告对象。信函的内容主要包括新产品推介、感谢惠顾、节日祝贺、同业庆贺等,用以推荐商品或联络感情。

(2) 明信片

在争取询问回函或推销低成本而不需要太多说明文字的产品时,多采取明信片寄送方式,既经济实惠又方便阅读。

(3) 说明书

这是 DM 广告中的一种介绍性的广告形式,通过文字叙述或配上插图,向广告受众介绍有关商品、劳务或企业的情况,以吸引阅读者的关注。

(4) 产品目录

产品目录上的内容主要是企业经营的产品品名、型号、规格、款式、价格等,供客户参阅选购。

(5) 企业刊物

由公司自己编印的报刊,定期寄给经销商、零售企业、顾客、股东和其他广告对象,宣传企业产品和形象。

2. 直邮广告媒体的优势

(1)选择性强

广告主利用直邮媒体可以把广告信息直接寄送到被选定的广告对象手中,这是直邮广告最突出的优点。

(2)较强的灵活性

直邮广告版面的大小和设计样式、发布时间的长短、数量多少、发布地区的范围大小等,都可以根据广告商品的性质及广告主需要,随意调整和变化,不受任何限制。

(3)费用低廉

直邮广告设计简便,加之邮寄费用较低,因此直邮广告成本较低廉。

(4)广告效果可测

广告主发出 DM 广告信息后,可以根据产品销售数量和销售额的变化,了解广告发布效果,这是其他媒体所不具备的。

3. 直邮广告媒体的劣势

(1)传播范围小

直邮广告是直接寄送给收件人本人的,由于具有私人通信性质,收件人收到 DM 广告后,一般不会广泛传播,因此,DM 广告的传播范围有限。

(2)易引起受众反感

一般情况下,直邮广告如果采取生硬宣传,容易引起收件人的反感,特别是印刷质量差、语言枯燥乏味的 DM 广告,收件人可能不屑一顾就丢进了废纸篓。

(五)其他广告媒体

1. 礼品广告媒体

礼品广告是指在礼品上标明广告主商品或服务信息,然后免费赠送给顾客的广告形式。

(1)广告赠品

广告主将公司、品牌的名称印制在钥匙扣、圆珠笔、T恤衫、打火机等物品上赠送给顾客。

(2)广告日历

日历的生命周期一般为一年,广告主将企业信息印制在日历上赠送给顾客,可以长期展示企业、产品或品牌名称。

(3)商业礼品

商业礼品是指广告主为了开拓销售业务而向有关人员赠送的礼品。

2. 黄页广告媒体

黄页是国际通用的按企业性质和产品类别编排的工商电话号码簿,相当于一个城市或地区的工商企业的户口本。黄页广告将广告信息印制在黄页上面并随同黄页送达受众手中。黄页广告具有以下两个特点：

(1) 可信度高

黄页编纂的科学性和高度准确性使其具有较高的权威性，公众对其有很高的信任度。

(2) 覆盖空间广，发布时间长

黄页的企业覆盖率几乎达到80%。通过业务开展，黄页可覆盖其服务的城市和社区的所有企业。

第三节　新广告媒体

一、新媒体概述

（一）新媒体概念解析

新媒体是个相对的概念，是报刊、杂志、广播、电视等传统媒体之外的新的媒体形态。新媒体是个宽泛的概念，目前新媒体较为流行的定义是：新媒体是利用数字技术、网络技术，通过互联网、宽带局域网、无线通信网、卫星等渠道，以及电脑、手机、数字电视机等终端，向用户提供信息和娱乐服务的传播形态。

"新媒体"一词极具弹性，大量新兴的户外媒体，包括楼宇电视、车载移动电视等，虽然这种媒体形态的出现大多并非是由于技术进步，但与成熟的四大媒体和传统的户外媒体相比，它们是一种新的媒体形态。

（二）新媒体的类型

"新"仅仅是一个相对的概念，新媒体所包含的媒体形式仍然处于发展之中。据不完全统计，目前比较热门的新媒体不下30种，如数字电视、直播卫星电视、移动电视、IPTV、博客（Blog）、播客、网络电视（WebTV）、电视上网、楼宇视屏、移动多媒体（如手机短信、手机彩信、手机游戏、手机电视、手机电台、手机报纸等）、网上即时通信群组、对话链（Chatwords）、虚拟社区、搜索引擎、简易聚合（RSS）、电子信箱、门户网站、微博等。其中既有新媒体形式，也有属于新媒体硬件、新媒体软件，或者新的媒体经营模式。

（三）新媒体的特征

与传统媒体比较，新媒体具有以下特征：

①它是一种以个性为指向的分众媒体而非大众媒体，传播模式是"窄播"而非"广播"。

②它是一种信息发送者与信息接收者之间具有充分互动性的媒体。

③它是一种多媒体，新媒体内容呈现方式有文本、视频和音频。

④它是一种跨越国界的全球化媒体。

新媒体的特征集中体现在数字化、大容量、易检性和高交互性。

二、网络广告媒体

(一)网络广告的定义

网络广告有广义和狭义之分,广义的网络广告是企业在互联网上发布的一切信息。狭义的网络广告是广告主利用互联网媒体向受众传递商业信息的传播活动。网络广告以互联网为传播空间,存在于各个网站,并通过网民点击相应的界面而连接广告主网页,实现广告主传递广告信息的目的。网络媒体是继报纸、杂志、广播、电视四大媒体之后的第五媒体。

(二)网络广告的分类

根据不同的划分标准,网络广告可以有多种分类方法。

1. 根据操作方法划分

网络广告可分为点击式广告、展示式广告及投递式广告。

2. 根据传播方式划分

网络广告可以分为基于 E-mail 的网络广告和基于 Web 的网络广告。

3. 根据表现形式划分

网络广告可以分为文字广告、图片广告和动画广告。

4. 根据广告效果实现划分

网络广告可以分为点击-观看式广告、观看-点击式广告和观看式广告。

5. 根据网络广告相对于网页位置划分

网络广告可以分为静态式广告、游动式广告和弹出式广告。

6. 根据广告尺寸大小划分

网络广告可以分为按钮式(Button)广告、旗帜式(Banner)广告和附带弹出的有完整网页功能的页面广告。

(三)网络广告媒体的属性特征

与传统广告媒体相比,网络媒体有着无可比拟的优势。网络广告能按照需要及时变更广告内容,有利于及时实施和推广广告主经营决策的变化,网络用户可以根据需要搜寻广告信息,针对性强。

1. 广告传播网络化

在网络时代,网络广告的承载体是互联网,这是网络广告的最基本特点。广告传播的网络化使得广告跨越了时空的局限性,覆盖面达到了前所未有的范围。

2. 信息传播的互动性

互联网最重要的特性就是互动性,它打破了传统大众媒体的传播模式,给广告发送者和广告受众提供了一个地位对等的平台。

3. 网络广告的综合性

网络媒体整合了报纸媒体、杂志媒体、广播媒体、电视媒体的优势，融文字、声音、图像等于一体，使之成为有史以来最优秀、最具发展潜力的媒体。

4. 广告与销售的一体化

运用网络广告的链接功能可以将广告设计成为广告与销售的一体化运作模式，即电子商务模式，这是其他广告媒体所不具备的。

（四）网络广告的收费模式

和其他媒体相比，网络广告可以更精确地计算广告被读者看到的次数。因此，网络广告收费最科学的办法是按照有多少人看到广告来计价。按访问人次收费已经成为网络广告的惯例，一般按照每千人次访问次数作为收费单位。网络广告常用的收费模式见表7.8。

表7.8 网络广告的收费模式

收费模式	计价方法
千人印象成本（Cost Per Mille，CPM 或者 Cost Per Thousand；Cost Per Impressions）	CPM（千人印象成本）指的是广告投放过程中，听到或者看到某广告的每一个人平均分摊到多少广告成本。在网上，CPM 取决于"印象"尺度，通常理解为一个人的眼睛在一段固定的时间内注视一个广告的次数
每点击成本（Cost Per Click；Cost Per Thousand Click Through，CPC）	即以每点击一次计费
每行动成本（Cost Per Action，CPA）	CPA 计价方式是指按广告投放实际效果，即按回应的有效问卷或订单来计费，而不限广告投放量
每回应成本（Cost Per Response，CPR）	即以浏览者的每一个回应计费
每购买成本（Cost Per Purchase，CPP）	广告主为规避广告费用风险，只有在网络用户点击旗帜广告并进行在线交易后，才按销售笔数付给广告站点费用
包月方式	按照每月固定收费模式来收费，这对客户和网站都不公平，无法保障广告客户的利益
按业绩付费（Pay-for-performance，PFP）	基于业绩的定价计费，基准有点击次数、销售业绩、导航情况等，这种计价模式将得到广泛的采用
CPL（Cost Per Leads）	以搜集潜在客户名单多少来收费
CPS（Cost Per Sales）	以实际销售产品数量来换算广告刊登金额

（资料来源：刘超. 广告媒体策略[M]. 北京：中国建筑工业出版社，2008.）

三、手机广告媒体

(一)手机媒体的概念

手机媒体是一种以手机为载体的媒体,是继报纸、杂志、广播、电视、网络五大媒体之后出现的,可称之为第六媒体。手机媒体作为新时代高科技的产物,是在电信网与计算机网融合的基础上发展起来的。它是移动增值业务与传统媒体的结晶。简单说,手机媒体就是将报刊、电视等传统媒体的内容,通过无线技术平台发送到用户手机上,使用户随时随地第一时间通过手机阅读到当天报纸的内容或观看正在播出的电视节目。与不同的传统媒体结合形成不同的手机媒体类型,如手机报纸和手机电视、手机音乐、手机游戏、手机搜索等。据相关研究机构预测,2007年全球手机移动广告花费超过27亿美元,如图7.7所示。

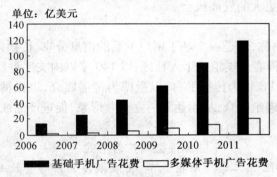

图7.7 2006-2011年全球手机移动广告花费规模

(二)手机媒体的基本类型

1. 短信广告

短信广告是指通过短信群发的形式将企业的产品、服务等信息传递给手机用户,从而达到广告宣传的目的。短信广告具有速度快、成本低、灵活性强、互动性高等特点。

2. 产品彩信

彩信技术使得手机不仅可以用来进行基本的语言交流和简单的文字互动,还可以用来实现彩色视频传送,它最大的特色就是支持多媒体功能,能够传输文字、图像、声音、数据等多媒体格式,企业的产品平面广告可以通过彩信形式得到充分表达。

3. 彩铃广告

彩铃广告是以手机用户的手机为载体,以手机用户的主叫方为受众的一种广告传播方式。比如,某公司将其制作的产品广告制作成音频,用户将其设置为彩铃,这样所有拨打该用户手机的人都能听到这段彩铃广告,而作为回报,用户每月手机费的一部分将由广告主为其买单。华旗资讯公司已经开始这样的尝试,凡是在上班时间拨打该公司员工手机,都将听到一段有关公司的广告。

4. 游戏广告

游戏广告就是广告内容和游戏有机结合,玩家在游戏过程中与广告产品直接进行互动。有数据显示,现在手机游戏达1亿种,市场上所有手机均配备游戏功能,每台手机都是潜在的广告目标。据了解,现在玩家玩足球游戏的时候,足球场四周的广告位也是通过厂商竞价买来的,和现实中的足球比赛场的赞助商广告如出一辙。另外,用玩家虚拟角色穿的衣服、球鞋、喝的饮料等都可以拉来赞助商。

5. 手机视频广告

手机视频广告,比如在手机网站上置入流媒体商业广告,通过短信告知用户去点击,可以获得积分等方式。还有视频点播、移动视频聊天以及视频的贴片广告等方式。3G技术的成熟将为手机视频广告带来更大的发展机会。

6. 微博广告

微博,即微博客的简称,它是一个基于用户关系的信息分享、传播以及获取平台,用户可以通过Web、WAP以及各种客户端组建个人社区,以140字以内文字更新信息并实现即时分享。微博广告就是以手机或PC机为传播平台,以微博为传播媒介,以微博"粉丝"为潜在受众,将企业产品或服务信息传递给受众,从而达到树立企业形象,促进产品或服务销售的目的。

【案例7.4】

新浪微博广告形式

根据新浪发布的2012第二季度财报显示,新浪微博的广告营收超过了1 000万美元,占新浪总营收的10%。虽然这个数字占新浪整个营收比例不算太高,但至少说明新浪微博已经开始在商业化领域发力,并加速商业化进程。在商业化道路愈加明朗化的同时,新浪推出的广告形式主要体现在微博顶部、底部和右侧的推荐产品中,包括推荐活动、视频等。

1. 新浪微博PC端广告形式

(1) 微博登陆页面广告:位于登录页面左侧。

(2) 微博顶部广告:出现在新鲜事下方,微博内容栏上方。

(3) 快讯置顶栏目条:锁定固定账号,对微博内容进行置顶推送。

(4) 底部广告:位于微博最底端。

(5) 右侧活动广告:位于微博右上方。

(6) 右侧话题广告:位于活动广告下方。

(7) 微博名称后面的icon广告:如361°奥运期间的全民记者团彩色五边形icon。

(8) 模板广告:商业性模板,如韩庚演唱会模板。

(9) APP游戏植入广告:如全民运动会游戏中的品牌。

2. 新浪微博移动终端广告形式

(1) 客户端开屏广告:启动应用时出现。

(2) 顶部条框广告。

(3) 关键词广告:转发微博并且微博内容中含有"奥运"或含有品牌名称的关键词,便会出现相关品牌的漂浮广告。

(资料来源:http://www.adquan.com/article1.php?id=13831)

(三) 手机媒体及其广告的基本特性

手机媒体的特性源自它的高科技性。手机具有传统媒体无法比拟的特性,如贴身性、高普及性、高互动性、多媒体性及无限移动性等。手机作为广告载体不仅具有运营上的技术可行性,与其他广告媒体相比,在某些方面还具有一定的商务优势,见表7.9。

表 7.9 手机媒体与大众媒体的比较

移动媒体(手机媒体)	大众媒体
点对点传播	点对面传播
个性化信息	无差异信息
(理论上)广告资源无限	受时空限制
互动	单向
追踪消费地点和行为	无
成本低	成本高
几乎100%的信息阅读率	效果难监测

(资料来源:纪华强.广告媒体策划[M].上海:复旦大学出版社,2006.)

手机广告的基本特性、手机媒体的优势与劣势如图7.8所示。

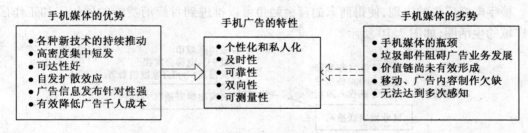

图 7.8 手机媒体的优劣势及其广告特性

(资料来源:刘超.广告媒体策略[M].北京:中国建筑工业出版社,2008.)

四、楼宇电视广告媒体

(一) 楼宇电视广告发展概况

楼宇电视是一种新形式的广告媒体,是指安装在商务楼宇、商厦、餐厅、酒吧、KTV、健身会所以及居民高层住宅楼的电梯入口或电梯内壁,滚动播出商业广告的液晶电视,如图7.9所示。

图7.9 楼宇液晶电视

楼宇液晶电视的创始者是一家叫做 Captivate Network Inc 的加拿大公司。1995年,这家公司在北美和加拿大成功地创立了高档场所液晶显示媒体。今天,这家公司的业务覆盖了北美1 100个商务楼宇,拥有130万收视人群,并且与很多知名企业建立了长期合作关系。

2002年,楼宇电视开始在国内出现,2003年1月由国际著名基金软银(Soft Bank)为核心投资者的分众传媒(Focus Media)在上海成立楼宇电视广告联播网,此后这一新型的广告媒体迅速发展起来,短短一个月内覆盖了上海85%的商务楼宇和知名商厦。2005年,中国楼宇液晶电视广告市场规模达到10.1亿元。根据一项市场调研显示,未来楼宇广告的市场空间将达到300~400亿元。而3~5年内,中国楼宇液晶电视传播网的市场规模有望做到15~20亿元。

(二)楼宇电视广告的传播特性

1. 强烈的终端渗透力

楼宇电视广告的出现,使得商家的营销触角可以推进到目标消费群的居住区和工作区这一广域的生活圈,如图7.10所示。

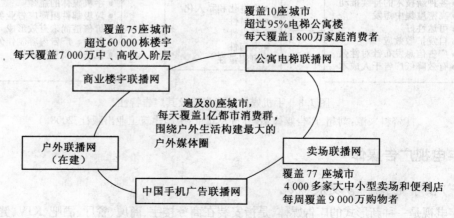

图7.10 分众传媒的户外生活媒体群

2. 高度的针对性，目标群精准锁定
广告客户可以针对不同的社区受众，量身订制解决方案，如图 7.11 所示。

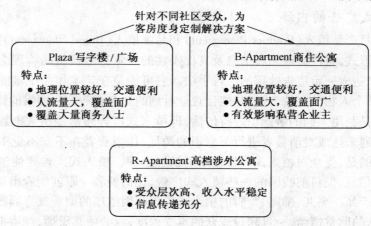

图 7.11 分众传媒的目标受众锁定模式

3. 信息接收的强制性
楼宇电视具有三个天然条件用以保证其强制性的收视效果：第一，电梯这一狭小空间里的视觉强制性；第二，电梯这一无聊情境下的心理强制性；第三，楼宇电视频道的不可选择性。

4. 清晰的投资回报率 ROI(Return On Investment)指标
楼宇广告在很大程度上克服了传统广告媒体效果评价困难的缺陷。楼宇的固定日人流量和偶然人流量能够通过简单的统计得到，出入楼宇的群体类型也比较明确，固定人流乘坐电梯的日频次也可以通过调查得出。此外，楼宇容纳的人群相对稳定，十分有利于对广告信息的到达率和行为效果作进一步的分析和评定。

5. 目标受众支付能力强，消费需求十分旺盛
楼宇电视能够有效锁定企业主、经理人和白领受众，充分覆盖 25～50 岁之间的都市高学历、高收入人群，令广告主的媒体投资更精准。

6. 广告信息传播的排他性
楼宇电视是一种稀缺的媒体资源，对位置有很强的垄断性，一旦传播网络覆盖了某个楼宇，就不会再有其他同类媒体出现在这一位置，这就决定了楼宇广告信息具有排他性。

7. 低廉的传播成本
楼宇电视是新型的分众媒体，它的受众群不是包括所有阶层的普通大众，如果将地区所有受众考虑在内，它的成本优势不是十分明显，但是在对商家所需要的特定目标受众进行传播的层面考察，楼宇电视与传统媒体相比还是有很大的优势。

五、植入式广告媒体

(一)植入式广告的内涵

植入式广告是产品植入(Product Placement)和品牌植入(Brand Placement)的总称,是指广告主通过付费的形式,将产品或品牌信息及其代表性的视觉符号甚至品牌理念策略性地融入媒体内容之中,来达成一定广告效果的广告手法。它可能是在艺术作品中被随口提到的某种商品,也可能是某个人物的穿戴,或者是能让观众看到的知名企业商标图案的镜头特写。

植入式广告是利用人们的潜意识进行传播,即植入式广告通常是植入电影、节目情境中,通过情境式的沟通来达成对消费者进行下意识的诱导,让消费者在不知不觉中吸收了商业性信息。值得注意的是,受众对植入式广告也渐生抵触心理。植入式广告要使消费者在不知不觉中接受产品的信息,但目前我国的一些植入式广告,让消费者一眼就能看出是某某企业在做广告宣传自己的产品。突兀、暴露、蹩脚的植入式广告会因浓厚的商业气息而破坏整个节目的艺术性,干扰观众的欣赏情绪,一旦超过观众的承受程度,就会使其厌烦,产生抵触情绪。2010年春节晚会,植入式广告比比皆是,遭到观众的质疑,甚至是诟病,如图7.12所示。

图7.12 2010年央视春节晚会一组植入广告

(二)植入式广告的类型

植入式广告按照其依托的载体,可以分为八种类型:影视剧植入式广告;电视节目植入式广告;游戏娱乐植入式广告;短信植入式广告;平面媒体植入式广告;Yahoo!、Messenger、MSN、QQ等即时通信产品植入式广告;微博植入式广告;歌曲植入式广告。近年来,随着新媒体的快速发展,一些比较新的且运用前景比较看好的植入式广告载体纷纷呈现,如网络游戏、网络论坛及网络微博等。

美国学者C.A.罗素(C.A. Russell)于1998年提出了比较系统的植入式广告类型的三维模式,如图7.13所示,即以听觉呈现、视觉表现、与情节的关联度作为三个维度,将植入式广告分为三种类型。

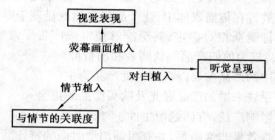

图7.13 Russell的植入广告框架

1. 荧幕画面植入(Screen Placement)

这种植入方式又细分为两种:一种是创意式植入(Creative Placement),例如,让产品广告牌出现于荧幕中;另一种方式是现场植入(On Set Placement),例如,在厨房场景里放置某品牌的食品。

2. 对白植入(Script Placement)

这种植入方式是指在适合的情境中设计演员的台词,依据情节,配合语调、时机、人物性格,让演员口头提及某一品牌的名称。

3. 情节植入(Plot Placement)

当产品成为剧情的一部分,在故事线中担任重要的位置或通过产品来塑造角色的特质,并结合了前两种植入方式,将产品设计成剧情的一部分,来传达品牌名称或相关信息,增加剧目真实感的时候,这种植入方式就是情节植入。

(三)植入式广告的特点

相对传统广告模式而言,植入式广告具有很多优势,具体见表7.10。

表7.10　植入式广告与传统插播广告的区别

	植入式广告	传统插播广告
营销方式	渗透营销	干扰营销
干扰度	几乎没有	较为严重
广告味道	娱乐化	产品化
品牌特征	弱	强
受众态度	主动接受	被动接受

（资料来源：伦丽娜. 植入式广告：电视媒体广告营销新模式[J]. 中山大学学报论丛, 2007(4):160.）

总体而言,植入式广告具有以下特点：
①利用非广告时间和空间来传达产品的特性,增加产品曝光的机会。
②产品有计划地被放置在传播媒体中,让产品很自然地显现于屏幕画面当中。
③植入式广告的目标受众相对确定,甚至能够使常规广告平常很难传达到的消费者,如12～24岁之间的年轻人,成为他们产品的认同者和消费群。
④放置于传播媒体中的产品主要以高知名度产品为主。
⑤通过设计植入的手法来增加产品曝光及购买产品的机会。
⑥持续时间长而且影响广泛,有话题衍生性。
⑦成功的植入式广告效果非常明显,并有引领消费时尚的特殊意义。

第四节　媒体广告价值评估

一、媒体广告价值评估概述

随着广告媒体的发展,新媒体日益增多,媒体间竞争也越来越激烈。面对传媒产业的发展,广告主捕捉目标受众面临诸多的挑战,这就要求广告策划人员及广告主除了具备丰富的媒体运作知识及经验之外,还应具有把握各类媒体特性的能力,对各类媒体进行综合评估。

（一）媒体广告价值评估的概念

媒体广告价值评估是指综合运用各种评估指标,对媒体传播效率与效果进行量化分析,为广告策划人员或广告主提供媒体选择依据的活动。媒体广告价值评估也就是运用广告各种指标来衡量媒体,目的是通过最低的投入、最恰当的媒体传递方式来进行有效的广告宣传。

（二）媒体广告价值评估的意义

媒体广告价值评价的意义体现在两个方面：第一,进行媒体广告价值评估,可以确定各媒体的特点及其适用性；第二,进行媒体广告价值评估,可以确定各媒体的广告传播效益性。

在进行具体媒体广告价值评估时,可以从效益性和针对性两个方面考虑媒体的可用性。在实际工作中,一般采用定性指标（如产品特点、媒体性质、目标受众特点、广告预算及相关法规等)衡量媒体的针对性,确定若干适合的媒体,然后再用量化评估指标综合评价各媒体的效益性,在此基础上确定适合的广告媒体。

二、媒体广告量化评估指标

媒体广告量化评估指标,是指能够通过统计调查而得到的媒体使用效果的数量化指标。由媒体广告量化指标结合费用可以计算出广告成本效益指标。

对电波媒体而言,主要指标有:收视率、收视人口、观众的组成情况、覆盖区域等。广播与电视基本类似,其指标含义也基本一致,只是以收听取代收视。

印刷媒体主要数量指标有:发行量、阅读率、传阅率、阅读人口、阅读人口组成情况、刊物地区分布等。报纸和杂志基本类似,指标含义也基本一致。

户外媒体种类繁多,对一般常见的路牌媒体来说,其主要量化指标有:受众人数、高度指数、尺寸指数、能见指数、材质指数等。

网络媒体量化评估指标主要包括:网页访问次数和访问者人口组成分析。其中访问人次可通过网站的统计软件进行准确统计,人口组成分析则通过在网上向访问者附带发布的调查表来获取。

三、媒体广告量化评估指标的计算

媒体量化评估主要是通过收视率、到达率、接触频次、毛评点和千人成本等这些基本参数指标来实现。

(一)收视率

1. 收视率的概念

收视率是指在某个时段收看某个电视节目的目标观众人数占总目标人群的百分比。一般由第三方数据调研公司(如央视-索福瑞媒介研究、AC 尼尔森公司),通过电话、问卷调查、机顶盒或其他方式抽样调查来得到收视率。

2. 收视率的计算

收视率=(收看某个电视节目的目标观众人数÷总目标人数)×100%

例1 五个家庭各拥有一台电视,假设有 A、B、C 三个节目可供收看,有两家看节目 A,有一家看节目 B,有一家看节目 C,则 A、B、C 节目的收视率分别为多少?

答案:节目 A 的收视率=(2÷5)×100%=40%;节目 B 的收视率=(1÷5)×100%=20%;节目 C 的收视率=(1÷5)×100%=20%。

在实际操作中,我们还要特别强调目标受众收视率(Target Audience Rating Point),即细分市场的目标客户的收视率。

目标受众是指对某式产品或服务具有明确吸引力的特定人群。目标受众收视率(TARP),也称为毛收视点,指有机会收看某个广告的目标受众百分比。例如,10 个女性目标

收视点等于所有女性观众的10%。其公式为

TARP=(广告所到达的目标受众人口总数÷该地区广告目标受众人口总数)×100%

例2 根据表7.11提供的数据,请分别计算上海电视台和东方电视台各年龄段目标受众的收视率。

表7.11 目标受众收视率(TARP)的计算

年龄组成	总观众数/千人	上海电视台		东方电视台	
		观众/千人	TARP	观众/千人	TARP
15岁以下	1 119	140	12.5	138	12.3
15~24岁	817	106	13.0	120	14.7
25~34岁	631	111	17.6	107	16.9
35~49岁	2 323	342	16.1	377	17.8
50岁以上	2 993	568	19.0	524	17.5
总计	7 683	1 267	16.5	1 266	16.5

答案:计算数据见表中灰框。

3.影响收视率的因素

收视率主要变量是收视人数和收视时间,所以任何能够影响到收视人数的因素或者收视时间的因素都能影响到收视率。收视率是依据统计方法产生的,样本选择的改变,标准设置的改变也会影响收视率。

(1)地域因素

《刘老根》在东北的收视率高达22%,在南方却只有几个百分点。

(2)季节因素

例如,在12个月中,某节目前五个月平均收视率较高,6月份是电视剧收视的低谷,收视率较低。暑假收视率有了回升,并达到了全年的最高点。

(3)时段因素

在收视上表现最好的则是19:00~20:00这个时段,从这里可以看出,时段在很大程度上决定了电视剧的收视率。

(4)频道因素

同一部电视剧在不同频道播出,它的收视率也不同。比如,《橘子红了》在甘肃一套(省级频道)播出时收视率为13.97%,福建电视台电视剧频道(有线频道)播出时收视率为7.37%,中央八套(中央级频道)播出时收视率为7.29%。

(5)播出轮次因素

同样在武汉地区播出的电视剧《康熙微服私访记第四部》,10月份在武汉二套播出时收视率9.39%,而在11月份武汉四套播出时收视率不到4%。

> **【案例 7.6】**
> **收视率能衡量电视剧的质量吗?**
> 收视率分析中另一种比较常见的现象,是将收视率高低与节目内容好坏简单挂钩。当收视率走高或走低时,便时常可以看到诸如"这是因为节目内容好(或不好)"之类的断言。一般来说,收视率与节目内容之间存在相互关系,后者对前者的变化通常具有很明显的影响作用,但这不是绝对的。衡量一个节目或者电视剧的好坏,不能用收视率作为唯一标准,还应该有满意度的指标。如果说收视率衡量的是量的因素,那么满意度衡量的则是质的因素,而且是更重要的因素。有的电视剧收视率很高但满意度很低,甚至会出现大家都看一部电视剧但边看边骂的现象;有的电视剧收视率可能不是很高,但满意度很高。另外,收视率也有造假现象。例如,某省一家电视台有一个栏目已经停播三个月了,但是收视调查公司依旧提供该栏目的收视率,而且收视率还高达30%。收视率调查公司也有可能通过收买调查样本来左右节目的收视情况。

(二) 到达率

1. 到达率的概念

到达率(Reach)是指有多少"不同的"家庭或个人,在一定的期间内(通常为四周),至少接触广告一次的非重复性人口比率。就广播、电视媒体而论,通常到达率均用四周表示。就杂志、报纸而论,到达率通常以某一特定发行期经过全部读者阅读的寿命期间作为计算标准。以《读者文摘》为例,平均每期的阅读寿命为11~12周,即从刊物开始发行时经过需11~12周才能到最后一位《读者文摘》的读者。对于户外媒体,到达率的表现要经过一个月的期间。

2. 到达率的计算

到达率的计算公式为

$$到达率 = 总收视率 - 重叠收视率$$

例3 一个广告插播三次,共有 A、B、C、D、E 五个家庭,第一次插播时 A、B、C、D 看到,第二次插播时 B、C、D 看到,第三次 A、C、D 看到,播出结束,只有 E 家庭没看到广告,请计算该广告的到达率。

答案:该广告实际送达的家庭数是四个,该广告的到达率 = (4÷5)×100% = 80%。

(三) 接触频次

接触频次是指个人(或家庭)接触广告信息的平均次数。其计算公式为

$$接触频次 = 毛收视点 \div 到达率$$
$$平均接触频次 = 毛评点 \div 到达率$$

(四) 总收视点

总收视点或称毛评点(Gross Rating Point, GRP),是一个表示广告送达程度的百分数,指在一定广告排期内(四周),特定的媒体广告所送达到观众处的收视率总数,即在特定频道、特定

时段的广告播出后获得的收视率之和。总收视点是重复性收视率,有重叠性,操作时可把不同时段、不同日期的收视点累加在一起做广告投放量及其效果的统计和评价。

1. 总收视点的计算

总收视点的计算公式为

$$总收视点 = \Sigma\, 收视率_i$$

式中,收视率$_i$为第i次的收视率($i=1,2,\cdots,n$)。

例4 某广告通过A、B、C三档节目在一周内共播出17次,见表7.12,请据此算出总收视点。

表7.12 总收视点的计算

	平均收视率/%	广告插播次数	总收视点(GRP)
节目A	12	3	36
节目B	4	4	16
节目C	9	10	90
合计		17	142

答案:该周期送达的毛评点,即总视听率 = 12×3+4×4+9×10 = 142。

2. 总收视点、到达率与接触频次的关系

总收视点、到达率与接触频次的关系为

$$总收视点 = 到达率 \times 接触频次$$

例5 已知甲市场共有100万个目标消费者,两次广告的收视率分别为30%和20%,有重叠,如图7.14所示,请分别计算出总收视点、到达率和接触频次。

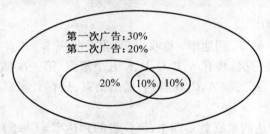

图7.14 甲市场两次广告的收视率分布情况

答案:总收视点 = 30+20 = 50;到达率 = 40;接触率 = 50÷40 = 1.25。

3. 总印象

总印象(Impressions)又称为总视听机会,它表示一个人接触到某一节目、报纸、杂志或户外广告的机会,是对受众规模的测量。总印象与总收视点意义相同,只不过总收视点是百分数,而总印象是一个具体数字,它是指媒体活动排期表中所有媒体的受众人数总和。其计算公式为

总印象＝总收视点×人口基数

（五）千人成本/每收视点成本

媒体广告投放成本评估的主要指标为千人成本(CPM)和每收视点成本(CPRP)。所谓千人成本，是指广告每接触 1 000 人所需花费的成本。在计算上是以媒体单价除以接触人口，再乘以 1 000。每收视点成本主要用于评估不同电视媒体不同时段的价格差额，是指广告每取得一个点的收视率所需花费的成本，在计算上是以单价除以收视率。

1．千人成本的计算

千人成本＝（媒体成本÷视听众人数）×1 000

千人成本＝（媒体成本×1000）÷（总人口×电视开机率×节目收视率）

2．每收视点成本

每收视点成本的计算公式为

每收视点成本＝媒体成本÷收视率

千人成本应用更为广泛，可以通过播出时间或印刷版面来计算。其受众基础可以是发行量、到达的家庭户数、读者数、任何年龄阶层的受众数，或产品各个使用阶层的受众数等，只需在计算时作出相应调整，该指标说明一种媒体与另一种媒体相对的成本，因此还可以用于媒体之间的横向比较。相对而言，每收视点成本一般用于电视媒体，作用等同于千人成本。

例 6 请根据表 7.13 提供的数据计算 CPM 和 CPRP，作出广告媒体选择并阐明理由。

表 7.13 CPM 与 CPRP 的计算

节　目	总人口数/千人	电视普及率/%	收视人口/人	收视率/%	30 秒单价/元	CPM	CPRP
A 节目	2 660	95	758 100	30	22 000	29	73 333
B 节目	2 260	95	454 860	18	12 000	26	66 667
C 节目	2 660	95	606 480	24	18 000	30	75 000
D 节目	2 660	95	227 430	9	8 000	35	88 889
E 节目	2 660	95	379 050	15	15 000	40	100 000
平均值	2 660	95	2 425 920	96	75 000	31	78 125

（陈俊良.广告媒体研究——当代广告媒体的选择依据[M].北京：中国物价出版社，1997.）

答案：根据上表数据，在只分析收视人口及收视率的情况下，五个节目的排名为 A、C、B、E、D，假设在其他条件不变的情况下，媒体选择的优先顺序应该就是 A、C、B、E、D。然而，加上投资效益评估之后，以纯效率的角度去选择，优先顺序则改变为 B、A、C、D、E。

第五节 媒体选择策略

现代广告中,媒体的选择余地越来越大。不同媒体具有不同的特性,为了达到预期的广告效果,在进行广告策划时,应该在众多媒体中选择最符合市场策略、产品定位策略、诉求策略的媒体,并将其合理配置。媒体的选择与组合是媒体策略的一个重要内容。

一、影响广告媒体选择的因素

(一)影响广告媒体选择的因素

影响媒体选择的因素是多种多样的,在众多影响因素当中,有15个基本因素需要考虑,如图7.15所示。对广告媒体进行比较、选择,可以以这15个因素作为基本参照标准来加以衡量。

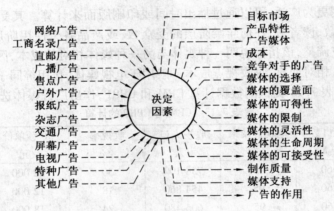

图7.15 影响媒体选择的15个因素

从策略性的角度来看,影响广告媒体选择的主要因素有:品类关心度;广告活动类型;品牌形象与个性;创意策略的语调与态势;消费习性;竞争态势等。

从具体的媒体选择来看,既要符合产品的特性,又要符合产品不同发展阶段的特点,不仅要从媒体本身进行考虑,还要从营销策略来考虑。从以上15个因素当中可以提炼出4个核心要素,即广告预算、目标对象、媒体特性、产品特点。

(二)广告媒体选择的策略重点

广告媒体选择的目的是通过各类媒体的特征,找出适合广告主或广告目标要求的媒体。

媒体选择包含三个层次:媒体大类的选择与分配;具体媒体的选择;节目/版面类型的选择。以上三个层次是包含的关系如图7.16所示。

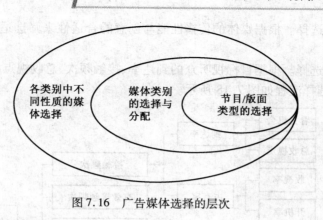

图7.16 广告媒体选择的层次

二、广告媒体选择的程序与方法

（一）广告媒体选择的程序

在一般情况下,广告媒体选择程序包括四个阶段,16个步骤,如图7.17所示。

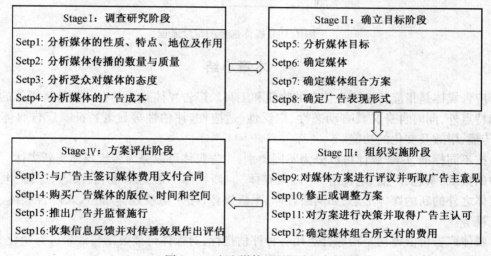

图7.17 广告媒体选择程序

（二）广告媒体选择的方法

选择广告媒体时,应遵循以下原则:根据目标市场选择媒体;根据产品性质选择媒体;根据传播时机选择媒体;根据支付能力选择媒体;根据媒体评估指标选择媒体;根据消费趋势选择媒体。

一般而言,媒体选择大多是在主观和客观的基础上进行比较来完成的。选择可通过两个步骤来完成:

第一步,定性选择。根据媒体的传播性能与创意的合适性来筛选适合媒体战略的媒体类别。

第二步,定量选择。根据目标视听众的到达率、接触频次、总收视点、千人成本等媒体评估指标选择。定量选择流程如图 7.18 所示。

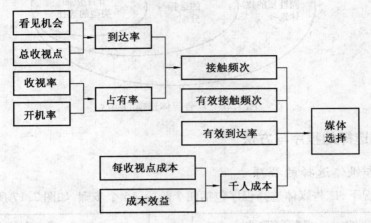

图 7.18　媒体选择的定量流程

本章小结

广告媒体是指能传递广告信息的物质和工具。广告媒体除了具有一般传播媒体的基本属性和特点外,同时自身又具有动态性、广泛性、适应性、评估性等显著特征。广告媒体具有吸引、传播、增效及文化的功能。

按不同标准,广告媒体可以分为不同类别,广告媒体可以分为传统媒体与新媒体。传统媒体中的报纸、杂志、广播、电视俗称"四大媒体"。新媒体一般是指报刊、杂志、广播、电视等传统媒体之外的新的媒体形态,如网络媒体、手机媒体、楼宇电视媒体、植入式广告媒体、车载移动电视等。

媒体广告价值评估是指综合运用各种评估指标,对媒体传播效率与效果进行量化分析,为广告策划人员或广告主提供媒体选择依据的活动。

电波媒体量化评估指标主要有收视率、收视人口、观众的组成情况、覆盖区域等。印刷媒体主要量化指标有发行量、阅读率、传阅率、阅读人口、阅读人口组成情况、刊物地区分布等。

广告媒体选择的目的是通过各类媒体的特征,找出适合广告主或企业广告目标要求的媒体。媒体选择包含三个层次:媒体大类的选择与分配;具体媒体的选择;节目/版面类型的选择。影响媒体选择的四个核心要素是广告预算、目标对象、媒体特性及产品特点。

自测题

一、名词解释
广告媒体　　小众媒体　　大众媒体　　POP　　　　DM
植入式广告　收视率　　　到达率　　　总收视点　总印象　　千人成本

二、问答题
1. 简述报纸广告媒体的优缺点。
2. 简述杂志广告的优缺点。
3. 简述广播广告媒体的优缺点。
4. 简述电视广告媒体的优缺点。
5. 简述户外广告媒体的优缺点。
6. 新媒体具有哪些特征？
7. 楼宇电视广告具有哪些传播特性？
8. 论述广告媒体选择策略。

三、分析题
有观点认为，在等待或乘坐电梯的人们往往处于"思想空白"阶段。你认同这种说法吗？尝试找一家投放有楼宇电视广告的商厦或写字楼，亲自步入电梯体验一下"思想空白"的感受，并留意身边其他人在电梯内的行为表现，以此检验并分析楼宇电视广告的有效性。

四、案例分析

分众向无线广告进军

致力于无线广告市场的北京分众无线传媒技术有限公司于2006年正式开始运营。分众无线是分众传媒旗下的全资子公司。年初，分众传媒以总价值3 000万美元收购WAP Push公司凯威点告，并对其进行了整合，作为分众传媒的一项新业务正式推向市场。

分众无线CEO徐茂栋表示，手机作为报刊、广播、电视、网络媒体之后的第五媒体，其影响力和受众群体已经越来越大。手机媒体的定位是分众、定向和互动，其广告价值非常高。

分众无线此次推出的产品，包括点告和直告两种。点告是通过无线互联网站WAP等将客户的广告精确地投放到其目标消费者的手机上。目前分众无线已经与3G门户网、当乐网、WAP天下等进行了合作，并按照每千次有效点击36元的报价，向这些网站付费。

而分众无线的另外一种产品形式直告，则是通过短信、彩信、WAP Push等方式直接传送到用户的手机上，可以实现100%的精确到达率。通过直告方式，分众无线可以将促销信息广告、优惠券广告直接投递到许可或定制该信息的手机上，便于其查看、使用。

问题：
1. 请对分众无线广告媒体进行SWOT分析。
2. 手机媒体应如何定位？
3. 什么是点告和直告？这两种传播方式有什么不同？

第八章
Chapter 8

广告效果评估

【学习目的与要求】

通过本章的学习,要求学生了解广告效果评估的意义、广告效果评估的程序,掌握广告效果的定义、内容、特性和类型,以及广告效果评估的类型及原则,熟悉广告传播效果评估的指标与方法以及广告经济效果评估的指标与方法,在此基础上,初步掌握广告效果评估的基本运作。

【案例导入】

户外视频广告:汹涌澎湃之下暗礁丛生

户外广告,从LCD(液晶显示屏)到LED(电子显示屏),从小屏幕到大屏幕,从商务楼宇到可以想象到的所有人流聚集区,当分众传媒在纳斯达克不断创造着资本神话的同时,"户外+视频+网络"已经成为商人和资本争相追逐的成功模式。

"我知道我的广告费浪费了一半,但却不知道是哪一半浪费了。"这是美国费城商人约翰·华纳梅克的一句名言,也是近一个世纪以来广告主们一直在问的问题。

据了解,目前广告公司和广告主通常采用的对户外视频广告的评估方法有两种:一是通过笼统的人流量来估算每个媒体终端每天有多少人经过、人流的时段分布、年龄结构、性别分布等,在此基础上计算出千人成本;二是针对一些重要的广告主,通过聘请第三方调查公司进行广告刊播后的问卷调查,以此来评估广告效果。

"但这种针对户外广告的调研方法,其科学性和客观性还是无法让广告主有信心。"尼尔森户外广告的研究人员表示。作为世界领先的第三方调查公司,尼尔森在2005年底发布了基于其卫星定位技术的户外广告受众研究报告,这项技术也是尼尔森作为与电视收视率调查等技术相对应的、针对户外广告的调查手段。但也正是由于其使用的卫星定位技术,尼尔森的这套户外广告调查系统目前还未被引入中国。

沃尔夫咨询集团亚洲区总裁戴维·沃尔夫也曾发出警告,虽然广告主现在很热衷于投放户外的视频广告,但如果没有支持户外视频广告效果的硬数据,广告主不会一直这么踊跃。但现在,对户外视频媒体广告效果的质疑还不仅仅是因为评估系统和工具的匮乏,当新生媒体形式随着时间的推移变得不那么"新鲜"的时候,还会是一个吸引眼球的"香馍馍"吗?

CTR 市场研究公司近几年关于楼宇视频广告效果的评估数据,也在一定程度上验证了这种担心。2003 年,当楼宇视频广告的 LCD 屏最初出现在市场上时,当年"受众会主动观看分众传媒的液晶广告"的比例高达 93%,但这一数据在 2005 年降至 64%,2006 年继续下滑到 44%。

而越来越多的户外视频媒体的出现,也在加速消耗受众对这一媒体形式的趣味和媒体本身的有效性。戴维·沃尔夫说:"中国人每天要收到 300 条广告信息,一旦达到这个数量,人们就会善于滤除这些信息,我们所能容忍的广告数量几乎已经达到饱和状态"。

(资料来源 http://media.people.com.cn/GB/40628/5838524.html)

第一节 广告效果评估概述

宝洁全球行销总裁威林曾说,广告测试是延续宝洁传奇的主要因素。很多企业投放了大量的广告费用,却舍不得花钱进行广告效果的测试和评估,导致很多企业感叹"浪费了一半的广告费,却不知浪费在哪里?"企业只有通过第三方广告效果测试,才能使企业了解和监控广告的实际效果。从世界范围的广告发展来看,在 20 世纪 50 年代以前,人们对广告效果评估往往是凭经验和直觉进行主观判断。20 世纪五六十年代,世界广告业发生了一个重大变化,一些研究人员从广告公司、媒体单位和广告主企业中脱离出来,组成独立的广告研究所,专门从事广告效果研究和测定工作,从而将广告业的发展推进到一个新的历史阶段。另一方面,随着市场竞争的日益激烈,广告投入也越来越大,广告主也更重视广告效果,测定广告效果已成为广告活动的重要工作。可以说,广告效果评估是衡量广告公司的业务水平、服务质量、策划效果以及广告主满意度的一个尺度。

一、广告效果的含义

(一)广告效果的定义

广义的广告效果(Effects of Advertising)是指广告目的的实现程度,是广告信息传播出去之后对受众所产生的直接或间接影响,包括传播效果、经济效果和社会效果。

狭义的广告效果是指广告所获得的经济效果,即广告传播促进产品销售的程度,也就是广告带来的销售效果。

(二)广告效果的类型

按内容划分,广告效果的类型可以分为:

1. 传播效果

传播效果又称为心理效果或接触效果,是广告效果的核心。它是指广告发布后对受众所产生的各种心理效应,如广告对知觉、记忆、理解、情感、欲望及行为等方面的影响。传播效果是广告效果的直接反映,受广告表现效果和媒体传播效果等多方面的影响。通过广告提高品牌或产品的知名度,就是指广告的传播效果。

2. 经济效果

经济效果是广告主最为关心的。它主要是指广告主从广告活动所获得的经济效益,是广告引发的企业产品或服务销售及利润的变化。通过广告可以提高产品的销售量,就是指广告的经济效果。

3. 社会效果

社会效果泛指除传播效果、经济效果之外,广告对整个社会的文化、道德、伦理等方面所造成的影响。通过广告在公众中树立良好的企业或品牌形象,就是广告的社会效果。

【案例8.1】

广告效果的三重境界

广告无论是树立品牌形象,还是促进产品销售,都是为企业发展服务。广告效果的评估方法也日渐丰富,按照最简单的哲学观点,广告效果其实就是顾客的直接感受。

"看山是山,看水是水"是广告的第一层境界,也是好广告必要的条件。"看山是山,看水是水"的意思就是"广告就是广告",给顾客感觉也是广告,广告直接表现产品特点或诉说产品个性,使顾客接受产品。如"好空调,格力造""买家电,到三联""康师傅方便面,香喷喷,好吃看的见"等,都是直接说产品、直接表现产品,同时以简单的语言来传达信息,直接有效是这类广告的基本特征。

广告和销售一样,都是返璞归真的艺术,无论怎样的策略都要遵循4P的规则来演绎,山就是山、水就是水的广告艺术未必就是浅薄,顾客最想知道的无非就是产品的功能、特点和质量标准,把产品最基本的特征讲明白,一个好广告就诞生了。

直接未必就是白描,这类广告也有一些技巧和包装的方式。如使用名人证言、产品的工艺展示、对比以及价格策略等,无论什么方式,都离不开直接说产品,这是广告固有的特征之一。20世纪80年代的"实行三包,代办托运"就是最典型的直接式广告,但是直到现在哪个企业真的做到了实行三包呢?所以说广告并非只是语言的艺术,更需要执行的到位,企业胜在行动,胜在让顾客感动。

这类广告是水晶,纯洁简单但是有能量。

"看山不是山,看水不是水"是广告的第二层境界,讲究妙在似与不似之间,一般顾客很难分辨是不是广告的情况下进入企业设置的思维怪圈,从而实现产品的销售。之所以看山不是山,看水不是水,原因是企业不直接说产品,而是从顾客心理的需求或产品原有的功能之外寻找"附加价值",让顾客由被动接受产品变为主动了解产品。明显的例子就是软文和软广告,以及近年来在中国市场广泛受关注的概念研究——"你的牙齿健康吗?""小心家装杀手!""美国人睡得好,中国人咋办?""春季扮靓小贴士""英语学习的十大技巧""走出糖尿病治疗的误区""又到过节送礼时"……这样的标题对于很多人来说更像是科普教育或者生活常识,但是很不幸的是它们都是广告,都是企业精心炮制的老酒,闻起来芬芳,喝起来醉人,使你不知不觉走进企业设置的思维怪圈,从而成为准消费者。

软性广告的最大特征在于顾客心理研究,通过反向思维,从顾客的角度思考问题,然后将顾客最关心和敏感的问题进行总结和提炼,以悬念、恐吓、关怀或教育的角度诱使顾客,在顾客醒悟之前把戏做足。这类广告要求有足够的版面或内容承载企业要讲的故事,因此更适合平面广告或网络,并且需要注意对顾客的心理研究而不要产生方向性错误,否则"策略不对,一切白费"。

这类广告是游戏,最终结果要看谁玩得更高明。

"看山还是山,看水还是水"是广告的至高境界,也是企业和顾客之间良好沟通的开始。所谓"看山还是山,看水还是水",就是顾客知道这是广告,但是依然还是愿意看,依然接受并喜欢这种广告,并且对企业产生一定好感、愿意为之消费的广告。

这种广告对企业文化有一定要求,要求企业具备一定底蕴,具备了一定的社会影响力,或者广告创意的角度超越销售,成为文化或流行现象的组成部分。这样的广告比较少,目前主要集中在电影或游戏的植入式广告,如《天下无贼》《大腕》这样的电影植入式广告,大家看的哈哈大笑,但是又记住了产品,对于产品的宣传作用又很明显,所以赢得了企业的喜爱。

这类广告往往具备一定高度,和品牌息息相关,类似"科技以人为本""让我们做的更好""大家好才是真的好""爱你等于爱自己""酸酸甜甜就是我"这样的说法实际早已超越产品本身,成为一种社会现象或流行话题,从而在平常中实现一般广告所不能达到的喜悦度和认可度。

这类广告是情人节的玫瑰,最美好的感情往往是皆大欢喜。

(资料来源:http://www.emkt.com.cn/article/231/23170.html,中国营销传播网,齐渊博)

二、广告效果的特性

(一)滞后性

广告对不同受众的影响程度,受其所处的社会、经济、文化、地域等多种因素的制约,因此广告受众对广告效果的反应程度也是有区别的。同时,广告对特定受众的购买心理刺激也经过反复的刺激过程,才能达到购买行为阶段。从一般产品的销售曲线来看,销售量的峰值在广告投入量峰值之后。如果把销售量的增加看成是广告效果,相对于广告投入,效果的出现总是要滞后一个时段。时间的滞后性使广告宣传的效果不能很快、很明显地显示出来。因此,评估广告宣传的效果首先要把握广告产生作用的周期,准确地确定效果发生的时间间隔,区别广告的即时性和迟效性。只有这样,才能准确地预测广告活动的效果。

【案例8.2】
企业在广告效果滞后性中的误区

众多的企业,在投放广告时,有一个常见的误区,就是在心中给自己列了一个时间表,在某一段时间内业绩增长明显,就继续投放,如果没有这样的效果,就往下撤。这种想法没有错,但错就错在企业给自己定的时间表太短。比如说,如果三个月市场没有如企业期望的那样火爆热销,企业就急于下结论,这个产品不适合目前的市场,相应的广告也没有必要继续投放了。这让人们想起老鼠啃粮仓的故事,一只没有恒心的老鼠,在啃粮仓的时候,心里总想着,这木板还有多厚呀,会不会我啃错了地方,想着想着就泄气了,一会儿又重新换了一个自认为比较薄的地方开始啃,结果没啃透,又换地方了,如此反复,最终也没有吃到金灿灿的谷子。其实,广告也如此。许多优秀的广告必须通过密集和持续的投放才能发挥效应,不论广告效果滞后时间有多长,只有保证它的投入,才能达到预期的效果。没有时间的积累就没有广告效果的积累。美国著名的可口可乐公司仍然每年把30%的利润用作广告费用,不厌其烦、坚持不懈地进行广告宣传,其目的就是通过持续的宣传攻势,让消费者认识和记住产品,树立企业良好的形象和产品的美誉度。

(资料来源:http://www.chinabgao.com/freereports/2938.html)

(二) 复合性

广告活动是一种综合性的、复杂的信息传播活动。产品销售业绩的好坏,离不开企业产品的开发策略、定价策略、渠道策略及推广策略。从市场的情况来看,同类产品的竞争状况、消费者的消费习惯等都会影响到广告的效果。可见,广告活动的效果是由多种因素复合作用的结果。由于广告效果具有复合性,某一时期的广告效果可能是多种媒体传播的结果,因此在评估广告效果时,要分清影响广告效果或决定广告效果的主要因素,以确保评估的客观性与真实性。

(三) 累积性

广告活动是一个动态的过程,受众接受信息的过程也是一个动态的过程。广告宣传活动往往是反复进行的。某广告给受众以深刻的印象,并对其产生影响,大多数情况下并不是一次、一时或一种信息和媒体作用的结果,往往是广告信息的多次重复而形成的累积效果。受众在尚未发生购买行为之前,都可以看成是广告效果的累积时期。在这一时期中,受众的购买行为尚未发生,企业必须持续地、多次地做广告,强化影响,通过量的积累转化为质的飞跃,促成受众购买。而这种购买行为,显然不应看作是最后一次广告的效果,而应看作是在此之前多次累积的结果。

(四)间接性

广告效果的间接性主要表现在两个方面:第一,在多数情况下,受众虽然接触到广告信息,并对广告建立了一定的认识,但并没有实施购买行为,他们的表现可能是以后购买,这是广告效果的间接表现;第二,如某受众接受广告信息的影响,购买了广告商品,使用一段时间后,觉得质量不错而且物美价廉,可能向亲朋好友推荐,引起他们的购买欲望,从而间接地扩大广告效果,这也是广告间接效果的表现。

(五)层次性

从广告效果的形成过程来看,广告效果可以划分为广告认知效果、广告心理效果和广告销售效果三个层面,如图 8.1 所示。这是因为,广告对销售的拉动不是一蹴而就的,而是通过消费者的认知、理解、购买等过程逐步实现的。尽管企业关注最多的可能是广告的销售效果,但是缺少了对其他两个阶段的研究,广告的销售效果也是很难实现的。

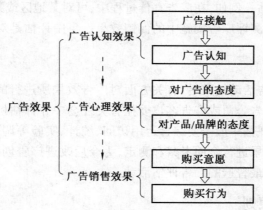

图 8.1　广告效果的层次性

三、广告效果评估

(一)广告效果评估的概念

广告效果评估,就是运用科学的方法和手段对广告活动进行定性与定量分析,以判定广告的传播效果、销售效果和社会效果。广告效果评估是检验广告计划、广告活动合理与否的有效途径。在评估过程中,要求与计划方案设计的广告目标进行对比,衡量其实现的程度,从中总结经验教训,促进广告策划、设计、制作、传播水平的不断提高,使广告活动朝着更加科学、规范的方向发展。

(二)广告效果评估的类型

按照动态过程划分,广告效果评估一般分为事前评估、事中评估和事后评估三种类型。

1. 事前评估

事前评估是指在广告活动实施之前对广告策划、表现效果及媒体效果进行评价,以预期测定广告活动的实施效果。在广告实施前,可对局部市场或部分受众进行现场访问或心理实验,从而了解广告策划的方案、广告作品的创意、设计和制作、媒体及其组合的效果。

事前评估调查工作包括媒体效果调查和广告作品效果调查。媒体效果调查一般通过访问日记、访问电话或自动记录仪器,对各个媒体的单位数、视听人数及视听率、社会信誉等情况进行事先调查研究。作品效果调查是对广告创意构想、文案创作的效果,采用自由表述法、联想法、残像法、德尔菲法、检核表法或仪器测定法等实验方法进行调研,为最后定稿提供参考。

2. 事中评估

事中评估是指在广告活动实施期间随时了解受众反应,测试和验证广告策略是否符合实际等监督测试活动。通常采用市场实验法、回函测定法、分割测定法对广告实施过程中的传播及营销效果进行监测评估。例如,在广告宣传过程中,可对某地区或某市场推出广告的前后销售状况进行对比分析,以测评广告实施中的促销效果。事中评估是对广告活动进行适时调整和监控的必要手段。

3. 事后评估

事后评估是指在广告活动结束后,有关方面对广告效果所进行的综合测定评估。通常在一次广告活动完结后,广告公司或广告客户委托有关社会中介评估机构都要对发布的广告进行一次事后评估。事后评估一般需要综合运用访问、统计、实验等调研手段和方法,对广告活动的传播、营销及社会效果进行全面考察和测定,为今后改进广告创作、提高广告效果提供经验。事后评估是最常用、最普遍的广告评估活动。

四、广告效果评估的原则

明确了广告效果的特性及分类后,在具体广告评估过程中还必须遵循一定的原则,只有这样才能保证广告效果评估的科学性,才能达到广告效果评估的预期作用。

(一)目标性原则

广告效果评估的内容应结合广告目标,只有确定具体而又明确的广告效果评估目标,才能选定科学的评估方法与步骤,取得预期的评估效益。广告的目的如果是推介新产品,则广告评估的重点可以放在消费者对新产品的认知与接受程度上;广告的目的如果是扩大销售,则广告效果评估的重点可以放在销售增长率或市场占有率上;广告的目的如果是树立品牌形象,则广告效果评估的重点可以放在消费者对品牌的信任度与忠诚度方面。

(二) 综合性原则

影响广告效果的因素是多种多样的,既有可控因素,也有不可控因素。可控因素包括广告预算、媒体选择、广告刊播时间、广告播放频率等;不可控因素包括国家有关法规的颁布、消费者的风俗习惯、目标市场的文化水平等。因此,不管是评估广告的经济效果、社会效果或心理效果,都要综合考虑各种相关因素的影响。

(三) 有效性原则

有效性原则是指评估工作能达到测定广告效果的目的。广告效果评估的结果只有真实可靠,才有助于企业进行决策,起到提高广告效益的作用。因此,在效果评估中,样本的选取要有典型性、代表性。对样本的选取数量,也要根据评估的要求尽量选取较大的样本。对于评估的条件、因素要严加控制,标准要一致。评估要多次进行,反复验证,才能获得有效的评估效果。

(四) 经济性原则

进行广告效果评估,会涉及一定的经费。制订广告效果评估计划时,在不影响评估要求和准确度的前提下,评估方案要尽可能简便易行。同时,进行广告效果评估时,所选取广告样本的评估范围、地点、对象、方法以及评估指标等,既要考虑满足评估的要求,也要充分考虑企业经济上的可能性,尽可能做到以较少的费用支出取得尽可能满意的评估效果。

(五) 经常性原则

由于广告效果具有滞后性、积累性、复合性及间接性等特征,因此在广告评估上不能有临时性观念,因为某一时间和地点的广告效果,并不一定就是此时此地该广告的真实效果,它也许包括前期广告的延续性。因此,在测定广告效果时必须坚持经常性原则,要定期或不定期地测定。

【案例8.3】

宝洁的电视广告原则

日用消费品巨人宝洁被认为是一家在广告投放上很有策略的公司。一个毋庸置疑的事实是,宝洁的传播火力集中于广告上,而广告上的火力则集中在电视广告上。宝洁近几年销售收入的持续增长,是一个众所周知的事实。这有力地证明,宝洁的电视广告不仅有着良好的传播效果,而且拥有卓越的销售效果。宝洁是如何进行广告效果评估的,它采用的评估标准和衡量工具是什么,这一切我们都无法获知。但依据宝洁的电视广告原则,我们多少能感受到宝洁的科学性、体系性和有效性,具有一定的借鉴意义。

宝洁电视广告的十条原则:

(1) 一个重要利益点。一则电视广告总是向消费者承诺一个而且只有一个重要的利益点。当发现两个或更多的承诺可以提高销售时,宁可在同一时期内推出两个广告,分别承诺同一产品的不同利益点。

(2) 链条式测试。为确保广告信息的有效传递,要对广告信息的传递效果在广告写作前、广告写作后、产品市场试销三个阶段进行测试。

(3) 确信的片段。直观地表现产品特点和功能,使每个广告都有一个使人"确信的片段",让消费者直观地感受产品的特点和功能。

(4) 权威证明的运用。与确信的片段相一致,尽量使用产品所获得的权威证明。

(5) 尽量不用名人。尽量不用名人代言广告,而是用那些比较有活力的、与宝洁产品气质比较契合的普通人。

(6) 少用黄金时段。大约只有30%的广告出现在黄金时段,更喜欢在白天和深夜播出。

(7) 尽量用语言。宝洁最喜欢在电视广告中多用语言,它们觉得语言更能推销产品。

(8) 有效广告的持续性。不轻易舍弃有效的广告,不管它使用了多久。

(9) 持续的广告攻势。保持强有力的广告攻势,展现领导者品牌的强悍气质。

(10) 只用对的。宝洁总是采用那些已被证实是有利于推销的电视广告技巧。

五、广告效果评估的意义

(一)广告效果评估是整个广告活动的经验总结

广告效果评估是检验广告计划、广告活动合理与否的有效途径。在评估过程中,要求与计划方案设计的广告目标进行对比,衡量其实现的程度,从中总结经验,吸取教训,为下一阶段的广告促销打下良好的基础。

(二)广告效果评估是广告客户进行广告决策的依据

某一时期广告活动结束之后,必须客观地测定广告效果,检查广告目标与企业目标、营销目标的吻合程度,以正确把握下一阶段的广告促销活动。如果对广告活动的效果心中无数,不仅会浪费广告经费,而且也会导致广告决策的盲目性。

(三)广告效果评估将促进广告设计与制作水平的不断改进

进行广告效果评估,可以了解受众对广告作品的接受程度,了解广告主题是否突出、广告形象是否富有艺术感染力,了解广告语言是否简洁、鲜明、生动,是否符合消费者的心理需求,是否收到良好的心理效果等。这些都为企业未来的广告活动提供了参考,并有助于企业改进广告的设计制作,使广告宣传的内容与表现形式日臻完善。

(四)广告效果评估将促进整体营销目标与计划的实现

广告效果评估,可以检查和验证广告目标是否正确;广告媒体的运用是否合适;广告发布时间与频率是否得当;广告主题是否突出;广告创意是否新颖独特等。广告评估为提高广告效益提供了可靠的保证,促进整体营销目标与计划的实现。

六、广告效果评估的程序

广告效果评估大体上可以划分为确定评估的问题、搜集有关资料、整理和分析资料、论证分析结果和撰写评估报告等过程。

（一）确定效果评估的具体问题

广告效果评估人员要把广告主广告宣传活动中存在的关键和迫切需要了解的效果问题作为评估的重点，设立评估目标，选定评估项目。

（二）搜集有关资料

这一阶段主要包括制订计划、组建评估研究组、搜集资料和深入调查等内容。

1. 制订计划

经过广告主与评估人员双方洽谈协商，广告公司应写出与实际情况相符的广告效果评估工作计划。该计划内容包括评估步骤、评估范围与内容、人员组成等。

2. 组建调查研究组

在广告效果评估计划完成后，要组建评估研究组，确定负责人，然后根据评估的具体要求进行人员分工。

3. 搜集有关资料

评估组成立之后，要按照评估的要求搜集有关资料。企业外部资料主要是与企业广告促销活动有联系的政策、法规、计划及部分统计资料；企业所在地的经济状况、市场供求变化状况、主要媒体状况、目标市场上消费者的媒体习惯以及同行竞争企业的广告促销状况。企业内部资料包括企业近年来的销售、利润状况、广告预算状况、广告媒体选择状况等。

（三）整理和分析资料

对通过调查和其他方法所搜集的大量信息资料进行分类整理、综合分析和专题分析。在分类整理资料的基础上进行初步分析，找出可以用于广告效果测验的资料。分析方法包括综合分析和专题分析。综合分析是从企业的整体出发，分析企业的广告效果。例如，广告主的市场占有率分析、企业知名度提高率分析等。专题分析是根据广告效果评估的要求，在对调查资料汇总以后，对企业广告效果的某一方面进行详尽的分析。

（四）论证分析结果

召开分析结果论证会对分析结果进行论证。论证会应由广告效果评估组负责召开，广告主有关负责人出席。论证要运用科学的方法，对广告效果的评估结果进行全方位的论证，使评估结果科学合理。

（五）撰写评估报告

广告公司要在评估的基础上，按照一定结构撰写一份广告效果评估报告。广告效果评估报告的内容主要包括:绪言,阐明广告效果测定的背景、目的与意义;广告主概况,说明广告主的人、财、物等资源状况,广告主广告促销的规模、范围和方法等;广告效果测定的调查内容、范围与基本方法;广告效果测定的实际步骤;广告效果测定的具体结果;改善广告促销的具体意见。

第二节　广告传播效果评估

广告的传播效果是广告效果的核心。广告传播效果评估的目的在于了解广告受众对广告产品或品牌的知晓度、认知度和偏好度。

一、广告传播效果的评估指标

广告信息作用于受众会引起一系列的心理反应。从心理反应过程来看,传播效果一般表现为注意感知、理解记忆、激发情感、态度改变及购买行动等影响层面。在实际操作中可以用一系列心理测量指标和生理性实验评估指标来反映。

(一)心理测量评估指标

1. 广告感知记忆效果评估指标

感知指标用于测定受众对广告内容(商品、服务或品牌等)的感知程度,即感知度=(接触到某广告的人数/被调查受众人数)×100%

感知度主要由阅读率或视听率指标来反映。阅读率针对报刊广告,是指阅读到报刊广告的受众占调查受众的比率。视听率针对电波广告,是指收看或收听到电波广告的受众占调查受众的比率。

例1　广告公司发放对某报纸广告感知调查问卷10 000份,在10 000个广告受众中,有7 500人看了该广告,那么该广告的感知度为75%。具体计算如下:

广告感知度=(接触到某广告的人数/被调查者人数)×100%=
　　　　　(7 500/10 000)×100%=75%

记忆程度指标即指受众对广告印象的深刻程度,主要用于测定受众是否能记住广告内容,如品牌、特性、商标等。"回忆"常被用来确定受众记忆广告的程度。对广告回忆的方法,主要有无辅助回忆和辅助回忆两种。

(1)无辅助回忆

这种方法是指让广告受众独立地对某些广告进行回忆,调查人员只如实记录回忆情况,不作任何提示。如问:"请您回忆一下,过去一周中,您接触到哪些手机品牌的广告?"

(2)辅助回忆

调查人员在进行调查时,适当给被调查者以某种提示。例如,提示广告的商标、品牌、媒体等。如问:"您最早是在哪个电视台看过OPPO品牌手机广告的?"

【案例 8.4】

OPPO 手机广告受网民关注

百度数据显示(图 8.2),在手机品牌广告关注方面,OPPO 手机广告占有绝对的优势,关注度高达 62.67%。OPPO 在音乐播放器方面取得显著成功后,以其出色的音乐功能积极向手机进军。OPPO 手机聘请国内外的人气明星,并辅以优美动听的音乐进行广告传播,在网民中的影响深远。OPPO 手机和步步高手机均属一个集团,但它们以不同品牌独立发展。2009 年 OPPO 手机加大了品牌宣传力度,不但聘请国内外的人气明星担当形象代言人,而且成为 NBA 官方合作伙伴,品牌搜索指数大幅提升。虽然步步高手机走的也是类似于 OPPO 的路线,广告传播也较好,位居手机类广告关注度排行榜第二位,但 OPPO 手机广告的搜索量是步步高手机广告的三倍还要多。

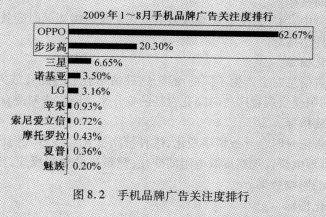

图 8.2 手机品牌广告关注度排行

2. 广告认知理解效果评估指标

认知理解指标是指受众对广告所传达的信息的认知、理解程度,如对广告印象是否深刻,对广告商品有无好感,对广告商品的信任度、忠实度、偏爱度以及品牌印象如何等所作出的心理学评价。

例 2 广告公司发放对某报纸广告认知理解调查问卷 10 000 份,在 10 000 个广告受众中,有 7 500 人看了该广告,其中有 2 500 人对广告宣传的产品有较深的了解,那么该广告的认知理解度为 33.3%。具体计算如下:

广告的认知理解度 =(了解该广告的人数/被调查者中感知该广告的人数)×100% =
(2 500/7 500)×100% = 33.3%

广告认知理解度是测定不同阶段广告效果的有效指标。

3. 广告行为影响效果评估指标

广告行为影响效果评估指标主要包括购买动机和购买行动的衡量指标。购买动机指标测定广告对消费者购买行为动机的影响程度;购买行动指标反映由广告唤起的购买准备行动和由广告引起的立即购买行动的发生率。

(二) 生理实验评估指标

生理实验评估指标主要是指视觉反应测试指标,这是通过视向仪测定观众对广告信息的顺序、时间长短以及瞳孔变化,以此来判断广告的视觉冲击力。主要指标包括眼动轨迹描记图、视觉反应时间和瞳孔直径变化、皮肤电阻反应及脑电波图变化等指标。

1. 眼动轨迹描记图指标

人们在观看广告时,眼珠处于不断的运动状态,这种运动就是眼睛对广告画面的不断扫描运动。视向测验法就是使用视线扫描器将眼动轨迹记录下来就形成了眼动轨迹描记图,由此可以清楚了解广告受众观看广告时眼睛的注视次序与重点部位。

2. 视觉反应时间指标

在瞬间显露测验中,用广告受众观察或看清广告对象所需要的时间长短,以此来衡量广告视觉效果的客观性评估指标。

3. 瞳孔直径变化指标

人们在接受广告信息时会产生不同的情绪,这种情绪会通过瞳孔放大或缩小的程度反映出来。因此,可以利用受众观看广告时瞳孔直径的变化来判断广告对受众心理的影响效果。

4. 皮肤电阻反应指标

人们在接受广告信息时会导致情绪变化,这种情绪变化会导致人们汗量的增减。根据这个原理,可以通过生理电流仪观察皮肤电阻的变化,测量皮肤电阻反应,用皮肤电阻反应来判断广告对受众心理的影响效果。

5. 脑电波图变化指标

人们观看广告时,大脑会产生自发电活动,通过脑电波仪器将这些活动收集、放大并记录下来,形成脑电波图,由此来测试广告对受众的心理影响程度。实验研究,当受众完全被广告画面所吸引,会出现 14～25 赫兹的低幅快波(β 波);而对广告画面不感兴趣时,则会出现 8～13 赫兹的高幅慢波(α 波)。通过观测脑电波图变化,可以测定受众接触广告以后所产生的心理变化。

二、广告传播效果评估的方法

根据时间不同,广告传播效果评估可以分为事前评估、事中评估和事后评估。

(一) 广告传播效果的事前评估

在广告作品尚未正式刊播之前,邀请有关广告专家和消费者团体进行现场观摩,审查广告作品存在的问题,或进行各种试验,以对广告作品可能获得的成效进行评价。根据测定的结果,及时调整广告策略,修改广告作品,突出广告的诉求点,提高广告的成功率。事前评估常用的具体方法主要有以下几种:

1. 专家意见综合法

在广告文案设计完成之后,邀请有关广告专家、心理学家和营销专家多方面、多层次地对广告文案及媒体组合方式产生的预期效果进行预测,在综合所有专家意见的基础上,确定评估结果。专家意见综合法是事前评估中比较简便的一种方法。但要注意所邀请的专家应能代表广告领域的不同方面,以确保所提供意见的全面性和权威性。

2. 直接测试法

把测试广告展示给测试受众,并请他们对这些广告进行评比打分。这种方法可以评估受众对广告的注意力、认知、情绪和行动等方面的强度。

3. 群组测试法

让一组消费者观看或收听一组广告,然后要求他们回忆所看到(或听到)的全部广告以及内容。受众的回忆水平可以表明广告主题及信息被了解或记忆的程度。

4. 仪器测试法

在广告领域,作为一种辅助手段,仪器在广告效果测试方面也得到了广泛应用,如视向测验法、皮肤测试法、瞬间显露测验法、瞳孔计测试法等。

(二)广告传播效果的事中评估

广告传播效果的事中评估是指在广告作品正式发表后直到广告活动结束前所进行的评估,目的是检测广告计划的执行情况,以保证广告战略正常实施。事中评估虽然不能对整个广告活动的最终效果进行评定,但是它却可以检验广告效果的事前评估和预测事后测定的结果,并为事后评估广告积累必要的数据和资料,保证事后评估的顺利进行。

对电视、广播广告效果的事中测定,有以下六种方法:

1. 家中测试

将一个小型屏幕放映机安置在具有代表性的目标消费者家中,让这些消费者观看电视广告节目。这种方法可使被调查者的注意力集中,但人为地制造了一种勉强观看电视广告的环境。

2. 汽车拖车测试

为了更接近消费者作出决策的实际情况,可在商业区安置汽车拖车模拟购买环境,向消费者展示测试的产品并给他们选择一系列品牌的机会,然后请消费者观看一系列电视广告片,发给他们一些在商业区购买商品的赠券。广告经营者根据收回赠券数量的多少,判断广告片对媒体受众购买行为的影响力。

3. 剧场测试

邀请被调查者到剧场观看尚未公开播放的电影,同时插播一些广告片。在放映之前,请被调查者简述在不同商品类别中他们比较喜欢的品牌;观看之后,再让被调查者在不同类别商品中选择他们喜欢的品牌。被调查者偏好如有改变,则可表明电视广告片的效果。

4. 播放测试

这种测试是在有线电视节目频道中进行的。广告经营者将被调查者召集在一起观看播放的节目,其中包括观看被测试的广告片。在广告播放后,广告经营者与被调查者接触,并向其提出问题,询问他们能够回忆起多少广告片中的内容。

5. 市场测试

先选定一两个试验地区刊播已设计好的广告,然后再同时观察试验地区与尚未推出广告的地区,比较试验区与一般地区之间的销售差异,对广告活动的心理效果做出测定。

6. 函询测试

这种方法一般采用调查问卷的形式进行。调查问卷通常以不记名的方式,要求被调查者将自己的年龄、职业、文化层次、家庭住址、家庭年人均收入等基本情况填在问卷上。调查表要尽可能详细地列出调查问题,以便对广告的心理效果进行测试。

(三) 广告传播效果的事后评估

广告传播效果的事后评估可以全面、准确地对以往广告活动的效果进行评估。广告传播效果事后评估的结论,一方面可以用来衡量本次广告活动的效果,另一方面也可以用来评价广告工作的得失,总结经验教训,指导未来的广告策划。

广告传播效果的事后评估有两层含义:一是广告刊播过程一结束,就立刻对其效果进行测定;二是广告宣传活动结束后过一段时间,再对其心理效果进行测试。

通常,效果测试与广告刊播结束之后的时间间隔主要由媒体的性质决定,同时也要考虑目标市场上消费者自身的特点。如果进行测定的时间过早,由于广告效果的时间滞后性其效果尚未充分发挥出来,得出的结论就不准确;如果测定的时间过晚,间隔时间太长,广告效果就可能淡化,得出的结论也有可能不准确。

广告传播效果的事后评估常用的方法主要有以下几种:

1. 要点打分法

要点打分法是请被调查者就已刊播过的广告的重要方面进行打分,各项得分之和就是该广告的实际效果,见表8.1。

表8.1 广告传播效果要点打分表

打分项目	打分的主要依据	该项满分	实际打分
吸引力	吸引注意力的程度	20	
认知性	对广告诉求重点的认知程度	20	
说服力	广告能否引起兴趣	20	
	对广告产品的好感程度	10	
行动力	广告引起的立即购买行为	20	
	广告唤起的购买欲望	20	
传播力	广告文案的传播程度	20	
综合力	广告的媒体效果	20	

打分档次:优秀(120~150分);良好(90~120分);一般(60~90分);中等(30~60分);差(0~30分)

2. 雪林（Schwerin）测定法

雪林测定法是美国雪林调查公司（Schwerin Research Co.）根据节目分析法的原理,于1964年发明的测定广告心理效果的一种方法。该测定法又分为节目效果测定法、广告效果测定法和基本电视广告测验法三种。

（1）节目效果测定法

节目效果测定法是召集一定数量有代表性的观众到剧场,广告经营者说明测验的标准以后,请观众按照个人的意见对进行测验的广告表演节目评分定级。

评分的级别通常是:a. 有趣;b. 一般;c. 枯燥无味。这种测验完毕之后,再请观众进一步说明喜欢或讨厌广告节目中的哪一部分,并阐明理由。或者征求观众对广告节目的意见和建议。广告经营者对节目改进的意见和建议进行统计、汇总,以作为今后设计或制作广告节目的重要依据。

（2）广告效果测定法

广告效果测定法与节目效果测定法的内容基本相同,是通过邀请具有代表性的媒体受众到剧场或摄影棚,欣赏进行测定的各种广告片。

与节目效果测定法的不同之处是:在未看广告片之前,根据入场者的持票号码,要求媒体受众选择自己喜欢的商品。这些供选择的商品品牌中,既有将在广告片中播放的品牌,也有主要竞争对手的品牌。广告片播放完以后,请受众再一次作出选择,如果此次对所测试的广告商品品牌的选择度高,那么高出的部分就是该广告片的心理效果。

测试完成后,通常将媒体受众所选择的商品赠送给他们。如果商品单位价值高,可以赠送给他们其他一些礼品。

（3）基本电视广告测验法

基本电视广告测验法的目的在于客观地评价和判断电视广告片的优劣,以及用标准化的程序测验电视广告的效果。

基本电视广告测验的项目主要有:

①趣味反应。利用集体反应测定机,测定媒体受众对每一广告画面感兴趣的程度。

②回忆程度。运用自由回答法,让媒体受众回忆广告片中的产品品牌、广告主名称、画面内容以及标语、口号等。

③理解程度。运用自由回答法,了解媒体受众对广告内容的领悟程度。

④广告作品诊断。运用自由回答法,让媒体受众指出该广告片的特色,并提出修改意见。

⑤效果评定。采用问卷的形式,测验本广告片留给媒体受众的一般印象,即广告片的一般心理效果。

⑥购买欲望。让媒体受众说出有无购买广告产品的冲动或者欲望。

⑦广告片的整体效果。让媒体受众对广告片作整体的评价。

这种测验法的优点是客观、全面,能真正反映媒体受众的心理活动状况,取得的资料可信度高;缺点是操作技术性强、成本费用大,具体推行起来有一定的局限性。

第三节 广告经济效果评估

广告的经济效果集中反映了企业在广告活动中的营销业绩。广告经济效果评估是衡量广告效果的关键环节。研究广告的传播效果有助于广告主评价广告的沟通效果,研究广告的经济效果有助于广告主评价广告的营销业绩。

一、广告经济效果评估的含义

广告经济效果,就是投入一定广告费之后所引起的产品销售额与利润的变化状况。广告经济效果评估是指利用统计分析的方法,对一定的广告投入所带来的销售额和利润额的增减变化情况进行比较研究,以反映广告的经济效果。销售额和利润额是衡量广告经济效果的两个基础指标。

需要明确的是,产品的销售额和利润额变化状况包含两层含义:一是指一定时期的广告活动所导致广告产品的销售额及利润额的绝对增加量,这是一种最直观的衡量标准;二是指一定时期的广告活动所引起相对量的变化,它是广告投入与产出结果的比较,是一种更深入、更全面了解广告效果的指标。广告投入产出指标对提高企业经济效益有着重大的意义:它要求每增加一个单位产品的销售额和利润额,要求广告投入最小,销售增加额最大;每增加一个单位的广告经济效益相对指标,要求企业获益最大。

二、广告经济效果评估的方法

广告的销售效果一般比传播效果难以测定,因为销售除了受广告影响外,还受其他许多因素的影响,诸如产品特色、价格、售后服务、购买难易程度以及竞争因素等。这些因素越少,广告对产品销售量的影响就越容易测定。

常用的广告经济效果评估的方法主要有:

(一) 广告费用比率法

为测定每百元销售额所支付的广告费用,可以采用广告费用比率这一相对指标,它表明广告费支出与销售额之间的对比关系。其计算公式为

$$销售费用率 = (本期广告费总额 / 本期广告后销售总额) \times 100\%$$

广告费用率的倒数可以称为单位广告费用销售率,它表明每支出一单位的广告费用所能实现的销售额。计算公式为

$$单位费用销售率 = (本期广告后销售总额 / 本期广告费总额) \times 100\%$$

例如,某公司第四季度投入广告费 1 万元,销售额为 200 万元,则该企业销售费用率为 0.5%,单位费用销售率为 20 000%。

从公式可看出,销售费用率越小,单位费用销售率越大,就说明广告效果越好;反之,则广

告效果越差。

(二) 单位广告费用销售增加额法

单位广告费用销售增加额法的计算公式为

$$单位广告费用销售增加率 = \frac{(本期广告后的销售额 - 本期广告前的销售额)}{本期广告费用总额} \times 100\%$$

例如,某企业第一季度销售额为120万元,第二季度投入广告费1万元,销售额为150万元,则该企业单位广告费用销售增加率为3 000%。

(三) 广告效果比率法

广告效果比率的计算公式为

$$销售效果比率 = (本期销售额增长率 / 本期广告费用增长率) \times 100\%$$

例如,某公司为配合旺季销售,第二季度投放的广告费比第一季度增长了30%,同时,第二季度的销售额比第一季度增长了15%。由此,我们可以计算出该公司广告销售效果比率为50%。

销售效果比率越大,说明广告效果越好;反之,则广告效果越差。

(四) 广告效益法

$$单位费用销售增加额 = \frac{本期广告后销售总额 - 上期广告后(或未做广告前)销售总额}{本期广告费总额}$$

例如,某企业第三季度销售额为240万元,第四季度投入广告费1万元,销售额上升到260万元,则该企业单位费用销售增加额为20元,即每元广告费取得20元效益。

由此可见,单位费用销售增加额越大,说明广告效果越好。

(五) 市场占有率法

市场占有率是指某品牌产品在一定时期、一定市场上的销售额占同类产品销售总额的比例。计算公式为

$$市场占有率 = (某品牌产品销售额 / 同类产品销售总额) \times 100\%$$

例如,2009年某家电企业一款42寸的液晶电视在哈尔滨市场上的销售额为1 250万元,而同一市场42寸液晶电视的销售额为12 500万元,则该企业市场占有率为10%。

(六) 弹性系数测定法

通过广告费用投入量变动率与销售额变动率之比值来测定广告经济效果。其公式为

$$E = (\Delta S / S) / (\Delta A / A)$$

式中,S为上期销售额;ΔS为销售额增加量;A为上期广告费用支出;ΔA为广告费用增加量;E为弹性系数,即广告效果,E值越大,表明广告的促销经济越好。

例如,某企业第一季度销售额为120万元,投入广告费1.2万元;第二季度销售额为150

万元,投入广告费 1.6 万元,则该企业单位广告弹性系数为 90%。

(七)广告效果指数法

从看到广告而购买的人当中,减掉因广告以外影响而购买的人数,得到真正因广告而唤起购买的效果,将这个人数以全体受调查的总人数除之所得的值,即广告效果指数(Advertising Effectiveness Index,AEI)。这种方法假定其他因素对广告产品的销售没有影响,只有广告促销与产品销售有着密切的关系。

$$AEI = \frac{A-(A+C)\times B/(B+D)}{A+B+C+D}$$

式中,A 为看过广告而购买的人数;B 为未看过广告而购买的人数;C 为看过广告而未购买的人数;D 为未看过广告而未购买的人数。

广告效果指数见表 8.2。

表 8.2 广告效果指数

调查项目	看过某则广告	未看过某则广告	合计人数
购买广告产品人数	A	B	A+B
未购买广告产品人数	C	D	C+D
合计	A+C	B+D	N=A+B+C+D

表 8.2 中 N 为被调查的总人数。

从表 8.2 可以看出,即使在未看过广告者当中,也有 $B/(B+D)$ 的比例购买了广告的商品,所以要从看过广告而购买的 A 人当中,减去因广告以外影响而购买的 $(A+C)\times B/(B+D)$ 人,才是真正因为广告而导致的购买效果。用这个人数除以被调查的总人数所得的值,就是广告效果指数 AEI。

例如,某数码产品企业为提高产品销售量,为同一系列产品进行了两次电视广告宣传,每次广告活动后,经调查所得资料分别见表 8.3、8.4。

表 8.3 第一次广告活动 人

调查项目	看过某则广告	未看过某则广告	合计人数
购买广告产品人数	77	45	122
未购买广告产品人数	110	168	278
合计	187	213	N=400

表 8.4 第二次广告活动 人

调查项目	看过某则广告	未看过某则广告	合计人数
购买广告产品人数	92	40	132
未购买广告产品人数	101	167	268
合计	193	207	N=400

现分别计算两次广告活动的广告效果指数如下:

$AEI_1 = [77-187 \times (45/213)]/400 \times 100\% \approx 9.37\%$

$AEI_2 = [92-193 \times (40/207)]/400 \times 100\% \approx 13.68\%$

从两次计算结果可以看出，第一次广告效果指数为 9.37%，第二次广告效果指数为 13.68%，第二次比第一次提高了 4.31 个百分点。如果两次的广告媒体选择、播放时间、广告预算总额相等同，那么就说明第二次广告策划明显好于第一次。

第四节 广告社会效果评估

广告社会效果是指广告发布以后对社会道德、文化教育等方面产生的影响和作用。广告能够传播商品知识，影响人们的消费观念，也可反映社会观念、信仰和价值观。由于广告所具有的这些特性，广告对社会所产生的效果也是深远的，需要重视和加以引导。

对广告社会效果的评估一般采用事前测定法，在广告发布之前对其所产生的社会效果进行预测和评估。评估方法通常采用专家意见审定法。

一、广告社会效果测定的内容

广告发布以后对社会产生的影响，既包括正面影响，也包括负面影响。这种影响不同于广告的宣传效果或经济效果，广告策划者很难用数量指标来衡量这种影响，只能靠社会公众长期建立起来的价值观念来评判。

广告的社会效果主要体现在以下几方面：

（一）价值观念

价值观念涉及社会伦理道德、风俗习惯、宗教信仰等意识形态领域。一则广告在为社会公众服务，为消费者服务的同时，还应当教育公众树立正确的价值观。例如，黄金搭档广告宣扬的"送老师、送亲友、送领导"观念，对下一代的价值观产生了误导，对未成年人造成了不良影响。近几年来，台湾的广告活动多以"新儒学"为策划内容，倡导一种合乎理性的家庭价值观念，很有教育意义。

（二）消费观念

消费观念是人们对待其可支配收入的指导思想和态度以及对商品价值追求的取向。消费观念的形成不仅是文化积淀的结果，而且也是社会现实的直接反映。在经济社会中，广告会对人们的消费观念产生很大的影响，好的广告应当培养人们树立正确的消费观念。目前一些消极的广告传播，对少年儿童造成的不良影响令人担忧。学习文化知识，本是需要下苦功的，可有的广告扬言，只要吃"脑白金""忘不了"就能学习轻松，考试理想。这些广告误导缺乏判断力的孩子和望子成龙的家长迷信营养品，而不去刻苦勤奋，只能助长少年儿童投机取巧和不劳而获的心理。

(三)社会风气

社会风气是整体或局部社会在一个阶段内所呈现的风尚、风貌,是一定社会中的风俗习惯、文化传统、行为模式、道德观念以及时尚等要素的总和。良好的社会风气归根结底是要靠道德规范内化为大多数人的德性和德行来实现。但是,社会成员个体德性和德行的养成,离不开环境因素的习染和熏陶。广告的劝服、诱导性行为会影响受众的德性和德行,不良的广告会对社会风气产生负面影响。如果广告产生了违反社会道德规范的不良效果,就应该立即停止。前几年媒体相继刊登《脑白金、黄金搭档广告低俗被点名批评》的报道,就指出脑白金、黄金搭档广告虽不违法,但是内容低俗,对社会风气造成了负面影响。上海黄金搭档生物科技有限公司随后很快明确表态:决定取消脑白金、黄金搭档产品广告中所有"送礼""收礼"内容。"今年过节不收礼,收礼只收脑白金"这句近乎妇孺皆知的广告语已经成为历史。

(四)竞争秩序

广告作为企业的一种市场行为、竞争武器,必须遵循诚实信用、公平合法的竞争准则。但当前广告活动中的不正当竞争行为表现得日益突出,严重地损害了广大经营者和消费者的合法权益,扰乱了市场秩序。不正当竞争不仅降低了消费者对广告宣传的信任度,损害了广大消费者的利益,而且也严重破坏了广告市场公平竞争的秩序,阻碍了广告事业的健康发展。

二、广告社会效果的评估原则

(一)真实性原则

广告的社会效果,首先体现在广告宣传必须具备真实性。真实性原则是指广告宣传的内容必须客观、真实地反映商品的功能与特性,实事求是地向媒体受众传播有关广告产品或企业的信息。但有的企业却在广告活动中忽略了这一点,例如,西门子公司就因"零度不结冰,长久保持第一天的新鲜"这句广告语而惹来了麻烦。广告语涉嫌夸大宣传,违反了《反不正当竞争法》。

(二)社会道德原则

广告的画面、语言、文字、音乐、人物形象要给人以精神的满足,要对社会精神文明建设起促进作用,要对人们的思想道德、高尚情操、良好风俗起到潜移默化的影响。广告不能含有低俗的内容和不健康的情调,也不能宣扬暴力、迷信、腐朽落后的内容,更不能有种族歧视、性别歧视等内容。

(三)社会规范原则

评估广告社会效果时,要以一定的社会规范为评判标准来衡量,如以法律规范、社会道德规范、语言规范、行为规范等为衡量依据。广告宣传要符合社会规范,如语言规律、文字书写规律等。广告语、文字语言、标题等都要按照标准的用语方式进行,不能滥用谐音,乱改成语,不遵守遣词造句的规律,破坏汉语的严密性。

(四)民族性原则

广告信息体现着某个民族文化群或亚文化群的人文特征,这就是广告文化的民族性。不同的民族群体,创造并恪守着不同的文化,随之产生出不同的行为规范。广告创作与表现必须继承民族文化,尊重民族感情,讲求民族风格,对国外先进、合理的艺术表演风格与创作手法要大胆的学习和借鉴,形成具有中华民族特色的广告表现方法。

三、广告社会效果的评估指标

(一)法律规范指标

利用广告法规来管理广告是世界各国对广告进行制约的普遍方法。这一指标具有权威性、概括性、规范性、强制性的特点,适用于衡量广告中存在共性的一般问题。我国广告社会效果评估的主要依据是《中华人民共和国广告法》《广告管理条例》《广告审查标准》《广告管理条例施行细则》《国际广告法规条例》,此外还有一些社会规范。

(二)文化艺术指标

广告的创作必须符合一定的文化艺术标准。不同民族的文化都有自己的特殊性和历史的延续性,每个国家都有着自己特殊的文化传统和风俗习惯,形成各自不同的文化艺术观念,广告创作必须符合这一观念和要求。利用文化艺术标准来衡量广告作品,首先要看广告的画面、语言、文字是否能鲜明地表现广告主题;其次,要看广告内容和表现形式是否有低级庸俗和不健康的东西。

(三)伦理道德指标

社会的伦理道德标准是人们普遍遵守的价值取向。一则广告要取得好的沟通效果和经济效果,必须能在情感上引起公众的共鸣,要得到公众的好评才能被接受,而要得到公众的好评,就必须在内容和表现形式上符合社会伦理道德的要求。近年来出现的一些问题广告,如"盘龙滑落""恐惧斗室""新兴医院广告风波""屈原喝酒不跳江",以及食品、药品、保健品等领域虚假广告泛滥成灾等种种现象,不得不让人们对广告伦理问题进行深刻思考。可见,用道德伦理标准来衡量现代广告,是广告社会效果评估的一项重要内容。

需要指出的是,评估广告的社会效果不能简单地以单一指标的数量大小来衡量,而是要综合一些公认的、基本的社会效果评估指标,并结合社会环境因素进行综合评估,才是切实可行的。

本章小结

广义的广告效果是广告信息传播出去之后对受众所产生的直接或间接影响,包括传播效果、经济效果和社会效果。狭义的广告效果是指广告所获得的经济效果,即广告传播促进产品销售的增加程度,也就是广告带来的销售效果。广告效果具有滞后性、复合性、累积性、间接性及层次性。

广告效果评估,就是运用科学的方法和手段对广告活动进行定性与定量分析,以判定广告的传播效果、销售效果和社会效果。

广告评估应遵循目标性原则、综合性原则、有效性原则、经济性原则及经常性原则。

广告效果评估的意义:评估是整个广告活动的经验总结;评估是广告客户进行广告决策的依据;评估能促进广告设计与制作水平的不断改进;评估能促进整体营销目标与计划的实现。

广告效果评估的程序大体上可以划分为确定评估的问题、搜集有关资料、整理和分析资料、论证分析结果和撰写评估报告等过程。

广告传播效果评估的目的在于了解广告受众对广告产品或品牌的知晓度、认知度和偏好度。广告传播效果评估指标有心理测量评估指标和生理性实验评估指标。

广告经济效果评估是衡量广告效果的关键环节。研究广告经济效果有助于广告主评价广告的营销业绩。广告经济效果评估方法有广告费用比率法、单位广告费用销售增加额法、广告效果比率法、广告效益法、市场占有率法、弹性系数测定法及广告效果测定指数法等。

广告社会效果是指广告发布以后对社会道德、文化教育等方面产生的影响和作用。

自测题

一、名词解释
广告效果　　广告效果评估

二、问答题
1. 广告效果包括哪些内容?
2. 广告效果具有哪些特性?
3. 简要说明广告效果评估的类型。
4. 广告效果评估有哪些原则?
5. 广告效果评估具有哪些意义?
6. 简要说明广告效果评估的程序。
7. 简要说明广告传播效果的评估指标。
8. 简要说明广告传播效果评估的方法。
9. 简要说明广告经济效果评估的方法。

三、计算题
1. 某化妆品企业第二季度销售额为480万元,第三季度投入广告费10万元,销售额上升到560万元,根据广告效益法计算该化妆品企业单位费用销售增加额。

2. 某服装企业第一季度销售额为180万元,投入广告费1.6万元;第二季度销售额为210万元,投入广告费2.4万元,计算该企业单位广告弹性系数。

四、实务题

请结合本章相关案例并参考相关资料,为分众传媒的楼宇广告确定传播效果的量化评估指标,并设计一个合理有效的评估方法。

五、案例分析

分众传媒的楼宇广告效果看不见?

分众传媒的楼宇广告究竟有没有效果?许多广告主希望知道这个问题的答案。

歌诗达邮轮公司曾经在分众传媒的楼宇液晶屏上做过几个月的广告,因此当记者向歌诗达邮轮公司营销总监毕群询问这个问题时,以为又将得到一个职业化的答案,不外乎"有效果,不错,挺适合我们……"或者是"没有效果……"诸如此类。但是出乎意料,毕群并没有这样回答,而是老老实实地说:"说实话,有没有效果我也不知道。"

为什么会是这么一个回答?毕群表示,主要是因为分众传媒的广告效果从来都是缺少监控的,更没有什么可靠的统计数据作支持。那么,为什么还有那么多的广告主愿意将自己宝贵的资金投放到分众传媒的广告液晶屏上呢?

毕群认为,目前中国的广告媒体应当分为几类。一类是大众媒体,包括电视和报纸杂志,基本上可以说已经很透明、很成熟了。比如电视,目前已经出现了许多第三方监播机构,比如央视索福瑞和AC尼尔森等,它们可以相当准确地提供某一电视台,甚至是某一节目具体的收视率是多少。比如各地的报纸,其发行量大体上是可以把握的。但是这些媒体面临的问题是干扰越来越多。比如对广告受众而言,目前有太多的电视台可以选择,有太多的报纸可以选择。并且,企业使用这些媒体的费用也在不断攀升。

在这样一种情况下,选择针对某一特定人群的媒体发布特定的信息似乎是更为明智的一种做法。但同时又出现了另外一个问题:所有针对分众的各种媒体,从来都没有清晰过。比如,目前都市白领阶层已经越来越多地成为中国营销人挂在嘴边的一个词了。都市白领阶层是中国目前最具消费能力、消费基础的一群人。因此各种各样的消费品生产企业都在瞄准这批人,因此这批人也被称之为最具价值的广告受众。但是恰恰这群受众却是让广告主最为头疼的人,因为他们也是最难以接触的一群人。很少有某一个媒体能够覆盖这样一群人,也没有相关第三方监播机构能够对这样的媒体进行监控。比如,社会上虽然有一些号称"时尚""白领"的杂志,似乎针对的是都市白领阶层,但它们宣称的发行量是值得怀疑的。又比如直投,包括各种电子邮件轰炸,它们到底能够覆盖多少都市白领,也都是不可控制的。且不说其中的数据是否失真,就算能够投寄到都市白领手中,但都市白领通常情况下都是非常忙碌的,又有多少人能够认真地打开阅读,哪怕是瞄上一眼?"根据我们自己的经验,绝大多数都被我们随手丢弃或者直接删除了。"

那么,在这样的媒体上做广告,究竟有多大的价值?

于是,在众多传统媒体受到怀疑的情况下,分众传媒宣称自己可以覆盖相当大的一部分都市白领,而且提供的是强制性收看的机会,这就形成了一个诱惑。虽然广告投放在分众传媒的液晶屏上,其效果依旧是不可评估的,但却有一点不同:"你周边的人是可以看到的。比如某一天你的上司说他看到自己品牌的广告了,还有很多同事也说看到了,这就足可以使那些负责广告投放的人心安理得。他们会觉得,既然我们这样的人看到了,那么这也就意味着那些与我们相同的人也都看到了。"

当然,还有关键的一点,分众传媒的价格绝不会让你觉得太高以至于不可接受,它一个时段一个月的广告费也就是二三十万元,对一家企业而言,这样的负担是可以承受的。

当然,除了以上原因外,分众传媒有如此多的客户也与其大力推广有很大关系。可以说,分众传媒的成功是其推广上的成功。最初,当分众传媒的广告液晶屏刚刚出现的时候,很少有广告主敢于在这样一个新兴的媒体上投放广告。广告主都在担心自己会不会成为第一个被人嘲笑话的傻瓜。

为了打开僵局,分众传媒采取了向客户大量赠送广告时段的策略。在相关行业里找一家领袖级企业,免费向其赠送广告。这样当分众传媒向行业中的其他企业推广的时候就会说:"你看××企业已经在我们这里投放广告了,你还有什么可怕的?"以此打消企业的顾虑。

此外,在广告业务的推介上,分众传媒也显得格外特别。

许多在企业里负责广告投放的人都表示,他们很少看到像分众传媒这样疯狂的广告推介人员。通常情况下,假如某个人在一家企业负责广告投放,都会接到广告业务人员的骚扰电话,或者是广告业务人员"不请自来"的拜访,但是这些骚扰电话或拜访通常不会总是发生在一家企业里边。

然而分众传媒却改写了规则。毕群的亲身经历足以说明问题:"一般情况下,我一个月内可以连续收到二十多个分众传媒的广告联系电话,而且经常是不同的人不断地来烦你。"

造成这种情况的原因,一方面是由于分众传媒广告业务人员的坚韧。由于分众传媒广告业务人员的收入像许多广告公司一样,采用的是低底薪、高提成模式。这样,许多人为了拿到提成会拼命地进行推广。另一方面,也与分众传媒的业务架构有关。

大多数广告公司通常都会有一个客户保护机制,或是划定行业、区域,或是采取先到为先模式。但在分众传媒的企业管理和文化中却没有这样一个模式。分众传媒的管理文化就是鼓励广告业务人员和广告业务部门互相抢业务,"谁抢到手谁为先"。而且在分众传媒,许多人,包括各级管理人员都有广告任务。最令人惊讶的是,就连分众传媒董事长、总裁江南春也有广告任务!据分众传媒的一些内部人员介绍,江南春一年的广告任务是2亿元;而他的女朋友同样在分众传媒工作,一年的广告任务为8 000万元。

于是,有时候,很可笑的事情发生了,江南春甚至会和自己的下属争抢客户。分众传媒的广告业务人员在聚会的时候,经常会诉苦,无奈而又有些自嘲:"刚谈下一个单子,结果昨天被江总给抢走了。"

虽然这种事情在外人听来会感觉不可思议,但仅就分众传媒广告业务推广的具体效果而言,却是非常有效的。事实上,很多企业都是被分众传媒这种近乎疯狂、轰炸式的推广所打动的。

　　毕群承认,她在相当大的程度上,就是在分众传媒不断的电话催促下,最后决定将广告投放在分众传媒的液晶屏上。

　　　　　（资料来源 http://www.globrand.com/2009/232392.shtml,全球品牌网,苏东)

问题:

1. 如何监测分众传媒的广告效果?

2. 你认为歌诗达邮轮公司在哪类传媒做广告效果好?是大众传媒,还是小众传媒(分众传媒)?为什么?

3. 如果你是毕群,下一期广告是否继续在分众传媒做?为什么?

第九章
Chapter 9

现代广告运作与管理

【学习目的与要求】

通过本章的学习,要求学生了解现代广告组织的概况、广告公司核心部门的职能,掌握现代广告代理制的运作模式及广告公司内部运作流程,熟悉广告行业的宏观管理、微观管理及广告伦理,在此基础上,能够在各广告组织中进行广告运作。

【案例导入】

广电总局颁布电视广告令

2010年1月1日起,国家广电总局颁布的《广播电视广告播出管理办法》(第61号令,又称"新17号令")正式生效。

在广告播出总时长上,61号令第十五条指出,"播出机构每套节目每小时商业广告播出时长不得超过12分钟。"此前的17号令在这方面的规定是:"每套节目每天播放广播电视广告的比例,不得超过该套节目每天播出总量的20%。"

在晚间19:00至21:00黄金时间的限定上,新旧条令限定的商业广告播出总时长都是18分钟,但是对电视剧插播广告的频次及时长,新条令作出了修订。61号令规定"可以在每集(以45分钟计)中插播2次商业广告,每次时长不得超过1分30秒。其中,在19:00至21:00之间播出电视剧时,每集中可以插播一次商业广告,时长不得超过1分钟。"而17号令则是"除19:00至21:00以外,电视台播放一集影视剧(一般为45分钟左右)中,可以插播一次广告,插播时间不得超过2.5分钟。"

2011年11月28日,广电总局又下发《〈广播电视广告播出管理办法〉的补充规定》,决定自2012年1月1日起,全国各电视台播出电视剧时,每集电视剧中间不得再以任何形式插播广告。该补充规定将《广播电视广告播出管理办法》(2010年1月1日实施)第十七条修改为"播出电视剧时,不得在每集中间以任何形式插播广告",同时明确,该规定于2012年1月1日正式实施。

广电总局颁布的广告令处处碰触电视台的敏感神经,如何戴着新的镣铐跳舞,成为地方电视台广告部主任的心头大事。

第一节 现代广告组织

广告组织是指从事广告业务、广告经营以及其他广告活动的经济组织,是对广告活动进行计划、实施和调节的经营机构。从狭义上说,广告组织主要指广告公司广告组织、媒体广告组织和企业广告组织。从广义上说,广告组织还包括广告团体组织,如各种广告协会、广告联盟等。

一、广告公司

广告公司是指专门从事广告经营业务的企业,又称之为广告商或广告代理公司。广告公司是独立的企业组织,与广告客户和媒体机构不存在从属关系。广告公司犹如企业和广告媒体之间的桥梁,为广告客户提供专业广告服务,向媒体购买广告时间和空间,从而实现传递信息、沟通产销、引导消费及促进生产的功能。广告公司可分为综合广告公司与专业广告公司。

(一)综合广告公司

综合广告公司是向广告主提供全方位广告代理服务的广告经营企业,是广告代理制的典型组织形式。它接受广告主委托,从事广告调查、策划、创意、设计、制作和传播等各种服务。综合性广告公司一般规模较大,经营业绩也比较大,但为数不多。

综合广告公司主要有三种组织类型:以功能为基础的职能部门类型、以客户服务为基础的事业部组织类型和以地区为基础的地区型组织类型。

按职能来设置部门的广告公司,称为职能部门型广告公司,基本组织结构如图9.1所示。

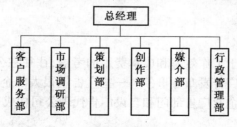

图9.1 职能部门型广告公司

（二）专业广告公司

专业广告公司是社会分工的产物。自20世纪90年代以来，广告公司一方面朝着规模化方向发展，形成了若干全球性的广告集团；另一方面又朝着专业化的方向发展，形成了大批专业广告公司。这些规模相对较小的专业性广告公司往往只承担广告运作环节中的一部分，因而服务也更加专业细致。由于专业广告组织只承揽某一类广告，只提供某种服务，或者只经营整个广告活动中的某一部分，职能比较单一，因此专业广告公司组织结构较为简单，一般可根据实际情况进行设置。

常见的专业性广告公司有：

1. 广告创意公司

广告创意公司的主要业务集中于为客户开发出具有高度创意的广告作品。创意公司有时直接受雇于广告主，有时则是受广告主委托的代理公司，完成创意部分的工作。

2. 广告制作公司

广告制作公司一般只提供广告设计与广告制作方面的服务。这类公司包括平面广告制作公司、影视广告制作公司及路牌、霓虹灯、喷绘等制作机构。它可以直接为广告主提供广告设计和制作服务，也可以接受广告代理公司的委托，通过提供广告制作服务来收取广告制作费用。

3. 媒体购买公司

媒体购买公司是专门从事媒体研究、媒体购买、媒体策划与实施等与媒体相关业务的公司。媒体购买公司对媒体信息有系统的掌握，能对媒体资源实施有效配置和利用，具有很强的媒体购买能力和价格优势。

4. 广告监测公司

专为广告主提供有关广告活动信息数据的收集和反馈方面的业务，其调查和监测的主要内容包括：市场信息、媒体信息及广告效果的监测和调查等。

5. 广告策划公司

专门为广告主进行广告及营销策划和咨询服务的专业性广告公司。

6. 网络广告公司

专门从事网络广告业务的公司，为客户设计网站，策划和发布网络广告，有时业务也渗透到数据库营销领域。

二、企业广告组织

规模比较大的企业，基于工作效率和成本费用的考虑，往往在公司内部设置广告部门，专门处理本企业的广告策划、广告发布等事务。一些广告量很大的企业通常还自设广告代理公司，又称为专属广告公司。企业广告部门和自设广告代理公司构成企业广告组织。

（一）企业广告部门

企业广告部门设置在企业内部，负责本企业的广告业务活动。广告活动比较发达的国家，企业集团大都重视发挥内部广告组织在信息沟通中的特有职能,设置专门的广告部门。例如,日本资生堂,其广告活动的全部环节都由自己的广告部门来承担。国内一些大企业,一般也都设有广告部门,配备专职广告工作人员。

1. 企业广告部门的组织结构

一般来说,企业广告部门的设置主要有中央集权式和地方自治式两种基本模式。

(1)中央集权式

这种类型的广告部门与企业其他职能部门地位相同,广告部门的负责人直接向总经理负责。企业只设一个广告部门,由其统一负责处理公司全部广告工作。

(2)地方自治式

地方自治式是指企业的不同产品或品牌各自拥有独立的广告部门,各个广告部门根据自身的产品或品牌独立制定与实施广告策略。

2. 企业广告部门的职责

企业广告部门是负责本企业广告活动的专职部门,其主要职责如下:

①制订企业的广告目标。
②制订企业的广告活动计划。
③制订和管理广告预算。
④选择广告媒体。
⑤选择专业广告公司等业务委托机构。
⑥测评广告效果。
⑦开展广告及与广告有关的营销活动。
⑧进行广告人力资源的开发与管理。

(二)广告主自设的广告代理公司

广告主自设的广告代理公司又称为专属广告公司(In-house Agency 或 House Agency),是由特定的某一个广告主经营、支配的广告公司,经营上从属于该广告主。广告主通过它完成自己广告的设计、制作和发布等业务。例如,灵狮环球的前身是 Lintas,原为联合利华的广告部门,1928 年从联合利华(Unilever)公司分离出来而独立。

1. 广告主自设广告代理公司的原因

广告主自己设立广告代理公司的做法通常基于以下几个因素:

①企业的广告量很大。
②企业所属行业高度专业化。
③广告主自身的兴趣。

2. 广告主自设广告代理公司的优势

节省广告费用、便于协调与控制;便于保密;易于沟通;熟悉本企业情况;带来赢利;方便本企业广告活动的开展。

3. 广告主自设广告代理公司的劣势

没有专业广告公司经验丰富；服务质量受广告经费影响；缺乏专业人员；竞争力弱；会增加企业成本。

三、媒体广告组织

媒体机构包括报纸、电视台等大众传播机构和以提供广告刊播媒体为主要业务的经济组织，每个媒体机构都设有广告部门，负责媒体机构的广告业务。

（一）媒体广告组织的职能

① 承揽广告业务。
② 设计制作广告。
③ 发布广告。
④ 审查广告内容。
⑤ 制订广告媒体价目详单（刊例）。
⑥ 收集广告反应并及时向客户反馈发布情况。
⑦ 通报收听率/收视率等信息。

（二）媒体广告组织的机构设置

媒体广告组织的机构设置与广告代理制的实行状况相适应。在实行完全广告代理制的国家和地区，由于媒体广告组织只承担广告发布的职能，这类媒体广告部门的机构设置就比较简单，称为广告部，下设营业部门、编排部门、行政部门和财务等几大部门。营业部门负责对外的业务联系和接洽，编排部门负责广告的刊播，行政部门负责行政财务方面的管理，督促广告费的及时回收。

在我国，广告代理制还处于逐步推行阶段，除规定外商来华做广告必须经由广告公司代理外，大量的客户绕过广告代理公司这一环节，直接与广告媒体发生业务关系，而媒体的广告经营几乎与广告公司没有差别。

第二节 现代广告运作

一、现代广告公司发展概况

现代广告公司是社会化大生产的产物。自1841年美国人帕尔默在费城开办世界上第一家现代广告公司以来，随着经济的发展，广告公司的数量逐渐增多，服务水平不断提高。到了20世纪，现代广告公司更是以迅猛的速度发展，公司数量不断增加，服务功能不断完善，服务领域不断扩大，由国内逐渐走向国际，一些大型跨国广告公司不断涌现，如世界第一大广告公司日本电通广告公司。

我国的广告公司在新中国成立前已存在,但直到改革开放前的1979年,全国现代广告公司还不足10家,电视、报刊、广播等基本上不经营广告业务;到了20世纪80年代,改革开放催生了一批广告公司;但其真正发展起来还是在90年代,尤其是在1993年、1994年。1992年底,全国共有各类广告公司3 026家;到了1993年底,广告公司有11 044家;而到了2000年底,广告公司发展到了70 749家。截至2010年底,全国广告公司有243 445家,从业人员达148万人。现代广告公司已成为我国经济发展不可缺少的组成部分,成为广告业发展的中坚力量。

二、现代广告公司的机构设置与经营原则

现代广告公司是指专门经营广告业务活动的企业,是广告代理公司的通称。

(一)现代广告公司的核心部门设置与职能划分

具有一定规模的广告公司,除了客户部、创作部、媒体部等业务部门之外,还设置行政等其他管理部门。广告公司的核心部门设置,如图9.2所示。

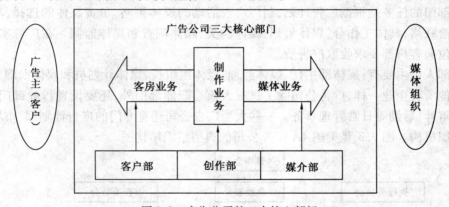

图9.2 广告公司的三大核心部门

1. 客户部的职能和人员配备

客户部是直接与广告客户接触、联系的业务部门。它是广告公司中最重要的部门,它对内代表客户,对外代表广告公司,是广告公司与广告客户联系的纽带,主要负责联系客户、接洽客户、协调客户与广告公司之间的关系。

当广告客户要求广告公司为其提供专业服务时,客户部首先要与之接触,了解客户的具体意图,衡量客户要求的可操作性。通过双方协商,代表公司与广告客户签订广告合同,并根据客户提供的有关资料,如产品营销状况、市场态势、广告预算、市场规划等,同有关部门制订出广告计划,经广告客户同意后,由有关部门协作执行。在广告计划的实施过程中,要及时地与客户联系并进行信息反馈,转达广告计划的实施进展情况。同时,要对广告的设计、创意、制作与刊播过程进行监督。对客户的有关信息资料要负责保管,严守商业秘密。

客户部门的人员配备主要有：客户部主任、客户经理、业务主管、业务员、业务协调员等。

2. 创作部的职能和人员配备

广告创作部门的任务是负责广告的创作、设计和制作。他们对广告客户部和市场调查部提供的有关资料和意见加以分析，依照广告计划的要求，结合消费者的心理，完成创意方案，然后会同客户部门和调研部门，制订出整套广告方案，供客户审核，并在客户审核同意后进行制作，包括拍片、配音、印刷或摄影、绘画等。该部门一般又可具体地细分为创意、文稿、美工、摄影和制作合成等专职小组或专职人员，各司其职。创意人员负责创作意图，文稿负责广告内容的撰写，美工负责广告绘画和版式设计，摄影人员负责广告摄影、摄像，而制作合成人员则专门负责广告稿的合成制作，其中包括校对、印刷和配音制作等。

创作部门的人员主要有：创作部主任、创作组组长、撰稿员、撰稿助理、美工导演、美工导演助理、创作助理员、印刷制作组组长、正稿员、美工、排印、校对、制作助理、影视广告制作组组长、制作经理、演员、制作助理和创意指导等。

3. 媒体部的职能和人员配备

媒体部门的任务是根据广告计划，制订广告活动的媒体策略，负责媒体的选择，和有关媒体部门接洽联络，具体工作分：媒体策划、媒体购买、媒体调查和媒体监测。在广告实施后，代理媒体单位向客户部要求收取广告费。

媒体部人员主要有：媒体部主任、媒体经理、媒体组组长、媒体计划员和媒体助理等。

和其他所有企业一样，广告公司除了这三大核心职能部门外，还要设置行政部门，负责人事、财务、审计、后勤等日常管理事务。一些大型广告公司还有专门的广告计划部、市场调研部等专门组织机构。图9.3是美国4A广告公司的典型组织结构图。

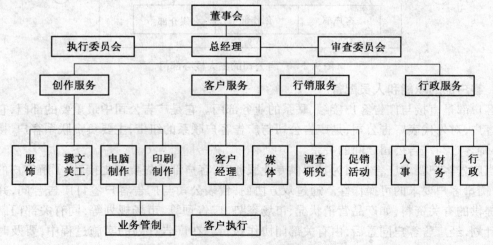

图9.3 美国4A广告公司的典型组织结构图

（资料来源：李宝元. 广告学教程[M]. 北京：人民邮电出版社，2005.）

【案例9.1】

4A 广告公司

4A 即美国广告代理协会（American Association of Advertising Agencies）。该协会是20世纪初由美国各大著名广告公司协商成立的组织,成员包括：Ogilvy&Mather（奥美）、J. Walter-Thompson（智威汤逊,JWT）、McCann（麦肯）、Leo Burnett（李奥贝纳）、DDBO（天联）等著名广告公司。该组织的最主要协议就是关于收取客户媒体费用的约定（17.65%）,以避免恶意竞争,此后各广告公司都将精力集中在非凡的创意和高超的客户服务中,从而创造出一个接一个美妙的广告创意。从而4A也成为众多广告公司争相希望加入的组织。

从20世纪70年代末到90年代初,4A成员们渐渐地进入到华人世界里。由于国内尚未允许外商独资广告公司的存在,所以4A公司往往与国内公司合资成立合资广告公司,如盛世长城（Saatchi&Saatchi 与长城）、智威汤逊中乔（J. WalterThompson 与中乔）等。

20世纪80年代末90年代初,改革开放初期随着跨国公司纷纷进入中国,国际广告公司也纷至沓来。当时,国内的广告业尚未发展,4A公司凭借着国际客户的声誉以及大胆而精妙的创意、精彩的导演和拍摄树立了其在国内广告界的名声,国内广告界渐渐了解了4A公司,4A公司便成为国际广告代理公司的代名词。

那些并不是4A成员的国际广告公司也被列为4A之列,如Dentsu（电通,日本最大的广告公司,业务量甚至超出了许多4A公司）、博报堂等。由于广告公司的人员流动性比较大,所以大多数的广告人都有多家4A公司的背景。

一般我们所说的4A是指在国际性上有影响力的广告公司,如奥美、智威汤逊、精信、麦肯、电通、电扬、BBDO、李岱艾等。

（二）现代广告公司的作用

现代广告公司无论对企业或是对媒体来说,都具有重要作用。

1. 广告公司对企业的作用

对于企业来说,通过广告公司为其提供广告策划、设计、制作等服务,有利于企业开展市场营销活动,有利于提高企业的经济效益,扩大企业的知名度,树立良好的企业形象。

2. 广告公司对媒体的作用

对于广告媒体来说,广告公司是他们的业务来源。从一定意义上讲,广告公司是广告媒体生存、发展的基础。在西方发达国家,广告收入占媒体收入相当大的比例。广告公司对广告媒体的作用主要表现在：争取客户；代理制作广告；减少广告媒体的风险。

（三）现代广告公司的经营原则

现代广告公司是独立的经济实体,其经营原则主要有：合法经营原则、经济效益原则、合同契约原则、信誉至上原则及创新原则。

三、现代广告代理制

(一)广告代理制的概念

现代意义上的广告代理制,是指广告客户委托广告公司实施广告宣传计划,广告媒体通过广告公司承揽广告发布业务,广告公司居于中间为广告客户和广告媒体提供双向全方位代理服务的一种经营制度,如图9.4所示。

图9.4 广告代理运作机制

(二)国际流行的两种广告代理制模式

1. 西方模式的广告代理制

西方模式的广告代理制,是以美国为代表,实行"商品细分"的广告代理制。商品细分广告代理制,又称为"一商品一客户"的广告代理制度,是指广告代理公司在同一种竞争性商品中只接受一个客户,对客户所委托的商品广告营销传播业务全权负责。这样,某一家公司生产几十种产品,为该公司提供服务的广告代理商就有好多家;每家广告代理商以同自己原有的客户不冲突的商品去接受广告代理,而且对所负责的商品不仅提供广告制作与宣传,还要参与商品销售计划、流通促销渠道设计和市场信息调查等全盘性的营销传播服务。

2. 东方模式的广告代理制

东方模式的广告代理制,是以日本为代表,实行"媒体细分"的广告代理制。

日本的广告代理商,传统上与媒体相互拥有股权,因此主要是以承揽与推销媒体为主,通常是数家广告代理商对同一客户提供的服务是以媒体细分来分担。例如,按报纸类别分,《朝日新闻》《读卖新闻》属于甲代理商,《每日新闻》《产经新闻》属于乙代理商。以电视台分,X电视台系列属丙代理商,Y电视台系列属丁代理商。这样,以媒体为中心,某一客户或某商品有好几家广告代理商分别提供不同媒体的广告服务。广告代理商最关心的是属于自己掌握的媒体如何才能被广告客户大量地采用,而对于全盘性的市场营销服务自然不大关心。

3. 西方模式与东方模式的比较

与日本媒体细分制比较,西方模式的商品细分广告代理制的最大优势是广告客户、广告代理商与广告媒体三者共存共荣。

①广告代理商不能同时接受两家相互竞争商品的客户,这样有利于保守商业秘密;广告代理商所拥有的客户相互间不冲突,因此可借用彼此经验对客户提供全过程的一致性服务,将最

好的创意提供给唯一的商品客户。

②广告代理商在确定广告市场营销策略时,会与广告客户站在同一立场上考虑问题。如果广告代理商的服务不能令客户满意,广告客户可解除契约,寻找新的广告代理商。广告代理商为了不被解除契约,会全力为广告产品开展各项广告促销活动,从而可以提高广告效果和效益。

③广告代理商与广告客户的关系依契约而存在,从而在广告代理商之间,因相互竞争的激励机制而提高广告服务品质。广告代理商因自己负责的商品销售增加而获得更多的利益,广告客户也会因其服务良好而扩大其商品代理的范围。

可见,商品细分广告代理制度是较为有效、合理与合乎国际惯例的做法。

(三)广告代理制的内容

①广告主必须委托有广告代理权的广告公司代理广告业务,不得直接通过报社、广播电台、电视台发布广告。代理范围一般仅包括商业广告,不含分类广告。

②兼营广告业务的大众传媒发布的广告,必须委托有相应经营资格的广告公司代理,媒体本身不得直接承揽广告业务。

③广告代理公司要为广告主提供市场调查、策划方案及媒体计划。为媒体承揽广告业务时,应有与媒体发布水平相适应的广告设计和制作能力,并能为广告主提供广告费支付能力的经济担保。

④广告主和媒体单位可以自主选择广告公司代理其业务。

(四)广告代理制运行要点

1. 广告承揽与发布分开

广告公司凭借自身的专业优势,承揽广告业务,并为客户提供优质的策划和制作服务。媒体单位则专门负责发布广告,通过办好媒体节目或栏目提高发布质量与效果。

2. 佣金制

广告公司的主要收入来自于佣金。佣金即广告代理费,是由广告主支付给广告代理公司的占购买媒介费一定比例的报酬。

3. 代理认可制

按国际惯例,广告代理的认可是由媒体或其他团体根据广告公司所具备的业务、财务、信誉等实力,承认其代理资格,允许按购买版面、时间的数量提取佣金,并可赊购媒体的版面和时间。我国的代理认可机构首先是工商行政管理机关,然后才是广告媒体单位。

4. 代理充当担保人

广告代理公司负责支付因客户广告所发生的债务。如果客户破产或违约,广告代理公司必须负担支付账单责任。

5. 代理商的独立法人地位

广告代理公司是专门从事广告服务的具有法人地位的、自主经营的经济组织,它不依附于广告媒体或其他组织。

现代广告代理制要求媒体不直接向企业承揽广告业务,而是通过广告代理公司这个"桥梁"来联系广告主和广告媒体,代理公司为广告主提供广告创意、制作、策划、购买等服务,并赚取佣金。在规范的广告代理制下,以广告对象为核心,广告主、广告商和广告媒体是三位一体、合作博弈的关系,如图9.5所示。

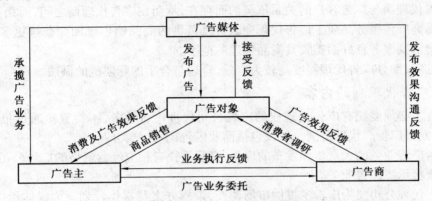

图9.5 以广告对象为核心的广告主-广告商-广告媒体三位一体关系

只有在三者之间形成共鸣、支持、默契的信赖关系,紧密合作,才能达成互惠互利的多赢局面,如图9.6所示。

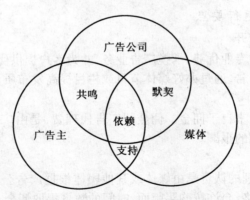

图9.6 广告经营主体的合作博弈关系

广告代理制是国际广告市场上通行的一种广告经营机制,是现代广告经营活动最主要的特征,是世界广告经营的主流,也是我国广告的发展方向。

(五)广告代理制的作用

1. 可以充分发挥广告专业人才的作用

在广告代理制中,广告公司可凭借其专业化分工的优势,向广告主提供全方位、立体化的服务。其主要经营理念是,以策划为主导、以市场调查为基础、以创意为中心、以媒体选择和媒体组合为实施手段、以促进客户营销为主要任务。广告代理制的实施,理顺了广告主、广告公司、媒体之间的关系,有力地推动了广告业的发展。

2. 有利于提高企业广告宣传的效果

实行广告代理制,最大的受益者是广告主。对于广告主来说,实行代理制有利于减少企业成本开支,精简人员、机构;还可以借助广告公司的专业经营经验和技能,提高广告促销效果;同时也有利于广告产品的"定位",避免主观随意性。现代企业的广告活动往往是一个涉及调查、策划、设计、制作、发布在内的营销系统工程,一些大中型企业的广告活动往往以整合营销传播运动的形式出现,这是企业本身所不擅长的,而专业广告公司具有全面的信息、知识和经验,凭借其人才、设备,能够帮助企业在广告宣传中更好地定位,还可以发挥其规模经济优势,提高资源利用率,从而保证广告宣传的效果。

3. 降低了广告媒体的经营风险

对于媒体,实行代理制既可以解除广告设计创作负担,可使其更好地做好自己的传播业务;同时有利于减少商业运作和信用风险,降低业务成本;还能够更好地履行公众传媒功能,接受社会公众的业务监督。媒体通过广告公司承揽广告业务,不必直接面向极度分散的广告主,也不必承担广告设计制作任务,从而减轻了从事广告业务的工作任务和成本;同时,媒体刊播广告的费用,由广告公司负责支付,媒体不必逐个对广告主进行信用审查,从而减少了商业信用方面的呆坏账风险。在规范的代理制中,不存在媒体与广告公司争夺客户的问题,因为所有的广告最终都是要通过媒体发布的,媒体直接与广告主交易也不能得到更多好处,这样,媒体只要集中精力履行其社会职责,办好节目以赢得更多观众,就能获得更大的广告经营收益。

(六)广告代理制的业务流程

1. 营销规划和广告决策过程

在开展广告宣传活动之初,广告代理商必须为广告客户进行营销规划和广告决策。首先是资料收集与分析阶段,然后据此进行产品营销规划,再依据规划制订出广告宣传目标与策略。简要过程如图9.7所示。

2. 广告计划作业流程

在营销规划和广告决策初步制订以后,广告公司就开始了广告计划的作业流程。首先,由广告公司的市场部将广告产品的市场营销背景、营销规划方案、广告宣传策略等向设计、制作人员进行详细的介绍与说明,在讨论结果基础上对已拟订出的广告宣传决策进行完善与修改,制订出有说服力的广告创意和有效的媒体使用计划。整个广告计划大体分为五个步骤:介绍说明阶段、广告创意阶段、向客户提案阶段、客户批准阶段及执行阶段,如图9.8所示。

3. 广告创意流程

广告公司进行广告创意的具体流程,如图9.9所示。这个阶段通常只用简单的脚本来表达广告创意的主要情节和构思。在规模较大的广告公司中,创意总监的任务是控制整个创意

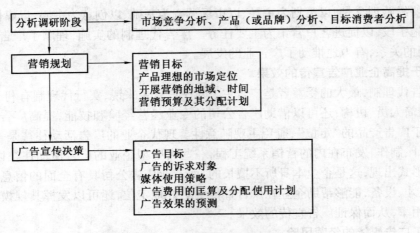

图9.7 调研阶段的工作流程

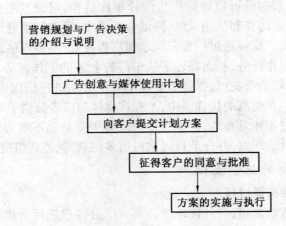

图9.8 广告计划作业流程

的风格,他会领导创意审核小组,对广告创意作品进行评估与指导。

4. 广告制作的流程

广告公司的制作部门,分为图案和文案两大类别。设计人员既要负责电视广告的草案设计,也要负责印刷品的草稿制作,文案人员也是如此。创作人员具体负责广告作品质量的监督与控制。在开始制作广告之前,需召开准备会议,与负责拍摄的导演和制片进行详细的协商与筹备,然后再进行具体的拍摄以及后期的合成。制成的样片或样稿要经过客户的同意,客户一经签字同意就可以递送给媒体部门,由媒体部门刊播发行。图9.10为广告作品的制作流程。

5. 制订媒体使用计划的工作流程

制订媒体使用计划的工作也是由市场部开始的,在完成说明后,广告人员就开始收集有关

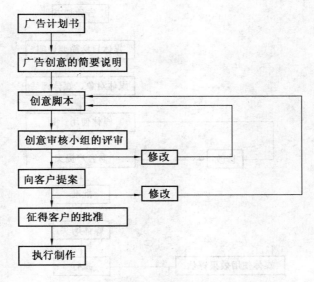

图9.9 广告创意过程

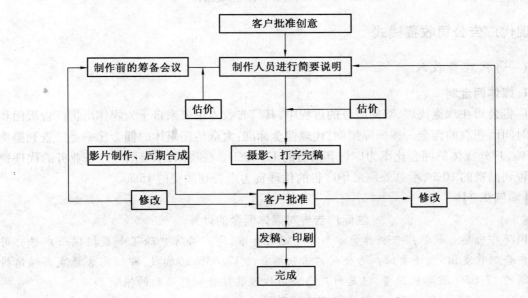

图9.10 广告作品制作流程

媒体的资料,对媒体的影响力、受众、广告收费情况等进行分析、评估,然后拟订出媒体使用计划。媒体使用计划一经客户的签字批准,就可以向媒体部门订购使用时间和版面。广告刊播以后,广告公司还要对广告的实施效果进行评估,并及时将评估结果汇报给客户。图9.11 是制订媒体使用计划的工作流程的具体内容。

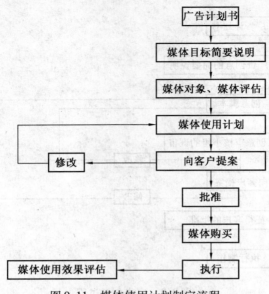

图9.11 媒体使用计划制定流程

四、现代广告公司收费模式

（一）代理费收入

1. 媒体佣金制

广告公司在双重代理、双向服务的过程中，其广告收入主要来自于为媒体出售广告版面和广告时间而获取的佣金。按国际惯例，代理佣金标准：大众传播媒体的佣金比率是广告刊播费的15%，户外媒体的佣金比率为广告刊播费的17.65%。在我国，承接国内广告业务的代理费为广告刊播费的10%，承办外商来华广告的代理费为广告刊播费的15%。

【案例9.2】

国际广告界对媒体佣金的计算

国际广告界在收取广告制作费方面有一定的标准，即广告客户除了如数提供给广告公司各项广告制作支出外，还要给广告公司广告刊播费的17.65%的加成，即按广告费减去媒体折扣净额的17.65%收取代理费，这是对广告公司代理其广告制作活动的报酬。

之所以按17.65%收取，是因为广告公司所得恰好是广告主支出总额（广告费加折扣）的15%。例如，广告主投入100万元广告费，正常情况下代理商可拿到15万佣金：$(100-15) \times 17.65\% = 15$，15万元正好是100万元的15%，与代理佣金标准正好一致。

媒体佣金制的缺陷在于，佣金与广告代理工作努力程度没有直接联系，似乎广告公司不是凭其实际服务而是以掮客身份获得报酬的，只要客户在媒体投放广告，广告公司就可以从媒体得到佣金。当广告公司建议客户增加媒体投放量时，客户可能怀疑代理公司是为了获得更多佣金而建议提高本来没必要的广告预算。

2. 新收费制度

（1）服务费制

鉴于媒体佣金制的局限，奥美公司的大卫·奥格威创立了服务费制。服务费制又称为实费制，是指广告主根据广告公司的实际工作量每月支付一定金额的报酬，而广告公司在媒体代理方面不再加收佣金。这种收费制要求广告公司的一切成本，包括媒体费用、调查费用、制作费、印刷、差旅费都要有财务凭证。服务费制的核心思想是成本附加利润，但这也留下了机会主义和低效率的隐患。

（2）协商佣金制

协商佣金制，就是广告客户与广告公司经过协商确定一个小于15%的佣金比例，广告公司在得到媒体广告刊播费15%的佣金后，将超出协议佣金比例的部分退还给广告客户。这在一定程度上保护了广告客户的利益，主要适用于媒体支出费用较大的广告代理业务。

（3）效益分配制

效益分配制，就是广告公司可以按一定的比例从它所代理广告的实际销售额中抽取相应的利润，但如果广告不能促进销售，则得不到利润回报。这就将广告代理的权利和责任紧密捆绑在一起，使广告公司必须承担广告代理活动的风险。

（二）其他收入

除媒体代理费外，广告公司的收费还包括技术服务费和特别服务费。从事广告市场调查、广告策划、广告创意、广告设计与制作、媒体调查、效果测定等服务项目，如果不是由负责媒体投放的那家广告代理公司完成的，那么这些广告公司将不能从佣金中获得收入，需要广告主按单项付费。特别服务是指广告代理服务以外的其他服务项目，如公共关系、促销、CI策划等。

第三节　宏观广告管理

广告管理，是指国家、社会、广告业内部对广告活动的指导、监督和控制，其目的是为了限制广告活动的不良倾向，指导广告业务的健康发展，使广告活动适应市场经济发展和社会精神文明建设的需要。

现代广告管理，是由广告管理机关对广告进行统一的管理以及由其他经济行政管理机关、广告业务主管部门和企业对广告的综合管理，是对广告活动全过程的管理。广告主、广告商、广告媒体是广告活动的行为主体，其所从事的广告活动均应承担基本法律义务，是广告管理的对象。按管理层次的不同，现代广告管理可分为宏观管理和微观管理两大类。

一、宏观广告管理概述

（一）宏观广告管理的含义

宏观广告管理是指由国家授权的工商行政管理机关，依据广告管理法规，对广告主、广告经营者和广告发布者及其广告宣传活动、广告经营活动进行的监督、检查、控制和指导。对于这一概念，可以从以下几个方面来理解：

①宏观广告管理机关是国家授权的工商行政管理部门，具体是指县及县以上工商行政管理机关，它们代表国家对广告活动履行监督管理的职能。

②宏观广告管理的对象是广告主、广告商、广告媒体及其广告活动。

③宏观广告管理的目的是保护消费者的合法权益，维护社会经济秩序，促进广告业健康发展。

（二）宏观广告管理的特点

1. 管理对象的特定性

从事广告活动的广告主、广告商、广告媒体及其广告活动，是宏观管理的特定对象。

2. 管理范围的广泛性

宏观管理的范围随着广告业的发展而不断拓宽，这就使宏观广告管理的范围越来越广泛，内容涉及广告活动的方方面面，并随着广告业的发展不断变化和增加。

3. 管理手段的多样性

不同部门对广告活动采取不同的管理方法，具体有教育、处罚、监督、检查、控制、指导、服务等手段和方法，用这些手段与方法来规范广告活动，维护社会经济秩序。

（三）宏观广告管理的职能

宏观广告管理的职能是指国家工商行政管理机关为了实现其对广告活动的管理目标所必须具有的，为法律认可的职责和功能。这些管理职能包括：广告立法、审批登记、年度检验、广告活动监督、广告审查以及查处广告违法行为等。

（四）宏观广告管理的作用

工商行政管理部门根据法律的规定，对广告活动过程实施宏观管理，其作用主要体现在：

1. 维护广告的真实性，促进社会稳定

广告作用之一，就是指导消费者选购自己满意的商品，因此，广告所传递的信息，应当是真实可靠的，绝不能因为私利而做虚假广告，牟取暴利，损害消费者利益。工商行政管理部门应加强对广告的管理，防止虚假广告的出现，坚决打击不法分子。

2. 保护企业合法权益，维护正常的经济秩序

为了保护企业的合法权益，促进公平竞争，工商行政管理部门必须加强广告管理。通过广告法规，禁止某些企业利用广告攻击其他企业及其产品，或以暗示性诋毁等手段损害其他企业声誉的行为,严禁广告对假冒伪劣商品进行宣传。

3. 防止精神污染,建设社会主义精神文明

广告不仅在传递经济信息、促进物质文明建设方面发挥着重要作用,而且对精神文明建设也有重要的推动作用。通过广告的宏观管理,可以查处、取缔不健康的广告,有效防止精神污染,引导人们树立正确的价值观,促进社会主义精神文明建设。

4. 保证国家对广告业的统一领导

为了使从事广告活动的各部门、企业间协调发展,国家工商行政管理机关必须通过法律及行政等手段,加强对广告经营部门的领导和管理,确保各广告经营部门和单位都纳入国家的统一领导和统一管理的监督之下,认真执行国家的广告方针、政策、法律和法规,促进我国的广告事业健康发展。

5. 美化市容,保护环境

为了美化城市环境,保护文物古迹和自然风光,我国出台了相应的法规和措施,通过国家工商行政管理部门的管理,使户外广告的发布有章可循,既保护了城市环境,又可以通过五颜六色的各类户外广告美化市容,给广告受众带来美的享受。

（五）宏观广告管理的方法

广告管理方法是由管理主体即国家工商行政管理部门对广告主、广告经营者和广告发布者等有目的进行的,是广告管理人员执行管理职能的手段,是广告管理机构、管理人员协调管理对象共同活动的各种措施、手段、方法、途径的总和。工商行政管理部门在广告管理活动中,一般采取以下管理方法:

1. 行政方法

行政方法就是依靠广告行政管理机构即工商行政管理部门的职权,通过直接对管理对象下达命令、指示、决议、规定等具有强制性质的行政手段来管理广告活动的方法。这种方法是依靠国家的权威,以鲜明的行政权威和服从为前提,具有强制、无偿、直接等特点,是一种最基本的方法,也是广告管理机构最常用的管理方法。

2. 法律方法

法律方法是指以国家制定或认可的法律、法令、条例等来处理、调解、制裁广告活动中有关各方发生的经济纠纷和违法犯法行为的一种强制性方法。这里所说的法律主要是指《广告法》《广告管理条例》《广告管理条例实施细则》《食品管理条例》《药品管理条例》以及国家各级管理机关所制定和实施的有关广告的法规。法律方法在广告管理实践中,具有极大的权威性、规范性、稳定性和强制性。利用广告法规来管理广告,是世界各国对广告进行制约的普遍方法。

3. 经济方法

经济方法是指政府通过税收及其他经济手段对企业或广告经营单位的广告活动进行约束和调节,以保证其适应社会经济发展的客观需要,是以物质利益作为内在动力和外部压力来管理广告活动的方法。运用经济方法管理广告,是经济发展规律和广告活动规律的客观要求。

4. 社会监督方法

社会监督方法是指消费者、消费者组织、新闻媒体、社会舆论等对广告内容、广告组织、广告客户的广告宣传活动进行的监督和管理。通过社会监督,对不良广告行为进行检举或批评,从而限制和制止危害消费者利益和社会公众利益行为的广告出现。

二、广告法规管理

(一)广告法规管理概述

1. 广告法的概念

广告法,是调整广告活动中广告主、广告商、广告媒体三者之间关系的法律规范的总称。广告管理法规的出现是市场经济发展到一定阶段的产物,是广告事业发展的需要。

《中华人民共和国广告法》于1995年2月1日起开始施行。我国《广告法》的制定和实施,标志着我国广告管理真正纳入法制化轨道,对于进一步促进广告业的健康发展,充分发挥广告在社会主义市场经济中的积极作用,加强广告业的管理,规范广告活动,制止虚假广告和不正当竞争行为,维护广大消费者的合法权益,促进两个文明建设,具有十分重要的意义。

2. 广告法规管理的立法目的

我国广告法的立法目的就是依法保护正当广告活动,防止和打击虚假广告现象,充分发挥广告的积极作用,充分保护消费者的合法权益,促进我国广告业的健康发展。《广告法》属于广告界的根本大法,《广告法》的出现,使我国广告业的发展真正有法可依、有章可循。

(二)广告法的主要法律规定

1. 广告法对商品广告和服务广告的基本法律要求

(1)广告不得有下列情形

使用中华人民共和国国旗、国徽、国歌;利用国家机关和国家机关工作人员的名义;使用国家级、最高级等用语;妨碍社会安定和危害人身、财产安全,损害社会公共利益;妨碍社会公共秩序和违背社会善良习惯;含有淫秽、迷信、恐怖、暴力、丑恶的内容;含有民族、种族、宗教、性别歧视的内容;妨碍环境和自然资源保护以及法律、行政法规规定禁止的其他情形。

【案例9.3】
"旺旺"大礼包广告涉嫌违法被叫停

"旺旺"集团的电视广告《唐先生篇》:唐先生一家,最近两年没收到陈先生送的"旺旺"大礼包,因而个人事业和家庭生活从直线上升、旺上加旺,变成了直线下滑、倒霉透顶。为了改变家道衰败现状,唐先生10来岁的儿子,今年春节用省下的零用钱,买来了"旺旺"大礼包送给父亲,唐先生顿时泪流满面,跪倒在"旺旺"大礼包面前……

"旺旺"的这则"贺岁"广告,像是一道诅咒堵在了孩子的心里,令孩子心里产生恐惧:今年我们家还没收到"旺旺"大礼包,会不会因此重蹈唐先生的覆辙啊?不仅是孩子,全家人都有了心理负担,于是赶快去买份"旺旺"回来避邪,"旺旺"也因此热销。

一直警告人们如果不吃"旺旺",就会让你一年不旺的"旺旺"产品电视广告片,因涉嫌违反《广告法》第7条,传播迷信内容,被工商局紧急"叫停"。

(2)保护消费者合法权益的规定

为了切实保护消费者的合法权益,防止利用广告对消费者进行欺骗和误导,广告法规定广告对商品性能、产地、用途、质量、价格、生产者、有效期限允诺,或者服务的内容、形式、质量、价格、允诺有表示的,应当清楚明白。

【案例9.4】

虚假广告案例点评

2005年7月1日,无锡市一家美容院,为了扩大名明度,招徕生意,一段时间打出免费美容的广告。学生消费者汤某、高某信以为真,便一同到该美容院接受美容服务。不料,美容结束后,该美容院列出清单要分别收取汤某、高某198元和582元的化妆品费,两名消费者感到上当受骗,向无锡市消委会投诉,经调解,退还汤某140元,高某432元化妆品费。

点评:该美容院广告中称免费美容,按照通常理解,就是消费者无需交任何费用,便可得到该美容院的美容服务,消费者认为这是该院促销活动中的一种优惠。而实际上,却收取了美容过程中使用的化妆品费,且美容之前,又未给消费者介绍清楚,未征得消费者同意,就使用了昂贵的化妆品。此广告违反了《广告法》第9条第二款中"广告中表明推销商品、提供服务附带赠送礼品的,应当标明赠送的品种和数量"的规定,误导消费者美容消费,构成虚假广告行为。同时在美容过程中,未征得消费者的同意,便使用了消费者不知情的化妆品并收费,违反了《消费者权益保护法》第9条中"消费者享有自主选择商品或者服务的权利"的规定,是一种极不道德的行为。

(3)关于公平竞争的规定

为了维护公平竞争秩序,《广告法》规定:广告不得贬低其他生产经营者的商品或服务。

(4)广告表现手法的规定

在广告表现上,规定广告应当具有可识别性,能够使消费者辨明其为广告。特别规定,大众传播媒体不得以新闻报道形式发布广告,通过大众传播媒体发布的广告应当有明显的广告标记,不得使消费者产生误解。

2. 广告法对重点商品广告的法律要求

有些商品比较特殊,与人民健康和生命密切相关,如药品、医疗器械、农药、烟草、食品和化妆品等一些重点商品广告以及其他法律、行政法规中规定的应当进行特殊管理的商品。对这些特殊商品,广告法规中一般有比较明确的特殊规定。

(1)医药广告的法规管理

药品、医疗器械是一种特殊的商品,直接关系到人们的健康与安全,所以许多国家在广告法规中都有比较详细的限制规定。《广告法》中明确规定:国家规定的应当在医生指导下使用的治疗性药品广告必须注明"规定按医生处方购买和使用",麻醉药品、精神药品、毒性药品、放射性药品等特殊药品,不得做广告。

(2) 食品广告的法规管理

食品是人类生存的最基本保障,所以食品的广告法规管理显得尤为重要。内容包括:申请发布涉及食品成分、营养及其他具有食品卫生科学内容的广告,应持有食品卫生监督机构填发的《食品广告审批表》;工商企业发布食品广告应出具《食品卫生许可证》。在《广告法》中规定:食品广告不得使用医疗用语或者与广告药品混淆的用语。

(3) 烟酒广告的法规管理

对烟草广告进行严格的法规管理,是国际广告业发展的趋势。我国《广告法》中明确规定:"禁止利用广告、电影、电视、报纸、期刊发布烟草广告。禁止在各类等候室、影剧院、会议厅堂、体育比赛场馆等公共场所设置烟草广告。"

(4) 化妆品广告的法规管理

我国《广告法》第十九条,规定化妆品广告必须遵循以下准则:"化妆品广告的内容必须符合卫生许可的事项,化妆品广告不得使用医疗术语或者易与药品混淆的用语。"我国的《化妆品广告管理办法》第三条规定,化妆品广告内容必须真实、健康、科学、准确,不得以任何形式欺骗和误导消费者。

(5) 农药广告的法规管理

《广告法》规定:"农药广告不得出现以下内容:使用无毒、无害等表明安全性的绝对化断言;含有不科学的表示功效的断言或者保证的;含有违反农药安全使用规定的文字、语言或者画面;法律、行政法规规定禁止的其他内容。"

3. 关于广告主、广告商与广告媒体的法规管理

① 关于广告主的法律规定。广告法规规定,广告主自行或者委托他人设计、制作、发布广告时,应当具有和提供真实、合法、有效的证明文件。除此之外,广告主发布广告需要经有关行政主管部门审查,还应当提供有关批准文件。

② 关于广告商、广告媒体的法律规定。《广告管理条例实施细则》第三条规定:申请经营广告业务的企业,除符合企业登记等条件外,还必须具备其他一些必要条件。

③ 兼营广告业务的事业单位在人员、设备、资金方面应具备相应条件。

(三) 广告违法行为的法律责任和法规管理

法律责任是指行为人对其实施的违法行为及其所造成的危害而承担的法律规定的后果。

1. 广告行政处罚的具体规定

在我国《广告法》中,广告管理机关对于下列广告违法行为的行政处罚标准,都作出了明确规定。这些违法行为包括:发布虚假广告、发布违禁广告、发布不正当竞争的广告、以新闻报道形式发布广告、违法发布药品广告、违法发布烟草广告、未经广告审查机关审查批准发布的广告、广告主提供虚假证明文件等。

2. 广告违法行为的民事责任

广告违法行为的民事责任,是指广告活动主体从事广告违法行为、致使用户或消费者遭受损失或者有其他侵权行为应当承担的赔偿责任。

《广告法》规定:广告主、广告经营者、广告发布者出现下列侵权行为之一的,依法承担民事责任。这些行为包括:在广告中损害未成年人或残疾人身心健康的;假冒他人专利的;贬低其他生产经营者商品或服务的;广告中未经同意使用他人名义、形象的以及其他侵犯他人合法民事权益的。根据广告管理法规,只要广告违法行为主体造成他人损害的,当事人即可向人民法院起诉,请求人民法院处理和裁判,以赔偿其损失。

3. 广告违法行为的刑事责任

广告违法行为的刑事责任,是指广告活动主体从事的违法行为性质恶劣、后果严重、非法所得款项数额较大、已经构成了犯罪所应承担的责任。对于构成犯罪的,广告管理机关应及时移交司法部门追究其刑事责任。

第四节 微观广告管理

一、微观广告管理概述

(一)微观广告管理的定义

微观广告管理,是指广告主、广告商、广告媒体从行业或自身利益出发,所进行的一系列行业或企业的自我决策与控制。

(二)微观广告管理的特点

微观广告管理是广告参与者从自身利益出发所进行的自我决策与控制。它具有以下特点:

1. 自发性

微观广告管理是广告主、广告商以及广告媒体所进行的一系列内部决策与控制,因此,具有自发性特点。它是广告参与者面对激烈的市场竞争以及日渐完善的法律体系所作出的一种积极反应,是广告主、广告公司、广告媒体提高自身素质的一种表现形式。

2. 自律性

在市场经济中,企业要想在竞争中赢得优势,就必须建立自主经营、自负盈亏、自我发展、自我约束的内在机制。通过约束自己的经营行为,来提高自身的素质,在公众中树立良好的企业形象,从而实现企业发展的目的。

3. 灵活性

灵活性是指广告参与者在决策与控制的过程中，要根据客观情况的变化，不断调整自己的经营方针。

（三）微观广告管理的内容

微观广告管理的内容主要包括广告行业自律管理和广告组织内部管理。

广告行业自律管理是指广告业者通过章程、准则、规范等形式进行自我约束和管理，使自己的行为更符合国家法律、社会道德和职业道德要求的一种管理制度。广告组织内部管理包括广告主企业内部管理、广告商企业内部管理及广告媒体企业内部管理。

二、广告行业自律

（一）广告行业自律的含义

广告自律是指为保证广告活动的健康运行，广告业者以遵守国家法律和社会道德与职业道德为准绳，通过制定章程、准则、规范等形式进行的自我约束、自我管理。广告行业自律，是指广告行业的自我监管。它是目前世界通行的一种行之有效的管理方式，是广告业发展到一定阶段的产物。广告行业自律是由广告主、广告商和广告媒体自发成立的民间性行业组织，通过自行制定的广告行业自律章程、公约和会员守则等一系列规则，对自身从事的广告活动进行自我约束、自我限制、自我协调和自我管理，使自己的行为符合国家的法律、法规、职业道德及社会公德的要求。建立广告行业规范、实行广告行业自律，是广告业组织与管理的重要内容。

（二）广告行业自律的内容

我国广告自律的基本内容表现在广告从业者的职业道德规范、广告经营者的广告经营行为规范与广告发布者的广告发布行为规范三方面。为了塑造作为新兴产业广告业的整体形象，提高全体广告从业者的思想、业务与文化素质，培养敬业精神和加强广告业内部的分工合作，规范广告业的发展，国家工商行政管理局于1997年12月16日发布了《广告活动道德规范》，中国广告协会第四届理事会于1999年4月26日至27日第四次会议上，全体理事一致通过了《广告行业公平竞争自律守则》。从此中国广告业有了规范广告市场行为的道德规范和自律性规则。

（三）广告行业自律的特点

1. 非强制性

广告行业自律的非强制性表现在广告行业组织不是政府的行政命令和强制行为的结果。其主要表现在两个方面：一是广告行业组织由广告主、广告经营者和广告媒体自发成立、自愿参与，在组织行为方面具有非强制性的特点；二是广告行业组织用以自我管理的依据——广告行业自律规则，是由广告主、广告商、广告媒体和广告行业组织共同商议、主动提出并自觉遵守的，体现出行业的共同愿望，在遵守规章制度方面具有非强制性的特点。

2. 自愿性

广告行业组织一般是在自愿的基础上组成的行业组织,指定组织章程和共同遵守的行为准则,目的是通过维护行业整体利益来维护各自应得的利益。广告行业自律主要是依靠参加者的自觉自愿性以及社会和行业同仁的舆论监督作用来实现,违反者也主要依靠舆论的谴责予以惩戒。

3. 广泛性

由于广告活动涉及面广,而且处于不断发展变化之中,广告法律法规不可能把广告活动的方方面面都规定得十分具体,而广告行业规范可以做到这一点,广告行业自律调整的范围比法律法规调整的范围更加广泛。

4. 灵活性

广告法律法规的制定、修改、补充和废止,需要经过严格的法定程序,而广告行业自律与之有所区别,其广告行业的自律章程、公约和会员守则等通常都是根据当时的客观情况制定的,只要经过组织参加人的大多数同意即可修改、补充,便于按发展情况随时制定或改进新形式的规范,使参加者遵照执行,因此,具有较大的灵活性。

（四）广告自律的重要意义

加强广告行业的自律,在一定意义上比行政管理和消费者监督,有着更重要的作用和影响。广告主体包括广告主、广告商和广告媒体,如果从职业道德上对广告活动进行自我约束,自觉地遵守国家制定的各项法规、政策,服从工商行政管理部门的指导、检查、监督,就从根本上解决了不正当、不合法广告的问题,减轻了广告管理的难度。

（五）广告行业自律与政府管理的关系

广告行业自律和政府对广告行业的管理都是对广告业实施调整,二者之间既有区别又有联系。广告管理的依据是广告法规,它主要从外在方面对广告管理者的职责行为进行了规定;广告自律的原则是广告道德,它主要从内在方面划定出广告行业的职业道德规范。

它们之间的关系包括以下几个方面:

1. 广告行业自律的法律范畴

行业自律必须在法律、法规允许的范围内进行,违反法律的,将要被取消。政府管理是行政执法行为,行业自律不能与政府管理相抵触。

2. 广告行业自律与政府管理目标

行业自律与政府管理的基本目的是一致的,都是为了广告行业的健康发展,但是层次又有所不同,行业自律的目的是维护广告行业在社会经济生活中的地位,维护从业者的合法权益。而政府对广告业管理的目的是建立与整个社会经济生活相协调的秩序,它更侧重于广告业对社会秩序所产生的影响。

3. 广告行业自律的调整范围

行业自律的形式和途径是建立自律规则和行业规范,调整的范围只限于行业组织成员;而政府的管理是通过立法和执法来实现,调整的范围是社会的全体公民或组织。

4.广告行业自律无行政权和司法权

广告行业自律的组织者是民间行业组织,它可以利用行规和舆论来制裁违约者,使违约者失去良好的信誉,但它没有行政权和司法权;而国家行政管理则是以强制力为保障,违法者要承担法律责任。

三、广告相关企业内部管理

(一)广告主的内部广告管理

广告主的内部广告管理包括:遵守法律、法规,确定广告预算,选择合适的广告代理公司等。应遵守的法律、法规主要包括:《中华人民共和国广告法》《广告管理条例》《反不正当竞争法》《广告管理条例施行细则》以及《广告审查标准》等与广告主参与广告活动有关的法规。确定广告预算方案,就是要采用科学的方法来确定企业的广告规模,广告预算必须与企业的经济实力相适应。在选定了广告代理公司之后,广告主还要参与广告的设计与制作,了解广告工作的进展状况,不断提出自己的意见,监督并检查广告作品的刊播,参与评价广告的心理效果与经济效果,总结经验教训,调整以后的广告目标及方案。

(二)广告商的广告管理

广告商的广告管理主要是涉及广告公司正常业务活动各环节的管理工作,也就是业务管理。除此之外,广告公司的管理还包括财务管理、人力资源管理及行政管理等。

(三)广告媒体的广告管理

广告媒体的广告管理主要是指各媒体组织在广告宣传活动中,必须遵守《中华人民共和国广告法》《广告管理条例》《广告管理条例施行细则》《广告审查标准》以及其他有关规定,对广告作品内容的合法性、真实性进行全面的审查。对证明不合格、证明不全或内容不健康、不真实的广告作品坚决予以取缔,严禁刊播,以保护消费者权益,维护自身的形象。

第五节 广告伦理

一、伦理与广告伦理

(一)伦理的概念

"伦理"(Ethics)一词源自希腊文的"ethos","ethos"的本意是"本质""人格",也与"风俗""习惯"的意思相联系。现代伦理的含义是指人与人以及人与自然的关系和处理这些关系的规则,即处理人际关系应该遵守的道理、规范及准则。

（二）伦理与道德

在日常生活中，人们往往视"伦理"和"道德"为同义词，将两者混用或互相取代。其实，伦理和道德之间是有区别的。

就一般意义而言，道德表达的是最高意志，主要是一种精神和最高原则；伦理表述的是社会规范的性质；道德是伦理的精神基础。道德是最高的、抽象的存在；伦理是次要的、具体的。道德是"你最好应该"，而伦理是"你必须应该"，法律则是"你被强迫应该"。道德对应该与否非常宽容，是靠高度的自觉和省悟来选择自己的行动。伦理是道德与法律中间的宽阔地带，介于自律与他律之间，既有源于道德但又不是道德的觉悟，又有源于法律但又不是法律的强迫性。

（三）广告伦理的概念

在现代经济快速发展的信息时代，广告作为一种具有高度开放性的大众传播行为，扮演着极为重要的角色，成为社会经济不可或缺的组成部分。广告不仅是一种信息传播方式，而且是一个社会经济活动过程。但广告业在快速发展的过程中，也暴露出了一些迫切需要解决的问题。这些问题除了通过法律法规、行业自律及社会监督约束外，还应当通过建立广告伦理规范来约束。

广告伦理是指任何内容和形式的广告行为都必须遵循的道德准则和行为规范的总和。具体来说，是指广告参与者（包括广告主、广告制作者、广告发布者、消费者）在广告活动中所发生的人与人之间的行为规范和准则，其中最主要的是广告与消费者关系的行为准则与规范。广告伦理涉及广告主、广告制作者、广告发布者及受众四个层次。

广告伦理学（Advertising Ethics）是研究如何将道德标准应用于广告决策、行为和机构的系统学科。

（四）广告伦理的原则

1. 真实诚信原则

真实诚信原则是指广告所传播的信息要真实，符合客观实际。同时，广告要诚实、讲信用，言行一致，信守承诺。实事求是地介绍商品，不夸大、不做虚伪广告宣传，这是企业起码的道德责任。真实诚信原则是广告伦理的底线。

2. 公正客观原则

公正原则是指广告活动是建立在真实性原则基础之上的，给生产同类产品的企业创造一个公平的竞争环境，不能有诋毁或贬低其他同类产品的情节、语言或图片等的原则。

3. 文明健康原则

广告形式包括广告的环境、场合、媒介、时间，甚至是所使用的技巧、道具、语言、文艺表演等。广告的艺术表现手法要文明健康，必须遵循必要的社会伦理道德和民族的传统风俗习惯，符合我国社会主义精神文明建设的要求，有益于公众身心健康，有益于社会风尚。

> **【案例9.5】**
> **福特汽车广告"虐猫"遭网友抵制**
>
> 2012年初,一则福特汽车的禁播广告在网上掀起热潮,全因这血腥的广告中将一只小猫的脑袋硬生生地夹掉,这引发不少网友的不满,更有人表示以后拒购福特轿车。
>
> 一只活泼的小猫,从树后钻出,出于好奇,爬上一辆轿车,将小脑袋探入敞开的天窗中,谁知这时天窗玻璃突然关上,并将小猫的脑袋一下夹掉,断头后小猫的身子凄惨地顺着车窗滑下。
>
> 这则充满血腥的视频在网上引发了近万网友的转发,而视频中最后还出现了福特轿车的广告标语,不少网友看后都表示心里实在是"不舒服",以后购车绝对不会考虑福特轿车了。一些爱猫组织更是发布声明,认为描绘动物受虐待是没有道德的宣传方法,令人讨厌,拿残忍来开玩笑实在让人无法接受,并要求福特汽车为此作出解释,不然号召大家以后拒购福特轿车。
>
> (资料来源:http://auto.hexun.com/2012-02-20/138444408.html)

二、广告伦理问题及成因

(一)广告中出现的伦理问题

广告中的伦理问题是广告管理中的一个十分重要但又常常被人们忽视的问题。目前受到关注广告中的伦理问题,主要包括:

1. 虚假广告

广告的真实性应该作为起码的道德规范,并且成为广告从业人员遵循的基本原则。在竞争日益激烈的市场,有些企业为了自身的利益,常常置社会道德和法律于不顾,制作刊播虚假广告,向消费者传播不实的信息和虚假的承诺,或用不完全、不充分事实误导消费者,以达到推销他们产品的目的。如"不吃药即可彻底根治糖尿病""基因疗法根治乙肝""服用××胶囊30天长高10厘米"等。

2. 误导儿童的电视广告

儿童身心都处在快速成长阶段,是非观、价值观尚在培育中,但是模仿和学习能力又特别强。针对儿童为目标受众的广告铺天盖地,儿童在接触电视等大众传媒的过程中,他们很容易接受和模仿广告传播的观念和行为,这些广告会潜移默化地影响孩子们的学习和生活,进而对未来教育产生不良影响。

由儿童广告引发的问题主要有:

(1)误导儿童消费行为,损害儿童身心健康

有的厂家在商品包装里放有宣传小卡片,然后大肆广而告之,集满多少张卡片就可以向商家换取奖品,也有的商家在包装里放小玩具,宣传有吃的还有玩的。

(2)对社会产生不信任感

不少广告对商品功能刻意夸大,如对玩具组装的容易程度言过其实,广告中产品的颜色、艳丽程度与实际相差甚远等,这在某种程度上使得小孩产生这样一种疑问:叔叔阿姨在骗人。

瑞典1991年颁布法律,全面禁止针对12岁以下儿童的电视广告。作为第一个禁播儿童广告的国家,瑞典的这项政策得到大多数瑞典人的支持。儿童缺乏经验和判断力,根本无法明白电视广告和他们喜爱的动画片之间的区别。

【案例9.6】

今天你喝了没有?

"今天你喝了没有?"这是我们大家都非常熟悉的"乐百氏"奶的一句广告语。电视画面上一个天真、自信的小女孩,手里拿着一瓶乐百氏奶,她问电视机前的小朋友和他们的父母,对他们说:"今天你喝了没?"接下来是一大群孩子欢天喜地地唱道"我们都喝乐百氏。"看似温柔的广告,给你一种隐约的压力。它通过一种在大庭广众之下的公开质询,给小朋友们的父母施加一种心理上的压力,它利用普遍存在于我们社会中的攀比心理进行诉求,"同学们都喝,我也要喝",对父母来说"别的孩子喝,我的孩子也该喝"。面对"今天你喝了没"这一询问,你必须作出回答,如果没有喝,你的心理由于受到了上述冲击,而会作出一种选择。

3. 伪证广告

这类问题多出现在保健品和药品广告当中。广告中以患者、专家、名人形象作证明,宣称某保健产品或药品能治疗人体某某系统的各种疾病,并使用大量绝对化用语,对疗效进行严重夸大宣传。如某著名老艺术家以患者形象为该药品作证明:"服用后效果一天比一天好,不能走路的她现在能下地走路了,现在又能唱歌了,又能重返舞台了",又如"患者张××,74岁,一年前患上脑萎缩,服用×××药酒两个半月,奇迹般地站起来了,现在也能下地走路了,多年的哑巴现在能说话了。"

4. 名人失范广告

在快速发展的市场经济中,如何赢得消费者的青睐,成为厂家的一个关键问题。许多厂家纷纷选择了明星代言方式,采取了明星广告策略。明星代言广告就像一把双刃剑,如果处理得好,有利于品牌形象的建立及产品的促销,如果处理得不好,则会适得其反。中国明星代言广告泛滥早已是一个不争的事实。电影演员、导演、运动员、教练、电视台主持人,甚至房地产开发商都成了广告明星。很多人为了钱,什么广告都接,严重误导了消费者,对社会产生了很严重的不良影响。比如某高钙片的代言人现实生活中不提篮子、不拎鸟笼子上楼都费劲了,非要告诉观众"一口气上五楼一点都不费劲"。

5. 恶俗广告

恶俗广告指在所传播的广告信息中含有庸俗、粗俗的内容或表现方式、传播方式,有悖于社会道德观念,让受众强烈反感的广告。恶俗广告一般在信息上充分表现出煽情、夸大、轰动、挑逗、荒诞以及诱惑等手法,在心理上促使受众产生好奇、猎奇、兴奋和幻想等诱导行为,以此来达到某个产品或主体的宣传和推广作用。中国联通"惠灵通"的平面广告,画面上是一个身着低胸装的女模特,旁边配上广告词"低的让你心动打"。广告想表达的是惠灵通0.11元/分钟通话费用的便宜,却利用了女性的胸部做文章,难逃低级庸俗之嫌。

恶俗广告背后暴露出的不仅是广告创作人员和商家自身的浮躁、急功近利的心理,而且也反映出广告创作人员及商家文化和道德素质问题。

6. 情色广告

由于各国的历史文化背景存在差异,所以对情色广告很难界定,有时稍有越界就是色情广告。大致说来,情色广告就是指广告内容中"性"的意味浓重,让人作出不健康联想,挑战社会传统伦理规范的广告。国内最知名的情色广告也许当属"亲嘴含片"的广告。漂亮的大眼睛女孩张着大嘴,喷道:"你知道清嘴的味道吗?"广告中清纯的少女形象,绿色的含片盒子、"亲嘴"的味道等无一不在诱惑着中学生对于初恋的无尽憧憬和遐想,挑逗着青春期男女的骚动心理。虽然广告本身给生产商带来了可观的经济效益,但广告一播出就遭到了无穷的非议,一度引起停播。

7. 歧视广告

歧视广告是指在广告信息中对某一群体或成员含有偏见或贬低的广告。歧视主要包括种族歧视、宗教歧视、性别歧视、文化歧视和社会地位歧视。其中前两类广告在我国并不多见,而性别歧视及文化歧视的广告在近几年则日益严重。

【案例9.7】

耐克引发的广告歧视

几年前,耐克一则名为"恐惧斗室"的耐克篮球鞋广告片因涉嫌"亵渎中国风俗习惯",而引起全球华人持续关注。广告中出现了三个带有文化歧视的画面:

第一,詹姆斯与身穿长袍的中国道家武林高手"争斗",詹姆斯将武林高手击倒。

第二,身穿中国服装的妇女(与敦煌壁画中的飞天造型极其相似)暧昧地向詹姆斯展开双臂。随着詹姆斯扣碎了篮板,"飞天形象"随之粉碎。

第三,篮板旁出现了两条中国龙的形象,不过这两条龙以妖孽的形象出现,二龙吐出毒气阻碍詹姆斯前行。

此广告播出后,很多观众认为这则广告本身很有创意,但让人觉得心里不舒服。"争斗"中"中国道家武林高手"毫无还手之力,龙的形象被亵渎,让人觉得耐克公司没有尊重中国人,更是对中华民族象征——龙的一种侮辱。有不少专家也认为这则广告在美国文化背景下拍摄,最后美国文化战胜中国文化,是对中国文化的歧视。最终,这则广告在中国被禁播了。耐克的"恐惧斗室"广告是对中国文化的歧视,是国家文化差异造成的歧视广告。

8. 不当比较广告

我国法律允许正当的比较广告,但对贬低他人以及虚假、引人误解的比较广告持禁止态度。2003年下半年,宝洁被判赔高露洁40万,原因是宝洁公司在比较广告中贬低了竞争对手高露洁的产品,损害了高露洁的商业信誉和商品声誉。

【案例9.8】

百事可乐大陆被禁广告

剧情是一个小男孩儿来到一个自动饮料售货机前,迟疑了一下,先投入了两枚硬币换取了两罐红色可乐,然后踩着这两罐红色可乐将一枚硬币投入了高处百事可乐的投币孔,换取了一罐百事可乐后,满心欢喜地走开。这个广告在美国没有被禁播,在外国属于很正常的广告,百事可乐与可口可乐的百年广告大战中,不乏这种攻击对手的广告。可是由于中国与美国文化价值观的不同,在中国,这种竞争被认为是不正当的竞争,这个广告也由此被禁。可见,文化价值观的不同可能造成一个广告在不同地区面临的命运不同。

(二)广告伦理问题的成因

违背伦理广告的出现不是偶然的,其形成原因是多方面的,既有社会原因、企业方面的原因,也有消费者自身的原因。

首先,从宏观方面看,法律、法规不健全,执法不严格是重要的原因。

改革开放以来,我国广告事业获得了长足的发展,但广告立法明显落后于经济发展。我国1994年颁布并沿用至今的《广告法》,适用范围仅限于商业广告。事实上,近年来除了大量的商业广告传播中存在违背法律和伦理的问题外,也有不少公益广告也存在有违法律和伦理的问题。另外,某些法规中有关广告管理的规定不够系统、完善,给一些从事广告违法活动的单位或个人以可乘之机。

其次,广告者的素养、伦理道德观念差,也是导致广告背离伦理规范的根本原因之一。

广告在进行信息传播的同时,影响着消费者的人生观、道德观和价值观,影响着社会的道德风尚。同时,社会伦理又制约和影响着广告的内容和形式。相当一部分广告从业者缺乏伦理素质和市场营销观念,法律观念淡薄,又缺乏行业自律精神,这必然导致广告中违背法律和伦理问题的产生。

最后,广告受众自我保护能力薄弱,也是不容忽视的原因之一。

广大消费者还不具备广泛的商品知识、价格知识、广告知识、商标知识及其相关法律知识等,消费者对劣质广告的识别能力很差,容易受虚假广告的诱惑,盲目选择不需要的产品。加之消费者法律意识淡薄,大部分消费者还不习惯于运用法律来保护自己的利益,即使受了虚假广告的欺骗也不敢诉诸法律,忍气吞声,使得违法广告得以生存。

三、广告伦理的出路

广告领域中出现的违背法律与伦理的广告行为,不仅侵害了消费者的正当权益,也损害了企业的利益,更危害了社会利益。要解决违背法律及伦理原则的广告活动,是一件复杂的系统工程,涉及国家、企业、广告媒介及受众四个方面。

(一)完善并强化广告法

我国的《广告法》颁布已近20年,随着市场经济和广告业的迅速发展,广告传播中的社会问题尤其是伦理问题也日益突出。因此，必须及时修改和完善广告法，扩大《广告法》的适用范围和对象，完善广告审查制度，在法律层面对广告活动作出更全面更合理的规范。

（二）加强广告行业自律

国外广告业实践证明，广告行业的自律具有法律无法替代的作用。因此，有必要强化广告行业的自律。通过加强广告从业人员的职业道德教育，加强广告经营单位的伦理道德建设和建立广告行业自律组织并发挥行业协会的作用等方式来弥补法律监管的不足。

（三）提升广告从业人员自身的伦理素质

广告公司作为广告的制作单位，在进行广告策划时应考虑广告的创意、表现、内容等是否将引起伦理层面的争议。这就要求我们在加强广告行业规范的同时，还要加强广告人的伦理道德修养。另外，媒体应对其拟发布的广告内容进行审查，并确保其不违背"伦理底线"。媒体有权拒绝播放和印刷他们认为具有违背伦理道德的广告。

（四）构建良好的广告受众伦理体系

广告离不开受众，广告伦理同样涉及受众。广告伦理规范体系应包括广告受众的伦理规范。作为广告受众，也应遵循一定的伦理规范，自觉抵制并批评不良广告。

本章小结

广告组织是指从事广告业务、广告经营以及其他广告活动的经济组织，是对广告活动进行计划、实施和调节的经营机构。专业广告组织，是指专门经营广告业务的企业，又称之为广告商、广告公司或广告代理公司，分综合性广告公司与专业性广告公司。广告主一般是指为推销商品或服务，自行或者委托他人设计、制作、发布广告的企业或个人。媒体机构包括报纸、电视台等大众传播机构和以提供广告刊播媒体为主要业务的经济组织。

广告公司的核心部门包括客户部、创作部及媒体部。现代意义上的广告代理制，是指广告客户委托广告公司实施广告宣传计划，广告媒体通过广告公司承揽广告发布业务，广告公司居于中间为广告客户和广告媒体提供双向全方位代理服务的一种经营制度。国际上比较流行的广告代理制，可分为两大类型：西方模式和东方模式。

广告管理，是指国家、社会、广告业内部对广告活动的指导、监督和控制。按管理层次的不同，现代广告管理可分为宏观管理和微观管理两大类。

广告法，是调整广告活动中广告主、广告商、广告媒体三者之间关系的法律规范的总称。对于像药品、医疗器械、农药、烟草、食品和化妆品等特殊商品，广告法规中一般有比较明确的特殊规定。

广告自律管理是指为保证广告活动的健康运行，广告业者以遵守国家法律和社会道德与职业道德为准绳，通过制定章程、准则、规范等形式进行的自我约束、自我管理，具有非强制性、自愿性、广泛性、灵活性等特点。

广告伦理是指任何内容和形式的广告行为都必须遵循的道德准则和行为规范的总和。广告伦理涉及广告主、广告制作者、广告发布者及受众四个层次。

自测题

一、名词解释
广告组织　　媒体佣金制　　广告代理制　　广告法
行业自律　　广告伦理

二、问答题
1. 现代广告公司的三大核心部门是什么？
2. 简述客户部、创作部及媒体部的职能。
3. 试比较国际上比较流行的两种广告代理制的优缺点。
4. 广告代理制有什么作用？
5. 简述广告代理制的业务流程。
6. 宏观广告管理有哪些特点？
7. 宏观广告管理的方法有哪些？
8. 简述广告法对重点商品广告的法律要求。
9. 简述广告行业自律的特点
10. 广告伦理问题主要表现在哪些方面？如何看待广告中的伦理问题？

三、案例分析

蒋雯丽广告触及了社会伦理底线吗？

蒋雯丽最新的一则广告因为被判定"乱伦"，差点被停播。遭到网友猛烈抨击的是其中有一句广告语，五岁的儿子对妈妈说："我要娶你。"一句童言稚语，没想到却引发了轩然大波。反对者认为，这则广告把道德伦理抛在脑后，引发了乱伦的嫌疑，让人难以接受。宽容一点的人认为，孩子说这个话本身没什么不对，但是不该放在电视上说，不该在公共场合说。

首先站出来的上海大学社会学系教授顾骏表示：儿子要娶母亲这样一个说法，不适合在公众场合下播放。家里的童言无忌，与电视的公众传播，两者是有区别的。广告没有必要用乱伦的母子关系来表达，这是在触碰社会伦理道德的底线。无论是厂商，还是拍广告的蒋雯丽，在拍这则广告之前，不会不知道这样的表达方式将给社会带来的影响，这显然是明知故犯，故意为了达到额外的广告宣传效果。

看来学者就是学者，眼光比别人看得远，能看出厂商明知故犯、期待收获额外广告效果的"险恶"用心。但是他把一个虚拟的打算将来实现的行动等同于事实，贸然定性为"乱伦"就有点操之过急。如果硬要把"乱伦"的帽子扣下来，这则广告最多也只不过有"乱伦嫌疑"而已。至于这则广告触碰的是不是社会伦理道德底线，显然有点危言耸听。

事实上，很多小男孩小时候都发过长大后要娶妈妈的宏愿，而很多小女孩小时候也爱说长大要嫁给爸爸。对家有儿童的父母来说，几乎每天都能听到比这更过分、更不合伦理道德的童言稚语，大多会一笑了之。类似的场景出现在荧屏上，就像真实的生活被偶然复制了一个片断，因为情境类似、熟悉自然产生一种亲近感。那些会反感、继而上升到"乱伦"的地步，接着抡起道德大棒劈头抢下的人，如果还没有为人父母，显然已经忘却了自己的儿童时代。

那么这则广告真正受损害的是谁呢？

说到底，最大的受害者还是公众。一则再正常不过的童趣广告，被过分紧张的卫道士举起"乱伦"的屠刀，以保护伦理的名义砍杀下来，还引来专家学者的助阵。这种导向不仅会误导公众正常的理解和判断能力，而且还混淆视听。幸好这则广告的制播双方还比较理智，坚持自己的创意和正确的解读，同时也相信大众的理解能力，不肯向喧嚣一时的叫骂低头。广告的投资厂商还呼吁公众以包容、健康、阳光的心态去理解这类广告。

这起广告事件终于在滑落常识底线的危机时刻幸运地止跌回稳，但这起事件引发的反思却刚刚开始。

（资料来源：http://zt.cjn.cn/cjwk/cjwk3/wkylq3/wkqnh3/200610/t210201.htm）

问题：
1. 你认为蒋雯丽广告触及了社会伦理底线了吗？
2. 分析本案例，并结合目前广告业的现状从伦理的视角阐述自己的看法。

第十章
Chapter 10

国际广告运作

【学习目的与要求】

通过本章的学习,要求学生了解国际广告的一般环境以及国际广告的发展趋势,掌握国际广告的基本概念及其基本策略,熟悉国际广告面临的文化风险及规避风险的一些措施,在此基础上,初步掌握国际广告的基本运作。

【案例1.1】

可口可乐的本土化广告策略

在国际全球化和地区差异化的背景下,广告不仅是一种商业行为,更是一种跨文化交际行为。本土化策略在广告的跨国传播中不仅可以提高广告公司对目标市场的理解,消除民族隔阂,制订有效的广告传播策略,更能提高其在全球经济一体化中的核心竞争力。

可口可乐公司的前老板伍德拉夫有一句名言:"可口可乐99.61%是碳酸、糖浆和水。如果不进行广告宣传,那还有谁会喝它呢?"从历史上看,可口可乐公司是以广告投入巨大而取胜的。如今可口可乐在全球每年广告费超过6亿美元。中国市场也不例外,可口可乐在中国每年广告投入高达几千万元。起初,可口可乐是以国际化形象出现在中国消费者面前的,凭最典型化的美国风格和美国个性来打动消费者,所用广告也是美国亚特兰大版本。20世纪末,可口可乐意识到,要当中国饮料市场的领导者,品牌融合中国文化才是长久之路。于是在1997年,可口可乐的广告营销策略发生了显著的变化,在中国推出的电视广告,第一次选择在中国拍摄,第一次请中国广告公司设计,第一次邀请中国演员拍广告。可口可乐开始大踏步实施广告本土化的策略。

可口可乐广告的本土化策略首先体现在广告与中国文化的结合。中国人喜欢热闹，尤其是春节这个合家团聚的日子，而可口可乐广告最引人注目的手笔就是1997~2002年系列春节贺岁广告片。可口可乐贺岁广告片选择了典型的中国情境拍摄，运用对联、木偶、剪纸等中国传统艺术，通过贴春联、放烟花等民俗活动，来表现中国浓厚的乡土味。可口可乐还就北京申奥成功、中国加入WTO大打广告宣传，大力赞助中国足球队，声称喝可口可乐，"分享世界杯精彩"。可口可乐俨然成为中国本地产品，而这种乡土形象，确实达到了与中国消费者沟通的效果。

可口可乐广告的本土化策略其次体现在选择华人新生代偶像做形象代言人。可口可乐一贯采用无差异市场策略，目标客户显得比较广泛。近年来，可口可乐广告策略把受众集中到年轻人身上，广告画面以活力充沛的健康青年形象为主体。2008年春节，一部由刘翔、郭晶晶、赵蕊蕊和冯坤等可口可乐奥运星阵容的明星们主演的2008新春主题广告片"奥运新年篇"登上荧屏。最近，以"栏王"刘翔，超人气天王潘玮柏，"香港新人王"余文乐和"台湾组合天后"S.H.E组成的中国版新"老友记"青春偶像阵容的个性广告，突显了可口可乐品牌所倡导的"要爽由自己"的张扬个性和精彩人生。

第一节 国际广告概述

一、国际广告的概念

国际广告是指广告主通过国际性媒体、广告代理商和国际营销渠道，对进口国家或地区目标市场所进行的有关商品、服务或企业的信息传播活动。国际广告的目的在于通过各种适应国际市场特点的广告宣传，使出口商品能够迅速进入国际市场，创世界品牌，扩大商品销售，实现销售目标。

在国际市场上进行广告宣传的方法主要有两种：一是由本国向外国市场直接进行广告宣传，如我国企业在美国《读者文摘》国际版上刊登广告，或在英国BBC电台上进行广告宣传；二是广告主的驻外机构在当地市场进行广告宣传活动，如我国青岛海尔集团德国分公司，在德国莱比锡刊登报纸广告等。

国际广告和国内广告在宣传上存在一定的差别。从广告内容来看，国内广告直接宣传产品功能的较为普遍，而国际广告在广告重点上则更加注重宣传企业形象。这是因为，外国消费者对国际广告主的国情了解不多，对出口企业情况更是不了解，甚至存在偏见或误会。国际广告主要使其商品被外国消费者所接受，在广告宣传上就要注重企业和品牌形象的塑造，使外国消费者了解企业及其品牌。

二、国际广告的特点

在国际市场上,不同的国家和地区在社会制度、政策法令、消费水平和结构、风俗习惯、自然环境、宗教信仰以及由此形成的消费观念及市场特征等方面都存在着极大差异,这些差别决定了国际广告具有不同一般国内广告的特殊性。广告策划者如果不了解这些差别,就无法有效开展广告宣传活动。与国内广告活动相比,国际广告活动呈现出以下不同的特点。

(一)复杂的广告环境

不同国家广告业的运作模式、经营管理方式存在很大的差异,因此,要对不同国家和地区的广告环境进行实地考察,保证广告运作的正常进行,并取得预期的效果。开展国际广告活动时,面临的特殊环境主要有:

1. 法律法规

不同国家的法律规范各不相同,因此规范广告宣传活动的法规具有不同的特点。国际广告是受不同国家政治支配、受不同法规约束的一种市场营销活动。因此,企业在进入国外市场时,不仅要了解该国对进口贸易和进口产品的各种法规,还要了解有关广告方面的法规,搜集国际广告资料,对出口国家和地区的市场进行详细的调查研究,为开展广告活动奠定基础。

2. 语言环境

世界各国的语言千差万别,不同的语言对同一事物有不同的表达方式。例如,仅西欧区域就有至少 14 种语言,所以在西欧进行广告宣传时,语言是开展国际广告的一大障碍,即使是世界高水准的美国广告代理,在欧洲共同市场进行广告策划时也常常败北。有些国家通用多种语言,如瑞士通用德语、法语和意大利语,新加坡通用英语、汉语及泰米尔语,加拿大通用英语和法语等。而印度的数十种不同种族的语言对西方广告代理商来说,就如同是埃及法老的咒语,给广告策划活动带来了几乎是难以逾越的障碍。

3. 宗教习俗

在进行国际广告活动时,还必须考虑当地的宗教信仰。例如,北欧地区新教颇为流行,消费者崇尚勤俭,因此瑞典妇女普遍认为,购买洗衣机是一种应该受到谴责的奢侈行为。我国有些产品,质量非常好,在国内很畅销,但出口到一些国家却无人问津。其主要原因是忽视了国外目标市场上消费者的宗教信仰。例如,有一种"熊猫"牌产品,在中东市场受到了消费者广泛的抵制,因为他们认为中国人眼里憨态可掬的熊猫在形体上与猪非常相似。

4. 传统习惯

进行国际广告策划活动时,传统习惯是另一个障碍。传统习惯包括传统的观念、情感和习俗。世界各国常以其历史悠久的传统文化为民族精髓,他们不愿意效仿他国,喜欢用挑剔的眼光对待外来文化,对一些事物持有固执的偏见。这些情况给国外产品开展广告活动带来困难,例如,墨西哥妇女认为,家庭购买电冰箱比储蓄子女教育费用更有意义,也更能显示富有,而这一观念与东亚的传统观念截然不同。

5. 生活方式

生活方式是指广告受众的生活形态，它是个人与环境相互作用的体现，受环境制约，具有相对稳定性。一个国家或地区的生活方式会影响该地区的消费模式和营销模式。20 世纪 70 年代，宝洁公司把帮宝适一次性尿布引入日本市场时，发现日本的母亲并不喜欢这种美式的大块尿布。日本妇女给孩子换尿布的次数是平均每天 14 次，这个数字是美国母亲的 2 倍。发现问题后，宝洁公司把尿布改成较狭小的样式，很快占领了日本尿布市场。

【案例 10.1】

奥美在中国本土失招

奥美环球于 1948 年由"现代广告之父"大卫·奥格威在纽约始创。在中国、韩国和越南市场，奥美是第一家成立分支机构的外资广告代理商，并拥有亚太区最大的关系行销集团。过去 50 年来，奥美帮助许多跨国企业建立了品牌，如美国运通、西尔斯、福特、壳牌、芭比、旁氏、多芬、麦斯威尔、IBM、摩托罗拉、联合利华和柯达等。1991 年，奥美与中国内地最大的国有广告公司上海广告公司合资成立了"上海奥美"。目前，"奥美中国"已在上海、北京、广州、香港、台湾等地开设办事处，员工达 1 500 余名。目前其在中国的客户包括 IBM、摩托罗拉、宝马、壳牌、中美史克、柯达、肯德基、上海大众、联合利华和统一食品等。

作为世界十大传播公司之一，奥美在全球 100 个国家和地区设有 359 个办事机构，并拥有 10 000 多名富有才干和创新思想的专业人士。但令人遗憾的是，在中国市场，奥美的表现却令人感到不可理解。奥美在中国市场为本土企业客户策划的广告项目中，竟然没有几项取得较好的业绩。如同御茶蓉、奥妮、江中集团一样，奥美来中国内地之初，不少国内知名企业慕名而至，希望通过奥美创造营销奇迹，可是最后许多合作都"无疾而终"。在奥美服务过的本土企业中，也鲜有成功的典范。

是什么原因导致奥美在中国本土失招？"水土不服"是其中的一个重要原因。奥美进入中国时，还不熟悉在中国内地操作营销活动的规律和方法，在操作中照搬了许多在国外的理念和技巧。但是事实证明，这些"先进"的技术至少目前还是不适合中国市场和中国企业的。奥美的高层人士也开始认识到了问题的症结所在，奥美全球总裁夏兰泽（Shelly Lazarus）也曾坦言："最困难的是，真正了解本土公司的需要，并和它们一起把这种需求清晰地表达出来。"

（二）不同性质的广告主

国内广告活动中的广告主，主要是国内企业，其传播广告信息的范围主要是国内市场或国内的某一区域市场。国际广告主的宣传范围是国际市场或某一特定的产品进口市场。进行国际广告的广告主大体上可以分为以下几种：

1. 跨国公司

跨国公司凭借其经营实力开拓国际市场，销售本国产品，通过发挥区域性优势来赢得一定的经济利益。有些跨国公司以支持本国产品出口为其经营目标，如壳牌石油公司、菲利浦公司、雀巢公司、梅塞德斯-奔驰公司、西门子公司、新日本钢铁公司以及三菱公司等。国际广告宣传是跨国公司开拓国际市场必要的营销手段。跨国公司广告主往往根据自己的经营规模和国际营销战略,选择合适的方式进行国际广告宣传。

(1)选择本土广告公司

一般说来,经营产品或服务出口到一两个国外市场的跨国公司,甚至包括在国外开办小型合资企业的公司,国外部分只是国内业务的延伸,在国外的经营范围仍然非常有限。这类小型跨国公司往往委托国外当地的广告公司为其代理广告业务。当地的广告公司由于熟悉本地的环境,广告宣传活动容易开展,并能取得良好的效果。

(2)选择国际广告公司

这是大型跨国公司常用的一种国际广告宣传形式。国际广告公司对目标市场的营销形势和消费者状况了如指掌,并且有较好的公司信誉和企业形象。如可口可乐公司选择麦克恩·爱里可森广告公司,力士香皂选择了智威·汤普逊广告公司等。

2. 出口商品的生产企业或经营企业

出口商品的生产企业是指直接从事对外出口商品的生产企业;而出口商品的经营企业是指进出口公司。出口商品生产企业或经营企业进行国际广告宣传的途径主要有两种:

(1)选择当地的广告代理公司

广告主将自己的意图、广告目标告诉当地的广告代理公司,由代理公司进行设计、创意、制作等策划工作,并通过一定的媒体刊播出去。

(2)本国企业直接向国外目标市场实施广告宣传

国外市场与国内市场差距较大,企业不熟悉国外市场的风俗习惯、宗教信仰等营销环境,广告宣传难度较大,存在一定风险。

3. 进出口商品代理商

许多进出口商品在世界上都有代理商。代理商熟悉当地的市场环境,并且有现成的营销渠道和销售网络,有利于国内产品打入国外市场,也有利于开展国际广告宣传。

第二节　国际广告的环境

国际广告宣传既是一种经济活动,又是一种社会活动。从国际广告活动所面临的具体市场环境来看,国际市场比国内市场差异性更大,主要有政治环境、经济环境、社会环境、文化环境、媒体环境、自然环境等差异。

一、政治法律环境

政治法律环境主要是指各个国家对外贸易政策和其他相关的政策法令,以及国家政局变化对国际广告的左右和影响。世界各国有不尽相同的政治体制、思想体系、社会制度、意识形态,因此,在不同政治法律环境下的国家开展广告活动的难易程度就各不相同,广告主及广告商需要对东道国的政治环境有充分的了解。政治法律环境的差异性体现在以下几点：

（一）对于广告内容的限制

有的国家或地区对广告内容有限制。例如在德国，与竞争者产品比较的广告是被禁止的；在美国和英国，不能在电视上做香烟广告；在泰国，则禁止做药品广告。此外，广告内容不能损害当地的民族尊严和违反当地的民族习惯。

【案例10.2】

欧莱雅遭禁播 广告不能"美"得没边

2011年7月27日，英国广告标准局对化妆品广告发布禁令，剑指法国化妆品巨头欧莱雅旗下美宝莲和兰蔻两则平面广告，理由是这两则广告在后期制作时有意美化模特，误导消费者。美宝莲和兰蔻当天均发表声明，对广告标准局这一裁定表示遗憾。

据悉，遭禁的这两支广告分别是由明星朱莉娅·罗伯茨代言的兰蔻奇迹薄纱粉底液和由名模克里斯蒂·特林顿代言的美宝莲抗衰老粉底"The Eraser"。

欧莱雅以前也受到过广告标准局的警告。广告标准局曾批评说，由明星佩内洛普·克鲁兹代言的一款睫毛膏广告有夸张成分，欧莱雅后来不得不在广告中澄清，克鲁兹在拍摄广告时的确佩戴了假睫毛。

欧莱雅集团承认广告照片经过后期处理，比如给照片里的特林顿"提亮皮肤、美化妆容、减少阴影、柔滑嘴唇、加深眉毛"。

（二）对于广告媒体的限制

有的国家或地区对广告媒体有所限制。例如，在北欧的丹麦和挪威等国，没有商业性广播和电视；在荷兰，每周只允许有127分钟的广告节目；在法国，每天只允许有几分钟的广告时间。户外广告的设置、张贴，要遵守当地城市管理机构的规定，不能妨碍交通或影响观瞻；霓虹灯广告的大小和设置地点，要按当地的有关规定设置。

（三）对于广告费支出的限制

有的国家或地区对广告费支出有所限制。例如，印度政府规定企业的广告费用不得超过销售额的4%。

（四）对于广告支出的课税

不同国家或地区对广告支出的课税也不同。意大利政府规定对报纸广告征4%的税，对广播和电视广告则要征15%的税；在奥地利，对电视和印刷广告征10%的税，对广播及影院广告则征10%～30%不等的税。

此外还需要注意的是，有的国家在对外贸易方面有明显的贸易保护主义倾向，对国外进口商品实行限制营销；有的国家对进口商品设置关税壁垒；有的国家则对进口货物只征收极低的进口关税，鼓励世界各国的产品在该地区从事平等竞争。

二、经济环境

不同的国家由于经济体制、经济发展形态、市场发育程度、竞争状况、市场容量的不同,在不同国家或地区开展广告活动时,就必须考虑到这些特殊性,采取行之有效的广告策略。

比如,有的国家有勤俭持家的传统,需要经久耐用的商品;有的国家崇尚时髦新奇,就需要国际流行性的商品;有的国家处于开放时期,喜爱外国商品的观念盛行,需要国际名牌商品;有的国家流行"复古""怀旧"风尚,附带历史价值的商品就有销路。在发达国家,高档消费品销路较好;而在发展中国家,物美价廉的商品会受到普遍欢迎。

兰博基尼(Lamborghinis)汽车是一种高档豪华汽车,每辆售价达500 000美元。对于家庭收入低的国家,这种汽车的市场机会很小,因此兰博基尼汽车的经销商没有选择这些国家作为广告对象。在葡萄牙,情况有所不同,因为葡萄牙属于家庭收入高低悬殊的国家,国内有许多富有且注重社会地位的家庭,他们能买得起这种汽车,因此,广告宣传对他们会起很大的作用。

三、社会环境

社会环境包括进口国的风俗习惯、宗教信仰、价值观、审美观及心理因素等。国际广告要重视对东道国社会环境的研究,认识和适应目标市场的社会环境,这是广告宣传活动成败的重要环节。

不同国家和地区有着不同的消费习惯。例如,普通法国男人使用化妆美容品的数量几乎是他们妻子使用量的两倍;德国人和法国人食用有包装、有品牌的细通心粉比意大利人的量要大;坦桑尼亚妇女不准孩子吃鸡蛋,她们认为小孩吃鸡蛋会脱发;中国人不喜欢将照片剪成数块,但西方人却毫无忌讳;麦氏(Maxwell)咖啡,号称"美国最好的咖啡",在德国很畅销,但在荷兰却没有市场,因为荷兰的烘焙咖啡闻名已达数世纪之久,消费者对此口号无动于衷。

不同国家和地区的风俗习惯,还形成对广告表现的不同心理要求。有些国家,广告图案和商标设计要注意其宗教信仰和风俗习惯。在罗马尼亚,三角形和环形的图案更能吸引消费者,而在柏林,方形比圆形效果更佳;绘有猪或猪形状的图案在伊斯兰教国家是严格禁止的;非洲一些国家不喜欢狗和猫头鹰的形象;在阿拉伯国家登广告,如果画面是一个男人和一个女人在一起吃东西,不仅被禁止,还要被罚款。

广告在运用色彩时,也要注意当地人的喜好。如法国人喜欢素洁的白色,认为白色象征纯洁;中国人喜爱热烈的红色,认为红色是吉祥之兆;有的国家则禁止红色,如统一前的联邦德国不喜欢红色;非洲有些国家忌讳黄色;而东南亚国家喜爱明快的浅色。

不同国家和地区,消费者有着不同的消费观念,而且会随着时代潮流的变化而变化。如有的消费者希望购买价格低廉的商品,讲究实惠;有的却以购买高价商品显示其地位与威望。有的国家和民族,喜欢新奇,如日本,追求新奇商品已形成社会风气,私人汽车平均使用二三年后,便要购买新的,而德国和法国的消费者比较保守,接受新产品比较慢。

【案例10.3】

肯德基（KFC）电视广告因涉嫌种族争议遭谴责

据英国《每日电讯报》2010年1月6日报道，肯德基（KFC）近日播出的一条电视广告因涉嫌种族争议内容而遭受谴责。广告中，一名白人板球迷靠肯德基炸鸡征服了黑人板球迷。

在肯德基最新推出的一则广告中，一位名叫米克的澳大利亚板球迷失误地坐在了对手的拉拉队阵营。拉拉队由黑人板球迷组成，看台上，黑人们一边打鼓一边跳舞，气氛热烈，米克感到很不舒服。就在这时，广告词响起——米克端着一大桶肯德基的炸鸡说道："当你陷入尴尬困难境地时，要懂得用绝招哦！"米克向周围的黑人分发肯德基炸鸡，这些人立即开始吃鸡，不再热心于加油鼓劲。

尽管这则广告只在澳大利亚电视上播出，但很快便在网上流传，在美国引起的争议尤其激烈。澳大利亚肯德基分公司表示，这则广告意在调侃，美国人"误解"了其中的含义，况且，这则广告也不打算用于商业用途。

四、文化环境

每个国家都有自己独特的文化习俗，广告主如果想提高广告宣传的效果，就必须全面了解东道国的文化习俗。从狭义的文化概念来看，不同文化教育程度的国家或地区，对广告的理解水平也不同。如果不按照广告地区的实际情况设计广告，广告制作再好，也不会引起受众共鸣。例如，在文化教育程度高的国家可以多用报刊、杂志做广告，而且他们对广告的创意要求也高。此外，在广告文案语言翻译方面也要得当，要了解双方的习惯语言和方言，否则，不但不能有效地表达原意，甚至还可能会闹出笑话。在某个国家是赞扬的语言，在另一个国家则可能是一种讽刺，尤其是习惯语、成语、暗示语、俚语、笑话、双关语，翻译时应特别注意，尽可能符合当地的民情风俗。"芳芳"化妆品商标，拼音是"Fang"，英文的意思是"毒蛇的牙齿""狼牙""狗牙"等，这种商标用在小儿爽身粉上，会使人感到恐怖。

【案例10.4】

丰田汽车广告风波

20世纪90年代，日本丰田车在中国内地发布的广告口号是："车到山前必有路，有路必有丰田车"。该广告巧妙饮用中国俗语，以朗朗上口的语言，引发了中国受众的亲切感，加强了丰田车在中国的销售力和好感度。然而2003年，丰田公司因两则汽车广告在中国引起不小的波澜，受到了消费者及公众的抵制。

《汽车之友》杂志2003年第12期上刊登的"丰田霸道"广告，如图10.1所示。一辆霸道汽车停在具有石狮的桥上。两只石狮子，一只抬起右爪做敬礼状，另一只向下俯首。背景为高楼大厦，配图广告语为"霸道，你不得不尊敬"。

图 10.1　丰田霸道广告

另一则是"丰田陆地巡洋舰"广告,如图 10.2 所示。在可可西里无人区的崎岖山路上,一辆丰田"陆地巡洋舰"迎坡而上,后面的铁链上拉着一辆笨重的、军绿色的、看似"东风"的大卡车,在画面左侧挂着追捕盗猎者所用的军大衣、冲锋枪等。

图 10.2　丰田陆地巡洋舰广告

很多华人认为,石狮子有象征中国的意味,"丰田霸道"广告却让它们向一辆日本品牌的汽车"敬礼""鞠躬""考虑到卢沟桥、石狮子、抗日三者之间的关系,更加让人愤恨"。很多人认为在"丰田陆地巡洋舰"广告中被拖拽的卡车系国产东风卡车,绿色的东风卡车与中国的军车非常相像,用丰田车拉着"东风"的大卡车跑,有贬低中国落后之嫌。众多网友在新浪汽车频道、tom 以及 xcar 等专业网站发表言论,认为丰田公司的两则广告侮辱了中国人的感情,伤害了中国人的自尊。

2003年12月1日上午,北京市工商行政管理局责成负责《汽车之友》杂志社所在辖区工商行政管理的西城区工商行政管理局广告科对有关《汽车之友》该广告的材料进行收集整理。《汽车之友》杂志社广告部负责人也表示会积极配合工商部门的工作,鉴于该广告引发的强烈反响决定停止该广告的刊登。12月3日,新华社对"问题广告"进行了报道,随后,国内的许多媒体都不同程度地对此事进行了追踪。

前一则广告让中国受众对丰田产生了好感,后一则广告则受到了受众的抵制。前者是对中国文化的尊重和引用,所以收效良好;后者则是对代表中国文化和象征中国力量的石狮轻视,受到抵制是对中国文化的不了解、不尊重的结果。

五、媒体环境

国际广告媒体分为国际媒体和当地媒体两种。当地媒体是指东道国本地的媒体,当地媒体是国际广告主最常用的广告媒体。国际媒体泛指能够实现跨国传播的媒体,如在全球多个国家发行的报纸、杂志、卫星电视、互联网等都属于国际媒体。

国际广告媒体在20世纪末数字化浪潮出现之后发生了非常大的变化,之前占据国际媒体重要地位的国际报纸、杂志,逐渐被卫星电视、网络等新兴媒体所取代。国际广告主在选择国际广告媒体投放广告时需要关注新兴国际媒体的发展。

在国际广告实际运作中,广告主在进行国际广告业务时会更多地选择东道国当地媒体。但各国的媒体管理方式,比如媒体体制、营利模式、经营管理方法和技术标准等各不相同,广告主应了解东道国的广告媒体情况以便顺利地实施国际广告方案。

有些国家不允许播放商业电视广告,同样,各个国家和地区的媒体对广告产品、广告受众、广告表现形式等方面也会有不同的制度规定。比如在欧洲,电视广告的时间非常有限;法国电视台每天可以播出四个小时的广告节目;而在斯堪的那维亚国家的电视台,要做广告宣传的企业必须提前数月预订时间,至于何时才能播出,广告主根本无权过问。在意大利,杂志媒体能够发挥很大作用,而在奥地利的影响却不大;英国的报纸发行到全国各地,但在西班牙,大部分报纸都是地区性的。正因为各个国家的媒体存在一定的差异性,因此,在进行国际广告之前,要对所在国家和地区的媒体进行深入而细致的了解。

六、自然环境

不同的自然环境形成了不同的需求市场,影响着企业广告宣传的内容。广告主在进行国际广告时要了解东道国经济地理、自然资源分布以及气候和季节变化情况,这样才能使产品适应目标市场的要求。例如,向夏威夷、印度尼西亚的消费者推销裘皮制品,向北极地带推销冷气机都是不适宜的,忽略了目标市场的自然环境,广告效果会大打折扣。

第三节 国际广告策略

现代企业所进行的国际广告活动大多是在多个国家市场范围内进行的,广告主和广告商面临的最大挑战是在不同国家和地区如何开展有效的广告活动。广告策略是国际广告运作过程中的一个重要环节,广告策略的有效制订、执行和实施已成为国际广告需要解决的重要问题之一。

一、全球化和本土化广告策略

在国际广告中,要解决的一个基本矛盾和核心问题是如何兼顾国际一体化市场与跨文化沟通和交流,简单地说,就是全球化与本土化的矛盾。早在1923年,固特异轮胎公司的大卫·L.布朗(David L. Brown)就指出人们在很多方面都具有相同的属性,因此在不同国家采用标准化的广告是可行的,至少广告主题可以完全通用。其他学者认为国与国之间存在文化差异,广告应该采取地方化策略以适应不同的国情,反对标准化广告策略。从20世纪50年代至今,国际广告是实施标准化策略还是本土化策略一直成为广告主和广告研究者争论不休的话题。对于这个问题,有三种基本观点,即全球化(标准化)策略观点、本土化策略观点及全球化与本土化相结合策略观点。

(一)全球化广告策略

全球标准化理论认为,随着科技和交通的发展,世界已经成为一个相同的市场,全世界消费者都需要同样的产品和生活方式,各国消费群具有相似性,在营销实践中,全球化公司应将自身的运作进行标准化。

国际广告的全球化,是指国际广告主打破国家和地区的界限,以统一的广告主题、统一的创意表现,在目标市场国实行基本一致的传播策略。如可口可乐公司和百事可乐公司,运用标准化广告策略在世界上100多个国家和地区从事营销活动,都取得了很大的成功。国际广告全球化策略的着眼点是全球消费者有着共通的语言和追求,国际广告完全可以基于这样的共性,而不必在乎地区上的差异。例如,万宝路在世界范围内的成功就是基于人类共同的英雄崇拜;麦当劳的家喻户晓则是基于人们对快乐和幸福的追求。

1. 全球化广告策略的优点

随着科学技术的发展,特别是通讯和交通的发达,消费者的地理和心理差异逐渐消除,消费需求越来越趋向一致。因此,实行全球化策略具有很强的可行性。国际广告全球化策略的优势主要表现为:在国际市场上能够保持企业或产品形象的统一性,塑造全球统一品牌形象;可以减少广告策划、创意、制作等费用,降低广告成本;有利于广告主对不同目标市场的广告监管与控制。

2. 全球化广告策略的缺点

尽管国际广告实行全球化策略具有上述优势,但国际广告全球化的缺点也是显而易见的,其主要缺点是没有考虑各国市场的特殊性,广告的针对性差。因此,实行全球化策略是有条件的,这些条件主要表现在:各地消费者在广告产品的需求和期望上具有一致性;广告制作的标准化能够带来规模效益;各国市场对广告限制与约束的法律、法规不多;各地市场能够接受统一品牌形象的产品。

关于全球化广告策略,有关调查研究显示,国际广告商中只有9%宣称在所有市场上使用了完全标准化的广告,37%宣称使用了完全本土化的广告,而大多数(54%)利用当地广告公司来修正标准战略,以适应当地市场的习俗、价值观和生活方式。40%以美国为本部的跨国公司在广告宣传中采用标准化主题和创造性背景。

实际中,不同国际广告活动的标准化程度存在如下差异:

①电视广告、高技术产品广告(如计算机、音像设备、汽车等)和以情绪、形象和时尚定位的高度接触产品广告(如香水、服装、珠宝等)等,采用标准化表现手法的较为普遍。

②当产品以实用为主,或品牌的形象和优良性与一种特定国家标志(如可口可乐或麦当劳等)联系在一起时,标准化战略更为合适和有效。而食品和饮料产品的广告活动通常是最难标准化的,因为饮食习惯通常有较强的民族文化特性。

③新品牌的广告标准化比老品牌更容易,因为老品牌可能已经在世界各地具有多重的且难以协调的形象,也可能在不同市场处于不同的生命周期阶段,难以实行营销整合。

④在西方内部市场(如美国和德国等)进行广告标准化要比在西方和东方间市场(如美国和日本等)进行广告标准化要容易些。

在国际广告运作中,应根据不同的市场特点,设计不同的广告主题,传递不同的信息,才能迎合不同消费者的需求。广告商如果不能很好地理解和适应外国文化,盲目运用标准化策略,可能会导致广告失败。泰国是一个信奉佛教的国家,日本的一些名牌产品都曾因触犯佛法规范而遭遇败绩。日本索尼公司曾策划了一则推销录音机的电视广告,画面上,佛祖安详地侧卧,双目闭拢,物我两忘,忽然,索尼录音机播出美妙的音乐,佛祖凡心萌动,全身随音乐不停摆动,最后竟睁开了双眼。这则广告一经播出立即引起了泰国人民的极大愤怒,泰国当局甚至通过外交途径向索尼公司提出了抗议,该公司不得不表示歉意,停播了这则广告。

(二)本土化广告策略

主张国际广告本土化策略的学者认为,国际市场是由一个个国家或地区市场组成的,各个地域市场的市场状况、消费者状况和广告业状况等情况都存在极大的差异,标准化广告策略只适合在文化类似的国家实行,广告活动必须考虑到国与国之间的文化、经济、媒体和法律等方面的差异。标准化的广告传播模式虽然具有成本低和操作简单等多方面的优势,但是不同国家的消费者对某产品有相同需求,并不一定表示他们会按照同一种方式接受同一种产品。因此,标准化广告不一定对全世界都适用。

针对标准化广告策略的局限性,20世纪初期,一些大型跨国公司和出口商开始采用了广告本土化的策略。所谓国际广告本土化策略,是指广告主在针对不同目标市场开展广告活动时,应根据国与国之间的差别,采取不同的广告诉求方式、进行广告的创意和制作。

1. 本土化广告策略的优点

可以适应不同文化背景的消费需求,如宝洁公司在巴西推销汰渍洗衣粉时,广告宣传没有强调洗衣粉的"增白"主题,因为巴西人较少穿白色服装;针对性较强,不同国家的消费者对同一种产品可能有不同的需求,广告宣传就要有不同的侧重点;可以丰富全球化品牌的内涵,增强广告传播的有效性。

2. 本土化广告策略的缺点

国际广告本土化策略的缺点是广告企业总部对各国市场的广告宣传较难控制,甚至出现相互矛盾,从而影响企业形象。如西方某航空公司采用本土化广告策略,在一个国家的广告中,宣传该公司服务的高级和内部设施豪华,而在另一个国家的广告中,则宣传该公司机票的实惠,结果损害了公司的整体形象。

【案例10.5】

麦当劳广告与本土文化的契合

麦当劳试图在中国市场上树立本土化的形象,这一点通过其广告包含的价值和文化表现出来。在传统习俗与价值篇广告中,麦当劳广告强调了中国人珍视和遵循传统习俗与价值的观念,如欢庆春节、新年祝愿、书法艺术和尊敬老人等。

如麦当劳的一则广告:一扇古老的门通向大庭院。一群孩子在红色风筝上涂画。然后,他们牵着风筝,跑出院子,经过村子里的一排房子,来到湖边的青草地。红色的风筝在空中翩翩起舞,声声爆竹预示着春节。广告结尾:一扇门关起来,上面写着"风调雨顺"。中国传统音乐贯穿整个广告。

这篇广告反映出麦当劳是中国传统文化和价值的倡导者与支持者,显示出麦当劳尊重并关注中国民族文化。春节是每年最好的庆祝时节,人们彼此祝福;飞舞的风筝迎接春天的到来;有着两千多年历史的书法是中国人珍视并引以为豪的。各种传统与文化相互交织,麦当劳展示给中国消费者的是其对中国和中国人民的理解与尊敬。

(三)全球化与本土化相结合的策略

国际广告全球化与本土化各有其理论基础与成功案例,但在开展国际广告活动时,过分强调全球化或本地化都会带来一定的问题。如过分强调全球化,会忽视市场、消费者和文化等方面的差别,遭遇传播障碍;过分强调本土化容易造成资源的分散和损耗,不利于广告主对品牌的统一管理和品牌形象的确立。如何找到二者之间的平衡?为此,广告专家在全球化和本土化的基础上提出了第三种模式"全球性策划和本土化执行相结合的策略",即TG&AL理论(Think Globally,Act locally)。

全球化策划就是国际广告一体化,是指统一的广告主题与内容、统一的创意与设计,制作具有共性色彩的广告宣传作品,在全球各个目标市场国进行一体化的传播。其依据就是全球化理论,出发点就是创造广告宣传的集约化效应,以有限的广告资源塑造统一的品牌形象,发挥规模优势。

本土化执行就是国际广告的本土化,是指针对不同的目标市场,根据不同的民族文化特色,制作不同的广告诉求、创意和表现的广告宣传作品,进行本土化的传播,发挥本土优势。其依据是民族文化的多样化理论,出发点是强化广告在不同国家的目标市场的影响力和时效性。

近些年,可口可乐、百事可乐、肯德基和麦当劳等跨国公司在实行标准化策略的基础上纷纷采用全球化策划和本土化执行相结合的广告策略。以电视广告为例,广告主通常采取四种实行全球化策划和本土化执行相结合的策略,拍摄画面不变,只改变商品包装镜头,将旁白或歌曲改为当地国家的语言文字;部分镜头在当地重拍;故事情节不变,广告演员由所在国演员出演;仅仅保留创意概念,根据当地需要重新制作广告。

在国际广告实际运作中,全球性广告公司在制作国际广告时,一般都邀请各地创意小组到总部参与广告策划;然后将总部统一制作的广告在各地区市场上进行检测;当地区测试表明需要对广告作适当调整时,广告公司就会召集地方创意人员来改进广告。

【案例 10.6】

百事"新一代"广告传播策略

百事可乐在其全球性策略"新一代"的指引下,通过"明星代言手法"使同一个广告故事在不同地区选择当地受众熟悉并且喜爱的明星进行演出,在保留优秀创意的同时起到了良好的刊播效果。百事广告在执行过程中主要强调的是:全球创意、本地执行。

1998 年,百事可乐百年之际,百事推出了一系列的广告传播举措。1998 年 1 月,郭富城成为百事国际巨星,他与百事合作的第一部广告片,是音乐"唱这歌"的 MTV 情节的一部分。身着蓝色礼服的郭富城以其活力无边的外形和矫健的舞姿,把百事一贯的主题发挥得淋漓尽致。此片在亚洲地区推出后,引起了年青一代的普遍欢迎。王菲的歌曲在亚洲乐坛独树一帜,她为百事拍的广告片以"渴望无限"为主题,由她创作的音乐《存在》表现了王菲对音乐的执著追求和坚定信念。"渴望无限"的理念得到了很好的诠释和体现。2002 年 1 月,乐坛天之娇女——郑秀文正式加盟百事家族,成为新一代中国区百事巨星。2002 年,F4 的"百事可乐"广告成为备受中国消费者欢迎的广告。

二、国际广告的品牌策略

由于全球性营销标准化和本土化之间的矛盾,即使是一个全球性品牌,也不可能在整个世界范围内都采用同样的产品、包装、名称、定位和广告策略。实际上,一个全球性品牌产品往往有几种不同的组合模式,即产品包装、名称和广告活动依国家或地区不同而有所调整。例如,同样的帕尔摩丽芙肥皂在世界范围以三种不同形状、七种香味、一种核心包装设计,在发达国家和发展中国家有两种不同的定位。

在不同国家或地区,品牌塑造的一般原则都适用,然而对于一个全球化国际品牌来说,一项艰巨的任务就是如何在全球范围内保持品牌核心形象一致性的同时,能够为当地市场消费者所接收和认可。要将某个国家的著名品牌推向全球化市场,首先必须明确该品牌的属性及在本国的定位,看这些属性及定位能否适用目标国家;其次要根据目标国家的特点,对品牌属性及定位进行适当调整。

从国际品牌本土化的内容上来看,全球性品牌本土化策略的普遍做法是:

①人力资源的本土化。"没有比当地人更了解当地人了",人力资源本土化是品牌本土化的前提。文化差异的本质是人的差异,人力资源的本土化,可以化解品牌管理中的沟通障碍,理解当地的消费文化,创制出有效的营销策略。

②设计和开发本土化。国际品牌本土化可以结合目标国家的特点,通过实施品牌设计和开发本土化等手段来实现。

③广告品牌营销策略本土化。在充分考虑品牌国际化的总体目标要求的基础上,在推广方式、文案写作、形象表达等具体广告策略上艺术地排除品牌国际化的文化障碍。

近年来,在中国市场上,"国际品牌本土化,土得掉渣"成为越来越引人注目的现象。例如,2002年春节期间,可口可乐在包装上印上国人熟悉的阿福;麦当劳身着唐装的吉祥物"小猫";马爹利在"人人更显面子"的礼盒套装广告用的是四张颜色不同的京剧脸谱;世界级大饭店喜来登苏州连锁店,在中秋、国庆两节期间的广告,就用了一位头戴红盖头的新娘形象。这些跨国品牌极力用中国文化符号,试图勾起深藏在每个中国人心中的文化情结。

三、国际广告的定位策略

国际广告定位策略的核心问题是,选取哪一个细分市场,以什么样的利益点进行广告宣传。全球性品牌产品如果能满足人们某种共同的"基本需要",那么可以把品牌进行全球标准化定位,但同时也允许品牌其他要素适当本土化。例如,玉兰油作为一种妇女用的面霜,其广告宣传在世界范围内运用了同样的核心定位,只是在名称、成分和包装方面针对不同市场有很小的变化;宝洁公司在不同国家以不同名称出售具有相同配方的洗发产品,但在所有市场使用同样的广告词;香奈尔香水在世界范围以"看上去漂亮"这一人类共同需求为广告宣传的核心定位;斯沃奇手表的国际广告宣传则向人们诉求"娱乐"这一基本需要。

如果市场经济发展水平、产品生命周期阶段或品牌的竞争地位不同,同样的产品或服务有时需要在不同市场进行差异较大的定位策略。例如,花旗银行在中国香港地区和德国采用"方便性"来定位其24小时自助服务系统,但在希腊和一些发展中国家则作为较高社会地位和高贵生活方式的标志来定位;本田车在富裕的美国定位于中档轿车,但在亚洲和东欧地区则作为高档轿车来宣传。再如,由于饮食习惯不同,通用食品公司的橙汁饮料在法国是作为一种在"任何时间都能使人精神爽快"的冷饮料出售的,而不是像在美国那样作为一种早餐饮品,因为在法国没有用橙汁作早餐的传统。同样,在20世纪70年代,美国的汽车广告主发现,对消费者的最恰当诉求是强调"休闲和回归大自然"这种利益点;但在巴西,消费者却对"驾车在城市兜风"这一诉求点更动心。在欧洲,汉斯啤酒是作为一种"大众啤酒"发展起来的,但是当将它引进美国市场时,广告策划者通过高价将其定位在上层市场上,从而使其避免了与美国的"百威"大众品牌啤酒的竞争。

四、国际广告的创意表现策略

国际广告创意表现策略涉及广告信息的理性诉求及感性诉求等创意表现形式。由于文化、法律方面的差异,不同国家的广告创意表现方式不同。一些国家的广告注重信息内容的传播,而另一些国家则注重信息的表现形式。

在表现形式上,相对美国广告而言,日本和中国的广告表现形式更为间接和含蓄,更富有人情味、幽默感和象征意义,更注重强调社会地位和树立公司形象,较少进行对比;英国的电视广告在表现方式上更温柔、更有娱乐性;法国广告侧重戏剧化表现,特别是印刷广告所传达的信息量较少,但吸引力却更强,且更幽默、更具人情味。

不同国家对广告表现形式具有不同的偏好,广告媒体表现力及成本也存在差异,国际广告公司要根据这种特点对广告创意策略进行修改和调整。

无论是恐惧、幽默、性感诉求,还是美女、幼儿、动物诉求,其创意表现策略应针对不同国家和地区而有所变化。曾让广告人拍案叫绝的麦当劳广告,一个黄色的"M"标志在窗口时有时无,让摇篮里的孩子时笑时哭,这就是全球统一的广告创意,但在各国制作发布时,都选本国的孩子来充当"演员"。在中国,麦当劳公司还考虑到本土文化的因素,特意在婴儿的摇篮边增添了一位母亲的身影,如图10.3所示。

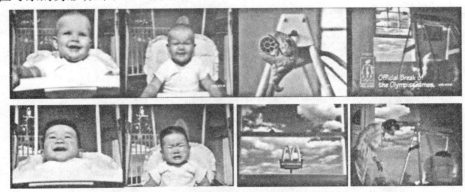

图10.3 麦当劳摇篮篇广告画面

尽管不同国家和地区的消费者在文化、宗教信仰等方面存在差异,但在一些方面却显示出了共性,如强调理性、重视科技力量等。在国际广告实践中,可以在广告表现策略中采取感情和理性兼顾,以其中一种为主的策略。如诺基亚的广告语"科技以人为本",兼顾理性和感性诉求,它是诺基亚品牌的核心价值,也是诺基亚在品牌传播中始终如一的理念,它在向消费者传递诺基亚时时刻刻为消费者着想的精神,科技以人为本的理念正是来源于诺基亚对人类深刻的观察和研究。

五、国际广告的媒体策略

国际广告媒体的差异性很大。不同国家的不同媒体,其绝对和相对费用、可接触目标受众数目、竞争品牌的费用水平和广告方式等,都有很大差别。

国际广告媒体分为国际媒体和当地媒体两种,从国际广告费用所占比例来看,当地媒体较国际媒体大。实际上,在国际广告中,任何市场可提供的媒体和媒体组合都具有明显的区域性。各国各种媒体受众范围以及从这些媒体可获得的广告时段和空间也存在很大差异。

国际广告一般都以报纸为主要媒体,很少做杂志广告。但在美国,有很多发行量庞大的杂志可做国际广告媒体。在欧洲共同体市场各国,妇女杂志成为最大的广告媒体,因为欧洲共同体市场一般没有专门性的商业电台,主妇掌握购物大权,因此妇女杂志就成为极其重要的广告媒体。在某些国家只需选用几份广告报纸,即可影响整个目标市场;但在另一些国家则不同,要选用更多的媒体才能向多数消费者传播信息。广播电视广告在拉美国家是最强有力的媒体;但在欧洲国家,除英国外,一般没有专门性的商业电台,只有德国和意大利国营电视台接受有偿播映广告,但广告时间限制极严,多数广播电台广告活动受政府严格控制。

此外,户外广告如印刷海报、油漆海报、招牌、霓虹灯广告和广告墙等,是在购买力低、文盲多的国家中采用的最有效的广告形式,但有些国家禁止实施。公共汽车广告或车厢广告仅在部分国家可行。电影广告和幻灯片,除欧洲一部分国家尚未被视为重要媒体外,大多数国家对此种广告极为重视,其中法国的电影广告制作技术堪称世界第一。向家庭分发广告宣传小册,对报纸发行量不多的国家比较有效。

不同国家的广告媒体,其绝对和相对费用有很大差别。国际广告预算及其在各媒体之间的分配,受不同国家和地区以及媒体类别的影响,差距会很大。

值得注意的是,近20多年来,卫星电视频道、有线电视等全球性及地方性媒体数量获得惊人的增长,如亚洲的卫星电视、欧洲的超级频道、拉丁美洲的有线电视以及音乐电视和遍及世界的有线新闻网(CNN)等。在这种情况下,大型跨国广告商就比较容易实施一些更集中、更节约成本的跨国媒体策略。例如,尤尼利佛公司就曾在中国香港地区以特殊的优惠价格购买了卫星电视广告时段,卫星电视可以覆盖包括印度、印度尼西亚等该公司亚洲分支机构所在的许多国家。

第四节　国际广告面临的文化风险

一、国际广告文化风险概述

（一）国际广告文化风险的定义

国际广告文化风险是指国际广告传播的信息与广告发布国家或地区的法律、道德、观念、信仰、风俗等产生的矛盾或冲突，从而使广告作品受到当地受众抵触甚至抵制的危险。

国际广告文化风险通常表现为：品牌美誉度降低；消费者拒绝购买；市场占有率下降，甚至产品退出市场。可以说，国际广告文化风险是广告传播的文化与受众的文化不协调而产生的负面、低效或无效的广告效果。

（二）国际广告文化风险的分类

1. 按风险的危害程度划分

（1）负面效果风险

广告伤害了受众或者当地政府的感情，危害了他们的利益，甚至违反了相关法规，导致反感、愤怒和遭到禁止。"丰田霸道"越野车广告就属于此类。

（2）低效或无效风险

广告传递的信息因文化差异不被受众理解或者不能完全理解，导致广告效果低下或无效。

2. 按风险的内容划分

（1）观念风险

国际广告传播者的价值观念与接受者的价值观念差异导致受众不能理解或者不能正确理解甚至反感，而造成国际广告低效、无效，甚至负面的效果。

（2）民族风险

广告信息伤害了发布地区、国家受众的民族感情而导致的危害。"丰田"RAV4多功能运动车2001年在美国发布的广告，因种族歧视惹的麻烦就属于此类风险。

（3）风俗与宗教风险

国际广告传播的信息与广告发布地受众的风俗和宗教禁忌相违背而导致受众抵制和反对的危害。如索尼录音机在泰国的广告因亵渎了佛祖而遭到泰国人民的普遍反对。

（4）翻译风险

采取全球化策略的国际广告，因翻译问题而使广告信息产生歧义，受众不能正确理解而造成的低效、无效或者负面效果。"福特"当初把"Comet"（彗星）汽车引进墨西哥时，取名为"Caliente"，该词在墨西哥有"妓女"之意，该车显然遭到拒绝购买。

二、国际广告文化风险产生的主要原因

在跨文化传播中,文化距离(Cultural Distance)是客观存在的。国际广告文化风险产生的直接原因是广告主与广告受众之间的文化距离。也就是说,文化风险的产生是广告主体漠视、不尊重或违背广告发布地文化而造成的主观或客观结果。

从主观结果来看,造成文化风险的主要原因有:

(一)文化风险意识缺乏或者不强

广告主体缺乏文化风险意识或者文化风险意识不强,是造成国际广告文化风险的根本原因。广告主体缺乏文化风险意识,就不可能事先发现和规避文化风险;而文化风险意识不强就容易忽视风险。"丰田霸道"广告风波后,广告代理公司的出面道歉及丰田中国投资公司总经理的致歉,也足以证明这点。

(二)对跨文化认识不够

国际广告是跨文化的传播与沟通,而广告表现则是国际广告沟通的重要环节。对东道国文化认识或理解不深,运用的表现符号容易出现东道国人群不理解或者不能正确理解的问题。东道国人群受认知心理规律的作用,他们也不可能站在广告主体的文化角度,以广告主体的文化价值观和与广告主体相同或相近的知识和经验去理解国际广告的表现。另外,国际广告主体与广告受众之间还存在较大的文化和心理距离,这也增大了国际广告表现的难度,造成对东道国文化认识不深、理解不透。

【案例10.7】

立邦漆"龙篇"广告作品遭质疑

2004年9月份的《国际广告》杂志第48页,刊登了一则名叫"龙篇"的立邦漆广告作品,画面上有一个中国古典式的亭子,亭子的两根立柱各盘着一条龙,左立柱色彩黯淡,但龙紧紧地攀附在柱子上;右立柱色彩光鲜,龙却跌落到地上,如图10.4所示。

然而,就是这样一则广告,却在网上掀起了轩然大波,发布几天来一直是各大论坛上的热门话题。

网民:难以接受

网民小江在接受记者采访时说:"我乍一看还觉得挺有意思,可仔细一想就觉得别扭了。龙是中国的象征,怎么能遭到这样的戏弄!这个创意应该赶快改掉。"

更多的网民则认为,"发布广告者别有用心",而且"恶劣程度比'霸道广告'有过之而无不及"。

专家:忽略了文化因素

广告专家认为,从广告本身考虑,这个创意没有问题。但是,广告设计和发布者显然忽略了一个重要问题,就是广告与文化的联系。

图10.4 立邦漆"龙篇"广告作品

北京工商大学传播与艺术学院副院长张翔在接受采访时说:"龙是中国的图腾,在一定意义上是中华民族的象征。每个国家对传统文化的理解不同,在我国的文化中,龙的内涵非常丰富。广告一旦忽略了与文化的联系,就会使受众感到不舒服甚至产生厌恶。"

杂志社:有创意才予刊登

《国际广告》杂志编辑部的工作人员告诉记者,这两天已经有一些读者打来电话询问此事。

"广告的设计单位是李奥贝纳广告公司广州分公司。在杂志上刊登的介绍和评价,是该公司自己做的点评。"

工作人员表示,刊登这篇广告绝没有任何特别的想法。"编辑部看了这个投稿后,觉得广告有创意,所以才予以刊登。"

广告公司:影响始料不及

该广告公司北京分公司公关部很快给记者发来了关于此事的声明,并表示希望通过媒体向公众做一个解释。

声明说,这个广告是为立邦涂料广东有限公司生产的"木器清漆"设计的。这种油漆的最大特点就是保持木器表面光滑,防止产生小刺,广告希望借用夸张手法来表现产品功能。

"在创作过程中,我们曾经征询过公司以外人士的意见,均认为创意具有相当高的吸引力。因而忽略了在部分人心中衍生的其他意义和联想。"

对立邦品牌和公众人士所产生的影响,该广告公司表示"始料不及,深感遗憾"。

(资料来源 http://finance.sina.com.cn/brandmanage/20040923/13221043834.shtml,北京晨报,杨丽丽)

三、规避国际广告文化风险的措施

文化风险是国际广告的主要风险之一,规避文化风险的具体措施主要有以下几点:

(一)树立以"受众为中心的广告沟通观"

国际广告的沟通是以跨文化为特点的,广告主体只有树立以"受众为中心的广告沟通观",才能从思想上规避国际广告的文化风险。国际广告的受众对广告主体而言是异文化受众。以异文化受众为中心的观念就要求广告策划、创意和发布要充分考虑并尊重异文化受众的需要、价值和习惯等特点。树立正确的国际广告沟通观,需要将"请消费者注意",转为"注意消费者",使国际广告沟通以异文化受众为出发点和归宿点。

(二)加强对国别文化差异研究

国际文化的趋同倾向虽然是一种潮流,但国别文化差异仍然是文化主流。国际广告沟通是以对东道国文化的尊重和认同为前提的,是以国别文化差异研究为基础的。国际广告文化风险的产生直接表现为对国别文化差异缺乏认识或认识不深。所以,加强对国别文化差异的研究是从认识水平上规避国际广告文化风险的重要措施。研究国别文化差异,应从以下方面入手:①根据不同文化差异的特点建立全球国别文化差异分类体系,以便更好地策划和实施跨文化广告,减少文化风险;②建立全球国别文化禁忌和文化风险核对表,为减少和消除国际广告文化风险提供方便;③建立全球国别文化风险评价体系,为规避国际广告文化风险建立预警系统。

(三)建立风险规避机制

国际广告文化风险规避机制是指国际广告在主题和创意表现方面设立必要的审核环节。在广告创作前,要按照东道国当地的风俗、习惯、价值观、禁忌和民族情感等指标对广告创意进行评估,检查可能存在的文化冲突问题。在广告作品完成后,还要组织各方代表观看并检查潜在的文化风险。在广告正式发布之前,要在一定范围内邀请东道国广告受众对广告作品进行文化检测。广告正式发布后,进行风险监控,若发现异常,应及时进行处理。

第五节 国际广告的发展趋势

一、国际广告发展的特点

自20世纪70年代广告业进入国际营销和国际广告的时代,国际市场逐步形成"大量生产、大量消费、大量传播"三大支柱。随着政治、经济和关税壁垒的消除,全球贸易更加简便可行。市场扩大化、贸易自由化和经济集团化发展,对于国际广告的传播技术和代理经营水平要求也越来越高。国际广告发展具有以下几个特点:

（一）国际广告业务发展受国际广告客户驱动

20世纪80年代末以来，国际广告业获得了快速发展。一个重要原因是全球性客户，如宝洁、联合利华、强生、雀巢、飞利浦等，在本国市场以外大力扩展业务，从而带动广告代理业务范围相应的拓展，例如，1991年BBD0为百事可乐公司在全球40多个国家提供服务。另一个原因是，广告主为谋求利润开始扩展北美和欧洲以外的市场，广告支出增加。首先是日本成为美国以外的第二大广告市场，随后是中国香港地区、德国、加拿大、法国、意大利、西班牙、澳大利亚、巴西、荷兰、瑞士、芬兰、瑞典和丹麦。全球性广告客户要求广告公司为其提供全方位服务，全面负责其创意、协调和实施全球广告宣传活动，加速了国际广告业务的快速发展。

（二）国际广告成就了国际品牌

随着全球卫星和有线电视频道等全球性媒体的发展，经济全球化浪潮滚滚而来，世界各国消费者的品味开始趋同。市场、媒体和消费品位的全球化使得国际营销越来越重要，许多国际性公司通过标准化的全球广告活动，使其品牌逐渐被全世界的消费者所认同。例如，麦当劳、可口可乐、百事可乐、耐克、佳能、摇滚乐、希腊沙拉、好莱坞电影、索尼电视、李维牛仔服等，已成为流行于世界各地的国际品牌。一些超前的消费者，特别是青少年和商界的年轻人士，更愿意成为这些国际品牌的接受者。

（三）兼并重组造就国际广告公司的巨型化与垄断化

国际广告公司兼并重组活动日益频繁。1986年4月27日，巴腾·巴顿·德斯坦·奥斯本公司（Baiten Barton Durstine Osborn，BBDO）、多丹尔·丹·伯恩巴克公司（Doyle Dane Bernbach，DDB）和尼德汉姆·哈泼（Needham Harper）三家跨国广告公司合并，组建了奥姆尼康（OMNICOM）集团；两周后，总部设在英国的萨奇兄弟公司购并贝茨环球公司。1987年，英特普布利克集团（Interpublic）与林达斯环球和坎贝·爱华合并，成立了新的林达斯环球集团。1989年初，总部设在英国的跨国传播集团WPP，以巨资购并了巨型跨国广告公司奥格威集团（Ogilvy Group），1987年又以巨资并购了具有百年历史的巨型跨国广告公司智·威·汤逊（J. Walter Thompson）。2002年3月，总部在法国巴黎的Publicis集团收购了总部在美国芝加哥的Bcom3集团。2003年1月，达美高分布在全球72个国家和地区的121家公司彻底停止运营，其客户分别转入Publicis集团旗下的三家广告公司：阳狮、盛世和李奥贝纳；原服务团队也随品牌分流，当地各分支机构则并入阳狮。国际广告公司的兼并与重组导致国际广告公司朝着巨型化与垄断化方向发展。

（四）国际广告业务发展出现不平衡

随着国际贸易的迅速扩大和增长，国际广告越来越受到各贸易国的重视。但因为国际广告业的发达程度，取决于各国或各地区的经济发展水平和国际贸易的发展状况。就目前的全球形势来说，发达国家或地区与发展中国家或地区之间的广告业发展极不平衡。

发达国家或地区的国际广告业高度发达，在全球国际广告业中占绝对优势，在世界排名前

50名甚至前100名的广告公司,几乎都是发达国家或地区的广告公司。据有关机构统计,1984年,世界最大的五家广告公司的营业额占全球广告营业额的10%;1989年,这个比例已上升到20%;而至2002年,已达到53%,目前仍在继续增长。资料显示,2003年,全球广告市场最著名的有六大广告集团:奥姆尼康(Omnicom)、WPP集团、IPG(Interpublic)、阳狮(Publicis)、电通、哈瓦斯(Havas),业务量占到全球广告市场份额的66%。

相比之下,发展中国家或地区的国际广告业过于弱小,发达国家或地区对发展中国家或地区广告市场的全面进军,使得发展中国家或地区本来就很弱小的广告业,面临着更大的市场冲击和压力,并且随着国际广告业的整体发展和国际广告业务的日趋集中化,二者之间的差距将越来越大。

(五)跨国广告集团对发展中国家或地区广告业的冲击

由于全球经济一体化趋势不断加强,作为国际贸易开路先锋的国际广告,也正有力地支持着发达国家或地区参与全球性的市场竞争,推进着发达国家或地区对发展中国家或地区的全面经济渗透。跨国广告公司在全面进军发展中国家或地区的市场时,通常会采用在对象市场国开设分公司、办事处,或购并当地广告公司,或建立独资或合资广告公司,实现对目标国家市场的占领。以我国广告市场为例,一些国际知名的广告公司,如O&M、JWT、DDB、李奥·贝纳等,都进入了我国市场。2002年,我国广告公司按广告营业额排序,在前10家广告公司中,盛世长城、麦肯光明等外商合资公司占六家,并且这些外商广告公司的营业额也遥遥领先于绝大部分本土广告公司。

(六)国际广告信息对发展中国家或地区的文化渗透

由于国际广告经营中全球标准化方案的实施,势必使发达国家或地区的广告具有某种文化渗透的性质。发达国家或地区不仅利用国际广告向发展中国家或地区推销商品,同时也推销着他们的文化,包括生活方式和消费观念。例如,在订婚结婚时佩戴钻戒,原本是西方国家的一种文化习惯,但当这种定情方式传入我国后,年轻人在订婚、结婚的时候,购买钻戒已经成为不可缺少的一个环节。而与此同时,戴比尔斯的"钻石恒久远、一颗永流传"等推销钻石的广告语已经深深印入中国消费者的心中。

【案例10.8】

雀巢咖啡:以文化为渗透剂

自从1938年研发出速溶咖啡生产技术以来,雀巢公司始终在做一件事——打破常规。也许是与吃喝有关,在欧美以外的市场,尤其是亚洲国家,雀巢面对的最大挑战是世界各地固有的饮食习惯。当年进入日本市场的雀巢,采取的是高举高打的市场策略,主攻礼品市场。雀巢推出一款黑底白字包装,俘获了讲究产品包装的日本消费者,他们把这种咖啡视为高贵的、来自外国的珍贵礼品。这也是20世纪80年代早期,雀巢在中国市场采取的策略。所不同的是,在中国雀巢的包装运用了讨巧的正红色,以此博得中国消费者的好感。但是,送礼毕竟不等于品尝,中国人饮茶的习惯根深蒂固,要想真正撬动咖啡消费市场,还得从年轻人抓起。

1990年前后,大中学生中间最流行的就是听北京音乐台。伴随着欢畅、动感的背景音乐,主持人Maggie浑厚热情的声音让一句"这里是雀巢咖啡音乐时间",深得年轻消费者的认同,一时间,手捧雀巢咖啡成为一种流行时尚。

"从最基本的方面开始做,一步一步发展咖啡文化。这不是一天两天就能做成的,需要长期培养,而音乐是最好的营销方式。"雀巢大中华区咖啡及饮品业务单位总监何文龙说。

从20世纪80年代起,雀巢的音乐营销从未停止过,以音乐为载体的推广方式将雀巢的品牌形象成功地从"贩卖产品"转向了"出售服务和生活方式"。

从2009年开始,雀巢咖啡对其系列电视广告又作出调整,新广告是以长辈对小辈的关怀与支持为情感纽带,以刚刚走上工作岗位的年轻人为主角等,表达雀巢咖啡帮助他们减轻工作压力,增强接受挑战的信心。这组主题为"好的开始"的广告折射出当今年青一代的生活形态,也成了雀巢咖啡新的沟通基础。

二、国际广告业的发展趋势

从目前国际广告业的发展来看,全球广告业呈现如下发展趋势:

(一)国际广告传播媒体的多元化

20世纪90年代末期,数字化浪潮席卷全球,新兴的互联网以惊人的速度在全球发展和普及。国际广告媒体在数字化浪潮出现后发生了重大变化,新兴广告媒体不断涌现,之前占据国际媒体重要地位的国际报纸、杂志,逐渐被卫星电视、网络等新型媒体所取代。传统媒体将与新兴媒体共存,二者相互融合、取长补短、共同繁荣。国际广告业处于多元化的媒体时代,国际广告传播将会有更大的媒体选择空间。

(二)国际广告业呈集团化发展

在现代市场竞争中,单一的企业很难立足,企业要立于不败之地,必须强者联合,形成集团。当今国际经济区域性集团和行业性集团的出现,也促使广告公司向集团化方向发展。集团化发展已成为国际广告业发展的一种趋势,广告公司集团化趋势的加剧意味着国际广告业超级垄断集团化时代的到来。发展集团化、国际化、具有规模优势并能提供整体服务的大型广告代理公司是未来国际广告公司发展的趋势与要求。

【案例10.9】

全球十大广告集团收入排名

第1位 奥姆尼康集团(Omnicom Group)——全球规模最大的广告与传播集团,下属主要公司有天联广告(BBDO)、恒美广告(DDB)、李岱艾及浩腾媒体。

第2位 Interpublic——美国第二大广告与传播集团,下属主要公司有麦肯·光明、灵狮、博达大桥、盟诺、万博宣伟公关及高诚公关。

第3位　WPP集团——英国最大的广告与传播集团,下属主要公司有奥美(Ogilvy & Mather,O&M)、智威汤逊(J Walter Thompson,JWT)、电扬、传力媒体、尚扬媒介、博雅公关及伟达公关。

第4位　阳狮集团(Publicis Groupe SA)——法国最大的广告与传播集团,下属主要公司有阳狮中国、盛世长城、李奥贝纳、实力传播及星传媒体。

第5位　电通——日本最大的广告与传播集团,下属主要公司有电通传媒、电通公关及Beacon Communications。

第6位　哈瓦斯——法国第二大广告与传播集团,下属主要公司有灵智大洋、传媒企划集团及Arnold Worldwide Partners。

第7位　精信环球——最具独立性的广告与传播集团,下属主要公司有精信广告、Grey Direct、GCI、领先媒体及安可公关。

第8位　博报堂——日本最具创意的广告集团,下属主要公司有博报堂广告。

第9位　Cordiant——全球第九大广告集团,下属主要公司有达比思广告。

第10位　旭通——日本第三大广告与传播集团,下属主要公司有旭通广告及ADK欧洲。

(三)国际广告业竞争越来越激烈

以国际互联网为代表的信息传播网络的高速发展、以卫星传播为代表的信息传播手段的不断进步,导致国际广告从运作方式到传播内容与形式的深刻变革,国际广告业将面临全方位的挑战,全球广告市场的竞争将更为激烈。

(四)广告服务综合化趋势

现代广告不断地运用现代理论和技术,推动着广告活动朝着全方位、立体性及综合化方向发展。广告公司和调查公司、公共关系公司及其他类公司出现了日益融合的趋势。例如,世界上最著名的两大公共关系咨询公司——博雅公司和伟达公司就分别隶属于美国智威汤逊JWT广告集团和扬·罗比凯广告集团。

(五)跨国广告公司纷纷占领发展中国家

由于发展中国家人口众多,并且随着经济的不断发展,发展中国家国内巨大的市场将吸引着越来越多的国外企业。以中国为例,随意走进一个家庭都会发现,雀巢的咖啡、可口可乐的饮料、百威的啤酒、索尼的笔记本、耐克的运动服装、雅诗兰黛的化妆品、东芝的电视等,中国正成为全球广告业竞争的核心市场,各大跨国广告集团和广告公司都把中国市场作为战略重点。2005年5月,全球第四大广告公司——美国盛世长城国际广告有限公司全球首席执行官凯文·罗伯茨在北京大学演讲时说,三年之后,盛世长城会把其全球总部搬到中国。由此可见,跨国广告巨头对发展中国家的重视程度。

本章小结

国际广告是指广告主通过国际性媒体、广告代理商和国际营销渠道,对进口国家或地区目标市场所进行的有关商品、服务或企业的信息传播活动。在国际市场上进行广告宣传的方法主要有两种:一是由本国向外国市场直接进行广告宣传;二是广告主的驻外机构在当地市场进行广告宣传活动。

从国际广告活动所面临的具体市场环境来看,国际市场比国内市场差异性更大,主要有政治环境、经济环境、社会环境、文化环境、媒介环境、自然环境等差异。

在国际广告中,要解决的一个基本矛盾和核心问题是如何兼顾全球化与本土化的矛盾。对于这个问题,有三种基本观点,即全球化(标准化)策略观点、本土化(差异化)策略观点及全球化与本土化相结合策略观点。

国际广告的全球化,是指国际广告主打破国家和地区的界限,以统一的广告主题、统一的创意表现,在目标市场国实行基本一致的传播策略。国际广告本土化策略,是指广告主在针对不同目标市场开展广告活动时,应根据国与国之间的差别,采取不同的广告诉求方式进行广告的创意和制作。全球性策划和本土化执行相结合的策略就是国际广告采用统一的广告主题与内容、统一的创意与设计,但在具体执行上针对不同的目标市场,根据不同的民族文化特色,制作不同的广告诉求、创意和表现的广告宣传作品。

国际广告定位策略的核心问题是,选取哪一个细分市场,以什么样的利益点进行广告宣传。全球性品牌产品如果能满足人们某种共同的"基本需要",那么可以把品牌进行全球标准化定位,但同时也允许品牌其他要素适当本土化。国际广告创意表现策略涉及广告信息的理性诉求及感性诉求等创意表现形式。不同国家的不同媒体,其绝对和相对费用、可接触目标受众数目、竞争品牌的费用水平和广告方式等,都有很大差别。

国际广告文化风险是指国际广告传播的信息与广告发布国家或地区的法律、道德、观念、信仰、风俗等产生矛盾或冲突,从而使广告作品受到当地受众抵触甚至抵制的危险。按风险的危害程度,可划分为负面效果风险、低效或无效风险;按风险的内容可划分为观念风险、民族风险、风俗与宗教风险及翻译风险。

国际广告业发展的主要趋势:国际广告传播媒体的多元化;国际广告业呈集团化发展;国际广告业竞争越来越激烈;广告服务综合化趋势;跨国广告公司纷纷占领发展中国家。

自测题

一、名词解释

国际广告　　本土化策略　　国际广告文化风险

二、问答题

1. 国际广告具有哪些特点?

2. 国际广告面临哪些环境差异？
3. 什么是全球化广告策略？各有哪些优缺点？
4. 什么是本土化广告策略？各有哪些优缺点？
5. 如何将全球化广告宣传策略与本土化宣传策略相结合？
6. 如何使全球性品牌做到本土化？
7. 简述国际广告文化风险的分类。
8. 简述国际广告文化风险产生的主要原因及规避措施。

三、实践题

在为外国市场制作广告之前，了解该国家的文化差异是件极其重要的事情。香水对法国消费者来说似乎是一种相当重要的产品。请撰写一份报告，说明美国、俄罗斯和日本消费者在香水方面与法国消费者的不同之处，说明这些差异对那些打算在这些国家发布香水广告的法国广告主会有什么影响。

四、案例分析

百威啤酒成功进军日本市场

百威啤酒是在美国及世界最畅销的啤酒，长久以来被誉为"啤酒之王"，居于啤酒业的霸主地位。百威之所以成功，除了是美国首屈一指的高品质啤酒外，其卓越的市场策略和广告策划也非常重要，从百威啤酒成功地进军日本市场这一点即可看出。

百威是1981年以后进入日本市场的，1982年在日本进口啤酒中就名列前茅，销量比1981年增长50%，1984年就取得了销售200万瓶的业绩。

百威能取得成功首先在于把握了日本年轻人市场的变化，特别是确立了以年轻人为诉求对象的广告策略。日本经济高速发展，使居民的消费水平空前高涨，日本年轻人变得更有购买力，有更多时间去追求自己喜爱的事物，新奇而又昂贵的产品很吸引他们。他们平常不喝啤酒以外的烈性酒，对运动和时装也非常感兴趣。百威即把重点放在广告杂志上，专攻年轻人市场，并推出特别精制的激情海报加以配合。

百威啤酒广告在表现上运用了扣人心弦的创意策略，即将百威啤酒溶于美洲和美国的气氛中，如辽阔的大地，沸腾的海洋或宽广的荒漠，产生一种震撼感，给人留下深刻印象。

在媒体选择上逐年扩展到海报、报纸、促销活动，1984年开始运用电视媒体，为配合大众媒体的广告宣传，针对年轻人市场成功地举办了很多活动。如举办第三届新港爵士音乐、邀请百威棒球队到日本访问等，这些活动都吸引了大批年轻人，扩大了产品的影响力。

百威推出多种不同的广告，一直都能博得消费者的好感，尤其是海报更受到人们的青睐成为收集品。其中一张绘有夏威夷风光的海报，1984年在纽约广告竞赛中获奖。

为确保广告效果，百威授权给有责任心的日籍员工来判断广告的影响力，并同意用日本的方式，选择最具有强烈祈求的语言进行表现，因而更有的放矢地实现目标。

广告宣传是品牌传播的利器，一个成功的品牌背后必然有成功的广告宣传和媒体运用。

事实证明,一个品牌要想进军国际市场,必须进行针对性的广告创意并选择合适的广告媒体。

问题:

1. 分析百威啤酒国际广告传播的成功秘诀。
2. 在国际广告策略方面,百威啤酒是如何抓住消费者心理进行策划的?

参考文献

[1] 严学军,汪涛.广告策划与管理[M].2版.北京:高等教育出版社,2008.
[2] 李宝元.广告学教程[M].2版.北京:人民邮电出版社,2005.
[3] 崔晓文.广告学概论[M].北京:清华大学出版社,2009.
[4] 陈培爱.中外广告史[M].北京:中国物价出版社,2002.
[5] 舒咏平.广告心理学教程[M].北京:北京大学出版社,2004.
[6] 赛来西·阿不都拉,季靖.广告心理学[M].杭州:浙江大学出版社,2007.
[7] 里斯·特劳特.定位[M].北京:中国财政经济出版社,2002.
[8] 陈尚荣.广告传播概论[M].北京:国防工业出版社,2012.
[9] 吴柏林.广告策划与策略[M].广州:广东经济出版社,2009.
[10] 贺康庄.现代广告理论与实务[M].大连:东北财经大学出版社,2011.
[11] 樊志育.广告学原理[M].上海:上海人民出版社,1999.
[12] 丹·舒尔茨.整合营销传播[M].呼和浩特:内蒙古人民出版社,1998.
[13] 何佳讯.现代广告案例——理论与评析[M].上海:复旦大学出版社,1998.
[14] 张金海.20世纪广告传播理论研究[M].武汉:武汉大学出版社,2002.
[15] 丁邦清,程宇宁.广告创意——从抽象到具体的形象思维[M].长沙:中南大学出版社,2003.
[16] 陈宏军,江若尘.现代广告学[M].北京:科学出版社,2008.
[17] 余明阳,陈先红.广告策划创意学[M].上海:复旦大学出版社,2005:185.
[18] 张璇,龚正伟,刘海荣.广告设计软件综合运用[M].北京:清华大学出版社,2009.
[19] 樊志育.广告制作[M].上海:上海人民出版社,1997.
[20] 石硕.平面广告设计中的文字编排[J].科技信息(学术版),2007(1):233.
[21] 丁俊杰.现代广告通论[M].北京:中国传媒大学出版社,2007.
[22] 张金海.广告学概论[M].北京:中央广播电视大学出版社,2002.
[23] 桑德拉·邓肯.如何做提案[M].黄丽莎,译.内蒙古:内蒙古人民出版社,2002.
[24] 张士勇.广告提案的写作[J].写作:高级版,2007(6):38-40.
[25] 何辉.当代广告学教程[M].北京:北京广播学院出版社,2004.
[26] 韩光军,贾维光.广告策划人员培训与管理教程[M].北京:经济管理出版社,2004.
[27] 刘友林,曾振华.广告营销调查[M].北京:中国广播电视出版社,2002.
[28] 刘超.广告媒体策略[M].北京:中国建筑出版社,2008.

[29] 陈俊良. 广告媒体研究——当代广告媒体的选择依据[M]. 北京:中国物价出版社, 1997.
[30] 陈培爱, 覃胜南. 广告媒体教程[M]. 北京:北京大学出版社. 2005.
[31] 贾文凤. 新媒体的发展及其社会影响[D]. 成都:四川省社会科学院, 2007.
[32] 纪华强. 广告媒体策划[M]. 上海:复旦大学出版社, 2006.
[33] 许冰华. 网络广告可用性研究[D]. 大连:大连海事大学, 2007.
[34] 杜骏飞. 网络传播概论[M]. 福州:福建人民出版社, 2003.
[35] 王贵文. 手机媒体广告研究[D]. 北京:北京邮电大学, 2006.
[36] 任中峰. 楼宇电视的广告传播特性与未来展望[J]. 传媒, 2004(12):41.
[37] 赵兵辉. 植入式广告研究[D]. 广州:暨南大学, 2007.
[38] 朱海松. 国际4A广告公司媒介策划基础[M]. 广州:广东经济出版社, 2005.
[39] 吉·苏尔马尼克. 广告媒体研究[M]. 刘毅志, 译. 北京:中国友谊出版社, 1991.
[40] 夏琼. 广告媒体[M]. 武汉:武汉大学出版社, 2003.
[41] 王媛. 整合营销传播的战略设计与媒介选择:基于长信数码连锁网络文化家园的案例[D]. 天津:天津财经大学, 2006.
[42] 朱强. 广告媒体战略决策研究[D]. 四川大学, 2006.
[43] 朱海松. 国际4A广告公司媒介策划基础[M]. 广州:广东经济出版社, 2005.
[44] 杰克·西瑟斯, 罗杰·巴隆·间佳. 广告媒体策划[M]. 邓瑞锁, 译. 北京:中国人民大学出版社, 2006.
[45] 樊志育. 广告效果研究[M]. 北京:中国友谊出版公司, 1995.
[46] 江智强. 国际广告文化风险及其规避[J]. 商业时代, 2006(6):85-86.

读者反馈表

尊敬的读者：

您好！感谢您多年来对哈尔滨工业大学出版社的支持与厚爱！为了更好地满足您的需要，提供更好的服务，希望您对本书提出宝贵意见，将下表填好后，寄回我社或登录我社网站（http://hitpress.hit.edu.cn）进行填写。谢谢！您可享有的权益：

☆ 免费获得我社的最新图书书目　　　☆ 可参加不定期的促销活动
☆ 解答阅读中遇到的问题　　　　　　☆ 购买此系列图书可优惠

读者信息
姓名_____　□先生　□女士　　年龄_____　学历_____
工作单位_____　职务_____
E-mail_____　邮编_____
通讯地址_____
购书名称_____　购书地点_____

1. 您对本书的评价

内容质量　□很好　　　□较好　　□一般　　□较差
封面设计　□很好　　　□一般　　□较差
编排　　　□利于阅读　□一般　　□较差
本书定价　□偏高　　　□合适　　□偏低

2. 在您获取专业知识和专业信息的主要渠道中，排在前三位的是：
①_____　　②_____　　③_____
A. 网络　B. 期刊　C. 图书　D. 报纸　E. 电视　F. 会议　G. 内部交流　H. 其他：_____

3. 您认为编写最好的专业图书（国内外）

书名	著作者	出版社	出版日期	定价

4. 您是否愿意与我们合作，参与编写、编译、翻译图书？
_____

5. 您还需要阅读哪些图书？
_____

网址：http://hitpress.hit.edu.cn
技术支持与课件下载：网站课件下载区
服务邮箱　wenbinzh@hit.edu.cn　　duyanwell@163.com
邮购电话　0451-86281013　　0451-86418760
组稿编辑及联系方式　赵文斌（0451-86281226）　杜燕（0451-86281408）
回寄地址：黑龙江省哈尔滨市南岗区复华四道街10号　哈尔滨工业大学出版社
邮编：150006　传真0451-86414049